Johannes Lehmann

Leben Lehre Wirkung

Der östliche Weg
zur Selbsterlösung

Orbis Verlag

Genehmigte Sonderausgabe 2001
Orbis Verlag für Publizistik, München,
in der Verlagsgruppe Bertelsmann GmbH
www.orbis-verlag.de

© C. Bertelsmann Verlag
Umschlaggestaltung: Sabine Novotny, München
Druck: GGP Media GmbH
Printed in Germany
ISBN 3-572-01247-3

Inhalt

Das Thema 7

I. Das Leben des Buddha 9

Zwischen Legende und Wirklichkeit 10
Der reiche Jüngling 20
Das arische Erbe 25
Mystik und Ekstase 31
Der Weg in die Hauslosigkeit 35
Der Mönch 39
Der Weg zur Erleuchtung 46
Die Erleuchtung 53
Das Rad der Lehre 59
Die ersten Anhänger 65

II. Die Lehre 73

Die »Lehre der Alten« 74
Die Vergänglichkeit aller Dinge 78
Der Durst nach Sein 89
Das Rad der Wiedergeburt und das Nirvâna 95
Die Ethik des Buddhismus 111
Die Selbstverwirklichung 123

III. Die Gemeinde 141

Der Buddha unterwegs 142
»Ich nehme meine Zuflucht zum Buddha...« 154
»Komm herzu, Mönch...!« 157

IV. Der Tod des Buddha 177

Am Ende des Weges 178
Der Hingang ins Nirvâna 191

V. Die Ausbreitung der Lehre   197

Konzile und Edikte   198
Das Mahâjâna   210
Der Zen-Buddhismus   222
Tantra und der Niedergang des Buddhismus   230

VI. Der Buddha und der Westen   239

Nachrichten vom Ende der Welt   240
Indien und die griechischen Philosophen   247
Der Buddha und das Christentum   254
Der Buddhismus und die Neuzeit   271

Nachgedanken   279

Anhang   281

Zeittafel   282
Hinweise zur Literatur   284
Literaturauswahl   285
Quellenverzeichnis   301
Überblick über das Tipitaka   320
Die wichtigsten buddhistischen Schulen und Systeme   322
Glossar   326
Register   341

Das Thema

Das Leben des Buddha ist das älteste Vorbild der Menschheitsgeschichte, wie man sich aus eigener Kraft und ohne göttliche Hilfe von Leid und Schuld befreien kann. Die Lehre des Buddha ist zugleich eine der ältesten Erlösungslehren der Erde, deren Schöpfer wir kennen und der noch heute Millionen Anhänger hat.

Aber ähnlich wie bei Jesus haben im Laufe der Zeit Verehrung und Tradition vieles von dem verdeckt, was ursprünglich gemeint war. Der Buddha, der jeden Gott leugnete, wurde am Ende selbst zum Gott, seine Philosophie der Selbsterlösung wurde zur Religion, seine heute noch gültigen psychologischen Erkenntnisse erstarrten zu rituellen Formeln.

Die eigentliche Lehre von der Selbsterlösung des Menschen, die jener wandernde Bettelmönch im gelben Gewand vor zweieinhalbtausend Jahren ein Menschenleben lang in den Dschungeln der Gangesebene verkündete und vorlebte, ist dagegen für uns Heutige noch immer eine Möglichkeit, über uns selbst und unsere Selbstverwirklichung nachzudenken.

Ich will versuchen, den Weg des Buddha, seine Welt und seine Gedanken so darzustellen, daß man Verständnis für die uns fremde Welt indischen Denkens gewinnt und damit den Ansatzpunkt des Buddhismus verstehen lernt, zugleich aber auch abschätzen kann, wieweit die indische Lehre der Selbsterlösung für den einzelnen heute noch gültig und anwendbar ist.

So fremd, wie sie uns scheint, ist sie offenbar nicht: Wir finden die indische Lehre von der Seelenwanderung nicht nur bei den griechischen Philosophen wieder; nachdem der Buddha im Mittelalter in den christlichen Heiligenkalender geriet, ist sogar die Frage berechtigt, ob das Christentum nicht auch dies oder jenes vom Buddhismus übernommen hat – Parallelen gibt es jedenfalls genug.

Sie werden besser verstehen helfen, welchen Weg der ursprüngliche Buddhismus gegangen ist. Es ist der Weg der Selbstverwirklichung, der zur Gelassenheit und zur Gelöstheit führt – nicht um sich von der Welt abzuwenden, sondern um in ihr zu bestehen. Der Buddha war der erste, der das Jogasystem, die Meditation, aus der asketischen Einengung der Weltabkehr zur praktischen Übung für die Weltbewältigung gemacht hat. In einer Zeit, in der die traditionellen Wertmaßstäbe des Westens zunehmend fragwürdig werden, weil sie in letzter Konsequenz zur Selbstvernichtung der Menschheit führen, ist dieser von Buddha aufgezeigte östliche Weg der Selbsterlösung aktueller denn je.

I
Das Leben des Buddha

Zwischen Legende und Wirklichkeit

Der Mann, den man den Buddha nannte, den Erleuchteten, war kein Religionsstifter wie Zarathustra oder Mohammed, obwohl aus seiner Lehre eine Weltreligion entstand. Er war kein frommer Mensch wie Jesus, denn obwohl ihn seine Anhänger später als Gott verehrten, glaubte er selbst an keinen Gott. Er war kein Sozialreformer und kein Revolutionär, aber als einziger seiner Zeit machte er keinen Unterschied zwischen dem vornehmen Brahmanen und dem ärmsten der Parias.

Er war alles das nicht, was man erwartet. Aber er lebte nach seinen Erkenntnissen und überzeugte dadurch seine Anhänger und die Nachwelt.

Mehr als vierzig Jahre war er nach seiner Erleuchtung barfuß und im gelben Asketengewand durch die glühende Hitze Indiens von Dorf zu Dorf gezogen, hatte schweigend mit seiner Schale seinen Lebensunterhalt erbettelt, Kaufleuten und Königen, Bauern und Brahmanen, Heiligen und Kurtisanen von seinem Weg der Erlösung erzählt; hatte während des Monsuns unter einem Dach geruhsam meditiert, während drei Monate lang das Land im Regen ertrank.

Seine Welt war das wasserreiche Sumpfgebiet der Gangesebene mit ihrem tropischen Dschungel, ihren Reisfeldern und kleinen Lehmdörfern, ihren Elefanten, Pfauen und üppigen Bambushainen; ihren geschäftigen Miniaturresidenzen der Fürsten, in denen die Kaufleute Handel trieben, die frommen Brahmanen diskutierten und die Bettler am Wegesrand saßen; eine Welt der betäubenden Düfte und Blumen, aber auch der Wolken sirrender Moskitos, die Malaria und Elephantiasis übertrugen.

Als er mit achtzig Jahren an einer Lebensmittelvergiftung starb und ins Nirvâna einging, war er nie weiter als ein paar dutzend Tagesreisen von seiner Heimatstadt an den Ausläufern des Himalaja entfernt gewesen. Aber bei seinem Tode – so die Legende – »da bebte die große Erde bis zum tiefsten Grunde ... verwaist war, als Buddha starb, das Weltall.«

Wirklichkeit und Legende begannen sich bald zu verwischen, und es wird schwer sein, beide wieder zu trennen in einem Land, das keinen Sinn für Geschichte hat, sondern nur für Geschichten.

Der Buddha selbst hat nichts Schriftliches hinterlassen, und seine Jünger haben seine Lehre und die Erzählungen aus seinem Leben, die »Ich-Berichte«, jahrhundertelang nur mündlich tradiert, bevor sie in einer Sammlung Heiliger Schriften aufgezeichnet wurden, inzwischen eingewoben in ein zeitloses Muster von Wundern und Legenden.

War der Buddha am Ende selbst nur eine Legende, eine personifizierte Chiffre für eine Idee, die irgendwann einmal in der Geschichte der Menschheit entstand? Wie bei vielen Großen der Welt hat man diesen Gedanken auch bei Buddha einmal durchgespielt – ohne Erfolg.

Was aber wissen wir wirklich vom Buddha? Immerhin ist er die älteste historische Figur, über die die indische Geschichte überhaupt Auskunft geben kann – in einer Zeit, in der die übrige Welt längst ein festes und gesichertes Gewebe von Daten hatte.

Im Jahre 570 vor Christus, dem vermutlichen Geburtsjahr des Buddha, wurde in Griechenland der Geschichtsschreiber Xenophon geboren, philosophierten bereits Thales und Anaximander über den Urstoff der Welt, war Pythagoras noch ein Kind und Solon, der Staatsmann und Gesetzgeber, noch am Leben. Zu dieser Zeit »weinten die Kinder Israels an den Wassern Babylons« in der babylonischen Gefangenschaft; in Persien begann Zarathustra zu lehren, und in China hatte Laotse in seinem »Buch vom Weg des Menschen« bereits die »Philosophie des Nichthandelns« begründet. Zu Buddhas Lebzeiten wurde in Persien Xerxes geboren und in Griechenland Perikles und Sophokles. In Italien erreichte die Kultur der Etrusker ihren Höhepunkt, im Norden und Westen Europas begann die Eisenzeit, die Kelten drängten nach Italien.

Aus Indien kennen wir in dieser Zeit nur ein einziges Datum, und das ist nicht einmal sicher: das Geburtsdatum des Buddha.

Wunderbare Geburt

Zwar geben die alten buddhistischen Texte das genaue Todesjahr ihres Meisters mit 544 vor Christus an und beginnen von da an mit ihrer Zeitrechnung. Das Jahr 1980 entspräche damit dem Jahr 2524 buddhistischer Zählung. Es gibt jedoch noch eine zweite Zahlenangabe, die um einiges vom buddhistischen Kalender abweicht, aber dafür den Vorteil hat, daß sie mit der übrigen Chronologie besser übereinstimmt. Sie stammt aus einer alten ceylonesischen Chronik und gibt an, der indische König Asoka sei zweihundertachtzig Jahre nach dem Tode des Buddha zum König gekrönt worden.

Da das Alter des Buddha in den Texten überall mit achtzig Jahren angegeben wird, könnte man nun leicht das Geburtsjahr errechnen, wenn man von der Regierungszeit König Asokas ausgeht. Hier aber stößt man, je nachdem, wo man nachschlägt, auf nahezu beliebige Zahlen zwischen 263 und 274 vor Christus für den Regierungsantritt Asokas, wobei sich die meisten Zahlen allerdings zwischen 272 und 274 einpendeln. Rechnet man zu einer dieser Zahlen nun die zweihundertachtzig Jahre bis zum Tode des Buddha und die achtzig Lebensjahre hinzu, so kommt man auf ein geschätztes Geburtsjahr des Buddha um 570 vor Christus.

Um diese Zeit, so erzählt nun die Legende, lebte an den Ausläufern des Himalaja »ein Fürst der Sakja, unbesiegbar, reinen Gemüts, von fleckenloser Tugend, den man deshalb Suddhodana nannte«, »einen, der reinen Reis besitzt«. Dieser Sakja-Fürst aus der Familie der Gotama hatte eine Frau mit Namen Mâjâ, »erhaben über alle irdischen Frauen«, die auf wunderbare Weise schwanger wurde: »Auf sie, als Ebenbild der Himmelsfürstin, ließ sich der Geist hinab, den Eingang wählend in ihren Mutterleib.«

Als sie, obwohl »truglos im Gemüte«, merkte, daß sie ein Kind erwartete, verließ sie die Residenzstadt Kapilavatthu und zog sich in den Hain von Lumbinî zurück. Dort nun »fühlte Mâjâ, die Königin, daß der Entbindung Zeit für sie gekommen sei. Rings von Dienerinnen in großer Zahl umgeben, ruhte sie schweigend auf schöngeschmücktem Lager. An dem achten Tag war's des vierten Monats, einer Jahreszeit von heiterem und erfreulichem Charakter«, als sie dann das Kind gebar, das den Namen Siddattha erhielt.

Aber auch hier ist das Wunder das Selbstverständliche: »Tretend aus ihrer rechten Seite, macht der Mitleidvolle der Mutter weder Angst noch Schmerzen ... langsam dem Mutterleib entsteigend, ließ er in jeder Richtung seinen Ruhm ausstrahlen ... ruhig, aufgerichtet, und nicht kopfüber fallend, glorreich scheinend, herrlich geschmückt, lichtstrahlend – so verließ er den Mutterleib, wie wenn die Sonne aufgeht.«

Es wird dann weiter berichtet, daß sich der Himmel auftat und die Götter zur Anbetung erschienen und Vater Suddhodana erschrak, als er sah, »von welchen Wunderzeichen seines Sohnes Geburt begleitet ward«. Daraufhin erschien ein Brahmane, »der

Zeichendeutung kundig« und sagte dem Kind eine große Zukunft voraus: »Dies neugeborene Kind von überreicher Begabung wird der ganzen Welt Befreiung verschaffen« und ihr »himmlischer Lehrer« sein, worauf auch schon die Wunder der Natur hindeuteten: »Im Garten Lumbinî erblühten außer der Zeit, die freien Plätze füllend zwischen den Bäumen, seltne herrliche Gewächse in großer Menge.«

Es scheint, daß die Geburt eines Welterlösers überall das gleiche Ritual verlangt, ob es nun am Himalaja oder in Palästina ist, ob fast sechshundert Jahre vor der Zeitenwende oder im Jahre Null. Denn was die Legende von Mâjâ erzählt, berichtet der Evangelist Lukas auch von Maria. Da steht der Satz »der Heilige Geist wird über dich kommen und die Kraft des Höchsten wird dich überschatten«, da gibt es bei der Geburt Naturwunder wie den Stern von Bethlehem und die himmlischen Heerscharen, da werden aus dem zeichenkundigen Brahmanen »die Weisen aus dem Morgenland«. Und auch der vorausschauende Lobpreis fehlt nicht, wenn Zacharias verkündet: »Und du, Kindlein, wirst ein Prophet des Höchsten heißen.«

Erst wenn wir noch mehr solcher Parallelen kennengelernt haben, sollten wir auf die Frage eingehen, ob die Buddhalegenden die Berichte über Jesus beeinflußt haben oder nicht. Vorerst aber können wir die verblüffende Ähnlichkeit der beiden Erzählungen dazu benutzen, um den realen Kern der legendären Schilderung herauszufinden.

Wir müssen dabei von der Tatsache ausgehen, daß die Legendenbildung immer nach dem gleichen Schema vorgeht, in diesem Falle also jungfräuliche Empfängnis, Beteiligung des Himmels an der Geburt, Zeichendeuter und Lobpreis aneinandergereiht, um mit derart vorgefertigten Versatzstücken das besondere der Geburt hervorzuheben. Solche Versatzstücke sind zwar typisch, aber auch auswechselbar. Dagegen kann man erfahrungsgemäß dort einen historischen Tatbestand vermuten, wo Unverwechselbares genannt wird wie zum Beispiel Eigennamen und Orte.

Auf der Suche nach Lumbinî

Nun kann man schwer eine solche Behauptung aufstellen, wenn bisher niemand die Königsstadt Kapilavatthu gefunden hat und es von vornherein aussichtslos erscheinen muß, nach zweieinhalbtausend Jahren den Wald von Lumbinî wiederzufinden. Infolgedessen hat die Wissenschaft auch bezweifelt, ob diese Orte überhaupt historisch seien.

Allerdings hatte man eine Vorstellung davon, wo der Stamm der Sakja lebte, zu dem die Familie der Gotama gehörte; außerdem fand man in einem alten Gedicht die Beschreibung einer Handelsstraße, die eine ungefähre Eingrenzung möglich machte, denn dort wurden die am Wege liegenden zum Teil heute noch bekannten Ortschaften aufgezählt: von Sâvatthî kam man nach Setabjâ, von da über Kapilavatthu nach Kusinârâ und Vesâli.

Dann entdeckte man die Reiseberichte zweier chinesischer Pilger. Der eine, Fa-Hien, war in den Jahren 399–414 nach Christus in Indien gewesen; der andere, Hiuan Tsang, im 7. Jahrhundert nach Indien gereist. Beide hatten Kapilavatthu und den Hain Lumbinî besucht und den Reiseweg beschrieben. Sie mußten also, auch Jahrhunderte nach dem Tode des Buddha, existiert haben.

Hiuan Tsang hatte sogar noch eine inzwischen achthundertfünfzig Jahre alte Säule gesehen, die König Asoka zur Erinnerung an die Geburt des Buddha im Haine Lumbinî errichtet hatte, obwohl die Siedlung im Hain damals bereits verlassen war.

Immerhin reichten diese Angaben zusammen mit bis dahin wenig hilfreichen und dunklen Andeutungen in den Heiligen Büchern der Buddhisten aus, um sich erneut auf die Suche zu machen, und das Erstaunliche geschah: Etwa drei Kilometer nördlich der heute nepalesischen Bezirksstadt Bhagvanpur konnte man im Jahre 1898 mit absoluter Sicherheit in einer öden Flachlandschaft den Hain von Lumbinî lokalisieren, obwohl dort kein Wald mehr stand. Man fand die sechseinhalb Meter hohe Säule des Königs Asoka wieder, die inzwischen umgestürzt und im Erdreich verschwunden war. Zwar fehlte ihr das Kapitell mit dem Pferdekopf, das Hiuan Tsang noch gesehen hatte, aber es war die echte, heute mehr als zweitausendzweihundert Jahre alte Säule, denn auf ihr entzifferte man die Inschrift: »Zwanzig Jahre nach seiner Krönung kam König Devânapija Pijadasi (= Asoka) hierher und bezeugte seine Verehrung, weil der Buddha, der Weise aus dem Sakja-Geschlecht, hier geboren worden ist. Er ließ ein Steinrelief und eine Steinsäule errichten, um anzuzeigen, daß hier der Erhabene geboren wurde.«

Inzwischen haben Ausgrabungen die Ruinen eines Klosters und Reste eines Steinreliefs zutage gefördert, das möglicherweise sogar aus der Zeit Asokas stammt. Es zeigt die Geburt des Buddha aus der rechten Hüfte der Mâjâ, die sich dabei an einem Salabaum festhält.

Indien im 6. Jahrhundert v. Chr.

Damit ist nicht nur das Alter der legendären Geburtsgeschichte erwiesen, sondern auch die Tatsache, daß zumindest dieser Ortsname authentisch ist: Er wird von Asoka auf der Säule ausdrücklich erwähnt.

Allerdings hat im Gegensatz zur Geburtsstätte Jesu dieses »buddhistische Bethlehem« nicht von den Pilgerströmen profitiert, obwohl König Asoka auf der Säule feierlich verkündete, daß das Dorf Lumbinî von Steuern befreit sei und statt des üblichen Viertels nur ein Achtel an Naturalabgaben zu leisten habe. Selbst nach der Wiederentdeckung des Geburtsortes besteht das Dorf Rummindei, wie das alte Lumbinî im Distrikt Rupandehi heute heißt, nur aus fünfzehn elenden Bambushütten und ist die Endstation einer Buslinie im kleinen Grenzverkehr zwischen Indien und Nepal.

Nun versuchte man natürlich auch die Stadt Kapilavatthu zu lokalisieren, die nicht weit vom Hain Lumbinî entfernt liegen konnte. Doch hier hatten die Archäologen bisher weniger Glück. Nicht weniger als sechs Plätze wurden als Heimatstadt des Buddha identifiziert, wobei allerdings der Ort Piprâvâ, fünfzehn Kilometer westlich von Lumbinî, die größte Chance hat, das alte Kapilavatthu zu sein: Hier fand man nicht nur Überreste buddhistischer Monumente, wie sie in Pilgerorten üblich sind – und welcher Platz außer Lumbinî hätte in dieser Gegend sonst noch Pilger anziehen können? Man fand auch eine Urne, aus deren Inschrift hervorging, daß sie die Asche des Buddha enthielt.

Die Legende vom Königssohn

Durch die Lokalisierung von Lumbinî können wir uns aber nun ziemlich genau die Gegend vorstellen, in der der Buddha aufgewachsen ist. Im Vergleich zur nepalesischen Bergwelt ist es eine wenig reizvolle, aber sehr fruchtbare Schwemmlandschaft, die bereits zur Gangesebene gehört. Aber kaum zwanzig Kilometer nördlich von Lumbinî, das etwas über hundert Meter über dem Meeresspiegel in der Terai-Ebene liegt, steigen die bis zu eintausendeinhundert Meter hohen Berge der Churia-Gebirgskette auf, hinter deren Wall sich dann der Himalaja (= Schneewohnung) bis nahezu neuntausend Meter auftürmt.

Diese Terai-Ebene, zum Teil heute noch mit Dschungeln und immergrünen Regenwäldern bewachsen, liegt etwa auf der Höhe Südmarokkos, der Kanarischen Inseln oder Floridas und gilt mit einer Jahresdurchschnittstemperatur von fünfundzwanzig Grad seit jeher als die Reiskammer des Gebirgslandes. Darauf deutet bereits der Name von Siddatthas Vater hin, aber auch der chinesische Pilger Hiuan Tsang erzählte noch vom »fruchtbaren Land« des Erleuchteten.

Hier also lag das Reich der Sakja, das nach alten Berichten im Osten bis zum Fluß Rohinî reichte. Dieser Fluß, der heute noch den gleichen Namen trägt, mündet bei Gorakhpur, etwa hundertsechzig Kilometer nördlich von Benares, in die Rapti (Aciravatî), die im Süden und Westen ungefähr das Gebiet der Sakja umgrenzt haben dürfte.

Daß sich nun von der Königsstadt Kapilavatthu außer späteren Pilgerbauten kein Rest erhalten hat, obwohl sie als völkerreich und voll von Wagen, Pferden und Elefanten beschrieben wird, könnte einen nun freilich wieder an der Zuverlässigkeit der Tradition zweifeln lassen. Schließlich reden die alten Texte ständig vom Königssohn Siddattha und von »Mâjâ, der Königin«, so daß man eine größere Residenz erwarten sollte.

Und hier, jenseits der Erinnerung an Namen und Ortschaften, könnte die Legende auch tatsächlich wieder das ihrige getan haben, um den verehrten Meister in einem besseren Lichte erscheinen zu lassen. Zwar wird der »Stolz der Sakja« oft genug erwähnt und auch auf den Reichtum der Familie verwiesen, aber Legenden haben nun einmal einen Hang zum Außergewöhnlichen. Am Ende war Siddattha gar kein Prinz und Kapilavatthu folglich auch keine königliche Residenz, sondern ein einfaches Landstädtchen mit Lehm- und Holzbauten, die keine bleibenden Spuren hinterließen. Schließlich gibt es auch gute Gründe, die an der königlichen Abstammung des Zimmermannssohnes aus Nazareth Zweifel erlauben. Und tatsächlich existiert auch eine Stelle in den buddhistischen Texten, die ähnliche Gedanken nahelegen. Der Buddha erzählt da von seiner Erleuchtung, und nach Stil und Eigenart könnte dies ein authentischer Bericht sein. In dieser Schilderung, die wir später noch ausführlich kennenlernen werden, heißt es an einer Stelle »Ich erinnere mich, daß ich einmal, während mein Vater arbeitete, im kühlen Schatten eines Jambu-Baumes saß ...«, oder wie andere übersetzen »... als mein Vater bei der Feldarbeit war«. Pflegen Könige ihre Felder zu pflügen oder überhaupt zu arbeiten?

Man ist sich inzwischen einig, daß die spätere Legendenbildung bei der Abstammung des Buddha einen dramatischen Gegenpol geschaffen hat, um seinen Entschluß, in die »Hauslosigkeit« des

Mönchtums zu gehen, besonders bedeutsam erscheinen zu lassen. Für diese Annahme spricht auch, daß die Biographie eines konkurrierenden Sektengründers aus der Zeit des Buddha nicht nur in diesem Punkte, sondern auch bis in andere Einzelheiten hinein die gleichen biographischen Elemente aufweist wie die Buddha-Legende.

Wer aber war dann Suddhodana, der Vater des Buddha? Man hat sich darauf verständigt, in ihm einen »adligen« Grundbesitzer zu sehen, der im wechselnden Turnus mit anderen Adligen der Kriegerkaste eine Art Präsidentschaft ausübte und in dieser Funktion auch mit dem König von Kosala verhandelte, den die Sakja als Souverän anerkannten. Das mag wie ein Kompromiß klingen, um die Legende nicht ganz zu desavouieren, hat aber etwas für sich: Die »Ich-Erzählungen« des Buddha erwähnen nie, daß Suddhodana König gewesen sei, sondern sprechen nur von einem sorgenfreien Leben.

Aber vielleicht kann man noch einen Schritt weitergehen. Die von Hermann Oldenberg gebrauchte Formulierung eines »adligen Grundbesitzers« entstammt der Vorstellungswelt des letzten Jahrhunderts mit ihren adligen Gutsbesitzern und Junkern. Sie läßt sich aber nur höchst ungenau auf die Gesellschaftsordnung zu Buddhas Zeiten übertragen, die bereits vom Kastenwesen geprägt war.

Die Gesellschaftsordnung

Dieses Kastenwesen, am ehesten noch mit den mittelalterlichen Zünften vergleichbar, war eine soziale Rangordnung, die ursprünglich von der Hautfarbe ausging und die hellhäutigen eingewanderten Arier von der dunkelhäutigen Urbevölkerung Indiens schied. Kaste war »Varna«: Farbe.

Während die indogermanischen Einwanderer sich stolz die Arija, die Edlen nannten, sprachen sie in den Veden, ihren alten Heiligen Schriften, von der Urbevölkerung der Dasa nur verächtlich als von den »Schwarzhäutigen«, den »Nasenlosen«, den »Mißredenden von feindlicher Sprache« und von den »Unholden«.

Denn als die Arier um das Jahr 1000 vor Christus von Pandschab aus in das östlich gelegene Gangestal vorstießen, hatte sich in dem von ihnen bereits besetzten Gebiet schon ein Herr-Knecht-Verhältnis herausgebildet, das sich in vier Hauptkasten manifestierte: der Priesterkaste der Brahmanen, dem Stand der Krieger, den Bauern und Gewerbetreibenden und der Kaste der Dienenden. Die Angehörigen der ersten drei Kasten waren Arier. Die vierte Kaste der »Schudras« bestand mit ihren zahlreichen Unterkasten aus Leuten von »dasischer Hautfarbe«.

Wenn also von einem »adligen Grundbesitzer« die Rede ist, dann ist zunächst einmal gemeint, daß Suddhodana ein Arier war, der zur Kriegerkaste oder zu den Bauern gehören konnte. Welchen Rang Suddhodana innerhalb seiner Kaste tatsächlich einnahm, wissen wir nicht; seine gesellschaftliche Stellung läßt sich nur aus seinem vermuteten Reichtum schließen.

Nun gibt es aber eine Stelle in einem alten buddhistischen Text, die diesen sozialen Status der Sakjas insgesamt anzweifelt. Es wird da berichtet, daß sich ein Brahmane beim Buddha beschwert, die Sakja hätten sich über ihn lustig gemacht, als er das Versammlungshaus in Kapilavatthu besuchte. »Das aber, o Gotama«, heißt es dann weiter, »gehört sich nicht, daß die Sakja, die nichts weiter als einfache Hausdiener sind, einen Brahmanen weder verehren, noch hochschätzen, noch anerkennen, noch ihm die Ehre erweisen und Geschenke machen.«

Wenn damit nicht die Überheblichkeit des Brahmanen charakterisiert werden soll, könnte diese Stelle nahelegen, daß die Sakja und damit auch die Familie des Buddha in Wirklichkeit nicht zu den führenden Kasten gehörte, ja nicht einmal Arier waren. Der »Stolz der Sakja« hatte möglicherweise eine ganz andere Ursache. Wir wissen nämlich, daß gerade das Gebiet der Sakja erst relativ spät von den arischen Einwanderern eingenommen worden ist. Die mit den Kosala verwandten Sakja könnten deshalb als »Dienende« also auch zu den Ureinwohnern aus dem Himalaja gehören.

Im »Brahman der hundert Pfade«, einem Werk des Veda, wird erzählt, wie sich Agni Vaischvânara, der Gott des Feuers, vom Pandschab aus nach Osten zum Ganges wandte und über die Flüsse »hinwegflammte«, die auf seinem Wege lagen. So kam er auch zum Fluß Sadânîrâ, der von den Schneebergen im Gebirge herabströmte, aber über ihn flammte Agni nicht hinweg. Und dann heißt es: »Den überschritten vordem die Brahmanen nicht, denn Agni Vaischvânara war nicht über ihn hinweggeflammt. Jetzt aber wohnen östlich von dort viele Brahmanen.«

Wo dieser Fluß genau zu suchen ist, wissen wir zwar nicht, aber da er in der Geschichte als Grenze der Kosala und der Videha bezeichnet wird, können wir wenigstens die Gegend angeben: Es ist das Gebiet westlich und südlich von Kapilavatthu, dem Geburtsort des Buddha (auf heutigen Karten Oudh und Nordbihar). Der Buddha selbst wird in den alten Texten allerdings als Arier geschildert. In einer seiner Ich-Erzählungen redet er von seiner »hellen, reinen Hautfarbe«, und in einer recht blumigen legendären Erzählung wird er sogar als blauäugig beschrieben:

> »Sein Körper glich des goldnen Berges Gipfel,
> des Elefanten Nacken seine Schultern,
> des Frühlings Donner seine Stimme und sein
> tiefblaues Auge dem des Rinderkönigs ...
> das Antlitz hellglänzend wie der Vollmond,
> sein Gang den Schritten gleich des Löwenkönigs ...«

Wie der Buddha in Wirklichkeit aussah, wissen wir nicht. Von Indien bis China, von Tibet bis Ceylon haben ihn die Gläubigen später so dargestellt, als wäre er einer der ihren.

Wir werden uns auch in Zukunft damit begnügen müssen, Fakten und historische Tatsachen aus Bildern und Erzählungen abzuleiten – nicht weil es der Buddhismus so verlangt, sondern weil dies der indischen Mentalität entspricht, die keinerlei Sinn für Zahlen und historische Genauigkeit hat. Ein Volk, das dem »Königssohn« Siddattha vierundachtzigtausend Frauen andichtet und von dreihundertdreißig Millionen Göttern redet, obwohl keine Sprache der Welt auch nur soviel Worte hat, um sie zu benennen – ein solches Volk empfindet phantasievolle Erzählungen als äquivalent für die Realität, weil man ja versteht, was gemeint ist.

Der reiche Jüngling

Der Tod der Mâjâ

Die Geburt im Hain von Lumbinî, so erzählen die alten Geschichten, brachten dem ganzen Land Reichtum, Elefanten, Pferde, Wagen und kostbare Gefäße. Verborgene Schätze stiegen von selbst aus dem Erdboden und »aus der Mitte des Schneegebirges kam freiwillig, lautlos, von weißen Elefanten eine Herde und eine Schar von Rossen aller Farben ... obwohl von Menschen nie gezähmt, doch lenksam, kam angesprengt ... aus der Wüste, wo sie geboren waren«. Die Kühe gaben nun »duftig reine Milch in Strömen«, die Hungersnöte hörten auf, jede Art von Krankheit verschwand, die Leute wurden fromm – und »weil so viel von guter Vorbedeutung zusammentraf«, nannte man das Kind »Siddattha«.

Damit wird ein Name erklärt, der sinngemäß heißt »jeder Wunsch ist erfüllt«. Die Grundbedeutung des Wortes ist freilich wesentlich plastischer und spiegelt die Erfolgsvorstellungen einer bäuerlichen Gesellschaft wider: So wie Suddhodana einer war, »der reinen Reis besitzt«, so war Siddattha »einer, der weißen Senf besitzt«: Damit war jeder Wunsch erfüllt.

Aber obwohl bei der Geburt des zukünftigen Buddha das Weltall jubilierte, wurde sein eigenes Schicksal nicht verschont: Acht Tage nach seiner Geburt starb seine Mutter Mâjâ, offenbar im Kindbett; nach der Legende aber aus »Übermaß an Freude«, nachdem sie all die Wunder bei der Geburt ihres Kindes gesehen hatte.

Gelehrte des letzten Jahrhunderts haben aus dieser seltsamen Begründung geschlossen, daß der Tod weniger aus solch einem freudigen Anlaß eintrat, sondern weil die Legendenbildung selbst den Tod notwendigerweise brauchte. Denn so wie Maria nach katholischer Tradition keinen Geschlechtsverkehr und damit keine weiteren Kinder hatte, weil die »Mutter Gottes« keine Frau im üblichen Sinne war, so sollte nun auch die buddhistische Tradition den Tod der Mâjâ erfunden haben, weil auch sie einen Erlöser geboren hatte. Nicht umsonst, so argumentierte man, bedeutete Mâjâ in der indischen Philosophie »Schein«, »Trug«, »Illusion« und »Täuschung« – alles Begriffe, die Buddha durch seine Selbsterlösung überwinden wollte.

Doch das ist allzusehr aus dem christlichen Kulturkreis und seiner Leibfeindlichkeit heraus gedacht, die dem indischen Denken von Grund auf fremd ist. In einem Land, wo es Tempel gibt, deren Erbauer alle nur denkbaren Formen des Geschlechtsverkehrs mit den drastischsten Darstellungen in Stein gemeißelt haben, kann man keinen Unterschied zwischen Gottesnähe und Geschlechtlichkeit konstruieren, im Gegenteil. Und daß ausgerechnet der Name der Mutter die zukünftige Philosophie ausdrücken soll, ist bei den durchaus reellen Namen von Vater und Sohn unwahrscheinlich.

Für eine spätere Erfindung des frühen Todes der Mutter spricht allerdings die Tatsache, daß stereotyp berichtet wird, Siddattha habe »Vater und Mutter« verlassen, als er in die »Hauslosigkeit«

ging und Mönch wurde. Aber ein anderer Erzählfaden berichtet auch, daß nach dem frühen Tod seiner Mutter deren Schwester Mahâpadschâpatî (»die sehr Nachkommenreiche«) die Pflege übernahm und als zweite Frau des Suddhodana seine Stiefmutter wurde. Sie könnte gemeint sein, wenn von »Vater und Mutter« die Rede ist. Jedenfalls wird heute allgemein akzeptiert, daß Mâjâ an den Folgen der Geburt gestorben ist und daß Mahâpadschâpatî den Jungen zusammen mit einigen Halbgeschwistern aufgezogen hat.

Das ist auch so ziemlich alles, was wir von ihr erfahren. Erst Jahrzehnte später ist sie für den »Erleuchteten« Anlaß zu Skepsis: Als nämlich seine Stiefmutter die Lehre des Buddha annahm und selbst ein Nonnenkloster gründete, fürchtete der Buddha um den Fortbestand seiner Lehre. »Tausend Jahre würde die reine Lehre bestehen bleiben«, sagte er damals zu seinem Lieblingsjünger Ânanda, wenn nicht »die Weiber« wie »Mehltau« das Reisfeld, »das in vollem Gedeihen steht«, ruinierten. Und dann stellte er eine eklatant falsche Prognose: »Nun aber, Ânanda, wird Heiliges Leben nicht lange bewahrt bleiben; nur fünfhundert Jahre, Ânanda, wird jetzt die Lehre der Wahrheit bestehen.«

Fünfhundert Jahre nach seinem Tode erreichte der Buddhismus in Indien trotz der Weiber gerade seinen Höhepunkt; erst mehr als tausend Jahre nach seinem Tode ging er dort im Ansturm des Islam unter.

»Ich war zart, höchst zart«

Mit dem Tod seiner Mutter Mâjâ endet auch schon die Kindheitsgeschichte Siddatthas. Zwar gibt es noch Berichte, die den Besuch eines Weisen beschreiben, der die zukünftige Herrlichkeit des Buddha prophezeit; die Begegnung mit dem König von Magadha, und schließlich eine Versuchungsgeschichte mit Mâra, dem indischen Satan. Aber sie sind so offensichtlich Bausteine der üblichen Heiligenverehrung, daß man sie historisch außer acht lassen kann.

Die einzige Stelle, die man trotz aller legendären Ausschmückungen vielleicht ernser nehmen sollte, stammt aus einer »Ich-Erzählung«; denn was auch immer daran wahr sein mag, sie hat erzählerische Atmosphäre und fällt damit aus den oft formelhaften Buddhageschichten deutlich heraus:

»Ich war zart«, heißt es da, »höchst zart, übermäßig zart. Für mich waren am Wohnort meines Vaters Teiche angelegt, in denen für mich allein blaue, rote und weiße Lotosblumen blühten. Ich benutzte nur Sandelsalbe aus Benares; aus Benaresseide war auch mein Kopftuch, mein Wams, mein Unter- und Obergewand. Tag und Nacht wurde über mir ein weißer Schirm gehalten, damit mich weder Kälte, noch Hitze, noch Staub, noch Schmutz, noch Tau berührte. Ich besaß drei Paläste, einen für die kalte Zeit, einen für die heiße Zeit und einen für die Regenzeit. Ich verbrachte die vier Monate der Regenzeit in dem für die Regenzeit bestimmten Palast und wurde von weiblichen Musikanten aufgewartet.«

Diese Geschichte will zweierlei sagen: Einmal soll sie deutlich machen, daß Buddhas Jugend wohlbehütet und sorglos verlief und daß er reicher Leute Kind war; eine Tatsache, die die Legenden bis hin zu den vierundachtzigtausend Nebenfrauen phantasievoll ausschmücken. Dabei ist die pädagogische Absicht dieser Legenden nicht zu übersehen: Sie zeigen uns einen Siddattha, der bereits die Buddhaschaft vorausnimmt, indem ihn die Welt und ihr materieller Reichtum gleichgültig läßt. Denn was auch immer Siddattha an Geschenken und Spielzeug bekam: »Sein Geist ließ sich durch den bunten Flittertand nicht stören.«

Statt dessen wuchs Siddattha »täglich ... an Schönheit seiner Person und geistigen Vortrefflichkeiten«, so daß er »schon nach einmal erhaltener Unterweisung seine Lehrer übertraf« – wie der zwölfjährige Jesus, der die Schriftgelehrten im Tempel durch sein Wissen in Erstaunen setzte.

Als zweites macht uns die Erzählung deutlich, daß Siddattha ein zartes und schwächliches Kind gewesen sein muß. Wenn das so gewesen sein sollte, dann könnte dies einen nützlichen psychologischen Hinweis abgeben. Wir könnten uns den späteren Buddha als einen Jungen vorstellen, der durch seine körperliche Konstitution eher zum kontemplativen als zum aktiven Leben neigte und dessen Zartheit ihn für Krankheiten eher anfällig machte als einen vitaleren Typ.

Dies könnte erklären, warum der entscheidende Durchbruch der Erleuchtung darin bestand, Leiden, Krankheit und Tod durch Nichtbeachtung zu überwinden und sich dadurch von ihnen zu lösen.

Die entscheidende Wende

Das nächste, was wir aus der Jugend des Siddattha erfahren, ist seine Heirat, die mit sechzehn Jahren stattgefunden haben soll. Weil Siddatthas Geist »der Welt abgewandt war«, hatte sein Vater sich für ihn unter den Stammestöchtern umgesehen, die »im Ruf der Anmut und Bildung« standen und schließlich in der eigenen Verwandtschaft ein Mädchen gefunden »würdig, seines Sohnes Gemahlin zu werden und durch muntere Schalkheit dessen Herz zu gewinnen«.

Dieses Mädchen, »zart und lieblich, sanftmütig und bescheiden im Betragen, erhaben wie die Königin des Himmels, stets heiter, Tag und Nacht in gleicher Weise« war Jasodharâ, seine Cousine mütterlicherseits (die Tochter des Bruders seiner verstorbenen Mutter Mâjâ).

Wir hören dann von der Geburt seines Sohnes Râhula, den ihm Jasodharâ, »die Tugendreiche«, als der Buddha neunundzwanzig Jahre alt war, gebar. Diese lange Dauer zwischen Heirat und Geburt des Sohnes versuchen die Legenden mit der Lehre Buddhas zu erklären, die sie beharrlich bereits in die Jugendzeit Siddatthas verlegen.

Da der Buddha später die Lösung von der Begierde predigte, wird dies auch schon auf sein Eheleben projiziert: »Als Gift die wilde Gier betrachtend, beherrschte er der Sinne Leidenschaften ... nach ernster Unterredung nur verlangend.«

Das paßt natürlich sehr schön in das legendäre Gemälde, muß aber nicht stimmen, denn schon die vierundachtzigtausend Nebenfrauen ruinieren dieses Bild heiligmäßiger Abstinenz. Statt dessen könnte man auch mit einigem Recht annehmen, daß Siddattha bereits eine Anzahl Töchter hatte, daß aber nur der Sohn als Stammhalter genannt wird. Dem entspräche die heute noch in Indien gültige Einstellung, daß man auf die Frage, wieviel Kinder einer habe, etwa zur Antwort bekommt: ein Kind (= ein Sohn) und zwei Töchter.

Die Geburt Râhulas brachte im Leben des Siddattha die entscheidende Wende und beendete abrupt seine »bürgerliche« Biographie. Er gab sein gewohntes Leben auf, verließ seine Familie und ging als Mönch in die »Hauslosigkeit«. In einem der wenigen »Ich-Berichte«, die noch am ehesten den Eindruck einer alten Überlieferung vermitteln, heißt es dazu lapidar: »Jung an Jahren habe ich einstmals, in blühender Jugendkraft als Jüngling mit schwarzem Haar, im ersten Mannesalter, mir Haupthaare und Bart scheren lassen, habe die Mönchsgewänder angelegt und bin aus dem Haus in die Hauslosigkeit gezogen, obgleich meine Eltern dies nicht wünschten, obgleich sie Tränen vergossen und weinten.«

Um diesen entscheidenden Schritt zu verstehen, muß man die geistige und religiöse Situation seiner Zeit kennen.

Das arische Erbe

Zeit des Umbruchs

Siddattha lebte in einer Zeit der religiösen Unruhe, in der die Brahmanen ihre unangefochtene Stellung als Priester verloren. Jahrhundertelang hatte niemand daran gezweifelt, daß allein die Brahmanen wußten und schließlich sogar bestimmten, was die Götter wollten. Jahrhundertelang hatten sie das einzige Mittel verwaltet, um die Götter gnädig zu stimmen: das Opfer. Wenn sie am Morgen nicht opferten, so glaubte man, würde die Sonne nicht aufgehen können.

Lange, viel zu lange hatten sich die Brahmanen in ihrer Selbstüberschätzung für Übermenschen, ja sogar für »Menschengötter« gehalten, ohne die die Götter im Himmel nicht existieren konnten. Die Brahmanen waren von den Dienern der Götter zu ihren Herren geworden; sie waren es, die über Erlösung und Verdammnis entschieden, nicht die Götter. Sie allein waren es, die durch ihren Lebenswandel, durch Askese und Weltabgeschiedenheit, ihr Heil und damit das Heil der Welt bestimmten.

Nicht umsonst nannten sie sich nach Brahman, der All-Seele. Brahmanas ist ein Wort, das sich aus der Wurzel b-r-h ableitet, die »stark sein« bedeutet und ebenso »heilige Macht« wie »Opferwort« bezeichnet. Denn durch ihre Opferhandlungen und durch bestimmte Zauberformeln machten sie das Brahman überhaupt erst zum »Haupt dieses Alls«. Durch ihr Zauberwort wurden »Himmel und Erde zusammengehalten«, deshalb war »der Brahmane das Haupt dieses Alls«.

Diese Machtstellung, die die Brahmanen auch dadurch nutzten, daß sie sich zur vornehmsten Kaste erklärten und außerhalb der Gerichtsbarkeit standen, hatten sie erst allmählich gewonnen.

Als die Arier etwa um 1500 vor Christus oder davor in den Nordwesten Indiens einwanderten, waren nicht die Priester, sondern die Krieger die mächtigste Gruppe. Ihre Häuptlinge und Könige waren es, die die Opferhandlungen vollzogen, die Brahmanen assistierten dabei lediglich. Indem sie aber alle Zauberformeln und Opferriten sammelten und sie nur innerhalb ihrer Sippe überlieferten, konnten sie mit Hilfe dieses Geheimwissens ihre Machtstellung aufbauen.

Dabei verhielten sie sich genauso wie die Druiden in Gallien, »die es nicht für Recht hielten«, ihre Lehren aufzuschreiben, denn

– so Julius Cäsar in seinem »Gallischen Krieg« – »einmal wollen sie nicht, daß ihr Wissen zum Allgemeinbesitz werde, und dann sollen diejenigen, die sich dieses Wissen aneignen, sich nicht auf die Schrift verlassen und so ihr Gedächtnis vernachlässigen«.
Zwar behauptete der griechische Geograph Strabo um die Zeitenwende, die Inder hätten ohnehin nicht schreiben können, denn sie »kennen nicht einmal die Buchstabenschrift und verhandeln alles aus dem Gedächtnis«, aber das ist schlicht unzutreffend. Längst schon schrieben die Arier ihr Sanskrit in einer dem semitischen Alphabet entlehnten Schrift (allerdings von links nach rechts); nur eben: Das »Wissen« der Arier wurde absichtlich nicht aufgeschrieben, sondern in jahrelanger Mühsal – es ist von zwölf Jahren die Rede – auswendig gelernt und durch Rezitieren weitergegeben. Wurde ein Angehöriger der nichtarischen Kaste versehentlich Zeuge einer solchen Rezitation, so wurde ihm zur Strafe glühendes Blei in die Ohren gegossen. Schließlich aber wurde dieses »Wissen« – das Sanskritwort dafür heißt »veda« – doch noch aufgeschrieben: Es sind die »Veden«, die älteste Literatur der Inder. Sie enthalten neben ausufernden Erzählungen Hymnen, Lieder, Opfersprüche und Vorschriften für die Opferhandlungen. Sie gliedern sich in den Rig-Veda und die zeitlich jüngeren Sâma-Veda, Jadschur-Veda und Atharva-Veda – eine ungeheure Sammlung, die den Umfang der Bibel um das sechsfache übertrifft, und von der wir aber leider nicht wissen, wann ihre Niederschrift erfolgte.

Leben im alten Indien

Aus diesen Veden können wir nun die religiöse und kulturelle Entwicklung des frühen Indien seit der arischen Einwanderung rekonstruieren, denn der Rig-Veda geht mit einem Teil seiner eintausendundachtundzwanzig Hymnen wahrscheinlich sogar bis in die Zeit um 1500 vor Christus zurück. In ihnen werden nämlich nur Orte des Pandschab im nordwestlichen Indien erwähnt. Dieses Fünfstromland (im Pandschab steckt das griechische Wort »pente« für fünf) war das klassische Gebiet für Einfälle aus dem Westen, in dem auch die Arier in jener Zeit zuerst aufgetaucht waren.
Der Hauptfluß Sindhu, in den die fünf Ströme mündeten, gab übrigens dann sogar dem ganzen Subkontinent seinen Namen: Aus Sindhu machten die Perser später »Hindu«, woraus dann die

Bezeichnung Hindustan für Nordindien wurde. Die Griechen wiederum, die in ihrem Alphabet keinen eigenen Buchstaben für »h« haben, schrieben das Wort wie »India«, so daß wir auf diesem Umweg zum Wort Indien und zur Bezeichnung Indus kamen.

Die Vorstellung, die großen blonden Arier mit ihrer höheren Kultur hätten die »nasenlosen« primitiven Vorbewohner unterworfen, ist ein Klischee, das der wesentlich differenzierteren Wirklichkeit nicht gerecht wird. Nach dem Rig-Veda kamen die Arier zunächst als friedliche Nomaden, die Weideland für ihr Vieh suchten. Sie fanden im Industal eine viel höherstehende Kultur vor, die wir aus den Ausgrabungen von Mohendscho Daro und Harappa kennen, und die Verbindungen zur sumerischen und kretischen Kultur aufweist.

Vermutlich haben sie diese Kultur aber später vernichtet, denn sie nannten sich stolz die »Burgenzerstörer«, während sie selbst ihr Leben als Wanderhirten beibehielten: Nirgendwo kommt im Rig-Veda der Bau einer Stadt vor, das Wort für Ziegel wird nicht erwähnt. Statt dessen wohnten sie in Lehmhütten wie die einfache Landbevölkerung heute noch. Was die Überlegenheit der Arier ausmachte, war nicht ihre Kultur, sondern ihr neues Kampf- und Fortbewegungsmittel, das Pferd.

Die wichtigste Zelle war die Familie, der Vater war der absolute Patriarch, die Ehefrau immerhin die Herrin über die weiblichen Haushaltsglieder. Ihre Aufgabe war es, das Korn zu mahlen, das Essen zu kochen, den Mann bei Tisch zu bedienen, die Töpfe sauber zu halten, zur Verschönerung des Heims trockenen Kuhmist auf den Boden zu streuen und dem Mann Söhne zu gebären. Polygamie und Kinderehe gab es nicht.

Um das Jahr 1000 vor Christus erfolgte dann eine zweite Einwandererwelle, so daß sich die Arier unter ihrem eigenen Bevölkerungsdruck neue Gebiete erkämpfen mußten – diesmal mit der Waffe in der Hand. Zum Klang von Musik und Trommeln kämpften sie mit Pfeil und Bogen, Speeren, Bronzeschwertern und Kriegsbeilen, zu Fuß und mit Kriegswagen: Es war jene Zeit, als der Feuergott Agni über die nord-südfließenden Ströme der Gangesebene »hinweggeflammt« war.

Erst danach breiteten sich die Arier auch nach Süden hin aus, ohne allerdings jemals die Südspitze Indiens und deren vielleicht aus Nordindien verdrängte drawidische Urbevölkerung in ihr Einflußgebiet einbeziehen zu können.

In diesen Jahrhunderten der Ausbreitung übernahmen die Arier zwar von der Urbevölkerung den Pflug, die Töpferei, die

Weberei und das Zimmermannshandwerk und vermischten sich auch mit der einheimischen Bevölkerung; aber sie verloren weder ihren Stolz als »Edle«, noch gaben sie ihre eigene Sprache, das Sanskrit, auf.

Seit rund zweihundert Jahren, genauer seit 1786, wissen wir, daß dieses Sanskrit zu den indoeuropäischen Sprachen gehört, also mit dem Lateinischen ebenso verwandt ist wie mit dem Griechischen, Germanischen, Keltischen, Slawischen, dem Hethitischen, Armenischen und Iranischen, um nur einige Sprachen zu nennen.

Ein Vergleich des gemeinsamen Wortbestandes der indoeuropäischen Völker zwischen Ceylon und Island ist nun aber nicht nur für die Sprachwissenschaftler interessant. Wenn man davon ausgeht, daß gemeinsame Wortwurzeln auch eine gemeinsame Lebenserfahrung widerspiegeln, kann der Historiker Rückschlüsse auf Lebensweise und Lebensraum der Indoeuropäer ziehen.

So gibt es zum Beispiel keinen gemeinsamen Wortstamm für »Meer« und keine gemeinsamen Wortwurzeln für tropische oder subtropische Tiere oder Pflanzen. Daraus kann man schließen, daß die Urheimat der Indoeuropäer ein Inlandgebiet in den gemäßigten Zonen war, zumal der gemeinsame Wortbestand auch Worte für die vier Jahreszeiten kennt, wie sie in den gemäßigten Zonen vorkommen.

Man nimmt daher heute aufgrund weiterer Indizien an, daß die Urheimat der Indoeuropäer in dem weiten Gebiet zwischen Kaukasus und der Kaspischen Senke lag.

Allein aus dem Vergleich gemeinsamer Wortwurzeln erfährt man, daß der Hausbau, das Rad und das Reittier bekannt waren, daß man Werkzeuge anfertigte und in einer patriarchalischen Gesellschaft lebte. Ja, man kann sogar feststellen, wann die indoeuropäischen Stämme noch zusammengelebt haben, bevor sie in alle Weltgegenden auseinanderstrebten: Es war bis zum Ende der jüngeren Steinzeit. Zu dieser Zeit kam, wie man von der Archäologie weiß, der Gebrauch des Kupfers auf – und das Wort für Kupfer (lat.: aes, gotisch: aiz, altindisch: ayas = Erz) ist der einzige Metallname, den die indoeuropäischen Völkerstämme gemeinsam haben. Demnach könnten die Anfänge der indoeuropäischen Wanderung in der Zeit um 2500 vor Christus liegen.

Der Glaube der Veden

Da das altindische Wort »sam-skrita« »zugerüstet, korrekt für den sakralen Gebrauch« bedeutet, könnte man annehmen, daß das »Sanskrit« auch religiöse Begriffe aus jener gemeinsamen Steinzeit bewahrt hat und daß uns so exotisch klingende Götternamen wie Djaus Pitta oder Agni am Ende vielleicht gar nicht so fremd sind.

Und einmal aufmerksam geworden, erkennt man tatsächlich im indischen Feuergott »Agni« leicht das lateinische Wort für Feuer wieder: ignis. Und wenn man weiß, daß »Vaju« der Gott des Windes ist, hört man als Deutscher leicht den Wortstamm für »wehen«, der schließlich sogar im Namen des nordischen Wettergottes »Wotan« auftaucht. Macht man schließlich aus dem Djaus Pitta ein einziges Wort, bei dem der »s«-Laut wegfällt, so hat man ein Djaupitta: Es ist Jupiter, dem der griechische Göttervater Zeus-Patér entspricht.

Dabei ist »Göttervater« sogar die genaue Übersetzung von Zeus-Patér, denn das Wort Zeus leitet sich von der Wurzel »deididje« ab, aus der im Französischen ganz ohne Anstrengung das Wort für Gott: dieu (das lateinische déus) und das Sanskritwort für Götter: »deva« entstanden ist.

Das Sanskritwort »deva« bedeutet dabei »leuchtend, glänzend«, so daß Zeus/Jupiter ursprünglich ein Synonym für das Tagesgestirn, die Sonne, gewesen wäre. Auf dem Umweg über das Sanskrit finden wir sogar die Beziehung zwischen anscheinend so weit auseinanderliegenden Wörtern wie Zeus als dem leuchtenden Gott und dem lateinischen Wort »díes« für Tag »einleuchtend«: deus, divus und deva kommen von dem gleichen indoeuropäischen Wortstamm wie im lateinischen dies, der helle Tag.

Auf die gleiche Weise kann man noch bei einer ganzen Reihe anderer indischer Götter den gemeinsamen Ursprung mit europäischen Gottheiten nachweisen. Sie alle waren Naturgottheiten, lassen sich mit den Frühstufen anderer Religionen vergleichen und weichen von den abendländischen Religionen nicht wesentlich ab. Auch der später immer üppiger entwickelte indische Götterhimmel des Hinduismus bleibt grundsätzlich mit dem griechischen oder germanischen Götterhimmel vergleichbar, in dem die Götter wie Menschen handeln, denken und leben, nur daß sie nicht sterben müssen.

Es gibt, wenn auch in anderen Bildern und Vorstellungen, in den Veden die gleichen Schöpfungsmythen, die gleichen Götterintrigen, die gleichen Kämpfe, die das Werden und Vergehen der

Natur und das Mit- und Gegeneinander der Menschen symbolisieren. Es sind die gleichen Götter und die gleichen Geschichten, nur in einer exotischeren Umgebung, weil auch die heimischen Götter wie der Affengott Ariman oder Ganesa, der Gott mit dem Elefantenkopf, in das Pantheon aufgenommen wurden.

Wenn man so will, liegt uns vom gemeinsamen Ursprung her der fernöstliche indische Götterhimmel näher als das nahöstliche Judentum mit seinem Monotheismus, aus dem sich die christliche Religion entwickelt hat.

Was uns die indische Welt aber so fremdartig erscheinen läßt, besonders im Buddhismus, ist ihr Pessimismus, ihre Ablehnung der Welt, ihre Sehnsucht nach dem Nichtmehrsein im Nirvâna, um es in einigen Schlagworten zusammenzufassen. Schuld, Verstrickung und Leid kennen alle Religionen, und das christliche »Jammertal« ist zur Redensart geworden; aber die Einstellung, daß die Welt und das Leben grundsätzlich Leiden sind, und daß Passivität das beste Mittel ist, um dieses Leiden zu überwinden – das ist speziell auf indischem Boden gewachsen.

Hermann Oldenberg hat in seinem Standardwerk über Buddha die Weltabkehr und den Pessimismus auf die »Erschlaffung« der indoeuropäischen Einwanderer im »schwülen Klima« Indiens zurückgeführt. Aber soviel sicher auch das Klima mit der Aktivität des Menschen zu tun hat, und man das »faustische Streben« eher im kühlen Norden sucht – Pessimismus und Weltabkehr lassen sich nicht allein auf das tropische Klima zurückführen.

Auch das Christentum, das seine eigentliche Heimat in den gemäßigten Breiten fand, hat ebensolche Formen der Weltabkehr und der Askese entwickelt wie wir sie in Indien finden. Und umgekehrt gibt es keine andere Religion in den heißen Zonen, die eine ähnliche Ablösung von der Welt entwickelt hätte wie der Buddhismus. Albert Schweitzer schreibt daher in seinem Buch »Die Weltanschauung der indischen Denker«: »An sich hätten die indischen Arier geradesogut zu einer Weltanschauung ethischer Welt- und Lebensbejahung gelangen können wie die persischen«, denn »die Religion der vedischen Hymnen ist von welt- und lebensbejahender Art...«

Wir müssen also die Gründe für diese Entwicklung woanders suchen.

Mystik und Ekstase

Sie liegen zum einen im Selbstverständnis der Brahmanen. Bei ihrem Bemühen, das Wesen des Übersinnlichen zu begreifen, waren sie zu der Erkenntnis gekommen, daß Menschen und Götter, Schöpfer und Geschöpfe nicht grundsätzlich verschieden voneinander seien. Denn nachdem man mit magischen Mitteln des Zaubers menschliche und göttliche Wünschen in Übereinklang bringen konnte, erlebten sie nun in der mystischen Versenkung sogar die Vereinigung von Gott und Mensch.

Wir müssen uns von der landläufigen Vorstellung frei machen, daß Mystik etwas Diffuses, Verschwommenes, ein mehr gefühlsmäßiges als verstandesmäßiges Erfassen einer Wahrheit ist. Mystik – abgeleitet von dem griechischen Wort »myo« = »die Augen schließen«, ist zunächst nur ein Aufheben des Umweltkontaktes und ein Konzentrieren auf sich selbst. Insofern ist die Mystik eine Loslösung von der Welt. Gleichzeitig aber erlebt man in der mystischen Schau die Vereinigung mit der Welt in einem Maße, wie es die Weltzugewandtheit gar nicht erreichen kann. Mystik ist das Gefühl und das Bewußtsein, mit der Weltschöpfung und dem Schöpfer in eins zu verschmelzen, weil man im Mikrokosmos des eigenen Selbst den Makrokosmos von Schöpfung und Geschöpf erlebt: »Agni (der Gott des Feuers) ruht in meiner Rede ... Vaju (der Gott des Windes) ruht in meinem Atem; die Sonne ruht in meinem Auge ... der Âtman ruht in meinem Âtman«, heißt es an einer Stelle.

Schlüsselbegriff ist das Wort »Âtman«, ein indoeuropäisches Wort, das wie im deutschen »Atem«, »Odem« bedeutet, den menschlichen Atem ebenso wie den Odem, die Schöpferkraft Gottes. Wie atmen leben bedeutet, so ist »âtman« auch die zentrale Kraft überhaupt: »Der Âtman ist die ganze Welt«, »der Âtman ist das All«. Das Erlebnis, daß die heiligen Kräfte Brahman und Âtman Teil von mir selbst sind, daß ich auch umgekehrt Brahman und Âtman bin, daß also das wahre Wesen des Menschen nicht die irdische Existenz, sondern die Identität mit dem Überirdischen ist, ist in der bekannten Formel »Tat tvam asi – das bist du« auf seine kürzeste Formel gebracht. Tat tvam asi beschreibt die mystische Einheit von Weltseele und Einzelseele. Sich selbst erkennen, heißt, die Welt erkennen, die Welt erkennen, heißt, sich selbst verstehen.

Tat tvam asi bedeutet aber auch Identität mit der Umwelt. Alles ist âtman; ich, die Pflanzen, die Tiere, alles Vergängliche: Mystik ist das Erleben der Alleinheit.

Das schwierige ist, daß man hier ein Erleben beschreiben muß, das wir nicht unmittelbar nacherleben, höchstens nachempfinden können, wenn wir dabei an die Verlockungen der Paradiesesschlange denken: »Ihr werdet sein wie Gott und wissen, was gut und böse ist.« Die Götter finden, mit ihnen auf einer gleichen Stufe stehen, ja mit ihnen eins und damit unsterblich zu sein, bedeutet Macht und Überlegenheit für den, der in das geheime Wissen der Veden eingeführt war und den Weg gefunden hatte.

Die Veden bringen daher zahlreiche Beschreibungen, wie man die Identität von innen und außen als Erleben herbeizwingen kann. Es sind die gleichen Methoden der Askese, Kasteiung und Selbsthypnose, die wir bei den abendländischen christlichen Mystikern nachlesen können. Verinnerlichung und Ekstase liegen hier eng beieinander, das eine kann das andere auslösen: »Wir tranken Soma«, heißt es in einem Hymnus des Rig-Veda nach der Zubereitung des berauschenden Pflanzentranks, »wir wurden unsterblich, wir fanden die Götter...«

Nirgendwo und nirgendwann vermitteln einem diese Beschreibungen den Eindruck, daß hier von Weltflucht oder Weltekel die Rede wäre. Im Gegenteil, der Pantheismus dieser Mystik, der das Göttliche in allem wiedererkennt und grundsätzlich nicht zwischen Gott und der irdischen Welt trennt, verlockt ja geradewegs dazu, sich mit der Welt als Teil des Göttlichen zu beschäftigen. Tatsache ist, daß die vedische Religion und der spätere Hinduismus weltzugewandt und zum Teil recht sinnenfreudig sind.

Wenn man in jenen alten Tagen Weltflucht oder Pessimismus findet, dann nicht bei den Gläubigen, sondern nur bei den Priestern, den Inhabern des Opfermonopols. Da nur sie es waren, die die Zauberformeln und Methoden kannten, um sich mit Âtman zu vereinigen, so daß sie sagen konnten »ich bin das All«, so waren sie es auch allein, die nun die Abkehr von der Welt für notwendig hielten, um sich ganz der mystischen Vereinigung zu widmen. »Ihn, den Âtman erkennend, lassen Brahmanen davon ab, nach Söhnen zu begehren und nach Habe zu begehren und nach Himmelsgütern zu begehren, und ziehen als Bettler einher.«

Es sind jene merkwürdigen Gestalten, die schon der Rig-Veda beschreibt, jene »langhaarigen Verzückten, in braunen Schmutz gekleidet, die im Wehen des Windes einhergehen, wenn die Götter in sie gefahren sind«.

Aber auch sie wurden erst Mönche, nachdem sie ihr weltliches

Geschäft ausgiebig erledigt hatten. Weltzugewandt heirateten sie, gründeten Familien und versuchten, wie jeder andere auch, ihren Besitz zu vermehren und gut zu leben. Erst in der zweiten Lebenshälfte, wenn der Bestand der Sippe gesichert war, hörten sie auf, »nach Söhnen zu begehren und nach Habe zu begehren«, verließen ihre Familien und gingen als Bettelmönche in die »Hauslosigkeit«.

Das Ende der Götter

Gegen dieses Monopol der Brahmanen, sich durch ihr Geheimwissen mit dem Göttlichen zu vereinigen und damit die notwendige Erkenntnis für die Erlösung zu erlangen, war nun kurz nach 600 vor Christus eine Gegenbewegung entstanden, die sich Sânkhja (= Aufzählung) nannte. Es war ein religiöser Aufbruch, der sich von den erstarrten Formeln der Brahmanen freimachte und nichts mehr von ihren Opfern wissen wollte: Lieber wollten sie sich selbst opfern.

So zogen Tausende von Menschen aus allen Kasten von zu Hause fort und führten ein asketisches Mönchsleben wie vorher nur die Brahmanen. Bald hatten sich verschiedene Schulen herausgebildet, die es mit unterschiedlichen Methoden darauf anlegten, ihr Heil mal mehr durch Versenkung oder mehr durch Askese zu erlangen. Sie unterschieden sich dabei aber nicht nur in ihren Methoden, sondern auch in der Frage, wie weit der Mensch sein Schicksal selbst in der Hand habe; ob er zum Beispiel durch gutes und böses Handeln sein Schicksal verändern könne oder ob alles vorherbestimmt sei.

All diesen neuen Richtungen war gemeinsam, daß der frühere Glaube an das All-Eine durch einen scharfen Dualismus ersetzt wurde. Natur war nicht mehr Gott und Gott nicht mehr Natur, sondern Seelisches und Materielles existierte getrennt für sich. Gott oder ein höchster Geist wie Brahman wurde ausdrücklich geleugnet. Es war eine Revolution sondergleichen.

Zwar glaubte man noch an die immaterielle Seele, aber sie war nicht mehr Teil einer Weltseele, sondern existierte neben unendlich vielen anderen Seelen als in sich abgekapselte Einheit, die ohne erkennbaren Grund ab und zu mit der Materie eine Verbindung einging. Doch auch dann blieben Leib und Seele scharf getrennt: Die Seele wirkte nicht auf den Körper ein, der Körper nicht auf die Seele. Was auch immer der materielle Leib tut – »die Seele steht in Wahrheit außerhalb alles jenes Geschehens«, schreibt Oldenberg, »aber wie der klare Kristall durch die rote Blüte, die man ihm nahebringt, seine Farblosigkeit scheinbar verliert und sich rot zeigt, so scheint die Seele, in der sich das Treiben der Materie wie in einem Spiegel reflektiert, selbst der Wandelbarkeit und dem Leiden der materiellen Welt unterworfen«.

Mit dem Tod trennen sich beide wieder, und die Seele existiert nun für sich in einem Zustand seliger Unbewußtheit und Ruhe, bis sie aus unerklärlichen Gründen eine neue Verbindung mit der Materie eingeht, und sich das Rad der Wiedergeburt ein Stückchen weiterdreht.

Es ist nun schwer einzusehen, warum diese Lehre von der Wiedergeburt zusammen mit der Weltentrücktheit der Brahmanen jenen Pessimismus aufkommen ließ, der das damalige Denken grau in grau färbte und Tausende zu düsteren Asketen werden ließ. Normalerweise würde man ja die Wiedergeburt gerade als etwas Positives ansehen, als eine Möglichkeit zur Läuterung in einer andauernden Existenz, die nicht nach einem kurzen Leben zu Ende ist.

Als der Gedanke der Wiedergeburt in den Jahren 1000 bis 550 vor Christus allmählich in den Upanischaden, den »Vertraulichen Mitteilungen«, auftauchte, hat das auch keinen Menschen beunruhigt: Nach dem Tode kehrte die Seele in die Allseele zurück, und wenn sie wiedergeboren wurde, trennte sie sich nicht wirklich vom Âtman: Alles, auch das Vergängliche, war ohnehin von der Allseele durchdrungen.

Aber nun, da man die Götter und ihre Opfer abgeschafft hatte, und in dem Moment, in dem man Seele und Materie als Gegensatz empfand, schlug das Empfinden um. Der Leib wurde zum Gefängnis der Seele, die Taten des Menschen, durch kein Opfer mehr auszulöschen, bestimmten unerbittlich die nächste Existenz mit Geburt, Leiden und Tod.

Anstelle der Weltentrücktheit der Brahmanen suchte man jetzt die Erlösung von der Welt überhaupt. Wie man das endlos rollende Rad der Wiedergeburt anhalten konnte, war nun die entscheidende Frage, der die Asketen und Mönche zur Zeit des Siddattha nachgingen. Man litt an der Zukunft, an der rastlosen Wiederholung des ewig Gleichen, das doch keine Schuld wegnahm und keine Seligkeit versprach.

Als Siddattha zu den Asketen stieß, war die Revolution gegen den alten Glauben in vollem Gange, waren die wichtigsten Gedanken bereits gedacht und die verschiedensten Methoden ausprobiert. Nur: Die Erlösung war noch nicht gefunden.

Der Weg in die Hauslosigkeit

Siddattha war neunundzwanzig Jahre alt, als er sein Leben radikal änderte, alles aufgab und gegen den Rat seiner Verwandten und Freunde in die Einsamkeit zog. »Solang ihr jung und munter seid, sucht Freude«, soll König Bimbisâra dem jungen Mönch geraten haben, »erwerbt Reichtümer in den mittleren Jahren; ist jede Kraft in euch genutzt, dann folgt im Alter religiösen Regeln . . ., denn erst im Alter, wenn die Wünsche ermatten, ist es Zeit Asket zu werden.« Doch Siddattha ließ sich nicht von seinem Entschluß abbringen.

»Zart, höchst zart, übermäßig zart«, wie er war, hatte ihn eine tiefe Depression erfaßt: »Mir kam der Gedanke: Auch ich bin dem Altern unterworfen und von des Alters Macht nicht frei. Auch ich bin der Krankheit unterworfen und von der Krankheit Macht nicht frei. Auch ich bin dem Tode unterworfen und von des Todes Macht nicht frei. Indes ich so bei mir dachte, schwand mir aller Lebensmut, der dem Leben innewohnt.«

Ein junger Mann also, der Angst vor dem Tode hatte, keinen Lebensmut aufbrachte, ein Zweifler, ein Pessimist vielleicht – vielleicht aber auch nur einer, der dem Zug seiner Zeit folgte und eine Gesellschaft verließ, die ihm keine Lösung für seine Fragen und Probleme bot.

Folgen wir der Legende, die daraus die dichterische Erzählung von den vier Ausfahrten gemacht hat, so geraten wir wieder in den eigenartigen Schwebezustand indischer Historie, in der die Geschichten im strengen Sinne alle nicht »wahr« sind, aber trotzdem eine Wirklichkeit widerspiegeln, die auf einer anderen Ebene liegt. Es sind exemplarische Situationen und Erlebnisse in Bildern; Gedanken und Stimmungen, die in die Außenwelt projiziert werden; Schlüsselerlebnisse, die viele hatten, die aber nur einer wirklich konsequent erlebte. Das kann Siddattha gewesen sein, das Thema mag sich aber auch nur an seiner Person verdichtet haben. Jedenfalls sollten wir akzeptieren, daß die Form der Legende nichts anderes ist, als die indische Art, Wirklichkeit und Geschichte zu verdeutlichen und an einem Einzelschicksal festzuhalten. Zumindest macht sie uns deutlich, was ein Mensch wie Siddattha erlebt hat, als er die kindliche Naivität verlor und plötzlich erkannte, daß das Leben keine ewige Jugend bedeutet, sondern mit einem Male begriff, daß neben ihm die eigene Zukunft bereits abläuft.

Die Legende von den vier Ausfahrten

Diese Legende erzählt, daß Siddattha eines Tages den Wunsch hatte, eine Ausfahrt in die königlichen Gärten zu unternehmen, und wie König Suddhodana alles vorbereitet, damit sein Sohn nur Schönes zu sehen bekommt. Und wirklich: »Freudiges Entzücken erfüllte des Prinzen Herz, als er die wohlgebahnten und besprengten Wege und die Bevölkerung in Festkleidern erblickte, auf ihn schaute die Menge, den schön geschmückten, und auf sein Gefolge.«

Aber ein Deva, ein Gott, störte die Harmonie, indem er einen alten, hinfälligen Mann am Wegesrand stehen ließ. Als der Prinz ihn sah, fragte er erschrocken den Wagenlenker: »Was ist das für ein Mann mit weißem Haupthaar, des Augen triefen, der gekrümmten Rückens entlang den Weg wankt, kaum noch mit einem Stabe den welken Leib noch mühsam aufrecht haltend? Hat plötzlich Hitze so ihm eingetrocknet den Körper, oder ist er schon geboren in diesem Zustand?«

In seiner Bestürzung weiß der Wagenlenker zunächst keine Antwort, bis er dem behüteten Prinzen die Wahrheit sagt: »Veränderung des Aussehns, Verfall der Lebenskraft, des Kummers Wachstum, der Lust entschwinden, Abstumpfung des Geistes, Kraftlosigkeit der Glieder sind Zeichen von dem, was Alter heißt. Ein Säugling war einst der Mann, an seiner Mutter Brust genährt, dann, voll von Lebenslust, ein schöner Jüngling ... doch mit den Jahren trat Verfall des Leibes ein, und jetzt hat Alter ihn verwüstet.«

Bestürzt will Siddattha nun wissen: »Ist jener nur geknickt vom Alter, oder wird mir und andern es wie ihm ergehen?« Darauf der Wagenlenker: »Auch Euer Hoheit Erbteil ist dies Schicksal. Im Lauf der Zeit verändert die Gestalt sich, der zweifellosen Zukunft kann nichts wehren. Hin durch die ganze Welt muß einst des Alters Gewand die junge Form anlegen, das ist das allgemeine Los.« Erschüttert bricht Siddattha die Ausfahrt ab und kehrt nach Hause zurück.

Einige Zeit später unternimmt er eine zweite Ausfahrt, und diesmal begegnet er einem Kranken: »Ringend mit dem Tode stand er seitwärts am Wege, aufgeschwollen und entstellt war sein Leib, er stöhnt' und ächzte, tief aufseufzend und verkrümmt und wund erschienen Händ' und Knie. Er murmelt jammernd, während aus den Augen ihm Tränen liefen.«

Wieder fragt Siddattha den Wagenlenker, wer das sei und erfährt, daß dies ein Kranker ist. »Leidet allein der Mann hier solches, oder sind noch andere von gleicher Qual betroffen?« will er wissen und erfährt: »Hin durch die ganze Welt trifft die Menschen eben dieses Geschick, erdulden muß Krankheit eines jeden Leib, des Reichen und Großen wie des Armen und Beschränkten.« Voll Angst und Kummer und »geistig aufgeregt, dem Bild des Mondes im Wasser gleich, vom Wellenzug gekräuselt«, kehrt er nach Hause zurück: »Ist's möglich, daß leichtherzig und lustig in Unwissenheit und Täuschung weltliche Menschen leben, während Krankheit als Räuber jederzeit kommen mag?«

Auf einer dritten Ausfahrt begegnet er einem Leichenzug, und wieder fragt er naiv: »Was trägt man dort mit auserles'nen Blumen und Wimpeln, während sich, vom Gram bewältigt, das Haar zerrauft und jammert das Gefolge?« Er erfährt, daß dies ein Toter ist: »Kein Gedanke ist bei ihm noch im Herzen, sein Verstand hat sich verloren, entflohen ist sein Geist, welk und verfallen ist die Gestalt, tot wie ein Holzklotz liegt er da ausgestreckt, zerrissen sind die Bande der Sippschaft.«

Und zum drittenmal fragt Siddattha: »Ist der allein gestorben, oder gibt es noch andre in der Welt des gleichen Zustands?« Die Antwort war: »An allen Orten findet man seinesgleichen, wer ins Leben eintritt, verläßt es ebenso. In mittleren Jahren zwar stark und munter, geht er unvermeidlich dem Tode entgegen, weil er einen Leib hat.«

Nach diesen Begegnungen mit Alter, Krankheit und Tod ist ihm der Lebensmut entschwunden: »Verstörten Sinnes lehnt auf die Wagenbrüstung der Prinz sich und sprach mühsam stammelnd, weil ihm der Atem stockte: ›Wie verderblich ist doch weltlicher Menschen Täuschung. Sorglos leben sie dahin, während sie überall den Leib in Staub zerfallen sehen‹.«

Suddhodana versuchte ihn aus seinem Trübsinn aufzumuntern, indem er ihn mit »Courtisanen« umgab, »die ihn zu leichtfertigen Gedanken zu reizen suchten«, indem sie »unter leichter Hülle der Glieder Formen sichtbar werden ließen, zierlich in weichem Gange sich bewegend, so wie die Braut sich dem Verlobten zögernd nähert, um das Gefühl der Liebe zu erregen«. Aber Siddattha ließ sich auch von »üppigen Stellungen« nicht reizen, sondern fühlte »zu ernstem Denken sich getrieben: Wußten jene denn nicht, wie bald der Jugend Schönheit schwindet, daß sie verblaßt im Alter und vergeht im Tode? ... Wahrlich, Alter, Tod und Krankheit, die sollten sie erwägen!«

Zum erstenmal angerührt von der Vergänglichkeit der Dinge

und ihrer Unausweichlichkeit begann Siddattha zu grübeln: »Verstört wie niemals früher, schlaflos bei Tag und Nacht, wie könnt' ich wohl nachjagen dem Vergnügen? Mich verzehren, die zweifellos gewiß sind, Alter, Krankheit und Tod; wär' ich dabei verschont von schweren Gedanken, dann müßt' ich ja ein Holzblock oder mein Herz ein Stein sein.«

In diesem Zustand machte er eine vierte Ausfahrt und traf nun auf einen Mönch, der aus dem gleichen Erleben bereits die Konsequenzen gezogen hatte: »Traurig und bedrückt von dem Denken an das Alter, Tod und Krankheit, hab' ich mein Haus verlassen, um zur Rettung den Weg zu suchen ... Ich forsche darum nach dem Glücke dessen, was nicht verfällt und untergeht, was keinen Beginn des Daseins kennt, was Feind und Freund mit Gleichmut betrachtet, nach Reichtum und Schönheit nicht fragt.«

Dann beschrieb er Siddattha, wo ein Mönch diesen Weg findet: »Nur in der Einsamkeit, in unbesuchter Talschlucht, wo als Einsiedler er unbelästigt leben kann, der Welt nicht mehr gedenkend, den Leib notdürftig mit Almosen ernährend.«

Wie im Traum kehrte Siddattha wieder in die Stadt zurück, denn »sein Herz schon weilte fern im Waldgebirge«. Zu Hause angekommen, war sein Entschluß gefaßt. Mit dem »tiefblauen Auge des Rinderkönigs, den Sinn erfüllt von religiösen Zielen, das Angesicht hellglänzend wie der Vollmond, sein Gang den Schritten gleich des Löwenkönigs: So trat er in den fürstlichen Palast ein«, um seinem Vater den Entschluß mitzuteilen.

Aber sein Vater versucht ihn davon abzubringen: »Noch ist für dich die Zeit nicht da, um religiös zu leben. Das führt gar leicht zur Störung des Gemüts, du bist noch jung und stark, dein Herz schlägt kräftig, zu dämpfen die Begierden ist kaum möglich...«

Noch einmal ließ Suddhodana die »Palastdamen« kommen, aber sie tanzten und wiegten sich umsonst, und als sie nach vergeblicher Liebesmüh ermüdet im Palast einschliefen, erfaßte Siddattha erst recht der Ekel, als er sie so liegen sah: »Halbbekleidet lagen, vom Schlaf betäubt, sie in verdrehten Stellungen, gebeugt vornüber oder rücklings, ihre Musikgeräte ordnungslos daneben ... hingestreckt mit verwirrten Kleidern auf den Boden, als ob sie Züchtigung empfangen sollten, oder wie Kaniblumen mit gebrochnem Stengel ... den Mund halb oder ganz offen, aus dem widerlich der Speichel herablief ... das Haar in wilder Unordnung, wie es bei Irrsinnigen zu sein pflegt ... in wilder Ordnung hierhin und dorthin gestreckt, so lagen sie wie durcheinandergeworfene Leichen.«

Für Siddattha, »gedankenvoll in seiner Schönheit stillsitzend«, wurde dieser Anblick zum letzten entscheidenden Anstoß. Er erkannte, daß die Welt nur Mâjâ, nur Schein ist: »Vorher doch erschienen so äußerst lieblich sie, die Stimmen lachend, die Herzen leicht und froh, die Formen jung und gerundet, glänzend ihre Blicke. Doch nun, welch ein Wandel – ohne Reiz, abstoßend häßlich! Ist das die weibliche Natur, wie ist es dann möglich, sie so hoch zu schätzen und ihr fest zu vertrauen? Auf falschen Schein und leere Vorspiegelungen! Nur Betörung und Täuschung bringen sie dem Sinne des Mannes.«

Die quälende Einsicht, daß der Schein nur trügt und hinter allem Alter, Tod und Leiden lauert, ließen Siddattha den längst vorbereiteten Entschluß endlich in die Tat umsetzen: »Ich bin aufgewacht zur Wahrheit und entschlossen, so trügerische Umgebung zu verlassen.«

Noch in der gleichen Nacht sattelte er sein Pferd und verließ Familie und Vaterhaus: »Nie kehr' ich wieder, wenn der Geburt, dem Alter und dem Tode ich nicht entfliehe...«

Siddattha war in die Hauslosigkeit aufgebrochen. Und »ehe der Morgen anbrach, lag Kapilavatthu schon drei Jodschana weit in seinem Rücken«.

Soweit die Legende, die in poetischer Form die Grundstimmung des Buddhismus wiedergibt. Aber die Erkenntnis von der Ausweglosigkeit des Leidens und der Vergänglichkeit war noch nicht die Erlösung selbst. Siddattha wußte jetzt das Ziel, aber noch nicht den Weg. Deshalb begab er sich zu den Einsiedlern in »unbesuchter Talschlucht«, um den Weg aus dem Leiden zu finden – und scheiterte.

Der Mönch

Auf der Suche

Mit kahlgeschorenem Kopf und im gelben »Kleid der heimatlosen Wanderer« zog Siddattha aus der Familie der Gotama aus dem Stamme der Sakja um das Jahr 540 vor Christus in die Hauslosigkeit, um sich einer Asketenschule anzuschließen.

An Auswahl fehlte es nicht. So konnte er zu dem berühmten Makkhali Gosâla, dem Oberhaupt der Adschîvaka-Sekte gehen, der an die unabänderliche Vorherbestimmung glaubte, gegen die kein Heilmittel vorhanden war: »Es gibt keine nahe und keine entfernte Ursache für die Verderbtheit der Wesen; sie werden verdorben ohne Grund, ohne Ursache. Es gibt keine Ursache für die Reinheit der Wesen, sie werden rein ohne Ursache.« Er lehrte einen reinen Fatalismus: »Die Erreichung irgendeines Zustandes hängt weder von dem eigenen noch von dem Wirken anderer ab noch von menschlicher Anstrengung ... Freude und Leid sind genau vorherbestimmt.«

Siddattha konnte aber auch zu Nigantha Nâthaputta gehen, der die Erlösung durch strengste Askese und Hungern zu erreichen suchte, und dessen Dschaina-Sekte heute noch in Indien existiert. Oder er hätte sich Adschita Kesakambalin, einem Nihilisten und Materialisten anschließen können, für den mit dem Tode alles aus war und der die Sinnlosigkeit der guten Taten lehrte.

Offensichtlich hat sich Siddattha die verschiedenen Schulen angesehen, denn wie die Legende berichtet, hörte er sich neugierig um, wenn er einen Büßerhain besuchte: »Soeben angekommen, sind mir die Regeln eures frommen Lebens noch unbekannt. Um Unterweisung bitt' ich deshalb und um Auskunft auf meine Frage.«

Daraufhin wurde ihm erklärt, daß sich die einen nur von Wurzeln ernährten, andere von Gras und Kräutern oder gar »wie die Schlangen von Luft nur lebten«; daß andere sich Tag und Nacht Wasser auf den Kopf tropfen ließen oder wie Fische im Wasser hausten; daß wieder andere in Rindenkleidern umhergingen und Feueropfer darbrachten.

Aber für ihn, der nach der Ursache von Alter, Tod und Krankheit fragte, war diese Art von selbstbereitetem Inferno offenbar keine Lösung. Zumindest wird ihm als Reaktion auf diese Beobachtung in jenen Büßerhainen ein Ausspruch zugeschrieben, der über seine eigene Situation hinaus auch auf jede andere Religion zutrifft: »Wenn Religion bestünde in Leibespeinigung, führt sie zur Ruh' uns nicht ... den Leib zu plagen, führt bloß zum Tode. Kraftgewinn ergibt sich nur aus des Geistes Anspannung ... Habt ihr den Geist dagegen wohl erzogen, dann wird von selbst der Leib den rechten Weg gehn.«

Eine solche geistige Anspannung fand Siddattha dann schließlich bei dem Waldeinsiedler Âlâra, »der vortrefflich redet über die Mittel der Erlösung«.

Was dieser Âlâra lehrte, war denn auch etwas anderes: Es war die Beherrschung des Körpers durch den Geist mit Hilfe einer Art

Joga-Trance, wie sie später im Buddhismus eine große Rolle spielte.

Doch Siddattha war auch mit Âlâras Lehre nicht zufrieden. Bald fand er: »Nicht einmal Âlâra Kâlâma hat Weisheit ...«, denn »nicht diese Lehre führt zur Abkehr, zur Wendung, zur Auflösung, zur Aufhebung, zur Durchschauung, zum Erwachen, zum Erlöschen, sondern nur zur Einkehr in das Reich des Nichtdaseins.«

Er verließ deshalb auch diesen Lehrer und wanderte zu einem Joga-Lehrer namens Uddaka Râmaputta, bei dem er bald die Technik der Tieftrance lernte, mit der man »weder wahrnimmt noch nicht-wahrnimmt«. Doch auch das brachte Siddattha keine Befreiung von seinen quälenden Problemen: der Überwindung von Krankheit, Alter und Tod.

Er beschloß, mit sich allein ins reine zu kommen, und erst jetzt, ein Jahr nach seiner Abkehr von Haus und Familie, begann für ihn der schwerste Teil: ganz auf sich allein gestellt und für sich die Lösung zu finden, die ihm keiner hatte zeigen können.

Im Wald von Uruvelâ

Siddattha hatte beschlossen, Waldeinsiedler zu werden. Nach einigem Suchen fand er eine geeignete Stelle in der Gegend des Ortes Uruvelâ (heute Urel bei Buddha Gaya, etwa hundertvierzig Kilometer südlich von Patna). »Dort dachte ich bei mir, ihr Jünger«, heißt es in einem alten Text, »wahrlich, dies ist ein lieblicher Fleck Erde, ein schöner Wald. Klar fließt der Fluß, mit schönen Badeplätzen und lieblich ringsum liegenden Dörfern, dahin man gehen kann; hier ist gut sein für einen Edlen, der nach dem Heil strebt.«

In dieser Gegend mit ihren waldigen Hügeln und Felsen am Horizont, durchzogen vom Fluß Nerandscharâ (heute Nîlâjanâ) ließ er sich in der Nähe von fünf anderen Einsiedlern nieder und blieb dort volle sechs Jahre.

Es war ein Abenteuer der Einsamkeit: »Wenn ich einen Rinderhirten sah oder einen Hirten von Kleinvieh oder einen, der Gras oder Holz holte, oder einen Waldarbeiter – dann stürzte ich von Wald zu Wald, von Dickicht zu Dickicht, von Tal zu Tal, von Höhe zu Höhe. Und warum? Damit sie mich nicht sähen und damit ich sie nicht sähe.«

Er mußte allein sein, aber die Einsamkeit quälte ihn, und darum handelte auch eine lange Lehrrede in den Heiligen Texten nur von den Ängsten im Walde, die »alle die lieben Asketen und Brahmanen« durchmachen, bevor sie die Welt überwinden. Da ist dann die Rede von den »Stätten des Grauens und Entsetzens«, vom unheimlichen Rascheln eines Rehs, oder wenn ein Waldhuhn einen Ast knickt, der Wind durch das Laub fährt, oder was es sonst noch an Schrecknissen in den Wäldern gab.

Sechs brütend heiße Sommer und sechs lähmende, alles verrottende Regenzeiten brachte Siddattha auf diese Weise im Wald von Uruvelâ zu – sechs Jahre, ohne der Erlösung im geringsten näher zu kommen. Im Gegenteil: Je mehr er sich bemühte, desto mehr entfernte er sich von seinem Ziel, und desto verzweifelter versuchte er die Erlösung schließlich mit eben jenen Mitteln herbeizuzwingen, die er vorher abgelehnt hatte.

Was war geschehen? Nach den weisen Sprüchen von der Nutzlosigkeit der Askese, die nur den Körper tötet, aber nicht den Geist erleuchtet, hätte man nun erwarten können, daß sich Siddattha in den Wald von Uruvelâ begab, um dort in Ruhe und Einsamkeit zu meditieren und so die angestrebte Geistesanspannung zu üben, denn – auch das ein angebliches Zitat des Siddattha – nach den ersten Joga-Übungen »führt uns die innre Überlegung dazu, daß wir uns auf das Denken nur verlassen«. Statt dessen hatte er sich einer geradezu mörderischen Askese und Kasteiung unterworfen und aß, wie die Legende übertreibt, »ein einzig Hanfkorn jeden Tag nur«.

Vermutlich fühlte er sich von Anfang an mehr von den meditativen Jogaschulen angezogen, sonst hätte er vor seiner Waldeinsamkeit nicht gerade eben jene Lehrer gewählt. Am Ende der sechs Jahre im Wald von Uruvelâ hat er dann ja tatsächlich auch die Askese abgelehnt und sich damit deutlich von den anderen Schulen unterschieden.

Aber je mehr Zeit verging und je länger er im Wald lebte, desto ungeduldiger dürfte er geworden sein, als das Meditieren und Nachdenken zu keiner Lösung führte. Vielleicht, so mag er gedacht haben, hatten die strengen Asketen doch recht mit ihren Selbstquälereien, vielleicht führte die Bedrohung der Existenz zur Erkenntnis, was diese Existenz von Leid und Tod befreien konnte.

Wir erfahren derartige Zweifel nicht, denn nicht zum letztenmal haben die Jünger eines Meisters auch hier versucht, das Leben ihres verehrten Vorbildes zu verklären, indem sie spätere Lehren und Erkenntnisse nach rückwärts projizierten. Ein Beispiel dafür ist der bereits zitierte Satz: »Nicht einmal Âlâra hat Weisheit...« Dieser nur unvollständig zitierte Satz geht nämlich weiter »... aber ich habe Weisheit« und erweckt so den Eindruck, daß Siddattha damals schon gewußt hat, was er in Wirklichkeit erst sechs Jahre später begriff. Bis dahin aber dürfte er durch alle Höhen und Tiefen der Askese gegangen sein.

Jedenfalls ist in einem der alten »Ich-Berichte« von einer geradezu schreckenerregenden Askese die Rede, an die sich der 80jährige Buddha noch erinnert:

»inbrünstig bin ich gewesen,
inbrünstig wie noch kein anderer.
Rauhsinnig bin ich gewesen,
rauhsinnig wie noch kein anderer.
Wehmütig bin ich gewesen,
wehmütig wie noch kein anderer.
Abgelöst bin ich gewesen,
abgelöst wie noch kein anderer.«

Und dann erzählte der Buddha dem Mönch Sâriputta die Einzelheiten seiner jahrelangen Selbstpeinigung:

Der Irrtum

»Da hab' ich denn, Sâriputta, also Inbrunst geübt: ein Unbekleideter war ich, ein Ungebundener, ein Handverköster ... gestattete keine Vergünstigung, keine Einladung, spähte beim Empfang des Almosens nicht nach dem Topfe, nicht nach der Schüssel, nahm nicht von einer Schwangeren, nicht von einer Säugenden, nicht von einer, die vom Manne kommt, nicht von Beschmutzten, nicht wo ein Hund dabeisteht, nicht wo Fliegen hin- und herschwärmen, aß keinen Fisch, kein Fleisch, trank keinen Wein, kein gebranntes Wasser, keinen gegorenen Haferschleim.«

Man kann sich vorstellen, daß Siddattha bei diesen selbstauferlegten Einschränkungen kaum etwas zu essen bekommen haben dürfte. »Ich lebte von Kräutern und Pilzen«, erzählt er daher weiter, »von wildem Reis und Korn, von Samen und Kernen, von Pflanzenmilch und Baumharz, fristete mich von Wurzeln und Früchten des Waldes, lebte von abgefallenen Früchten.«

Auch in seinem Äußeren übte er Askese: »Ich trug das hänfene Hemd, das härene Hemd, trug einen Rock, geflickt aus den im

Leichenhof und auf der Straße gefundenen Fetzen, hüllte mich in Lumpen, in Felle, in Häute, gürtete mich mit Flechten aus Gras, mit Flechten aus Rinde, mit Flechten aus Laub, barg die Blöße unter pelzigem Schurze, unter borstigem Schurze, unter einem Eulenflügel.«

Zu Hunger und Entbehrung kamen dann noch die eigentlichen asketischen Übungen hinzu: »Ich raufte mir Haupt- und Barthaar aus, die Regel der Haar- und Bartausraufer befolgend; war ein Stetigsteher, verwarf Sitz und Lager; war ein Fersensitzer, übte die Zucht der Fersensitzer; war ein Dornenseitiger und legte mich zur Seite auf ein Dornenlager; . . . so übte ich mich gar vielfach in des Körpers inbrünstiger Schmerzensaskese. Und das, Sâriputta, ist meine Inbrunst gewesen.«

Siddattha ließ nichts unversucht: »Und ich habe, Sâriputta, also Rauhsinn gepflegt: vieljährigen Schmutz und Staub ließ ich am Körper ansammeln bis zum Herabfallen . . . und es kam mir da, Sâriputta, kein solcher Gedanke: ›ach, könnte ich mich doch endlich von diesem Staub und Schmutz säubern, oder möchten es andere tun!‹ Ein solcher Gedanke, Sâriputta, kam mir nicht. Und das, Sâriputta, ist mein Rauhsinn gewesen.«

Bei aller Rücksichtslosigkeit gegen sich selbst war Siddattha dabei von einem tiefen Mitleid für die Kreatur bestimmt: »Und ich habe da, Sâriputta, also Wehmut gehegt: Jeder meiner Schritte, Sâriputta, war von klarem Bewußtsein geleitet, von klarem Bewußtsein gelenkt, und selbst ein Tropfen Wasser erregte in mir das Mitleid: ›Oh, daß ich den kleinen verirrten Wesen ja nicht Schaden zufüge!‹ Und das, Sâriputta, ist meine Wehmut gewesen.«

Fällt es einem schon schwer, sich in die Gedankengänge eines solchen Asketen zu versetzen, der geradezu verzweifelt nach der Überwindung von Krankheit, Alter und Tod sucht, so reicht doch unsere Phantasie nicht aus, bis zu welcher Qual sich die Folgen eines solchen Verlangens steigern können: »Und ich ging dann, Sâriputta, wenn die Knechte fort waren, zu den Hürden hinab, zu den angebundenen Kühen, und sammelte in meinem irdenen Topfe Mist von den jungen, säugenden Kälbern und lebte davon. Und was da, Sâriputta, als mein eigener Kot und Harn unverdaut blieb, auch das nahm ich ein . . . und ich wanderte, Sâriputta, zu einer Leichenstätte hin und lagerte mich auf einem Haufen fauler Gebeine. Und da kamen, Sâriputta, Hirtenkinder herbei, spien auf mich und benäßten mich und bewarfen mich mit Unrat und fuhren mir mit spitzigen Halmen in die Ohren.«

Als auch das zu keiner Erleuchtung über die Ursachen von Krankheit, Alter und Tod führte, versuchte Siddattha den letzten Weg, der selbst zum Tode führen mußte: »Ich erinnere mich, Sâriputta, nur ein Reiskorn als tägliche Nahrung genossen zu haben. Nun möchtest du wohl meinen, Sâriputta, es habe damals auch größeren Reis gegeben. Doch wäre eine solche Meinung, Sâriputta, unrichtig: Auch damals wurde der Reis nur ebenso groß wie heute.«

Siddattha magerte zum Skelett ab: »Wie dürres, welkes Rohr wurden da meine Arme und Beine durch diese äußerst geringe Nahrungsaufnahme, wie ein Kamelhuf wurde da mein Gesäß, wie eine Kugelkette wurde da mein Rückgrat; wie sich die Dachsparren eines alten Hauses querkantig abheben, hoben sich da meine Rippen querkantig ab; wie in einem tiefen Brunnen die unten liegenden Wasserspiegel verschwindend klein erscheinen, so erschienen da in meinen Augenhöhlen die tiefliegenden Augensterne verschwindend klein ... und indem ich, Sâriputta, die Bauchdecke befühlen wollte, traf ich auf mein Rückgrat, und indem ich das Rückgrat befühlen wollte, traf ich wieder auf die Bauchdecke ...«

Die Einsicht

Das war das Ende jahrelanger Askese und wieder ein Fehlschlag, denn »auch dieser Pfad, diese Zucht, diese harte Askese, Sâriputta, brachte mich dem überirdischen, reichen Heiltum der Wissensklarheit nicht näher. Und warum nicht, weil ich eben jene heilige Weisheit nicht errungen hatte, jene heilige Weisheit, deren Errungenschaft sich als heilige Weihe erweist, dem Grübler zur gänzlichen Leidensversiegung.«

Im Nachhinein fand Siddattha auch eine Erklärung für sein Scheitern: Es war der Irrtum, das Leiden durch freiwillig auferlegtes Leiden zu überwinden. Was Siddattha suchte, war die Erlösung vom Leiden, einen Zustand, wo ihn weder die Angst vor dem Leiden noch das Leiden selbst berührte. Aber was er all die Zeit getan hatte, war nichts weiter, als das Leid mit einem fanatischen Willen auszuhalten:

»Wie, wenn ich nun mit aufeinandergepreßten Zähnen und an den Gaumen gehefteter Zunge durch den Willen das Gemüt niederzwänge, niederdrückte, niederquälte? ... Wie, wenn ich mich nun in atemlose Selbstverlierung verlöre? ... Wie, wenn ich nun wenig, wenig Nahrung zu mir nähme ...?«

Aber das Ergebnis war jedesmal das gleiche: »Gestählt zwar war meine (Willens)kraft, unbeugsam, gegenwärtig die Einsicht, unverrückbar; aber regsam war mein Körper, nicht ruhig geworden durch die schmerzliche Askese, die mich antrieb.« Bei seinen Atemübungen war es ihm, »als wenn ein starker Mann mit scharfer Dolchspitze die Schädeldecke zerhämmerte« oder »als wenn zwei starke Männer einen schwächeren Mann an beiden Armen ergriffen und ihn in eine Grube voll glühender Kohlen hineinquälten, hineinrollten«.

Er erreichte immer nur das Gegenteil, denn seelische Entwicklungen kann man nicht durch Willensakte herbeiführen, sondern höchstens verhindern. Jedes krampfhafte »ich will« und »ich muß« blockiert den psychischen Heilungsprozeß. Nicht in der Anspannung, sondern nur in der Entspannung kann sich etwas lösen, kann etwas Unterdrücktes aufsteigen und sich klären.

Genau das erlebte nun Siddattha in dem Moment, als er die Askese aufgab und wieder zu essen begann. Ihm war klar geworden: »Es muß einen anderen Weg zur Erleuchtung geben.«

Und schon geschah das, was als Paradebeispiel Freudscher Psychoanalyse gelten kann. Völlig unerwartet und gerade, weil er es nicht krampfhaft suchte, stieß er auf das Schlüsselerlebnis aus der frühen Kindheit, bei dem er Ruhe und Geborgenheit spürte, sich mit seiner Welt eins wußte, während er seinem Vater bei der Arbeit zusah: »Ich erinnere mich, daß ich einmal, während mein Vater auf dem Felde arbeitete, im kühlen Schatten eines Jambu-Baumes saß, und, abgesondert von den Begierden und abgesondert von den unheilsamen Gegebenheiten, die mit Überlegen und Erwägen verbundene, aus der Abkehr entstandene freud- und lustvolle erste Versenkungsstufe erlangte.«

Und nun war es für ihn nach jahrelangem Suchen zur Gewißheit geworden: »Dies muß der Weg zur Erleuchtung sein.«

Der Weg zur Erleuchtung

So deutlich man spürt, daß der Weg zur Erleuchtung nichts mit Zwang, Anstrengung und Askese zu tun hat, so wenig erfährt man andererseits aus diesem Zitat, um welche andere Methode es sich denn nun handelt und was man sich unter einer mit Überlegen verbundenen lustvollen Versenkung vorstellen soll.

Da nun die eigentliche Erleuchtung Siddatthas auf diesem neuen Weg aufbaut, müssen wir versuchen, den Vorgang von Anfang an zu begreifen, wenn wir die Erleuchtung nicht als bloßes Mirakel ansehen wollen.

Die Meditation

Geht man von der Wortbedeutung aus, so bedeutet Meditation (lateinisch meditatio) einfach »nachsinnen, nachdenken, geistiges Abmessen«, bezeichnet also nichts anderes als einen Denkvorgang, wie es ja auch in dem Zitat heißt, wenn von einer »mit Überlegen und Erwägen« verbundenen Erkenntnis die Rede ist.

Nun kam dem Siddattha die entscheidende Erkenntnis von dem neuen Weg zur Erleuchtung ja gerade eben nicht während einer solchen Übung, sondern erst, nachdem er alle Bemühungen aufgegeben hatte. Ihm war also passiert, was man aus eigener Erfahrung kennt, wenn nach vergeblichen Grübeleien plötzlich und unvermittelt die Lösung da ist, die sich erst nicht zeigen wollte. Man hat dabei das Gefühl, daß die Lösung nicht aus einem selbst kommt – man hat sich ja vergeblich bemüht –, sondern von außen geradezu in einen hineinfällt.

Ein solcher »Einfall« ist aber nichts anderes als das Endprodukt eines unbewußten Klärungsvorganges, der erst dann ins Bewußtsein aufsteigen kann, wenn dieses nicht mehr durch bewußte Willensakte blockiert ist. Die Redensart, Dinge erst einmal »zu beschlafen« und die biblische Weisheit, daß es unnötig sei, sein »Brot mit Sorgen« zu essen, »denn seinen Freunden gibt Er es im Schlafe«, beschreiben die Erfahrung, daß man tatsächlich oft am nächsten Morgen klarer sieht, weil über Nacht das bewußte Denken ausgeschaltet war.

Die Meditation verläßt sich nun nicht auf derart spontane und oft als genial empfundene Eingebungen. Sie möchte das Nachdenken über eine bestimmte Frage vielmehr in einem bewußten Akt vorwärtsbringen und die Vorgänge, die sonst vielleicht unbewußt ablaufen, durch intensive Konzentration auf das Thema mitdenken.

Das klingt wie ein Widerspruch, denn Unbewußtes kann man nicht mitdenken, und oft genug ist, wie Klages gesagt hat, »der Geist der Widersacher der Seele«. Die Meditation umgeht nun aber diesen Widerspruch sozusagen mit einem Trick, indem sie sich die altbekannte Tatsache zunutze macht, daß Geist und Körper wechselseitig aufeinander einwirken, in einem psycho-physischen Zusammenhang stehen, wie die Psychologen heute sagen: Wenn die »Seele« traurig ist, vergießt der »Körper« Tränen, und wenn der »Körper« Hunger hat, wirkt sich das psychisch aus. Man muß nur einmal versuchen, unter dem militärischen Kommando »stillgestanden« ein lyrisches Gedicht aufzusagen: Entweder wird das Gedicht zum Kommando, oder die Muskelspannung des »stillgestanden« lockert sich – eins von beiden ist nur möglich.

Auch wenn die Meditation grundsätzlich ein geistiger Vorgang ist, ein Erkenntnisprozeß, nutzt sie eben diesen psychophysischen Zusammenhang aus, indem sie bestimmte Meditationshaltungen vorschreibt. Weil man beim Nachdenken die Stirn runzelt – so die vereinfachte Erklärung – müßte das Stirnrunzeln umgekehrt zwangsläufig Nachdenken, eine überlegte Körperhaltung auch Überlegungen hervorrufen.

Nicht ohne Grund sind Meditationsübungen daher auch körperliche Übungen: Eine bestimmte Körperhaltung – und sei es nur das Händefalten beim Gebet –, bestimmte Abläufe und ihre Wiederholungen wie zum Beispiel Atemübungen, ja sogar bestimmte asketische Vorbereitungen und Praktiken wie Fasten, sollen in Wechselwirkung von Geist und Körper die Intensität und Konzentration der Meditation herbeiführen. Die Meditationsübungen sind dabei nicht Selbstzweck, sondern Auslöser: Die Ausrichtung des Körpers soll die Ausrichtung des Denkens stärken.

Dabei ist die Grenze zwischen körperlicher Meditationsübung und Askese solange fließend, wie die Askese nicht zur reinen Selbstkasteiung wird und dadurch die Gedankenkonzentration gerade verhindert.

Der Joga

Beide – die Meditation und ihre Techniken – werden in Indien von alters her in einem einzigen Begriff »zusammengebunden«, wie Rinder unter ein gemeinsames Joch: Es ist der Begriff des Joga, der als indo-europäisches Wort denn auch tatsächlich mit dem deutschen Wort »Joch« verwandt ist: Das gemeinsame lateinische Wort »jungo« heißt vereinigen.

Seit wann es den Joga gibt und wo er zuerst aufkam, wissen wir nicht (erwähnt wird er zuerst in den mittleren Upanischaden, die bis in die Zeit vor Buddha zurückreichen), wohl aber können wir psychologisch seine Entstehung nachvollziehen: So wie man auch in der christlichen Religion die Meditation in der Nähe der Mystik findet, so dürfte auch die mytische Einheit des Âtman mit seinen Geschöpfen den Gedanken ausgelöst haben, den Körper durch den Geist und den Geist durch den Körper zu beeinflussen. Wenn es möglich war, den Sonnenaufgang durch besondere Rituale der Brahmanen herbeizuzwingen, so mußte es auch möglich sein, die göttliche Weisheit im Menschen durch rituelle Beherrschung des Körpers zu erreichen.

Auch der Joga nutzt also den psychophysischen Zusammenhang aus, wenn er geistige und körperliche Bemühungen koppelt. Nur erklärt er ihn nicht psychologisch, sondern philosophisch: Wenn ich Âtman bin und Âtman an jeder Stelle in mir, so kann ich durch den Körper den Geist und mit dem Geist auf den Makrokosmos einwirken und die letzte Weisheit erlangen. Ich muß nur mein Bewußtsein in meinen Körper und in das Unbewußte hinabsinken lassen, um die Verbindung zu finden. Versenkung und Meditation beschreiben die gleiche Sache von verschiedenen Seiten.

Die Ziele

Über das Ziel, das man nun mit der Meditation oder dem Joga erreichen will, geben die beiden Worte allerdings keine Auskunft. Meditation und Joga sind nur Mittel und Weg, nicht das Ergebnis selbst. Es gibt daher die verschiedensten Inhalte, über die man meditieren kann, so wie es verschiedene Joga-Schulen gibt.

Ignatius von Loyola, der Begründer des Jesuitenordens, versuchte mit ähnlichen Meditationsübungen seiner »Exerzitien« die Vereinigung mit Gott zu erreichen, mit denen Tausende von Kilometern entfernt die vorbuddhistische Schule der Sânkhja die Materie vom Geist trennen wollte. Man kann Joga betreiben oder meditieren, ohne an Gott zu glauben oder gerade, weil man an Gott glaubt, man kann Idealist sein oder Materialist, Mystiker oder Philosoph.

Entsprechend verschieden sind dann die Beschreibungen dessen, was man mit der Meditation erreichen kann und will. So definiert das Lexikon »Religion in Geschichte und Gegenwart« die Meditation neutral als »Höherführung des Menschen«; ein anderes Lexikon wie der »Mayer« dagegen sieht ein religiös-idealistisches Ziel: »die ›Einswerdung‹ das heißt die Ausschaltung individueller Anliegen zugunsten der Erfahrung des Absoluten«, während ein drittes Nachschlagewerk wie der »Brockhaus« das Gegenteil weiß, nämlich »den Menschen zu seinem eigenen innersten Grund zu führen«.

Die beiden ersten Definitionen haben mehr die religiöse Deutung der Heiligung, die dritte die der Heilung im Sinne, wenn sie dann fortfährt, die Meditation habe in der Psychotherapie die »Beseitigung von Verhaltensstörungen zur besseren Bewältigung des täglichen Lebens« zum Ziel.

Sieht man nun nach, was ein modernes »Lexikon der Psychologie« zu diesem Begriff schreibt, so bemerkt man, daß die verschiedenen Definitionen nur verschiedene Seiten ein und derselben Sache widerspiegeln. Im konzentrierten Lexikonstil ist Meditation demnach »der Vorgang der Verinnerlichung, durch den der Mensch sein eigenes tiefstes Selbst zusammen mit dem Grund, in den dieses eingelassen ist, gewinnt, und zwar als gesamtmenschliche Erfahrung ... dieses Gesamtgeschehen zielt auf Erfahrung und begnügt sich nicht mit Denken; daher geht es nicht um die Gedanken, die sich jemand über das Wirkliche macht, sondern um das Einswerden mit dem wirklichen Selbst, um das Ergriffen-, ja Überwältigtwerden von diesem ... doch ist diese Erfahrung nicht denkfremd oder irrational; vielmehr umschließt es ein darin eingebettetes Denken, das sich aber nicht im einzelnen durchgliedernd, sondern global erfassend oder schauend und damit vorrational oder auch überrational verhält.«

Das Ergebnis: »Erfahren wird in der Meditation das eigene tiefste Selbst, wodurch der Mensch zu sich selbst kommt, sich selbst findet, mit sich selbst eins wird.«

Die Technik

Dieses Ziel, sich selbst und damit seinen inneren Frieden und eine auch nach außen wirkende Ausgeglichenheit zu finden, ist nun genau das, was auch die zahlreichen Joga-Bücher versprechen, die immer wieder erscheinen. Blättert man sie durch, so findet man in ihnen die gleichen Meditationstechniken beschrieben, wie sie schon zu Buddhas Zeiten üblich waren; das heißt also, man findet auch die gleichen, genau festgelegten Sitzhaltungen wieder, wie sie zum Joga gehören und ohne die eine solche Versenkung angeblich nicht funktioniert. Je nach der Jogaschule wird der Schüler auch noch aufgefordert, bestimmte heilige Silben auszusprechen. Das sei jedem unbenommen, ist aber unnötig.

Es gibt eine moderne Technik, die sich ausdrücklich auf die Jogalehre bezieht, die aber ohne die ungewohnten und daher meist schmerzhaften Sitzhaltungen auskommt und schneller und sicherer zu den gewünschten Ergebnissen führt. Es ist das »Autogene Training«, das der Arzt J. H. Schultz entwickelt hat und dessen gleichnamiges Lehrbuch seit 1932 inzwischen in fünfzehn unveränderten Auflagen nachgedruckt worden ist.

Dieses Autogene Training, das zu Beginn nur unter ärztlicher Anleitung geübt werden soll, geht ebenso wie der Joga vom psychophysischen Zusammenhang aus: eine psychische Entspannung ist nur möglich, wenn auch der Körper entspannt ist, und nur bei der kontrollierten Entspannung von »Körper« und »Geist« können sich die Spannungen zwischen Wollen und Wirklichkeit ausgleichen.

Die Übungen werden in einer besonderen, aber für uns durchaus bequemen Sitzhaltung auf einem Stuhl oder flach auf dem Boden liegend vorgenommen und bestehen aus einigen wenigen Anweisungen zur körperlichen Entspannung, deren Wirkung man sofort spürt, so daß man kontrollieren kann, ob man etwas falsch macht oder nicht. Obwohl das recht einfach klingt und derartige nur wenige Minuten dauernde Übungen unter richtiger Anleitung von der ersten Stunde an funktionieren, dauert es allerdings einige Monate regelmäßiger Wiederholung, bis die Grunderlebnisse so selbstverständlich sind, daß man auf ihnen weitere Entspannungsübungen aufbauen kann, die dann bis zu dem führen können, was der Buddhismus »Erleuchtung« nennt.

Das alles hat nun nichts mit mystischen Vorgängen zu tun, sondern ist Teil einer therapeutischen Praxis, mit der man Ängste genauso überwinden kann wie Schlafstörungen oder kalte Füße. Ihr Prinzip beruht auf körperlichen Entspannungsübungen, die sich seelisch widerspiegeln und auf gedanklichen Vorstellungen, die ihre Auswirkungen im Körperlichen finden. So kann man allein durch mentale Vorstellungen einzelne Körperpartien schmerzunempfindlich machen wie ein Fakir (z. B. »schmerzlose Geburt«). Aber auch – und deshalb die ärztliche Überwachung – durch falsche Technik organische Schäden wie Entzündungen und Lähmungen hervorrufen: Wärme- oder Kältegefühle, die während der Übungen durch Anweisungen des Verstandes an einzelnen Gliedern hervorgerufen werden, beruhen nicht auf Einbildung, sondern sind physikalisch mit einem Thermometer meßbar.

Das Autogene Training funktioniert aber nur dann, wenn man zur »konzentrativen Selbstentspannung« fähig ist. Das klingt in sich paradox, ist es aber nicht. Gemeint ist damit, daß man sich mit bestimmten Formeln auf die Entspannung konzentrieren muß, daß es zunächst also erst einmal einer Konzentration bedarf, um sich lösen zu können. Dieser Konzentration entspricht bei den klassischen Jogaübungen z. B. die Sitzhaltung und des »Geistes Anspannung«, von der der Buddha spricht. Ist man dann einmal gelöst, kann man Versenkungsübungen machen und Phänomene erleben, wie wir sie noch bei der Schilderung von Buddhas Erleuchtung kennenlernen werden.

Der mittlere Weg

Wir können uns nun ein wenig vorstellen, um was es Siddattha sieben Jahre lang gegangen war, bis er durch Zufall den »anderen Weg zur Erlösung« gefunden hatte. Sieben Jahre lang war der Versuch fehlgeschlagen, durch harte Askese die Erkenntnis wiederzugewinnen, die ihm das Kindheitserlebnis in einem Zustand der Geborgenheit und Entspanntheit schon einmal gebracht hatte.

Er hatte, wie andere Asketen auch, über der gewaltsamen Konzentration die notwendige Entspannung vernachlässigt, weil man sie ihm nicht beigebracht hatte. Nach seiner Erleuchtung warf er den anderen Asketen vor: »Ihr habt ererbt die Regeln eurer Übungen als Satzung früherer Lehrer«, während er von sich selbst sagte: »Selbstgelehrt in tiefster Weisheit hab' ich erreicht, was noch kein anderer Mensch erreicht.«

Wir wissen, daß er diese Weisheit durch Zufall erlangte. Als er die Askese nicht mehr ertrug, begann er sich wieder von Milchreis zu ernähren, wie ausdrücklich erwähnt wird, so daß ihn die fünf Asketen enttäuscht verließen, die mit ihm im Wald von Uruvelâ zusammengelebt hatten. In diesem Zustand des Scheiterns, als es ums reine Überleben ging, hat Siddattha bestimmt nichts »gesucht«. Wohl aber ist ihm ganz unerwartet und spontan das aufgegangen, was er dann später als goldene Regel ausgab:

»Zwei Enden gibt es, ihr Mönche. Welche zwei Enden sind das? Das eine ist das Leben in Lüsten ... Das andere ist ein Leben in Selbstpeinigung: Das ist leidensreich, unwürdig, nichtig.« So, wie bei einer Laute die Saiten nicht zu straff und nicht zu locker sein dürfen, um den richtigen Ton zu geben, so muß auch das geistliche Leben die Mitte zwischen den Extremen halten, denn »von diesen beiden Enden, ihr Mönche, ist der Vollendete fern und hat den Weg, der in der Mitte liegt, erkannt; den Weg, der das

Auge auftut und den Geist auftut, der zur Ruhe, zur Erleuchtung, zum Nirvâna führt«.

Immer vorausgesetzt, daß die buddhistischen Schriften tatsächlich das Leben des Buddha in seinen wesentlichen Stationen widerspiegeln, können wir nun die entscheidende Phase seines Lebens, die Erleuchtung, nacherzählen.

Die Erleuchtung

Unter dem Pipala-Baum

Es war, so erzählen die Geschichten, eine Vollmondnacht im Frühlingsmonat Vesâkha, als Siddattha die Erleuchtung fand. Nachdem er die Askese aufgegeben und wieder zu Kräften gekommen war, hatte er sich am Fluß Nerandscharâ unter einen Pipala-Baum gesetzt, um zu meditieren: »Den Operkörper hält er aufrecht und schlägt die Füße unter, nicht in nachläss'ger Stellung, sondern fest und geschlossen.«

In dieser Joga-Haltung, die wir von vielen Buddhastatuen kennen, erreicht er bald, »von Sinnenbegierden und Verlangen frei«, in »achtsamem Nachdenken und Überlegen« die erste Stufe der Versenkung, die sich, simpel genug, in einem »Gefühl des Wohlbehagens« zeigte.

Die zweite Stufe bestand dann darin, daß das Nachdenken aufhörte und bei innerem Stillwerden die geistige Konzentration nur noch auf *einen* Gegenstand fixiert wurde. Im »Ich-Bericht« des Buddha klingt das dann so:

»Nach Vollendung des Sinnens und Nachdenkens erwirkte ich die innere Meeresstille, die Einheit des Gemütes, die von Sinnen, vom Denken freie, in der Einigung geborene selige Heiterkeit.«

Von der seligen Heiterkeit führte die dritte Stufe zu Gleichmut, Andacht und Wissensklarheit: »In heiterer Ruhe weilte ich gleichmütig, einsichtig, klar bewußt; ein Glück empfand ich im Körper, von dem die Heiligen sagen ›Der gleichmütig Einsichtige lebt beglückt‹.«

Die vierte und höchste Stufe schließlich steigerte den Gleichmut und die Andacht bis zur höchsten Reinheit, in der jedes Gefühl für Glück oder Leid aufhörte. »Nach Verwerfung der Freuden und Leiden, nach Vernichtung des einstigen Frohsinns und Trübsinns erwirkte ich die Weihe der leidlosen, freudlosen, gleichmütig einsichtigen vollkommenen Reinheit.«

In diesem Zustand reiner Anschauung, in dem jede Gedankenbewegung aufgehört hat und jedes Gefühl verschwunden ist, und »solchen Gemütes: innig, geläutert, gesäubert, gediegen, schlakkengeklärt, geschmeidig, biegsam, fest, unversehbar«, kam dem 35-jährigen nun die Erleuchtung, wie Leid, Krankheit und Tod entstanden und wie man sie überwinden konnte.

Vermutlich war es eine blitzartige Erkenntnis, die ihn überfiel, unvermutet und unerwartet; ein plötzliches Wissen, das noch zu komplex war, um es in Worte zu fassen. Weil aber die gesamte Lehre des Buddha auf dieser nächtlichen Erleuchtung im Wald von Uruvelâ beruht, haben spätere Berichte dieses Ereignis in einzelne Phasen der Erkenntnis aufgeteilt. Auf diese Weise wurde die Erzählung von der Erleuchtung zur pädagogischen Lehrpredigt, in der bereits all das steckte, was der Erleuchtete erst später formuliert hat.

Gleichzeitig wurde die Geschichte noch durch einen Kampf mit Mâra, dem Gott des Todes, dramatisiert und legendär ausgeschmückt. Dieser Mâra, ein alter Gott der Arier, dessen Name mit dem lateinischen Wort mors (der Tod) verwandt ist, sah nämlich seine Herrschaft gefährdet, wenn es Siddattha gelang, das Rad der Wiedergeburt anzuhalten und dadurch den Tod zu vernichten. Es werden deshalb lange Geschichten erzählt, wie Mâra den Bodhisattva, also »den, der auf die Erleuchtung hinstrebt« mit Drohungen, giftigen Pfeilen und mehrköpfigen Drachen von seinem Vorhaben abbringen will. Aber trotz aller Listen ließ sich der Bodhisattva natürlich nicht ablenken, sondern wird nun in pädagogisch überschaubaren Abschnitten erleuchtet:

Die drei Stufen

»Im ersten Teil der Nacht gewann er rechte Anschauung«, heißt es da, »und es lebte die Erinnerung an alle seine früheren Geburten in seinem Geiste auf, an Ort und Namen. Durch Hunderttausende von Myriaden kannt' er sie alle, Tod und Leben, bis zur letzten ... da faßte ihn tiefes Mitleid.« Doch auch dies Gefühl verschwand wieder, und er sah, wie auch die Wesen um ihn herum »vom Tod und der Geburt ohn' Ende würden getrieben durch das Leben...«

Mit dieser Schau ist die erste Phase abgeschlossen. Die ständige

Wiedergeburt aller Lebewesen steht damit unangefochten wie ein Dogma am Anfang aller Überlegungen. Die Frage ist nur, warum es immer wieder zu einer neuen Geburt kommt. Die zweite Erkenntnisstufe bringt dazu die Lösung:

»Ihm öffnet sich um Mitternacht der reinen Gottheit Auge. Er sah vor sich die Lebewesen alle, wie man ein Bild im Spiegel sieht, geboren und wiederum geboren, um zu sterben ohne Ausnahme, hoch und niedrig, reich und dürftig – die Frucht der bösen und guten Taten als Elend oder Glück einerntend.«

Leben also als Lohn oder Strafe für das vorige Leben. Wer Böses tat, wurde als Übeltäter wiedergeboren oder entsprechend seinen Taten auch als Tier; wer überwiegend Gutes getan hatte, konnte wieder Mensch oder sogar ein Gott werden.

Der Kreislauf war endlos, denn was man auch tat oder nicht tat, man sammelte gute oder böse Taten an, die dann im nächsten Leben belohnt oder bestraft wurden. Eine Vision ohne Hoffnung, diese Leiber, »von peinvollen Übeln stets heimgesucht, den Mutterleib mit Zittern und Angst verlassend, zart, so daß auf jede Berührung Schmerz folgt wie auf Messerstiche. Er sah, wie den zu solchem Los gebornen Tod, Leid und Mühsal unablässig drohen, und doch sie die Geburt stets wieder suchen, und – neu geboren – wieder Leid erdulden.«

Leid, Alter, Tod: Das war das Thema, das war die Angst, die Siddattha in die Hauslosigkeit getrieben hatte, und die ihn noch gefangen hielt: »Hinfälligkeit bringt Trübsal den Geborenen, des Grames Ursach' sind geliebte Tote, beständig vorwärts drängend künft'gem Leid entgegen, lechzen sie nach Himmelsfreuden. Sind sie erreicht, kommt schleunigst nach der Kummer. Wertlose Freuden!

Wer mag die begehren, mit höchster Kraftanstrengung das erreichen, woraus die Leiden sich nicht bannen lassen? ... Nicht ein einziger Ort bietet Sicherheit; wo Geburt auch erfolge, bringt sie Leid, und endlos dreht sich das Rad des Lebens und des Sterbens...«

In diesem Pessimismus, der auch in der höchsten Lust schon das kommende unvermeidliche Leid sieht, in diesem Jammertal, befand sich Siddattha seit Jahren, ohne eine Lösung und damit die Erlösung zu finden. Auch jetzt, so will es die Legende, überdachte er noch einmal alles, ohne bisher eine Erklärung zu haben: »Nachsinnend über diese Welt, erfüllt von Geschöpfen, die, verstrickt im Netz des Daseins, zum Leid geboren, haufenweise leben, alt werden, sterben in zahlloser Menge, gefesselt von Begier und Lust und finstrer Unwissenheit, den einz'gen Weg zur Rettung nicht kennen – fragt er sich mit Überlegung, aus welchem Quell Geburt und Tod entsprängen?«

Die Antwort auf diese entscheidende Frage, die er dann »im dritten Teil der Nacht« in »tiefster Einsicht« gewann, ist nun die eigentliche Erleuchtung, warum gute und böse Taten überhaupt entstehen, die immer wieder neue Existenzen hervorrufen:

»Der Taten Ursache liegt im Anhaften, wie dürres Gras ergriffen wird vom Feuer.

Anhaften kommt von der Begier, geradeso setzt ein kleines Feuer den Wald in Flammen.

Empfindung ruft Begier hervor, wir fühlen Leid und Lust und das, was keins von beidem. Gleichwie ein Mann, den Durst und Hunger quälen, nach Trank und Speise sucht, so führt Empfindung zu der Begier nach Leben...«

Diese Sätze sind für uns auch dann nicht unbedingt erleuchtend, wenn man sie in einem anderen Zitat wiederholt:

»Der Berührung folgt die Empfindung, dieser die Begierde, und die Begierde bringt hervor das Haften. Das Haften wird der Lebenstaten Ursache, und die Geburt ist ihre Folge – sie führt zum Alter und zum Tod.«

Wir werden später noch sehen, daß in diesen einfachen Sätzen ein ganzes philosophisches System enthalten ist. Im Augenblick aber geht es nur um den unmittelbaren Sinn.

Offensichtlich ist der Urgrund allen Übels das »Anhaften«, das durch Begierde hervorgerufen wird: durch Sinnenlust, durch Daseinslust haften wir an der Welt. Liebe und Haß, jedes Gefühl, das sich auf ein Lebewesen oder einen Gegenstand bezieht, hält den Menschen am Leben und an der Welt fest. Das Leben in der Welt aber bedingt handeln, und handeln macht schuldig oder bringt Lohn – in diesem und in endloser Fortsetzung in den nächsten Leben.

Will man den Kreislauf der als leidvoll empfundenen Wiedergeburten also unterbrechen, so darf man mit keinem Sinnesorgan, keinem Gedanken und keiner Handlung mehr an irgend etwas haften. Nicht mehr teilnehmen, sich lösen von allem, das einen zu Handlungen veranlassen könnte, und sei es auch nur ein Blick, den man sehnsüchtig auf etwas wirft – das löscht den Durst nach Sein und nach Werden aus. »Indem man den Durst nach Wiedergeburt, der von Existenz zu Existenz führt, in sich abtötet, verhindert man eine neue Geburt und ein neues Leid. Um diesen Durst zu töten, gibt es aber nur ein Mittel: ein reines Leben.«

Auf die kürzeste und damit auch revisionsbedürftige Formel gebracht: Passivität ist Erlösung. Sie verleiht das »teilnahmslose Glück«, das auch Siddattha empfand, als er in der völligen »Einsamkeit des Freudigen« erkannte:

»Selig, wem jede Leidenschaft, alles Wünschen ein Ende nahm. Überwinden der Ichheit Stolz wahrlich ist die höchste Seligkeit.«

Mit dieser Erkenntnis wurde aus dem Bodhisattva, dem Erleuchtung Suchenden ein Buddha, der der Bodhi, der Erleuchtung teilhaftig geworden war. Die Angst des Siddattha vor Krankheit, Alter und Tod war verschwunden, denn als Buddha wußte er mit einem Male: »Als ich so erkannte und schaute, wurde mein Denken erlöst von den Einflüssen der Sinneslust, des Werdens und des Nichtwissens, und es entstand die Erkenntnis: In dem Erlösten ist Erlösung. Aufgehoben ist die Wiedergeburt, vollendet der Heilige Wandel, getan ist, was zu tun war – nach diesem Leben gibt es kein anderes.«

Von der Erleuchtung zur Lehre

Mit solchen Gedanken saß der Buddha unter dem Baum der Erleuchtung, »von Weisheit strahlend, indes die weite Erde krampfhaft bebte« und »verloren in Betrachtung sieben Tage hindurch mit Frieden im Herzen, schaute sinnend der Buddha auf den Bodhibaum, die Augen auf ihn gerichtet fest und unermüdlich. Hier ruhend jetzt in dieser Lage, dacht' er, hab' ich erreicht, wonach mein Herz verlangt...«

Die spätere Legende hat an dieser Stelle wieder Mâra, den Gott des Todes, auftauchen lassen, der – durchaus konsequent – den Buddha aufforderte, sein Leben zu beenden und nun auch mit seinem Körper in jenen Zustand einzugehen, den sein Geist in der Erleuchtung bereits erreicht hatte: das Nirvâna.

Aber der Erleuchtete – nach der Legende gehen von ihm achttausend Strahlen aus – will ein Heiliger bleiben, einer also, der das Nirvâna als Lebender verkörpert.

In dieser Situation ziehen zwei Kaufleute vorüber, die ihm zu essen geben, seine Erleuchtung spüren und »bei seiner Lehre Zuflucht nehmen«, obwohl der Text dem Buddha an dieser Stelle gar keine Rede in den Mund legt. Diese beiden – Tapussa und Bhallika mit Namen – sind damit die ersten Anhänger, und schon taucht an dieser Stelle der Gedanke auf: Müßte der Buddha seine Erleuchtung nicht als Lehrer weitergeben?

Doch der Buddha zweifelte: »Wozu der Welt offenbaren, was ich in schwerem Kampf errang? Die Wahrheit bleibt dem verborgen, den Begehren und Haß erfüllt. Mühsam ist es, geheimnisvoll, tief. Verborgen dem groben Sinn; nicht mag's schauen, wem irdisches Treiben den Sinn mit Nacht umhüllt.«

Wie sollte er klar machen, daß die Lösung von allem Irdischen, von allen Wünschen die einzige Möglichkeit war, das Leid zu überwinden und das Nirvâna zu erreichen? Wie konnte er anderen begreiflich machen, daß die Lösung von allem Leid in einem selbst lag? Ähnlich schwierig war es, so ein Gleichnis aus den alten Texten, ein hundertfach gespaltenes Haar mit einem anderen zu durchbohren. Und so resignierte der Buddha: »Wenn ich nun diese Lehre verkünde und man mich nicht versteht, brächte es mir nur Erschöpfung, brächte es mir nur Mühe.«

Das aber brachte nun die Götter auf den Plan, und Götterkönig Indra schenkte dem Erleuchteten – ein köstliches Detail! – sofort ehrerbietig eine Arznei zur Heilung von Blähungen, während dem Gott Brahman mit Schrecken klar wurde, daß die Welt untergehen werde, wenn der Erleuchtete seine Lehre nicht verkündigte.

So machte sich auch Brahman auf den Weg, trat vor den Buddha, grüßte mit zusammengelegten Händen den »Herrn der Menschen«, der das Meer von Geburt und Tod schon durchfahren hatte, und bat ihn, nun auch den anderen Menschen den Weg zu zeigen und ihnen zu helfen.

Solchen hohen Bitten konnte sich der Buddha nicht verschließen, und schon hatte die Legende eine wunderschöne Begründung, daß der Meister sogar im Auftrag der Götter handelte.

Der Buddha entschloß sich also, Lehrer zu werden, wollte aber vorher noch seine beiden Joga-Lehrer aufsuchen, bei denen er vor sieben Jahren gewesen war. Als er erfuhr, daß beide vor kurzem gestorben waren, beschloß er statt dessen, den fünf Mönchen von seiner Bekehrung zu berichten, die mit ihm im Wald von Uruvelâ Askese getrieben hatten und die, an ihm irre geworden, nach Benares gezogen waren, als er die Selbstpeinigung aufgegeben hatte. Sie würden ihn verstehen.

Und so heißt es am Ende seiner Erleuchtung in einem Text: »Entschlossen denn, Nirvâna zu verkünden, wie durch das Dunkel strahlend bricht die Sonne, macht er sich auf den Weg zur Stadt Benares ... mit Augen, sanft wie die des Rinderfürsten, gleichmäßig auftretend wie ein Löwe; weil zu bekehren er die Welt gedachte, begab er sich nach ... der berühmten Stadt,

Schritt vor Schritt vorrückend, wie der König der Tiere, wachsam durch den Hain der Weisheit.«
Das Wanderleben des Buddha begann.

Das Rad der Lehre

Auf dem Wege nach Benares

»In frommer Ruhe, doch glänzend von Ruhmesstrahlen« wanderte der Buddha nach seiner Erleuchtung die über zweihundert Kilometer von Uruvelâ nach Benares, um die fünf Asketen aufzusuchen. Auf diesem Weg nach Westen, so wird nun erzählt, begegnete er unterwegs dem nackten Mönch Upaka von der Adschîvakasekte, dem die heitere Gelassenheit des Buddha auffiel. Upaka fragte ihn daher, welcher Sekte er angehöre und welchen Lehrer er habe, aber der Buddha antwortete ihm, er habe keinen Lehrer, sondern habe »selbstbelehrt« die tiefste Weisheit erfahren, die noch kein Mensch erreicht habe.

Nach der üblichen Legendenbildung sollte man nun erwarten, daß Upaka, vom Strahlenglanz überwältigt, sofort die Lehre des Buddha annahm, wie vor ihm die beiden Kaufleute in Uruvelâ. Statt dessen sagte der nackte Mönch nur skeptisch »Möge es so sein« und zog unbeeindruckt weiter. Eine spätere Erzählung berichtet dann allerdings, daß Upaka »in Gedanken verloren ob des wunderbaren Vorfalls« an jeder Wegbiegung stehen blieb und nachsann. Aber das kann nicht darüber hinwegtäuschen, daß diese Begegnung für den Buddha ein Mißerfolg war.

Nun hätte die Tradition mit Leichtigkeit diese wenig erfolgreiche Begegnung weglassen oder in ihr Gegenteil verkehren können. Daß sie es nicht getan hat, macht stutzig. Was soll sie ausdrücken? Daß der Buddha noch gar nicht zu lehren begonnen hatte und infolgedessen auch keine Anhänger haben konnte? Dem widersprechen die beiden Kaufleute, die ihm nach seiner Erleuchtung zu essen gaben und sofort »bei seiner Lehre Zuflucht nehmen«. Ähnliches hätte man ja auch Upaka als glaubensstärkenden Bericht andichten können. Statt dessen ging die Tradition den umgekehrten Weg und behauptet später, die beiden Kaufleute seien gar nicht die ersten Anhänger gewesen, sondern zwei als Menschen verkleidete Götter.

Die Erklärung könnte darin liegen, daß hier zwei Traditionen in Konflikt miteinander geraten sind. Die eine legte Wert darauf, durch rasche Erfolgsmeldungen die Wirksamkeit des Buddha zu beweisen. Die andere folgte der Regel, daß »die Muni (Weise, Heilige) alle, die zur höchsten Einsicht gelangt ... zuerst in Benares müssen des Gesetzes Rad ins Rollen bringen«, denn das als »Heilige Stadt« bekannte Benares (heute Vârânasi) galt schon zu Buddhas Zeiten nicht nur als reiche Handelsstadt, sondern auch als Zentrum der Gelehrsamkeit und der Gelehrten. Wer seine Philosophie oder seine neue Lehre diskutieren wollte, zog daher nach Benares.

Möglicherweise ist also sowohl die Umdeutung der beiden Kaufleute in Götter als auch die Begegnung mit dem wenig beeindruckten Mönch nur erfunden, um Buddhas großen Auftritt in Benares nicht durch vorherige Lehrerfolge zu beeinträchtigen. Hinzu kommt, daß es etwas gesucht wirkt, daß die fünf Asketen in ihrer Enttäuschung über ihren abtrünnigen Kollegen nun gleich zweihundert Kilometer nach Benares gelaufen sein sollten. Auch diese Version dient möglicherweise nur dazu, Buddha auf den Weg nach Benares zu bringen.

Für Benares selbst spricht allerdings der Ruf der Stadt und vor allem auch die Tatsache, daß die Tradition Benares von Anfang an für den authentischen Platz seines ersten Auftrittes gehalten hat. Jedenfalls hat König Asoka ebenso wie an der Geburtsstätte im Hain von Lumbinî auch hier eine seiner berühmten fünfzehn Meter hohen und fünfzig Tonnen schweren Sandsteinmonolithe aufstellen lassen, die so glatt poliert waren, daß man sie – auch schon wegen ihrer blauen Farbe – für Metall halten konnte.

Ein fünf Meter hoher Rest dieser Säule steht noch heute an seiner ursprünglichen Stelle im Stadtteil Sârnâth, einige Kilometer nördlich von Benares. Es ist die Stelle, an der der Buddha damals im Wildpark Isipatana auf seine fünf Asketen traf und seine erste große Lehrrede hielt.

Trotz aller sonstigen Zerstörungen in Sârnâth – vor allem durch den Einfall islamischer Heere am Ende des zwölften Jahrhunderts – hat man bei Ausgrabungen noch das fast unbeschädigte Kapitell der Säule gefunden, das vier naturgetreu abgebildete Löwen zeigt. Dieses Löwenkapitell – einst dem Buddha gewidmet und heute der kostbarste Schatz im archäologischen Museum von Sârnâth (kaum einhundert Meter von der Asoka-Säule entfernt) wurde zweitausend Jahre später zum Staatswappen der unabhängigen Indischen Republik.

Außerdem steht nicht weit von der Säule noch der dreiundvierzig Meter hohe Rest eines Reliquienschreins, eines sogenannten Stupa, aus der Zeit des Asoka, während von späteren Klosterbauten nur noch Ruinen vorhanden sind.

Man kann also mit einiger Wahrscheinlichkeit annehmen, daß zu Zeiten des Buddha an dieser Stelle der Wildpark Isipatana lag, den später chinesische Chronisten auch den »Gazellenhain« nannten, weshalb man bildliche Darstellungen der Lehrpredigt von Benares immer daran erkennen kann, daß zwischen den fünf Asketen auch Gazellen auftauchen.

Im Gazellenhain

Hier nun kam der »Tathâgata« nach seiner Erleuchtung an. Tathâgata – eine der vielen Bezeichnungen, mit denen der Buddha von nun an in den Texten genannt wird – heißt wörtlich »der so Gegangene«, also derjenige, der so den Weg zur Erleuchtung gegangen ist. Es ist vermutlich die Bezeichnung, die der Buddha für sich selbst verwendete, während er von anderen mit seinem Familiennamen Gotama (in anderer Schreibweise auch Gotamo) oder als der Heilige aus dem Stamm der Sakja = Sakjamuni bezeichnet wurde.

Der Gazellenhain war ein Ort der Ruhe: »Die grünen Bäume trugen Frucht und Blüte, das Vieh sah man zusammen friedlich wandern, gemeiner Lärm blieb fern den Ruheplätzen...«

In dieser friedfertigen Umgebung kam es nun zu der Begegnung mit den fünf Asketen: »Da sahen die fünf Mönche den Erhabenen, der von fern herankam; als sie ihn sahen, redeten sie einander zu: ›Freunde, dort kommt der Asket Gotama, der im Überfluß lebt, der sein Streben aufgegeben und sich dem Überfluß zugewandt hat. Wir wollen ihm keine Ehrerbietung erweisen, nicht vor ihm aufstehen, ihm nicht seine Almosenschale und sein Obergewand abnehmen; aber wir wollen einen Sitz für ihn hinstellen; wenn er will, mag er sich setzen.«

Natürlich kam alles ganz anders. Je näher der Buddha kam, desto weniger konnten die fünf Mönche bei ihrem Entschluß bleiben. Der eine nahm ihm Almosenschale und Obergewand ab, ein anderer bereitete ihm einen Sitz, ein dritter stellte ihm Schemel und Wasser hin, so daß sich der Erhabene die Füße waschen konnte. Sie spürten also, daß mit ihrem früheren Genossen etwas geschehen war. Als sie ihn aber nun wie gewohnt mit »Freund

Gotama« anredeten, wurden sie zurechtgewiesen: »Ihr Mönche, redet den Tathâgata nicht mit seinem Namen an und nennt ihn nicht Freund. Der Vollendete, ihr Mönche, ist der heilige, höchste Buddha. Tut eure Ohren auf, ihr Mönche; die Erlösung vom Tode ist gefunden; ich unterweise euch, ich predige die Lehre.«

Die fünf Mönche glauben ihm das aber nicht. Der Text macht das unauffällig deutlich, indem sie den Buddha auch weiterhin mit Freund Gotama anreden, obwohl er sich diesen Namen verbeten hatte. Sie ehren ihn, aber sie bezweifeln, ob er als abtrünniger Asket überhaupt in der Lage war, die letzte und tiefste Weisheit aufzuspüren: »Hast du durch jenes Streben, Freund Gotama, durch jenen Wandel, durch jene Kasteiungen die übermenschliche Vollkommenheit, die volle Herrlichkeit des Wissens und Schauens der Heiligen nicht erreichen können – wie willst du jetzt, wo du im Überfluß lebst, wo du dein Streben aufgegeben und dich dem Überfluß zugewandt hast, die übermenschliche Vollkommenheit, die volle Herrlichkeit des Wissens und Schauens der Heiligen erreichen?«

Es entspricht nun der Geruhsamkeit all dieser Texte, daß sie nur langsam vorwärtskommen und vieles wiederholen:

»Da sie so redeten, sprach der Erhabene zu den fünf Mönchen: ›Der Vollendete, ihr Mönche, lebt nicht im Überfluß; er hat nicht sein Streben aufgegeben und sich dem Überfluß zugewandt. Der Vollendete, ihr Mönche, ist der Heilige, höchste Buddha. Tut eure Ohren auf, ihr Mönche; die Erlösung vom Tode ist gefunden; ich unterweise euch, ich predige die Lehre . . .‹«

Damit noch nicht genug. Die gleichen Wechselreden wiederholen sich noch ein zweites und drittes Mal. Erst danach kommt der Dialog ein kleines Stück vorwärts:

»Da sie so redeten, sprach der Erhabene zu den fünf Mönchen: ›Gesteht ihr mir zu, ihr Mönche, daß ich niemals zuvor also zu euch geredet habe?‹

›Das hast du nicht, Herr.‹

›Der Vollendete, ihr Mönche, ist der heilige, höchste Buddha. Tut eure Ohren auf, ihr Mönche, die Erlösung vom Tode ist gefunden . . .‹«

Ein viertes Mal läuft die Litanei ab, bei der wir ungeduldig werden, denn sie bringt nur Behauptungen, aber keinen Beweis, keine Lehre. Aber sie zeigt, wie vermutlich auch der folgende Teil im Wechselgespräch mehrfach hin und her erörtert worden ist, damit ihn die Zuhörer im Gedächtnis aufnehmen können. Denn jetzt, wo die gedankliche Vorbereitung auf die sogenannte »Predigt von

Benares« folgt, hören die Wiederholungen auf, jetzt beginnt die große Lehrrede, die die Texte im Zusammenhang geben:
»Da sprach der Erhabene zu den fünf Mönchen:
›. . . und welches, ihr Mönche, ist dieser Weg in der Mitte, den der Vollendete erkannt hat, der das Auge auftut, der zur Ruhe, zur Erkenntnis, zur Erleuchtung, zum Nirvâna führt?
Es ist dieser heilige achtteilige Pfad, der da heißt: rechtes Glauben, rechtes Entschließen, rechtes Wort, rechte Tat, rechtes Leben, rechtes Streben, rechtes Gedenken, rechtes Sichversenken. Dies, ihr Mönche, ist der Weg in der Mitte, den der Vollendete erkannt hat, der das Auge auftut und den Geist auftut, der zur Ruhe, zur Erkenntnis, zur Erleuchtung, zum Nirvâna führt.‹«

Die vier Wahrheiten vom Leiden

Und nun folgen die vier Grunderkenntnisse des Buddhismus. Es ist die berühmte »Predigt von Benares«, wie sie in der Literatur allgemein genannt wird:

»Dies, ihr Mönche, ist die heilige Wahrheit vom *Leiden*: Geburt ist Leiden, Alter ist Leiden, Krankheit ist Leiden, Tod ist Leiden, mit Unliebem vereint sein ist Leiden, von Liebem getrennt sein ist Leiden, nicht erlangen, was man begehrt ist Leiden, kurz, die fünferlei Objekte des Ergreifens (gemeint sind: Körperlichkeit, Empfindungen, Vorstellungen, Gestaltungen und Erkennen) sind Leiden.
Dies, ihr Mönche, ist die heilige Wahrheit von der *Entstehung des Leidens*: Es ist der Durst, der von Wiedergeburt zu Wiedergeburt führt, samt Freude und Begier, der hier und dort seine Freude findet: der Lüstedurst, der Werdedurst, der Vergänglichkeitsdurst.
Dies, ihr Mönche, ist die heilige Wahrheit von der *Aufhebung des Leidens*: Die Aufhebung dieses Durstes durch gänzliche Vernichtung des Begehrens, ihn fahren lassen, sich seiner entäußern, sich von ihm lösen, ihm keine Stätte gewähren.
Dies, ihr Mönche, ist die heilige Wahrheit von dem *Wege zur Aufhebung des Leidens*: Es ist dieser heilige, achtteilige Pfad, der da heißt: Rechter Glauben, rechtes Entschließen, rechtes Wort, rechte Tat, rechtes Leben, rechtes Streben, rechtes Gedenken, rechtes Sichversenken.
Dies ist die heilige Wahrheit vom Leiden: Also, ihr Mönche

ging mir über diese Begriffe, von denen zuvor niemand vernommen hatte, das Auge auf, ging mir die Erkenntnis, die Kunde, das Wissen, der Blick auf.«

Daran schließt sich nun folgerichtig das Bekenntnis von seiner eigenen Erlösung an:

»Und solange ich, ihr Mönche, nicht von diesen vier heiligen Wahrheiten ... Erkenntnis und Einsicht in voller Klarheit besaß, so lange, ihr Mönche, wußte ich auch, daß ich noch nicht in dieser Welt samt dem Götterwalten, samt Mâras und Brahmans Welt, unter allen Wesen, samt Asketen und Brahmanen, samt Göttern und Menschen die höchste Buddhaschaft errungen hatte. Seit ich aber, ihr Mönche, von diesen vier heiligen Wahrheiten ... Erkenntnis und Einsicht in voller Klarheit besitze, seitdem weiß ich, ihr Mönche, daß ich in dieser Welt samt den Götterwelten, samt Mâras und Brahmans Welt, unter allen Wesen, samt Asketen und Brahmanen, samt Göttern und Menschen die höchste Buddhaschaft errungen habe.«

Und dann die triumphierende Mitteilung: »Ich habe erkannt und geschaut: Unverlierbar ist meines Geistes Erlösung; dies ist meine letzte Geburt; nicht gibt es hinfort für mich neue Geburten.«

Auf die Frage nach dem Leiden, die den neunundzwanzigjährigen in die Hauslosigkeit getrieben hatte, weiß der fünfunddreißigjährige nun die Antwort: Für ihn wird es keine Wiedergeburt mehr geben. Das Erkennen der Zusammenhänge ist bereits die Erlösung.

Wir müssen später noch auf diese Selbsterlösung zurückkommen, die keinen Gott kennt, sondern nur das Erkennen des eigenen Zustandes. Dann ist zu fragen, ob das Nirvâna wirklich ein Hinübergehen ins »Nichts« bedeutet, und welche Funktion Götter wie Mâra und Brahman haben, die Buddha selbst zitiert.

In der Erzählung von Benares erfahren wir darüber nichts. Die Belehrung endet mit dem Satz: »Also redete der Erhabene; froh priesen die fünf Mönche des Erhabenen Rede.«

Damit hatte der Tathâgata das »Rad der Lehre« in Bewegung gesetzt, »was bisher sich noch niemals drehte: Seines Rades Speichen sind die Vorschriften rechten Handelns, ihrer Länge Gleichmaß entspricht der Gleichmut der Betrachtung, des Rades Schiene ist die feste Weisheit, Nachdenken und Bescheidenheit als Lager der Achse dienen, rechte Überlegung als Nabe; doch das ganze Rad selbst ist das Gesetz vollkommener Wahrheit, die, der Wahrheit jetzt geschenkt, nicht wieder weicht vor andrer Lehre.«

Spätere Buddhastatuen stellen den Erleuchteten oft in dem Moment dar, in dem er das Rad der Lehre in Bewegung setzt – ohne daß dabei das Rad selbst zu sehen ist. Es sind jene Darstellungen, in denen der Erleuchtete in anscheinend exotischer Bewegung beide Hände vor die Brust hält, die rechte ein wenig höher als die linke. Denkt man sich das unsichtbare Rad dazwischen, so erklärt sich auch die Fingerhaltung: Sie halten und drehen ein Rad.

Zusammen mit den Löwen ist dieses Rad der Lehre auch mehrfach auf dem Kapitell der Asokasäule von Sârnâth abgebildet. Und so, wie das Löwenkapitell zum Staatswappen Indiens wurde, so ist das Rad, das damals im Gazellenhain in Bewegung gesetzt wurde, heute in der indischen Nationalflagge zu sehen.

Die ersten Anhänger

Kondanja der Erkenner

Obwohl nun alle fünf Asketen die Rede des Buddha »froh gepriesen hatten«, begriff sie nur einer. Es war dies Kondanja, der damit zum ersten Bhikkhu, zum ersten Mönch wurde und damit auch der erste war, der die dreifache Formel »Buddham – Dhammam – Sangham saranam gaccâmi« aussprach: »Ich nehme meine Zuflucht zu Buddha, der Wahrheit, der Jüngerschaft.«

Kondanja, als Sohn eines reichen Brahmanen in Donavatthu, nicht weit von Siddatthas Geburtsstadt Kapilavatthu geboren, wird seitdem in den buddhistischen Schriften »Kondanja der Erkenner« genannt. Die anderen vier – Vappa, Bhaddija, Mahânâma und Assadschi – huldigten daraufhin, so erzählt die Legende, »mit demütiger Miene und flach vereinten Händen« dem Tathâgata, der dann »nach und nach mit weiser Rede sie einzeln zum Verständnis des Gesetzes« führte, so daß sie nun, »gleich den fünf Sternen, die, am Himmel schimmernd, den lichten Mond auf seiner Bahn begleiten«, ebenfalls zu Anhängern wurden und dem Ruf des Buddha folgten:

»Kommt herzu ihr Mönche; wohl verkündigt ist die Lehre; wandelt in Heiligkeit, allem Leiden ein Ende zu machen.«

»Um jene Zeit«, so heißt es dann, »gab es sechs Heilige in der Welt.« Es war der Buddha und die fünf Asketen aus dem Wald von Uruvelâ.

Der vornehme Jüngling

Doch es blieb nicht lange bei den sechs Heiligen. Jedenfalls legen die überlieferten Berichte großen Wert darauf, von Anfang an eine ständig steigende Anhängerschar nachzuweisen, je vornehmer, desto besser.

Die nächste Bekehrung wird daher einem reichen Jüngling aus Benares zugeschrieben, aber schon an den einzelnen Erzählelementen merkt man, wie konstruiert das Ganze ist: Der reiche Jüngling wiederholt bis ins Detail Siddatthas Werdegang:

»Zu jener Zeit wohnt in der Stadt Benares ein Sohn vornehmer Eltern, namens Jasa. Der wacht' einst plötzlich auf aus tiefem Schlafe bei Nacht, und als er sah, wie seine Diener von beiderlei Geschlecht, fast unbekleidet, da lagen schlafend, füllt' das Herz ihm Ekel. Aus welchem Grunde, dacht er, stürzen rasend vor Torheit sich so tief ins Leid die Menschen?

Er legte seine Kleider an und seine Schmucksachen, und verließ, ins Freie wandernd, sein Haus ... Dann hielt er an den Schritt und klagte laut, daß sich endlos Leid mit Leid verkette.

Tathâgata, der sich bei Nacht im Freien erging, als er des Jasa Klagen hörte, hieß ihn sofort willkommen: ›Hier dagegen‹, sprach er, ›könnt einen Ruheplatz ihr finden, so herrlich und erquickend wie kein andrer – Nirvâna, unbeweglich, still und leidlos.‹«

Und schon war der reiche Jüngling bekehrt und hatte alles auch gleich verstanden »gleichwie ein weißer Seidenstoff, eingetaucht in Farbe, leicht diese annimmt«. Jasa war erleuchtet, und automatisch verwandelte sich seine teure Kleidung in ein Mönchsgewand. Als Jasas Eltern und seine Frau, aber auch die »leichtherzigen Gesellen« des Jasa, seine früheren Freunde, ihn so sahen, »kamen sie gleichfalls nach und nach zur wahren Einsicht kraft guter Taten früherer Lebensläufe, die reiche Frucht jetzt trugen«.

Auf diese Weise stieg die Zahl der Buddha-Anhänger in kurzer Zeit auf sechzig an, »alle gehorsam dem Gesetz, wohlkundig der Schülerpflicht«.

Wie im Neuen Testament findet also auch in den buddhistischen Schriften die Suche nach Jüngern statt, die weniger durch langwierige Überzeugung und Predigt, als vielmehr durch Eindruck und Vorbild gelingt. Wie in der Bibel haben wir auch beim Buddha einen klar umgrenzten Jüngerkreis: In der Bibel die zwölf Apostel, aber auch die siebzig, die ausgesandt werden; beim Buddha die sechs und die sechzig. Heißt es im Neuen Testament (Markus sechzehn, Vers fünfzehn) »Gehet hin in alle Welt und prediget das Evangelium (die frohe Botschaft) aller Kreatur«, so fordern die buddhistischen Schriften: »Wandert denn in jedes Land, bekehrt die noch Unbekehrten, überall in der leidverzerrten Welt als Lehrer wirkend, Erleuchtung dort bringend, wo Einsicht mangelt. Geht denn, ein jeder seinen Weg verfolgend, für sich allein! Zieht aus, erfüllt von Mitleid, bringt Rettung und nehmt auf...«

Das sind Sätze, die auch Jesus gesagt haben könnte, nur daß der Buddha fünfhundertsiebzig Jahre früher lebte.

Wie bei Jesus folgte nun – Zufall oder notwendiger Legendenbaustein? – auch beim Buddha der Augenblick, an dem er die große Stadt wieder verläßt und aufs Land zurückkehrt. Wir erfahren nämlich plötzlich zu unserer Überraschung, daß Siddattha und die fünf Asketen offenbar nicht allein im Wald von Uruvelâ gelebt haben, denn der Buddha zog jetzt dorthin zurück, um tausend brahmanischen Waldeinsiedlern von seiner Erleuchtung zu berichten. Auch hier gelang die Bekehrung nach anfänglichem Widerstand weniger durch die Lehre, als vielmehr durch »vielfache Wunder«, die er »durch Geisteskraft« vollbrachte. Ein Verfahren, das wir auch aus der Bibel kennen.

König Bimbisâra bekehrt sich

Von Uruvelâ aus zog der Buddha danach weiter ostwärts nach Râdschagaha, der nahegelegenen Hauptstadt des Magadhareiches. Es versteht sich, daß ihm König Bimbisâra von Magadha (etwa 540–490) neugierig in einem Bambuswald entgegenzog, begleitet von »zwölf Myriaden Brahmanen und Bürgern von Magadha«, wie der Text ein wenig übertreibend berichtet: zwölf Myriaden sind immerhin hundertzwanzigtausend Menschen.

König Bimbisâra wird als Repräsentant derjenigen geschildert, die mit dem brahmanischen Opferkult des Feuers nichts mehr anfangen konnten und, wie viele andere auch, auf der Suche nach einer neuen Form der Erlösung waren. Ihm erklärte daher einer der neugewonnenen brahmanischen Mönche aus dem Wald von Uruvelâ: »Was ich gewann, den Feuergott verehrend, war das Verbleiben in des Lebens Kreislauf, Entstehung von Geburt und Tod und ihren Beschwerden. Darum gab ich jenen Dienst auf.

Eifrig ausharrend in dem Dienst des Feuers, strebt ich die fünf Begierden zu vernichten, doch wuchsen sie vielmehr ins Grenzenlose; darum hab' ich jenen Dienst aufgegeben. Dem Feuer opfert' ich mit vielen Mantra (Formeln), doch ich fand nicht von der Geburt Befreiung ... darum gab ich das Opfer auf, um Ruhe zu erstreben.«

Was der Buddha nun an die Stelle des brahmanischen Opferkults setzte, wird an dieser Stelle besonders deutlich; es ist die Abkehr von äußerlichen religiösen Formeln und Handlungen und die Hinwendung zur Selbsterkenntnis und dadurch zur Selbsterlösung:

»Aus dem ›Ich-selbst‹-Gedanken fließen alle die Welt als Fesseln drückende Beschwerden; doch sie zerreißen sämtlich, wenn wir sehen, daß es kein Ich gibt, was sich fesseln ließe ... Kennt man sich selbst und seiner Sinne Wirken, dann gibt man dem grundlosen Ich-Gedanken nicht mehr Raum ... so zeigt sich uns die höchste Wahrheit, die Quelle eines Friedens, der nie endet.«

Und »wie ein Brennglas durch die Kraft der Sonne in Flammen setzt den Zunder«, so wurde nun auch König Bimbisâra und sein Gefolge für die Lehre des Buddha entflammt, und »voll Freude reinigte dann Bimbisâra, der König, sich von Sünde, religiöse Einsicht gewinnend«. Er erklärte sich zum Laienanhänger des Erleuchteten und schenkte ihm den Bambuswald Veluvana als Klostergebiet, wo der Buddha dann auch im Lauf der Jahre fünf Regenzeiten verbrachte.

Das alles klingt wieder einmal nach glaubensstärkender Legendenbildung, denn Könige, die sich gleich einer neuen Lehre anschließen, machen sich immer gut. Es scheint aber, daß diese Geschichte einen wahren Kern hat, denn König Bimbisâra wird immer wieder als Anhänger des Buddha erwähnt, bis ihn sein Sohn ins Gefängnis warf und dort verhungern ließ.

Es mag sein, daß Bimbisâra sich nicht nur aus frommen Motiven zum Buddha bekehrte: Bimbisâra war ein Schwager des Königs Pasenadi von Kosala, und diesem wiederum unterstanden die Herrscher der Sakja, zu denen Buddhas Vater gehörte. Es könnte also sein, daß König Bimbisâra dem Buddha aus diesen Gründen freundlich begegnet ist. Möglich ist auch, daß Bimbisâra erkannt hatte, daß die Lehren des Buddha zu Friedfertigkeit und Toleranz erzogen, was die Aufrechterhaltung der Herrschaft allemal erleichtert. Denn »werden Lust und Gier entfernt, wird ein gleichmäßig Urteil und ein wohlwollend Herz erworben, dann hört man auch auf, Feind und Freund zu unterscheiden. Denn Mitleid füllt das Herz und gegen alle gleich gütige Gesinnung; machtlos werden so Zorn und Haß.«

Es ist aber gut denkbar, daß König Bimbisâra auch religiösen

Impulsen folgte, weil ihm wie vielen anderen die erstarrten brahmanischen Kultriten nichts mehr bedeuteten.

Jedenfalls war die königliche Unterstützung für die Ausbreitung der buddhistischen Lehre von größter Bedeutung, ganz gleich, was nun die Motive waren.

Sâriputta und Moggallâna

Nach der Tradition war Râdschagaha auch der Ort, wo sich zwei Brahmanen zu Buddha bekehrten, die dann in der Folge neben dem Erleuchteten als »Sâriputta der Wissensmächtige« und »Moggallâna der Magiegewaltige« am meisten verehrt wurden. Es waren zwei Freunde, die damals noch dem Wanderasketen Sandschaja folgten.

Sâriputta (Sohn des Sari), nach seinem Heimatort in der Nähe von Râdschagaha auch gelegentlich Upatissa, und Moggallâna, ebenfalls nach seinem nicht weit entfernten Heimatort manchmal Kolita genannt, hatten einander versprochen: »Wer zuerst die Erlösung vom Tode erlangt, soll es dem anderen sagen.«

Und so geschah es. Sâriputta sah eines Tages Assadschi, einen der fünf Asketen von Benares, in Râdschagaha Almosen sammeln und war von seinem heiligen und würdigen Aussehen beeindruckt. Er ging ihm nach und fragte ihn schließlich: »Deine Miene, Freund, ist hell, deine Farbe ist rein und klar. In wessen Namen, Freund, hast du der Welt entsagt?«

Assadschi erzählte ihm nun vom Buddha, aber als Sâriputta ihn nach der Lehre des Erhabenen fragte, mußte Assadschi zugeben, daß er selbst noch nicht recht Bescheid wußte: »Ich bin ein Neuling, Freund; es ist nicht lange, daß ich die Welt verlassen habe; ich bin eben erst zu dieser Lehre und zu dieser Ordnung herzugekommen. Ich kann dir die Lehre nicht in voller Ausdehnung verkünden, aber ihren kurzen Sinn kann ich dir sagen.«

Was dann dem Neuling Assadschi in einem einzigen Satz in den Mund gelegt wurde, galt später als das kurzgefaßte »Glaubensbekenntnis« des Buddhismus:

»Die Wesenheiten, die aus einer Ursache fließen, deren Ursache lehrt der Vollendete, und welches Ende sie nehmen. Dies ist die Lehre des großen Samana (= Asketen).«

Da erwachte in Sâriputta das »reine, fleckenlose Wahrheitsauge« und er erkannte: »Was immer dem Entstehen untertan ist, das ist alles auch dem Vergehen untertan.«

Daraufhin ging er zu Moggallâna zurück, der ihm sofort die neue Erkenntnis ansah: »Deine Miene, Freund, ist hell, deine Farbe ist rein und klar. Hast du die Erlösung vom Tode gefunden?«

Auch wenn es uns schwerfällt, in einem so einfachen Satz des Assadschi eine neue Lehre und gar die Erlösung vom Tode zu entdecken, weil wir uns noch nicht mit der indischen Philosophie beschäftigt haben – für Sâriputta und Moggallâna war diese Chiffre ein Signal. Beide gingen »mit Stab und Wasserkrug in Händen und mit geflochtenem Haar« zum Buddha in den Bambushain, um mehr von dieser Lehre zu hören.

Als der Buddha sie kommen sah, sagte er in weiser Voraussicht zu seinen Schülern: »Den beiden Männern, die dort kommen, wird einst der höchste Rang gebühren unter allen, die meiner Lehre folgen, in der Weisheit dem einen, in der Wundermacht dem anderen.« Daraufhin begrüßte er sie »mit tiefer, weicher Stimme« und führte sie in seine Lehre ein. Als sie begriffen, »daß es ein Selbst nicht gibt, weshalb Geburt und Tod auch keine realen Dinge sind«, nahm er sie schließlich als Mönche bei sich auf.

»Zu dieser Zeit«, heißt es dann weiter, »wandten sich viele angesehene edle Jünglinge aus dem Magadhalande dem Erhabenen zu, in Heiligkeit zu leben.« Diese stereotype Formel wird aber dann auch mit einer Wendung fortgesetzt, die so überraschend ist, daß man sie mit ihrem Spott für authentisch halten möchte: »Da wurde das Volk unwillig, murrte und ward zornig: ›Der Asket Gotama ist gekommen, Witwentum zu bringen; der Asket Gotama ist gekommen, Untergang der Geschlechter zu bringen. Jetzt hat er die tausend Eremiten zu seinen Jüngern gemacht, und er hat die zweihundertfünfzig Bettelmönche des Sandschaja zu seinen Jüngern gemacht, und hier diese vielen angesehenen edlen Jünglinge aus dem Magadhalande wenden sich dem Asketen Gotama zu, in Heiligkeit zu leben‹.

Und wenn die Leute Jünger sahen, schalten sie sie mit dem Spruch:

›Gezogen kam der große Mönch zu der Magadha Bergesstadt, die Sandschaja bekehrt er all'. Wen er wohl heute bekehren wird?‹

Da hörten die Jünger, wie das Volk unwillig war, murrte und zornig war. Und die Jünger sagten es dem Erhabenen.« Darauf die Antwort des Buddha: »Dieser Lärm, ihr Jünger, wird nicht lange dauern. Sieben Tage wird er dauern; nach sieben Tagen wird er verschwinden. Ihr aber, ihr Jünger, wenn sie euch schelten mit dem Spruch:

›Gezogen kam der große Mönch zu der Magadha Bergesstadt,

die Sandschaja bekehrt' er all', wen er wohl heut bekehren wird?‹ so antwortet mit dem Spruch:

›Die Helden, die Vollendeten bekehren durch ihr wahres Wort. Wer will schmähn den Erleuchteten, der durch der Wahrheit Macht bekehrt?‹«

Mit diesem Bericht und mit dieser Stelle bricht nun die Buddha-Biographie in den alten Texten ab, um dann erst wieder zusammenhängend von seinem Tode zu berichten. Der Biographie war nur eins wichtig: zu zeigen, wie das Rad der Lehre in Bewegung gesetzt wurde und wie der Erleuchtete vom Kreislauf der Wiedergeburt erlöst wurde.

Zwar erfahren wir, über viele Überlieferungen verstreut, noch einige biographische Details aus den folgenden fünfundvierzig Wanderjahren des Buddha, zum Beispiel, daß sich sein Vater und sein Sohn Râhula der Lehre anschlossen und Mönche wurden, während seine Stiefmutter das erste Nonnenkloster gründete. Aber diese Angaben verlieren sich in dem jahrzehntelangen Einerlei von schweigendem Umherziehen im gelben Gewand mit der Almosenschale und den vier Monate dauernden Zusammentreffen in Hainen und Wäldern während der Regenzeiten.

Was der Buddha in diesen Jahren lehrte, ist in zahllosen Berichten, Reden und Dialogen weitergegeben und später aufgeschrieben worden. Aber diese Lehre ist niemals als Ganzes, etwa in der Form einer »Dogmatik« oder eines Lehrbuches dargestellt worden. In den oft endlosen Wiederholungen der üppig wuchernden Erzählungen schimmern immer nur da und dort neue Gedanken hervor, die wir nun erst zu einem Gesamtbild zusammensetzen und in das indische Denken einordnen müssen, um die Lehre des Buddha überhaupt zu verstehen.

II
Die Lehre

Die »Lehre der Alten«

Theravâda und Pâlikanon

Ähnlich wie beim Christentum müssen wir auch beim Buddhismus die ursprüngliche Lehre des Buddha von der späteren Entwicklung unterscheiden. Verehrung, Volksglaube, fremde Einflüsse und später auch Bequemlichkeit haben aus vielem das Gegenteil dessen gemacht, was Jesus und Buddha gelehrt haben.

Jesus, der Menschensohn, wurde selbst zum Gott ebenso wie der Buddha, dessen Lehre gar keinen Gott kannte. Statt *wie* Jesus zu glauben, glaubte man *an* Jesus, statt wie der Buddha die Erlösung zu erreichen, glaubte man an die Macht des Buddha und an die Erlösung durch Zaubersprüche.

Offensichtlich unterliegen alle Religionen in dem Augenblick einer Veränderung, in dem sie von der Menge akzeptiert oder gar zur Weltreligion werden. Der Glaube der Vielen ist nicht mehr die Lehre des Stifters, die Quantität verändert die Qualität, und die Zeit tut ihr übriges: Was einst neu und wichtig war, wird althergebrachte Gewohnheit, in Jahrhunderten wird auch das Gegenteil wahr.

Die Entwicklung des Buddhismus ist ein klassisches Beispiel dafür. Schon hundert Jahre nach dem Tod des Buddha konnten sich die Mönche auf einem Konzil nicht mehr über einige Änderungen der Ordenszucht und der Lehre einigen. Eine konservative Minderheit hielt an der »Lehre der Alten«, am »Theravâda« fest, während die »große Gemeinde« die Änderungen annahm.

Etwa vierhundert Jahre nach dem Tode des Buddha können wir dann beobachten, daß sich aus diesen beiden Richtungen zwei getrennte Heilswege entwickelt haben. Die eine Richtung benutzte das »Mahâjâna«, das »große Fahrzeug« über den Ozean des Leidens, das den Massen eine leichtere Erlösung anbot, während das »Hînajâna«, das »kleine Fahrzeug« bei der strengeren »Lehre der Alten«, dem »Theravâda« blieb.

Es entspricht der religiösen Toleranz Indiens, daß sich diese beiden Richtungen niemals bekämpft haben. Sie warfen sich zwar gegenseitig vor, die wahre Lehre zu entstellen, aber das hinderte sie nicht, von Anfang an gemeinsam in Klöstern zu leben.

Wenn wir also erfahren wollen, was der Buddha gelehrt hat, dann müssen wir uns an die »Lehre der Alten« halten, denn die Lehre des Hinajâna entspricht nach Alter und Tradition noch am ehesten der tatsächlichen Lehre des Buddha.

Glücklicherweise sind uns die Schriften der Theravâda vollständig überliefert. Es ist der sogenannte »Pâlikanon«, der im ersten Jahrhundert vor Christus auf königlichen Befehl in Ceylon, dem heutigen Sri Lanka, niedergeschrieben wurde. »Kanon« bedeutet dabei, wie bei den »kanonischen Schriften« der Bibel, daß die Texte anerkannter Maßstab, Richtschnur der Lehre sind.

Das Wort Pâli dagegen ist nichts weiter als die Bezeichnung eines altertümlichen Dialektes, in dem die Texte geschrieben sind. Denn so konservativ wie die Theravâdin in Glaubensdingen waren, so beharrlich hatten sie auch jahrhundertelang an dem nordost-indischen Pâli-Dialekt festgehalten, der dem Mâgadhî, dem Dialekt des Buddha, eng verwandt ist. Der Pâli-Dialekt wiederum ist mit dem indo-europäischen Sanskrit verwandt wie das Latein mit dem Italienischen.

Da die Texte des Mahâjâna mit Ausnahme des »Mahâvastu« alle in reinem Sanskrit abgefaßt sind, ergibt sich eine recht praktische Unterscheidung: Buddhistische Texte in Pâli gehören zur alten Tradition der Theravâda und zum Hinajâna, Texte in Sanskrit zum Mahâjâna.

Man müßte das nicht eigens erwähnen, wenn sich die Unterschiede in Pâli und Sanskrit nicht auch in der Schreibung buddhistischer Begriffe auswirkten. So ist zum Beispiel das bekannte Wort »Nirvâna« die Sanskritform. Entsprechend den Lautgesetzen, auf die ich hier nicht eingehen kann, heißt das gleiche Wort in Pâli »Nibbâna«. Ähnlich werden aus den Doppelkonsonanten des Pâli bei Siddattha im Sanskrit unterschiedliche Konsonanten, so daß er dort Siddartha heißt – wie seine Vaterstadt auf Pâli Kapilavatthu und auf Sanskrit Kapilavastu geschrieben wird.

Da sich die Kenntnis des Buddhismus im 19. Jahrhundert zunächst auf die Texte des Mahâjâna stützte, sind uns im Westen die Sanskritworte oft geläufiger. Weil wir uns aber jetzt mit dem ursprünglichen Buddhismus beschäftigen wollen, verwende ich die phonetische Umschreibung der Pâli-Form wie sie in den Texten der Theravâdin steht – mit einer Ausnahme: Das Wort »Nirvâna« ist zu einem so festen Begriff geworden, daß ich es im Text nicht durch Nibbâna ersetzen möchte.

Der interessierte Leser kann im Glossar im Anhang des Buches beide Formen in wissenschaftlicher Umschrift nachschlagen.

Die drei Körbe

Der Pâlikanon ist in »drei Körben«, im »Tipitaka«, überliefert, und das ist ganz wörtlich zu verstehen: Geschriebenes füllte damals in Indien nicht Regale, sondern Körbe. Denn so wie die Ägypter auf die Blätter der Papyrus-Staude schrieben, woher unser Wort »Papier« kommt, so schrieb man in Indien – und tut es noch – auf Palmblätter. Auf diese »Blätter« wurden die Buchstaben querüberlaufend geschrieben oder mit einem scharfen Stichel eingeritzt und dann mit Ruß aus verbranntem Reis oder Zucker sichtbar gemacht. Eine solche Seite war dann zwischen dreißig und fünfzig Zentimeter lang und zwei bis fünf Zentimeter hoch. Bei zusammenhängenden Texten wurden die Palmblätter gebündelt, so daß ein streifenartiges Buch entstand.

Als die buddhistischen Mönche in Ceylon damals die riesige Anzahl von Palmblattbüchern ordneten, verteilten sie sie entsprechend ihrem Inhalt in verschiedene Körbe.

Im Vinaja-Pitaka, dem ersten Korb des Tipitaka – (im Sanskritwort »Tripitaka« erkennt man sogar noch das Wort für »drei«) – wurden alle Ordensregeln gesammelt; im Sutta-Pitaka die Lehrvorträge, Buddhaworte, Erzählungen aus dem Leben des Erleuchteten und ähnliches; und im dritten Korb, dem Abhidhamma-Pitaka befand sich die »höhere Lehre« mit philosophischen, transzendentalen und scholastischen Fragen.

Mit alledem, was im Laufe der Zeit an Texten gesammelt wurde, kam eine ungeheure Menge zusammen. Die chinesische Übersetzung des Tipitaka, allerdings mit Zusätzen und Änderungen versehen, umfaßt in einem modernen Druck aus dem Jahre 1929 die Kleinigkeit von zweitausendeinhundertvierundachtzig Werken in fünfundfünfzig Bänden zu je tausend Seiten, während die tibetanische Sammlung der Hînajâna-Texte »nur« etwa dreißig Bände zählt.

Für die vergleichsweise »neue Welt« des Abendlandes hat die 1881 in London gegründete Pâli Text Society (PTS) bisher an die hundertsiebzig Bände mit Pâli-Texten aus dem Tipitaka in lateinischen Buchstaben veröffentlicht und zum großen Teil auch ins Englische übersetzt.

Die bekannteste zusammenhängende deutsche Übersetzung aus dem Pâlikanon von Karl Eugen Neumann bringt dagegen auf rund zweitausend Seiten mit hundertzweiundfünfzig Reden nur einen kleinen Ausschnitt aus dem Sutta-Pitaka, dem zweiten Korb der Lehrreden. Allein in diesem Korb sind noch achtzehn andere

Gruppen mit über zweitausend Abschnitten von zum Teil erheblicher Länge gesammelt.

Neben den Heiligen Texten des Pâlikanon gibt es aber noch eine große Zahl von jüngeren, außerkanonischen Texten, von denen der Milindapanja besonders interessant ist. Es sind die Fragen eines Mannes namens Milinda nach der buddhistischen Lehre und der Wiedergeburt. Das verblüffende daran ist, daß nicht ein Buddhist fragt, auch kein Inder: Milinda ist niemand anders als der griechische Fürst Menandros, der in den Jahren 125-95 vor Christus in der griechischen Kolonie Baktrien (heute Teil Afghanistans) herrschte und sein Reich bis nach Indien ausgedehnt hatte. Er war einer der Abendländer, der seit dem Indienzug Alexanders des Großen mit dem Buddhismus Kontakt hatte, und sich nach eben jener Wiedergeburt erkundigte, die der Pharisäer Nikodemus in einem heimlichen nächtlichen Gespräch mit Jesus diskutierte, dabei aber eine andere Antwort erhielt, als sie Buddha gegeben hätte.

Ist allein schon die Literatur des Urbuddhismus nahezu unüberschaubar, so kann erst recht keine Rede davon sein, daß wie beim Judentum, Christentum oder Islam alle heiligen Texte bis in den letzten Buchstaben hinein bekannt, erforscht und durchdacht wären. Hinzu kommt, daß die Auswahlkriterien früherer Übersetzer heute eher bedenklich erscheinen. So bedurfte es zum Beispiel einer eigenen ausführlichen Arbeit Ende der dreißiger Jahre, um aus den Mönchsregeln des Vinaja-Pitaka diejenigen Stellen sexueller Verfehlungen und Perversionen nachzuübersetzen, die frühere Übersetzer aus Prüderie einfach ausgelassen hatten.

Daß man trotzdem Leben und Lehre des Buddha darstellen kann, erklärt sich aus der Tatsache, daß die entscheidenden Lehraussagen in den Quellen derart oft wiederholt werden, daß nicht die Menge der Texte ausschlaggebend ist, sondern ihr Thema. Denn: »Wie das große Meer, ihr Jünger, nur von einem Geschmack durchdrungen ist, vom Geschmack des Salzes, also ist auch, ihr Jünger, diese Lehre und diese Ordnung nur von einem Geschmack durchdrungen, vom Geschmack der Erlösung.«

Die Vergänglichkeit aller Dinge

Alles ist Leiden

Erlösung heißt im Buddhismus Erlösung vom Leiden. Diese Erkenntnis war für den meditierenden Siddattha die Erleuchtung gewesen:

»Geburt ist Leiden, Alter ist Leiden, Krankheit ist Leiden, von Liebem getrennt sein ist Leiden, nicht erlangen, was man begehrt ist Leiden . . .«

Alles ist Leiden, und das ist ganz real gemeint; oft genug ist von dem »Meer von Tränen« die Rede, das man in seinen verschiedenen Existenzen vergießt. Aber daß das Leben kein reines Vergnügen ist und daß es genügend Situationen gibt, die mit Schmerz, Kummer und Leid zu tun haben, war auch schon zu Buddhas Zeiten keine Neuigkeit. Um zu dieser Feststellung zu gelangen, bedurfte es keiner Erleuchtung.

Wenn der Buddha nun trotzdem solche simplen Wahrheiten verbreitet, so muß man sich fragen, ob wir nicht vielleicht nur die Vordergründigkeit der Worte sehen, oder ob wir eine andere Auffassung vom Leiden haben als der Buddhismus. Und so ist es tatsächlich. Zwar ist die Konsequenz beängstigend, mit der alles, auch jede Freude, unweigerlich in Leiden endet, aber der Buddha hat keineswegs eine Jammertal-Theorie gepredigt oder, wie auch oft gesagt wird, nur Pessimismus gelehrt.

Das klingt paradox. Der Widerspruch löst sich aber rasch auf, wenn wir hinter den formelhaften Lehrsätzen den philosophischen Ansatzpunkt finden. Daß Geburt, Alter, Tod und Trennung Leiden verursachen, sind nur besonders drastische Beispiele für etwas ganz anderes, und darum schließt dieser erste, eben zitierte Satz vom Leiden mit einer Zusammenfassung, der wir nicht ohne weiteres folgen können: ». . . kurz: Die fünferlei Objekte des Ergreifens sind Leiden.«

Wir spüren sofort, daß das eine andere Begriffswelt ist, mit der wir nicht viel assoziieren, denn die indische Philosophie und Psychologie gehen von anderen Voraussetzungen aus, als wir sie gewohnt sind. Wir müssen uns notgedrungen mit diesen Denkvorgängen beschäftigen, denn sonst bleibt die buddhistische Lehre für uns an der Oberfläche allgemeinverständlicher Aussagen oder wird zu einer Aufreihung dunkler und unaufgelöster Chiffren.

Bevor wir aber genauer untersuchen, was unter dem Kürzel von den »fünferlei Objekten« zu verstehen ist, muß man noch auf etwas anderes aufmerksam machen, das weniger mit Verständnis – als mit Verständnisschwierigkeiten zu tun hat.

Eine andere Begriffswelt

Die Tatsache, daß die entscheidenden Begriffe indischen Denkens oft von ganz anderen Voraussetzungen ausgehen als die abendländische Philosophie, bringt es mit sich, daß selbst eine noch so genaue Übersetzung des Begriffs manchmal nichts über dessen Hintergrund und seine eigentliche Bedeutung sagt. Im Gegenteil: Oft ist die wörtlich-genaue Übersetzung für das Verständnis hinderlicher als eine Umschreibung, die bereits interpretiert. Hinzu kommt, daß viele Begriffe mehrdeutig schillern und je nach Umgebung die verschiedensten Dinge bedeuten können.

So ist zum Beispiel die Grundbedeutung des Wortes »Dhamma«: »das Feste, das Dauernde«. Übersetzen muß man es aber je nach Zusammenhang als Gesetz, Beschaffenheit, Eigenschaft, Erscheinung, Denkobjekt, Ding, Recht, Gerechtigkeit, Rechtschaffenheit oder Tugend, ja sogar als Buddha-Lehre in ihrer Gesamtheit. Noch seltsamer und noch schwieriger ist der indische Begriff, den man mit »Objekten des Ergreifens« übersetzen kann. Es ist das Wort Upâdânakkhandha. Es setzt sich zusammen aus »upâdâna«, was »Brennholz« bedeutet und »khandha« mit der Grundbedeutung »Baumstamm, Masse, Menge«. Zusammen ergibt sich also so etwas wie »Brennholzmenge«, aber es ist offensichtlich, daß eine wörtliche Übersetzung »... die fünferlei Brennholzmengen sind Leiden« baren Unsinn ergibt.

Aus anderen Zusammenhängen und verschiedenen Beispielen kann man jedoch erschließen, was mit dem Gesagten in Wirklichkeit gemeint ist. Wenn es zum Beispiel heißt, daß die Ursache des Handelns im upâdâna liegt, »wie dürres Gras ergriffen wird vom Feuer« oder wenn verglichen wird, »wie ein geschickter Mann durch Reiben von Hölzern Feuer zum Gebrauch entzündet, so geht Berührung aus den sechs Eingängen« – gemeint sind die Sinnesorgane – »hervor«, dann kann man daraus schließen, daß das Wort upâdâna etwas mit anhaften, berühren zu tun hat. Denn was hier am Beispiel des Feuermachens verglichen wird, ist die enge Berührung: Wenn beide Hölzer eng aneinanderhaften, kann man durch die entstehende Reibungshitze Feuer erzeugen. Löst man dagegen die Verbindung von Reibestab und Zunder, so kommt kein Feuer zustande. Was sich nicht berührt, was nicht aneinander haftet, hat keine Folgen. Auf die Sinnesorgane übertragen heißt das: Auch sie müssen an den Dingen haften, Kontakt haben, um etwas wahrnehmen zu können. Wer blind ist, kann die Sonne nicht sehen, weil das Auge nicht am Licht haften kann.

So ist es also eine Sache der Interpretation und des Zusammenhangs, ob man das Wort Upâdânakkhandha zum Beispiel als »Objekt des Ergreifens« oder als »Aneignungsgruppen« oder »Daseinsfaktoren« übersetzt: Es ist immer das gleiche Wort gemeint.

Um unter diesen Umständen Verwirrung zu vermeiden, werde ich daher stets das Pâli-Original in Klammern hinzufügen, um bei verschiedenen Übersetzungen die Identifizierung zu erleichtern.

Das Haften an den Dingen

Wir müssen nun herausfinden, was eigentlich unter diesen »Objekten des Ergreifens« zu verstehen ist. Zum Glück hat es der Buddha seinen Mönchen oft genug erklärt:

»Und welches sind, ihr Mönche, in Kürze die fünf Aneignungsgruppen, die leidhaft sind?:
– die Aneignungsgruppe Körper (Rûpa)
– die Aneignungsgruppe Empfindung (Vedanâ)
– die Aneignungsgruppe Wahrnehmung (Sanjâ)
– die Aneignungsgruppe Vorstellung (Sankhâra)
– die Aneignungsgruppe Bewußtsein (Vinjâna)

Von den konkreten Beispielen wie Geburt, Leid und Tod sind wir also jetzt mit einem Male in einen Bereich geraten, der nach philosophischer Definition oder nach Psychologie klingt, ohne daß ein Zusammenhang zwischen den konkreten Beispielen und der Schlußfolgerung ins Auge springt.

Für das indische Denken dagegen ist der Zusammenhang vollkommen klar: Die fünf Daseinsfaktoren oder auch Aneignungsgruppen beschreiben den psychophysischen Zusammenhang der menschlichen Person in ihrer Abhängigkeit von den Dingen. Das heißt: Der Mensch besteht aus diesen fünf »Daseinsfaktoren« oder genauer: Wo diese fünf Daseinsfaktoren zusammentreffen, spricht man von einer Persönlichkeit. So heißt es an einer Stelle:
»Was ist, ihr Mönche, die Persönlichkeit?« Daraufhin werden

Rollbild des Lamaismus (Tibet 18. Jh.)

Oben: Tempelanlage von Borobudur (Java). *Unten:* Buddhadarstellung in Borobudur

Oben: Liegender Buddha von Polonnaruwa (Sri Lanka). *Unten:* Buddha von Aukana (Sri Lanka)

Buddha als Asket (Thailand)

Buddha von Kamakura (Japan)

die fünf Gruppen aufgezählt und als Schlußfolgerung gesagt: »Wie bei dem Zusammentreffen von bestimmten Bestandteilen das Wort ›Wagen‹ gebraucht wird, so wird auch, wenn die fünf Gruppen von Daseinsfaktoren da sind, die konventionelle Bezeichnung ›Person‹ gebraucht.«

Diese fünf Bestandteile einer Person haben nun gemeinsam, daß sie mit der Welt der Dinge Kontakt haben. So besteht der Körper selbst (Rûpa, wörtlich: die Form) nach buddhistischer Ansicht aus den vier Elementen Wasser, Erde, Feuer und Luft und bildet den von Knochen, Fleisch und Haut ausgefüllten Raum, ohne den eine Person nicht sein kann. Rûpa ist der physische Daseinsfaktor des Menschen.

Die vier anderen Faktoren – Empfindung, Wahrnehmung, Vorstellung und Bewußtsein – sind im Gegensatz zum Körper nichtmateriell. Sie werden daher zusammengenommen »Name« (nâma) genannt, weil sie außer ihrer Bezeichnung keine greifbare Wirklichkeit besitzen. Form und Name zusammen machen also die Individualität eines Menschen aus, so daß die Bezeichnung »nâma-rûpa« die Geist-Leiblichkeit und damit die Person bezeichnet. Nâma-rûpa ist gleichzeitig auch die kürzeste Formel, mit der man die »Objekte des Ergreifens« ausdrücken kann.

Nâma und Rûpa gehören zusammen und bedingen sich wie »Dotter und Ei«, ohne daß dabei ein Gegensatz oder ein Gegenüber von Geist und Materie gemeint wäre.

Die vier nichtmateriellen Aneignungsgruppen haben nun über die Eindrücke und Reize der Sinnesorgane – hier Empfindungen genannt – Kontakt mit der Außenwelt, und zwar entsprechend der buddhistischen Wahrnehmungstheorie in einer ganz bestimmten Reihenfolge.

Am Anfang der Außenweltkontakte steht die Empfindung, das heißt zum Beispiel, die Netzhaut des Auges wird durch einen Lichteindruck gereizt. Diese Netzhautreizung ist natürlich nicht der Gegenstand selbst, sondern nur dessen Widerspiegelung, die das Auge vermittelt. Erst wenn das Auge die Widerspiegelung aufgenommen hat und empfindet, kann ich nun auch wahrnehmen, daß ich etwas sehe und was ich sehe. Ich kann feststellen: Dieser Gegenstand ist grün oder rot, es ist ein Baum oder ein Haus.

Erst jetzt kann ich sagen: Ich möchte den Gegenstand besitzen, den ich da sehe. In diesem Falle ist aus der bloßen Wahrnehmung eine Vorstellung, ein Wunsch geworden. Ich kann jetzt entscheiden, ob ich mich dem Gegenstand nähern oder mich von ihm entfernen will. Derartige Triebkräfte und Wünsche aber führen zum Handeln und Reagieren: Man möchte das aufgrund der Empfindung Wahrgenommene und Vorgestellte nun auch tun.

Das alles geschieht, wohlgemerkt, noch bevor das Bewußtsein eingeschaltet ist. Begierden, Triebe, Wünsche, kurz alle Handlungsansätze entstehen also, um es in moderner Terminologie zu sagen, im Unbewußten oder Vorbewußten. Der Kontakt mit der Welt und alle Handlungen, die zum Leiden führen, laufen ohne Bewußtsein ab, und man fragt sich verwundert, wozu man unter diesen Umständen überhaupt noch ein Bewußtsein braucht.

Kein selbständiges Bewußtsein

Die Gruppe »Bewußtsein« – im Buddhismus nie genau definiert und mal mit »Geist«, mal mit »Denken« und oft mit »Sinnesbewußtsein«, also dem Bewußtwerden der Wahrnehmungen identisch – steht in der Rangfolge der fünf Aneignungsgruppen an letzter Stelle. Das heißt, das Bewußtsein ist abhängig und kann erst in Funktion treten, wenn Empfindung, Wahrnehmung und Vorstellung stattgefunden haben. Bewußtseinsinhalte können erst entstehen, wenn sich Vorstellungen von den Dingen gebildet haben, denn »so wie Feuer, je nachdem es durch Holz, Gras und so weiter brennt, als Holzfeuer oder Grasfeuer bezeichnet wird, so wird auch das Bewußtsein nach dem bezeichnet, in Abhängigkeit wovon es entsteht«.

Für den Buddhismus ist das Bewußtsein also vollkommen von der Außenwelt und den äußeren Eindrücken abhängig. Erst wenn ich einen Baum wahrnehme, kann mir auch die Vorstellung Baum bewußt werden. Das Bewußtsein ist wie ein leerer Raum, der erst durch seine Möblierung eine Funktion erhält und erfüllt. Es ist eine tabula rasa, eine leere Tafel, die ihre Beschriftung nur durch vorhergehende Erfahrung bekommt.

Trotzdem erfüllt das Bewußtsein in dieser Abhängigkeitsfolge eine wichtige Aufgabe. So heißt es an einer anderen Stelle: »Das, was einer will, was er sich vornimmt, das wird zur Grundlage für das Fortbestehen des Bewußtseins. Wenn das Bewußtsein fortbesteht und wächst, so kommt es zu einer Wiedergeburt. Wenn einer aber nichts will, nichts beabsichtigt, nichts sich vornimmt, so wird nichts zur Grundlage für das Fortbestehen des Bewußtseins. Dann kommt es zu keiner Wiedergeburt.«

Mit anderen Worten: Das Bewußtsein erfüllt im Buddhismus

die Aufgabe einer Registratur, die automatisch alle Regungen, Wünsche und Handlungen, also sämtliche Kontakte zur Welt, speichert. Bleibt diese Registratur leer, so wird der Kreislauf der Wiedergeburten unterbrochen, weil kein Überhang in einem nächsten Leben ausgeglichen werden muß. Will ich also vom Rad der Wiedergeburt erlöst werden, so muß ich einen Weg finden, damit die Registratur auf Null steht. Wir werden später sehen, welchen Weg der Buddha hierfür gefunden hat.

Damit haben wir Aufgabe und Funktion der fünf Aneignungsgruppen erklärt, ohne daß bisher deutlich ist, was sie denn mit dem Leiden zu tun haben, genauer: wieso sie »Leiden sind«; denn wenn sie es schon sind, dann würde das Abhängigkeitsverhältnis der Kausalkette eher nahelegen, nach der Ursache des Leidens zu suchen. Aber daß die fünferlei Objekte des Ergreifens das Leiden verursachen, steht ja gerade nicht da, sondern »die fünferlei Objekte des Ergreifens sind Leiden«.

Nichts ist beständig

Zunächst ist natürlich die vordergründige Erklärung richtig, daß die Fünfergruppe allein schon deswegen Leiden ist, weil sie durch die Existenz eines Nâma-rûpa, einer Person, zwangsläufig von Geburt, Alter und Tod betroffen ist.

Die eigentliche Begründung ergibt sich dagegen aus einem philosophischen Ansatz grundsätzlicher Natur: Die Aneignungsgruppen sind deshalb von sich aus leidbehaftet, weil sie vergänglich sind.

»Nicht gibt es, Mönch, irgendeinen Körper, der beständig, fest, dauernd, nicht dem Gesetz des Vergehens unterworfen ist ... nicht gibt es, Mönch, irgendeine Empfindung ... irgendeine Wahrnehmung, irgendeine Vorstellung, irgendein Bewußtsein, das beständig, fest, dauernd, nicht dem Gesetz des Vergehens unterworfen ist (und) sich ständig gleich bleiben wird.«

Da nun aber alles, was entsteht und vergeht, dem Leiden ausgesetzt ist, ist das Leben also nicht nur deswegen Leiden, weil es Schmerz, Kummer, Trennung und Tod mit sich bringt; das Leben selbst ist in sich Leiden, weil es vergänglich ist, denn »was nicht ewig ist, ist Leid«.

Damit haben wir den Urgrund allen Leidens gefunden: *Es ist die Vergänglichkeit.* Dieses Axiom müssen wir akzeptieren, wenn wir den ersten Satz der vier heiligen Wahrheiten verstehen wollen.

Wir begreifen nun aber auch, daß der buddhistische Leidensbegriff in dieser philosophischen Begründung so abstrakt ist, daß er mit einem realen Leiden nichts mehr zu tun hat. Er hat aber auch nicht mit einem unreflektierten Pessimismus zu tun. Denn wenn allein schon die Vergänglichkeit aller Dinge und die daraus folgenden Leiden wie Geburt, Alter und Tod bereits Pessimismus wären, dann wäre auch ein großer Teil der abendländischen Philosophie und das Christentum pessimistisch.

Das Leid, von dem hier die Rede ist, ist kein physisches und kein psychisches Leiden, sondern eine abstrakte Erkenntnis, die auf dem Wege des Denkens gefunden worden ist. Diesen Urgrund des Leidens kann man nicht spüren und nicht erleben, sondern nur intellektuell erkennen. Als Leid erleben kann man erst die Folgen der Vergänglichkeit, wenn mir klar wird, daß mein Glück nicht ewig dauert. Erst jetzt kann Pessimismus aufkommen, wenn man im Zustand der Glückseligkeit kein Glück mehr empfindet, weil unweigerlich alles wieder vergeht.

Es gibt nichts Ewiges

Entscheidend ist nun, daß im Buddhismus die Umkehrung des Satzes »was nicht ewig ist, ist Leid« unmöglich ist: »Was ewig ist, ist nicht Leid« ergibt grundsätzlich keinen Sinn, denn im Gegensatz zu den Lehren und Philosophien seiner Zeit hat der frühe Buddhismus die Existenz irgendeiner ewigen Substanz rigoros geleugnet.

Denn nicht nur, daß die Materie vergänglich ist: Auch das, was die abendländische Philosophie und Theologie etwa als Gott, Geist, Seele oder ewiges Prinzip dagegensetzen würde, unterliegt im Buddhismus der gleichen Vergänglichkeit wie die Materie. Zwar hat auch der Buddhismus Götter mit allen Eigenschaften, die Götter nun einmal haben – mit einer Ausnahme: die buddhistischen Götter sind und bleiben sterblich, auch sie sind vergänglich und bleiben nicht auf ewig Götter.

Aber auch ein Stein bleibt nicht eine Sekunde lang der gleiche Stein. Jeder Gegenstand, jedes Lebewesen besteht nur aus ständig wechselnden Teilchen, die in Sekundenschnelle entstehen und ebenso schnell wieder vergehen: »Alle Dinge dauern nur so kurz wie ein Augenblick.«

Daß die Dinge trotzdem ihre Identität behalten und sich ein Stein nicht plötzlich in Wasser verwandelt, führt der Buddhismus auf eine Art Elementarteilchentheorie zurück, nach der die stets neu entstehenden Teilchen – ähnlich wie die Elemente in der Atomphysik – ihre unverwechselbaren Merkmale in sich tragen, daß sie also den eben vergangenen Teilchen absolut gleichen.

Diese flüchtigen, immer wieder neu entstehenden Teilchen sind die tragenden Faktoren des gesamten Weltgeschehens. Sie werden deshalb mit einem Wort bezeichnet, dessen Wurzel »dhar« »tragen« bedeutet. Es sind – auf Sanskrit – die »Dharmas« und auf Pâli die »Dhammas.«

Kein Ich und kein Selbst

Diese Auflösung der Welt in ständig vergehende und entstehende Dhammas hat auch Konsequenzen für die Persönlichkeit des Menschen.

Wenn alles, einschließlich der fünf Daseinsfaktoren, dem Gesetz des ständigen Entstehens und Vergehens unterworfen ist, dann kann es logischerweise auch nichts geben, was der Mensch als sein eigenes beständiges Wesen, als sein »Ich« oder seine »Seele« ausgeben könnte.

Der Buddha fragt daher:

»Was denkt ihr, Mönche: Ist der Körper beständig oder unbeständig?
– Unbeständig, Herr
Was aber unbeständig ist, ist das leidhaft oder freudvoll?
– Leidhaft, Herr.
Was aber unbeständig, leidhaft, dem Gesetz des Untergangs unterworfen ist, ist es recht, das anzusehen als ›dies ist mein, dies bin ich, dies ist mein Selbst‹?
– Gewiß nicht, Herr.«

Daß der Buddhismus die Existenz der Seele nicht anerkennt, hat also nichts mit einer materialistischen Haltung zu tun, denn im gleichen Moment leugnet er ja auch die Materie. Mit der Seele ist es, wie der Buddha an einer Stelle sagte, »genauso, wie wenn jemand sagen würde: Bei dieser brennenden Lampe sind zwar das Öl, der Docht und die Flamme veränderlich und vergänglich, ihr Schein aber ist ewig, unveränderlich und unvergänglich. Oder: Bei diesem Baum sind zwar Wurzel, Stamm und Laub veränderlich und vergänglich, der Schatten aber ist ewig, unveränderlich und unvergänglich. Genauso ist es, wenn jemand behaupten wollte: Die äußeren Gegenstände des Sehens und der anderen Sinne sind veränderlich und vergänglich, was ich aber in Abhängigkeit von ihnen an Angenehmen, Unangenehmen und Indifferentem empfinde, ist ewig, unveränderlich und unvergänglich.«

An solchen Zitaten zeigt sich die Fähigkeit des Buddhismus und des indischen Denkens überhaupt, Gedanken in Bildern auszudrücken, während die abendländische Philosophie sehr viel abstrakter formuliert. Es leuchtet sofort ein, daß die Flamme nur existieren kann, wenn die Materie Wachs da ist und daß die Flamme nicht länger brennen kann, als das Wachs ausreicht. Es ist einsichtig, daß das Wachs nicht eine Sekunde lang seine Menge und seine Form bewahrt, wenn, von ihm abhängig, die stets formverändernde Flamme an ihm zehrt. Es erscheint geradezu unsinnig, daß der Schatten, der von einem Baum hervorgerufen wird, länger bestehen soll, als der Baum selbst. Trotzdem ist die Gegenfrage verlockend – und daran ist Plato schuld – warum es denn, wenn doch Flamme und Schatten immer wieder, wenn auch in wechselnder Form, auftauchen, nicht ein unveränderliches, also ewiges Urbild von Flamme und Schatten geben soll. Woran denn sonst würde man Flamme und Schatten erkennen, wenn nicht an unveränderlichen Bildern und »Ideen« von den Dingen? Wie geben denn die einzelnen Dhammas ihre Erfahrungen weiter, wenn sie ihnen nicht als wiedererkennbare (ewige) Urwirklichkeiten innewohnen?

Solche Gedanken haben auch schon zu Buddhas Zeiten Denkschwierigkeiten verursacht, denn auf die These »ein und dasselbe Bewußtsein läuft in der Wandelwelt unveränderlich umher«, läßt der Text den Buddha geradezu unwirsch antworten: »Habe ich nicht immer wieder gelehrt: Das Bewußtsein ist bedingt entstanden. Ohne eine Voraussetzung findet keine Entstehung des Bewußtseins statt. In Abhängigkeit von einem Auge und von Formen entsteht das Bewußtsein, das man Sehbewußtsein nennt...«

Das Bewußtsein ist also vollkommen abhängig von den wechselnden Außeneindrücken, es existiert nur momentan. Lediglich die Tatsache, daß diese Momente aus einer ununterbrochenen Kette von Eindrücken bestehen, erweckt den irrigen Eindruck, der Mensch besitze ein unwandelbares, dauerndes Selbst. In Wirklichkeit ist für den Buddhisten der Mensch ein »An-atta«, ein »Nicht-selbst« – nur eine Existenz ohne eigenes Wesen.

Darum kann der Weise Nâgasena dem griechischen König Milinda erklären:

»Ich bin als Nâgasena bekannt, das ist aber nur ein Name, eine Benennung, eine landläufige Bezeichnung, denn eine Persönlichkeit wird dadurch nicht erfaßt.« Als daraufhin König Milinda nachfragte, »wer ist dann dieser Nâgasena, sind es die Haare, Zähne, Knochen und so weiter oder Gefühl, Wahrnehmung, Triebkräfte, Bewußtsein? Oder alles dieses zusammengenommen? Oder gibt es einen Nâgasena außerhalb der fünf Gruppen von Daseinsfaktoren?« und stets ein »Nein« zur Antwort erhält, faßt er erstaunt zusammen: »Dann existiert also überhaupt kein Nâgasena.«

Aber diese Schlußfolgerung war auch wieder falsch, denn nun kam Nâgasena mit dem schon zitierten Wagenbeispiel: »Ist die Deichsel, die Achse, sind die Räder und so weiter der Wagen, oder ist dies alles zusammen der Wagen, oder gibt es einen Wagen außerhalb von seinen Teilen? Es gibt also keinen Wagen.« Darauf König Milinda: »In Abhängigkeit von Deichsel, Achse, Rädern und so weiter entsteht der Name, die Benennung, die landläufige Bezeichnung ›Wagen‹;« und Nâgasena bestätigte: »Wie bei dem Zusammentreffen von bestimmten Bestandteilen das Wort ›Wagen‹ gebraucht wird, so wird auch, wenn die fünf Gruppen von Daseinsfaktoren da sind, die konventionelle Bezeichnung ›Person‹ gebraucht.« Mit derartigen Lehrreden bekämpfte der Buddhismus immer wieder den Brahmanismus seiner Zeit, der genau eben jenen »Âtman«, jene Seele als metaphysische Einheit lehrte, die der Buddha als »An-âtman«, als »Nicht-Ich« ablehnte.

Schwierigkeiten mit der Wiedergeburt

Man kann sich fragen, was diese konsequente Anwendung der Vergänglichkeit aller Dinge auch auf die Seele und die Person im Buddhismus nun eigentlich brachte. Denn in dem Augenblick, in dem der Buddhismus auf das Rad der Wiedergeburt zu sprechen kommt, gerät er damit in unüberwindliche Schwierigkeiten. Das buddhistische Denken, ohnehin nicht an den Maßstäben unserer Logik meßbar, postulierte auf der einen Seite, daß jede Wiedergeburt entsprechend den Taten in einem früheren Leben erfolgt, daß also eine Kontinuität der Person (wenn schon nicht einer unsterblichen Seele) vorhanden sein muß. Auf der anderen Seite leugnet der Buddhismus aber eben gerade jedes Ich und jede Seele. Damit nimmt er sich jedoch das einzige Vehikel, mit dem er die Taten von einem Leben ins nächste transportieren kann. Wir werden sehen, welche Mühen der Buddhismus damit hat, die Wiedergeburt ohne eine solche Seele zu erklären und in Gang zu halten.

Andererseits ist es gerade das Fehlen eines »Ich«, mit dem man das Leiden abwehren und das Rad der Wiedergeburt zum Halten bringen kann, sobald man sich nur dieses Tatbestandes bewußt geworden ist.

Diese Dialektik läßt sich mit einer Sprachspielerei erklären: Nur was »mich« betrifft, kann »mir« weh tun. Mache ich mir aber klar, daß es »mich« gar nicht gibt, so können »mir« die Aneignungsgruppen ja auch nichts anhaben, dann kann »ich« ja auch kein Leid und keinen Schmerz empfinden, die von Belang wären. Er trifft »mich« nicht, auch wenn ich ihn spürbar erlebe. Die Kette Empfindung – Wahrnehmung – Vorstellung läuft zwar ab, aber sie läuft ins Leere, denn das Bewußtsein bin nicht »ich«.

Wir werden später noch ausführlicher und differenzierter auf diesen Punkt eingehen. Ich wollte aber schon jetzt die Spannung zeigen, die im buddhistischen Lehrsystem enthalten ist.

Zum einen lehrt es, daß wir außerstande sind, die tatsächlich existierende Welt so zu erfassen, wie sie wirklich ist: Wir lernen sie nur durch die Spiegelbilder unserer Sinnesorgane kennen. Die Welt ist Mâjâ, Schein und Trug; wir können sie nicht erfassen, denn alles ist vergänglich, ein pausenloses Flackerspiel von einzelnen Momenten, eine Aneinanderreihung von Augenblicken. Es gibt keinen Fixpunkt, nichts, was dauert, kein absolutes Sein, nichts Ewiges, kein »Ding an sich« – alles fließt und vergeht, nichts bleibt, was es war.

Und doch gibt es ein Etwas, eine Instanz, die das Gut und Böse registriert und weitergibt, sonst gäbe es nicht den Kreislauf der Geburten. Irgend etwas, das wie ein Tonband beim Glockenklang die einzelnen Klöppelschläge festhält und wiedergibt, obwohl das Tonband nicht der echte Ton, sondern nur Maja, Schein ist; und obwohl der Glockenklang aus lauter einzelnen Anschlägen besteht, die ich nicht mehr auseinanderhalten kann und als einen Klang höre.

Das Leben und die Existenz also eine Reaktion auf Myriaden von Außenreizen, die in Sekundenschnelle entstehen und vergehen und dabei einen Impuls weitergeben, der keinen Halt und kein Ziel findet.

Auf der anderen Seite aber legen die alten Schriften dem Buddha einen Text in den Mund, der den Menschen zum Angelpunkt der Welt macht, denn »Ich verkünde, Freund, daß in diesem eine

Armspanne großen Körper mit seinem Wahrnehmen und Denken die Welt (liegt), die Entstehung der Welt, die Aufhebung der Welt und der Weg zur Aufhebung der Welt.«

Wir wollen sehen, ob das Paradoxe möglich ist, sich ohne die Existenz einer transzendentalen, ewigen Wirklichkeit zu erlösen und das unaufhörliche Werden und Vergehen zum Stillstand zu bringen, so daß der Kreislauf der Geburten und das Leiden ein Ende haben.

Der Durst nach Sein

Der erste Satz der vier Heiligen Wahrheiten vom Leiden hatte ausgesagt, daß alles Leiden ist, was der Mensch tut und was ihm begegnet. Der zweite Satz beschreibt nun, wodurch das Leiden zustande kommt:

»Dies, ihr Mönche, ist die Heilige Wahrheit von der Entstehung des Leidens: Es ist der Durst, der von Wiedergeburt zu Wiedergeburt führt, samt Freude und Begier, der hier und dort seine Freude findet: Der Lüstedurst, der Werdedurst, der Vergänglichkeitsdurst.«

Hatte der erste Satz lapidar festgestellt, daß alles Leiden ist, weil die Aneignungsgruppen an den vergänglichen Dingen haften, wird hier erklärt, aus welchem Grunde der Mensch an den Dingen hängt: Es ist die »Tanhâ«, was wörtlich übersetzt Durst, Gier, Trieb, gieriges Verlangen heißt.

Diese Gier gibt es nun in dreifacher Form, wobei die Gier nach Lust (Kâma) die direkteste und vitalste ist, da sie sich vor allem auf das Sexuelle, auf Genuß und materiellen Besitz bezieht. Ohne den »Lüstedurst« gäbe es keine Geburt und folglich kein Leiden durch Alter, Krankheit und Tod. Ohne die Gier nach Besitz könnte sich der Mensch von den vergänglichen Dingen lösen, weil sie ihn nicht betreffen. Frei von jeglichen Bindungen und ohne die von der Lust bedingte Wiedergeburt könnte die Menschheit mühelos die Erlösung erreichen, weil dann das Rad der Wiedergeburt zum Stehen kommt.

Daß die Menschheit nun nicht einfach den Lüstedurst unterdrückt und sich damit selbst ausrottet, wird mit einem zweiten Trieb, dem »Werdedurst« (Bhava) erklärt.

An sich würden nun diese beiden Triebe ausreichen, um das Leben und damit das Leiden in Gang zu halten. Wieso nun aber auch als Gegenteil des Werdedurstes der »Vergänglichkeitsdurst« die gleiche Wirkung haben kann, leuchtet nicht ein. Zwar assoziieren wir schnell das Gegensatzpaar vom »Werden und Vergehen« und können annehmen, daß Werdedurst und Vergänglichkeitsdurst etwas mit Leben und Tod zu tun haben, wie sie in den ständigen Wiedergeburten zum Ausdruck kommen. Aber das erklären die alten Texte nicht eindeutig.

Es gibt daher verschiedene Versuche, diesen Vergänglichkeitsdurst zu interpretieren. So kann man vom historischen Zusammenhang ausgehen und feststellen, daß der Buddha die vier Heiligen Sätze vom Leiden nach sieben Jahren vergeblicher Askese und Leibabtötung nach seiner Erleuchtung verkündet hat. Danach wäre der Vergänglichkeitsdurst vielleicht das falsche Streben nach Askese, die als Leiden empfunden wird.

Andere meinen, mit diesen beiden Begriffen vom Werde- und Vergänglichkeitsdurst seien womöglich die beiden »Irrlehren« vom Streben nach dem ewigen Leben und dem ewigen Tode gemeint, die zu nichts führen und daher nur Leid bringen.

Am einfachsten läßt sich dieser dritte Trieb aber vielleicht verstehen, wenn man ihn gerade nicht mit dem Tode verbindet, sondern als ein Festhalten an der vergänglichen Welt versteht. Dann wäre der Durst nach Vergänglichkeit der Trieb, in dieser Welt zu bleiben, weil man sich nicht von ihr lösen will.

Wenn man diesen dreifachen »Durst« generell als ein Haften an den vergänglichen Dingen und die Gier nach ihnen betrachtet, bestätigen dies auch die alten Texte, denn »des Durstes Vernichtung, sie besiegt alles Leiden«, heißt es an einer Stelle, und »wen er besiegt, der Durst, der verächtliche, der an der Welt festhaftende, dessen Leid wächst wie Gras wächst. Wer ihn bezwingt, den Durst, den verächtlichen, dem schwer zu entrinnen ist in der Welt, von dem fällt das Leid ab wie der Wassertropfen von einer Lotosblume.«

Solange man aber den Kontakt mit den Dingen aufrechterhält und nach ihnen strebt, solange wird auch das Leiden andauern: »Wie wenn die Wurzel unversehrt ist, auch der abgehauene Baum kräftig von neuem wächst, so bricht, wenn des Durstes Regung nicht getötet ist, das Leiden immer und immer wieder hervor.«

Hört diese Gier auf, hört auch der Kreislauf der Wiedergeburten auf, und genau das war ja nach seiner Erleuchtung die eigentliche Erlösung des Buddha: »Dies ist meine letzte Geburt; nicht gibt es hinfort für mich neue Geburten.«

Mit einer so einfachen Erkenntnis gibt sich der Buddhismus jedoch nicht zufrieden. So wie wir schon bei den Aneignungsgruppen eine kausale Abhängigkeitskette kennengelernt haben, so hat der Buddhismus nun auch für die Entstehung des Leidens eine Kausalkette konstruiert, die eine Mischung aus den Aneignungsgruppen und neuen Elementen ist.

Der Kausalnexus

Wörtlich übersetzt heißt diese Kausalkette des Leidens »das Entstehen durch Abhängigkeit« (Patitschasamuppâda). Hermann Oldenberg prägte dafür vor einhundert Jahren in seiner heute noch unübertroffenen Buddha-Monographie den Begriff des »Kausalnexus«, der seitdem allgemein verwendet wird, auch wenn daneben Bezeichnungen wie »Kausalkette«, »Konditionalnexus« oder ähnliche gebraucht werden.

Aber obgleich die buddhistische Tradition diese Kausalkette oft in die Nähe der vier Heiligen Wahrheiten rückt und sie gelegentlich sogar anstelle der zweiten und dritten Wahrheit zum Teil der vier Sätze macht, stellt man zu seinem Erstaunen fest, daß die Kausalkette eine vollkommen andere Ursache des Leidens angibt. Statt des dreifachen Durstes nach Lust, Werden und Welt, sieht der Kausalnexus den Grund allen Leidens im Nichtwissen.

Offensichtlich sind hier zwei getrennte Theorien ineinander verwoben und zu einer Lehre vereinigt worden. Logischer wird das Ganze dadurch nicht.

Allerdings kann man sich recht gut erklären, warum gerade das Nichtwissen die Ursache allen Leidens ist. Geht man von der Erleuchtung des Buddha aus und macht man sich klar, daß er die Erlösung vom Leiden und von der Wiedergeburt nicht durch irgendwelche Handlungen oder durch irgendeinen Glauben, sondern durch einen Erkenntnisakt gewonnen hat, dann muß das Nichtwissen die Ursache des Leidens sein. Denn das, was vorher niemand wußte, das hatte der Buddha unter dem »Baum der Erleuchtung« erkannt: »Ich habe erkannt und geschaut«, berichtete er und weiß deshalb: »Dies ist meine letzte Geburt.«

Die eigentliche Ursache des Leidens ist daher hier das Nichtwissen. Wird es aufgehoben, so folgt »durch Abhängigkeit« der einzelnen Teile in der Denkkette am Ende die Erlösung, so daß man den Kausalnexus deshalb auch oft den »rechten Pfad« der Erlösung genannt hat. Und das ist die Kausalkette, bei der wir die

Glieder zwei bis sechs bereits von den Aneignungsgruppen her kennen, wenn auch in anderer Reihenfolge:

(1) »Wird das Nichtwissen aufgehoben unter gänzlicher Vernichtung des Begehrens, so bewirkt dies die Aufhebung der gestaltenden Triebkräfte (Sankhâra);
(2) durch die Aufhebung der gestaltenden Triebkräfte (Tatabsichten) wird das Erkennen (Vinjâna) aufgehoben;
(3) durch das Aufheben des Erkennens wird Name und Körperlichkeit (Nâma-rûpa) aufgehoben;
(4) durch die Aufhebung von Name und Körperlichkeit werden die sechs Gebiete (hier: die fünf Sinne und der Verstand) aufgehoben;
(5) durch die Aufhebung der sechs Gebiete wird die Berührung (zwischen den Sinnen und ihren Objekten, Phassa) aufgehoben;
(6) durch die Aufhebung der Berührung wird die Empfindung (Vedanâ) aufgehoben;
(7) durch die Aufhebung der Empfindung wird der Durst (Tanhâ) aufgehoben;
(8) durch die Aufhebung des Durstes wird das Ergreifen (der Existenz, Upâdâna) aufgehoben;
(9) durch die Aufhebung des Ergreifens wird das Werden (Bhava) aufgehoben;
(10) durch die Aufhebung des Werdens wird die Geburt (Dschâti) aufgehoben;
(11) durch die Aufhebung der Geburt wird Alter, Tod, Schmerz und Klagen, Leid und Kümmernis und Verzweiflung aufgehoben.

Dieses ist die Aufhebung des ganzen Reiches des Leidens.«

Wenn man davon absieht, daß die Aufhebung des Nichtwissens und die vollkommene Vernichtung des Begehrens hier praktisch als ein Akt angesehen werden, obwohl das eine eine Erkenntnis, das andere ein Willensakt ist, läuft die Reihe einigermaßen logisch ab: Wenn ich weiß, wie ich jedes Begehren, also jeden gefühlsgebundenen Kontakt mit der Welt, auslöschen kann, dann wird auch der Kontakt mit den Sinnesorganen aufgehoben und dadurch die Empfindung. Habe ich keine Empfindungen, so habe ich auch keine Gier nach den Dingen. Das hat zur Folge, daß der Ablauf von Werden, Geburt, Alter und Tod zu Ende ist. Wieso freilich im dritten Glied bereits die Person (Nâma-rûpa) aufgehoben wird, die dann doch weiter agiert, ist und bleibt für uns letztlich unerfindlich.

»Nur für Weise zu erfassen...«

In noch größere Verwirrung geraten wir, wenn wir den Ablauf umdrehen und statt von »Aufhebung« von »Entstehen« sprechen und damit, wie die Buddhisten, die Kausalkette ebenso »vorwärts wie rückwärts« aufbauen: Man sollte ja eigentlich annehmen, es sei gleich, ob man nun sagt: »Durch Aufhebung des Nichtwissens werden die Triebkräfte aufgehoben« oder »aus dem Nichtwissen entstehen die gestaltenden Triebkräfte«. Das eine geht von der Ursache, das andere von der Folge aus, die Abhängigkeitskette bleibt daher die gleiche.

Wir werden aber sehen, daß man die »Aufhebungsformel« nicht ungestraft zur »Entstehungsformel« umfunktionieren kann, auch wenn man zunächst den Unterschied gar nicht merkt. Doch jetzt zunächst die Umkehrung zur Entstehungsformel:

(1) »Aus dem Nichtwissen entstehen die gestaltenden Triebkräfte;
(2) Aus den gestaltenden Triebkräften entsteht Erkennen;
(3) Aus dem Erkennen entsteht Name und Persönlichkeit;
(4) Aus Name und Persönlichkeit entstehen die sechs Gebiete;
(5) Aus den sechs Gebieten entsteht Berührung;
(6) Aus der Berührung entsteht Empfindung;
(7) Aus der Empfindung entsteht Durst;
(8) Aus dem Durst entsteht Ergreifen (der Existenz);
(9) Aus dem Ergreifen entsteht Werden;
(10) Aus dem Werden entsteht Geburt;
(11) Aus der Geburt entsteht Alter und Tod, Schmerz und Klagen, Leid, Kümmernis und Verzweiflung. Dieses ist die Entstehung des ganzen Reiches des Leidens.«

Vergleicht man nun beide Formen des Kausalnexus, so ist in beiden Fällen das Nichtwissen, also die Unkenntnis von den vier Heiligen Wahrheiten vom Leiden die Ursache eben jenes Leidens.

Es besteht aber zwischen beiden Formeln ein gravierender Unterschied: die »Aufhebungsformel« setzt die Erleuchtung voraus. Durch sie wird das Nichtwissen aufgehoben und der so Erleuchtete kann sich, wie in der Joga-Versenkung, Schritt um Schritt von allem lösen und so den Existenzdurst auslöschen. Die Vermutung liegt daher nahe, daß diese Formel zu systematisieren versucht, was der Buddha selbst in der Versenkung als Erleuchtung erlebt hat. Wie in der Versenkung ist die Verwirklichung dieser »Aufhebungsformel« deshalb auch in einem einzigen Menschenleben möglich.

In der »Entstehungsformel« ist die Situation dagegen ganz anders: Da sind Nichtwissen und gestaltende Triebkräfte schon vorhanden, bevor in (3) überhaupt erst Name und Körperlichkeit, also die Person, entsteht, die erst danach in (10) zu einer Geburt kommt, obwohl sie bereits als Person agiert und gehandelt hat.

Das alles klingt unlogisch, solange man – wie bei der Aufhebungsformel – an der Vorstellung einer einzigen Person oder Existenz festhält. Etwas verständlicher wird diese Unlogik aber, wenn man stillschweigend den Gedanken der Wiedergeburt einführt. Dann nämlich läßt sich dieser Kausalnexus in drei Existenzen aufteilen: Die erste Existenz führt durch Nichtwissen und gestaltende Triebkräfte bei (3) in eine zweite Existenz, die sich aber ebenfalls nicht von den vergänglichen Dingen lösen kann und daher in (10) in eine dritte Existenz übergeht.

Daß auch dieser Lösungsversuch seine Schwächen hat, merkt man bald daran, daß alle drei angeblichen Existenzen durch völlig verschiedene Stichworte beschrieben werden, die wir schon von den Aneignungsgruppen kennen. Merkwürdig ist zweitens, daß die eine Existenz aus der Unwissenheit, die andere aber aus der Gier entsteht – schließlich war es ja gerade die Absicht dieser Kausalreihe, Tod und Wiedergeburt auf eine einzige Ursache zurückzuführen, nämlich auf das Nichtwissen. Kein Wunder, daß schon in den alten Texten selbst über die Unverständlichkeit der Reihe geklagt wird, und wohl nicht ohne Grund legte man dem Buddha den Satz in den Mund: »Ich habe diese Lehre gefunden, die tief ist, schwer zu schauen, schwer zu entdecken, keiner Reflexion zugänglich, nur für Weise zu erfassen.«

In den späteren buddhistischen Kommentaren, aber auch in westlichen Darstellungen der buddhistischen Lehre, hat man trotzdem unendliche Mühen darauf verwendet, dieser Kausalkette einen logischen Sinn oder doch wenigstens ein System abzugewinnen. Es ist nicht gelungen, und kann auch nicht gelingen, zumal der Buddha in den Pâli-Texten selbst nie von drei Existenzen innerhalb des Kausalnexus gesprochen hat.

Man kann also mit einigem Recht annehmen, daß die Kausalreihe in der Form, wie sie uns vorliegt, gar nicht vom Buddha stammt, sondern das Werk späterer Mönche ist, die vielleicht drei unabhängig voneinander existierende Kausalreihen zu einer einzigen zusammengefügt haben und die entstehenden Brüche als jeweils neue Existenzen akzeptierten.

Das war vielleicht sogar höchst willkommen, weil auf diese Weise der Gedanke der Wiedergeburt, der sonst einfach immer nur vorausgesetzt und postuliert wird, hier als notwendiger Teil in den Kausalnexus integriert werden konnte.

Wir sollten uns daher an diesem Punkte erst einmal in einem eigenen Kapitel mit der Wiedergeburt beschäftigen, deren Faszination das Abendland ohnehin mehr in den Bann gezogen hat als alle übrigen Lehren des Hinduismus oder Buddhismus.

Das Rad der Wiedergeburt und das Nirvâna

Die Wiedergeburt, das entscheidende Element seiner Lehre, hat der Buddha aus der Gedankenwelt der Brahmanen übernommen, deren Lehren er sonst bekämpfte. Längst vor seiner Geburt finden wir den Gedanken der Wiedergeburt in den »Upanischaden«, den »Vertraulichen Mitteilungen« ausgesponnen, die zwischen 1000 und 550 vor Christus entstanden sind und zusammen mit den Veden als heilige Texte gelten.

Wann der Gedanke zum erstenmal aufgetaucht ist, kann man nicht sagen, den älteren Veden jedenfalls ist die Lehre einer Seelenwanderung *in dieser Form* noch fremd. Man hat deshalb angenommen, daß die Seelenwanderung ein Produkt der indischen Urbevölkerung, also nicht arischen Ursprungs ist. Aber abgesehen davon, daß dies nicht zu beweisen ist, dürfte der Ursprung der Wiedergeburtsidee viel allgemeiner sein.

Das Opfer als Wiedergeburt

So hat der Religionswissenschaftler Mircea Eliade nachgewiesen, daß in zahlreichen Religionen und Kulten in den verschiedensten Teilen der Welt die sogenannten »Initiationsriten« mehr oder weniger deutlich den Gedanken einer Neu- oder Wiedergeburt symbolisieren. Unter Initiationsriten versteht man dabei die feierliche Aufnahme in eine Gesellschaft wie zum Beispiel bei den

Mannbarkeitsfeiern, oder in eine religiöse Gemeinschaft wie zum Beispiel bei der christlichen Taufe, die im Johannesevangelium dann auch tatsächlich mit einer Wiedergeburt »aus Wasser und Geist« in Verbindung gebracht wird.

Entsprechende Stellen einer solchen geistlichen zweiten Geburt gibt es nun auch schon in den Veden. So wird im Atharva-Veda erzählt, daß der Lehrer seinen Schüler in ein Embryo verwandle und ihn drei Nächte lang in seinem Leib trage wie eine schwangere Frau, um ihn dann am dritten Tage als Brahmanen zur Welt zu bringen. Das Bild soll zeigen, daß der Schüler wie ein ungeborenes Kind vom Lehrer nicht nur behütet und genährt wird, sondern durch die Belehrung zu seinem Kind wird. In diesem Zusammenhang ist nun von einem »zweimal Geborenen« die Rede, wenn auch in einem rein spirituellen Sinne.

Später wurde dieser Gedanke zusätzlich noch auf das Opfer ausgedehnt, so daß der Mensch »dreimal geboren« wurde: »Das erstemal aus seinen Eltern, das zweitemal, wenn er opfert... und das drittemal, wenn er stirbt und man ihn aufs Feuer legt, wo er zu neuem Leben gelangt...«

Da aber jeder »zweimal Geborene« mehrfach opfert, gibt es also weit mehr Geburten einer Person als die genannten drei. Derartige geistige Wiedergeburten sind aber als Vorbedingung nötig, um zu den Göttern zu kommen, denn: »Der Mensch ist in Wahrheit ein Nichtgeborener. Durch das Opfer wird er geboren.«

Von einer körperlichen Wiedergeburt ist nicht die Rede; sie hat im Denken der Veden auch keinen Platz. Wenn ein Mensch starb, so ging die »Seele«, die man sich als daumengroßes Männchen im Herzen, als »Mensch im Menschen«, vorstellte, wieder in der Allseele auf, denn nur die Allseele war ewig, die Einzelseele nicht: »Der einzige Gott ist in allen Wesen verborgen, durchdringt alles und wohnt als Seele in allen Wesen.«

Allerdings kennen auch die Veden ein Weiterleben nach dem Tode, aber diese Gedanken sind noch höchst unklar und verworren. Aber so viel ist sicher, daß die jeweilige »Seele« nicht ewig bestehen bleibt, sondern nach dem Tode gewisse Zwischenstufen der Läuterung durchläuft, um nach Möglichkeit dorthin zu kommen »wo das ewige Licht leuchtet«. Dort geht sie dann im Âtman auf. Dabei kann – nach späteren Vorstellungen – die eine Seele in himmlischen Paradiesen mit goldenen Palästen, wunderschönen Tänzerinnen und lotosbedeckten Teichen ihren Weg beginnen, während die andere Seele in einer der einundzwanzig lichtlosen Höllen gequält und gefoltert wird. Lohn und Strafe für den irdischen Lebenswandel werden also jenseits des Todes zugeteilt, ohne daß die gleiche Seele wieder als Lebewesen geboren würde. Keinesfalls aber sind Hölle und Paradies der endgültige Aufenthaltsort der Seele, das Ziel ist und bleibt das Aufgehen im Âtman, in der Allseele.

Das Leben als Bewährung

Dieses in Läuterungsstufen gegliederte Weiterleben nach dem Tode signalisiert nun aber ein religionspsychologisch entscheidend neues Bewußtsein. Bei einer Seele, die aus dem Âtman kommt und nach dem irdischen Leben wieder im Âtman aufgeht, liegt Sinn und Zweck der Existenz im irdischen Leben selbst, denn ein anderes gibt es nicht: Nach dem Leben ist »alles aus«.

In dem Moment jedoch, in dem der Mensch nach dem Sinn des Lebens fragt und über Gerechtigkeit nachzudenken beginnt, kommt der Gedanke auf, daß das Leben, wenn es einen Sinn haben soll, eher als Vorstufe, als Bewährung für ein besseres, eigentliches Leben zu verstehen ist. Je nach dem irdischen Leben kommt die Seele dann in den Himmel oder in die Hölle oder wenigstens für eine Zeit der Strafe ins Fegefeuer.

Den Ausschlag für die Höllen- oder Himmelfahrt gibt der Maßstab, wie gut man die göttlichen Gebote befolgt oder wie sehr man sie mißachtet hat. Oder, eine Stufe näher am Wunschdenken: Man redet von einer ausgleichenden Gerechtigkeit, die für ein Leben im unverschuldeten Unglück als Ausgleich die ewige Seligkeit verspricht. In jedem Falle ist die Lebensspanne die Teststrecke, nach der das zweite, längere oder gar ewige Leben zugeteilt wird.

Da der Mensch aber bald merkte, daß er unmöglich alle Gebote befolgen konnte und damit auf dem besten Wege war, sich die ewige Seligkeit durch seine eigene Unvollkommenheit zu verscherzen, bedurfte es der korrigierenden Gnade Gottes, um diesen Mangel wieder auszugleichen oder wenigstens die schlimmen Folgen gering zu halten.

Das Christentum hat diesen Weg durch einen Erlöser gefunden, der nach der Lehre des Apostels Paulus für andere und deren Sünden gestorben ist. Der Gläubige darf also hoffen, daß der Kredit, den ihm der Erlöser verschafft hat, am Ende größer sein wird als sein Schuldkonto.

Wir halten diese Art der Erlösung für selbstverständlich, weil wir im christlichen Abendland nichts anderes kennen. Aber schon Judentum und Islam sind andere Wege gegangen. Im Judentum ist und war der Glaube an ein Weiterleben nach dem Tode niemals allgemein anerkannt. Von einzelnen Stellen im Alten Testament abgesehen, kennt das biblische Judentum kein Weiterleben nach dem Tode und damit auch kein Paradies und keine Hölle. Nach dem Leben gibt es im Alten Testament keine andere Form der Existenz. Immerhin ist aber oft genug davon die Rede, daß Gott seinen Geschöpfen die Sünden vergibt – in dem einen Leben, das sie haben und nicht danach. Der Islam andererseits kennt zwar ein ewiges Leben mit wunderschönen Paradiesesgärten an wasserreichen, grünen Oasen und eine Hölle, aber er verzichtet auf Gnade und Erlösung. Da ohnehin alles im Buch des Lebens vorgezeichnet ist, kann man mit seinem Verhalten überhaupt nicht beeinflussen, wo man nach dem Tode hinkommt.

Das Leben als Versuch

Das indische Denken ist hier wieder einen anderen Weg gegangen, um die guten und schlechten Taten eines Lebens gerecht gegeneinander abzuwägen. So erwartet man den Lohn guter Taten und die Strafe für die bösen nach dem Leben nicht in einer Ewigkeit, sondern in einer nächsten irdischen Existenz. Dort kann man dann versuchen, durch eigenes Bemühen gute Werke zu sammeln und das Schuldkonto auszugleichen. Aber noch soviel gute Werke führen nicht in die ewige Seligkeit, sondern nur zu einer besseren Wiedergeburt. Himmel und Hölle finden nicht in einem Jenseits, sondern auf Erden statt. Wenn es eine Erlösung gibt, dann die, aus diesem endlosen Zirkel herauszukommen in eine Welt, wo es kein Leben und kein Sterben gibt und die Schuld aufhört, weil es kein Handeln mehr gibt.

Wie nun die geistige Wiedergeburt mit den Initiationsriten und dem Opfer zusammenhängen, so läßt sich auch die physische Wiedergeburt aus einer Vorstellungswelt ableiten, wie sie in vielen Naturreligionen lebendig ist und wie sie in zahlreichen Mythen wiederkehrt. So heißt es in einem Brahman-Text: »Aus dem Winter fürwahr ersteht wiederauflebend der Frühling. Denn aus jenem kommt dieser wieder zu Dasein.«

Ein ähnliches Naturphänomen, das regelmäßig verging und wiedergeboren wurde, war zum Beispiel auch der Mond mit seinen Phasen. Daher ist es verständlich, daß dieser Mondmythos auch in Indien mit der Wanderung der Gestorbenen zusammengebracht wurde, und zwar jetzt ganz real mit der physischen Wiedergeburt. »Alle, die aus der Welt scheiden«, so erzählt ein Upanischadentext, »die gehen zum Monde. Durch ihr Leben füllt sich die zunehmende Hälfte; in der abnehmenden Hälfte veranlaßt er ihre Wiedergeburt.«

Das geschieht aber nur, wenn man wie im Märchen das richtige Schlüsselwort nicht weiß, denn »der Mond ist die Pforte des Himmels. Wer ihm zu antworten versteht, den läßt er an sich vorüber. Wer ihm nicht zu antworten vermag, den sendet er, in Regen sich verwandelnd, im Regen zur Erde nieder; als Wurm, Motte, Fisch, Vogel, Löwe, Eber ..., Tiger, Mensch oder sonst etwas wird er hier und da, je nach seinem Tun und Wissen, wiedergeboren.«

Hier ist vor Buddha der Gedanke der Wiedergeburt aufgrund früherer Taten bereits klar dargestellt, wobei man den Existenzwechsel zwischen Pflanze, Tier und Mensch mühelos aus der Idee des allumfassenden Âtman ableitete: »Im Mutterschoß geht ein dieser, verkörpernd sich zur Leiblichkeit, in eine Pflanze fährt jener, je nach Werk, je nach Wissenschaft.« Und noch deutlicher eine andere Stelle der Upanischaden: »Je nachdem er handelt, je nachdem er wandelt, danach wird er geboren; wer Gutes tat, wird als Guter geboren, wer Böses tat, wird als Böser geboren, heilig wird er durch heiliges Werk, böse durch böses. Darum, fürwahr heißt es: ›der Mensch ist ganz und gar gebildet aus Begierde (Kâma); je nachdem seine Begierde ist, danach ist seine Einsicht, je nachdem seine Einsicht ist, danach tut er das Werk (Karma), je nachdem er das Werk tut, danach ergeht es ihm‹.«

So vollzieht sich Geburt nach Geburt, Seelenwanderung nach Seelenwanderung:

»So im Kreislauf der Wiedergeburt (Samsâra)
wie Schöpfeimer am Wasserrad
umlaufen, kommt er stets wieder
im Mutterschoß zur Geburt.«

Diesen Kreislauf der Wiedergeburt kann man nur dann anhalten, wenn man das notwendige Wissen erworben hat. Darum heißt es schon in unserer Mondgeschichte aus den Upanischaden ganz im Sinn einer mystischen Alleinheit: »Wenn einer zum Mond kommt, so fragt ihn dieser: ›Wer bist du?‹ Dann soll er antworten: ›Du bin ich ...‹ Wenn er so spricht, dann läßt ihn der Mond über sich selbst hinausgelangen.«

Das alles hatte Siddattha bereits vorgefunden, als er nach der Art der Brahmanen aus dem Hause in die Hauslosigkeit ging, um durch Askese und Versenkung der Welt zu entfliehen. Doch soviel er von allem übernahm: Sein Schlüsselwort hieß anders.

Das Leben als Selbsterlösung

Es ist nun an der Zeit, die Verlockungen, aber auch die Schwierigkeiten aufzuzeigen, mit denen sich der Buddhismus konfrontiert sah, als er die noch diffuse Lehre der Wiedergeburt in sein System übernahm.

Im Grunde war die Lehre von der Wiedergeburt für die orthodoxen Brahmanen eine Ketzerei, denn solange man die Götter mit einem Feueropfer zum Umdenken und damit zu Gnade und Vergebung zwingen konnte, war die Wiedergeburt ein unnötiges Unternehmen: Das Opfer brachte ja viel schneller das Wohlwollen der Götter, als es eine Kette von Existenzen erreichen konnte. Wenn nun in den Upanischaden die Wiedergeburt trotzdem immer deutlicher Gestalt gewann, dann mußte die Ursache in einem wachsenden Mißtrauen gegen das Opfer liegen, das vielleicht eben doch nicht die Wirkung hatte, die die Priester verhießen.

Der Buddha hat ja dann auch diese Opfer vollkommen abgelehnt, seine Lehre war die Gegenthese zur Lehre der Brahmanen.

Der Buddhismus brauchte kein Opfer und keine Götter, keine Ewigkeit und keine Gnade – er ging statt dessen von der Überzeugung aus, daß sich der Mensch ohne fremde Hilfe durch die Ansammlung guter Taten selbst erlösen kann. Er braucht nur die Kraft und den Willen, das Gute zu tun – wie es in Goethes Faust heißt: »Wer immer strebend sich bemüht, den können wir erlösen.«

So gesehen ist die Seelenwanderung im Grunde ein höchst optimistisches Unternehmen, das aus eigenem Antrieb immer bessere Menschen schaffen will. Ohne fremde Hilfe, ohne milde schwebende Götter und ohne ausgleichende Zwischenreiche mit goldenen Palästen, setzt der Mensch sein Leben einfach in einer neuen Existenz fort, um immer höher aufzusteigen: Selbst ist der Mann, und Schuld wird in der gleichen Arena ausgeglichen, wo sie begangen wurde.

Zwar werden die »guten Werke« nicht selbstlos um des anderen Willen geleistet, sondern haben ihr Motiv im Egoismus der

Selbsterlösung, weil man gute Taten einfach sammeln muß, ob sie nun einen anderen glücklich machen oder nicht; aber die guten Taten, die der Christ aus Angst vor der strafenden Hand Gottes vollbringt, sind ja moralisch auch nicht besser; im Gegenteil, wer viel sündigt und wirklich bereut, bekommt viel vergeben. Der Buddhist kann nicht bereuen, er kann nur wiedergutmachen. Der kurze Weg der Gnade ist ihm abgeschnitten, und wenn er seine Untaten noch so bereut.

Ob der Buddhist Gutes tut oder nicht, ist seine eigene Angelegenheit und keine außerirdische Macht kann ihn dafür bestrafen oder belohnen – es sei denn, daß seine nächste Wiedergeburt mehr oder weniger unerfreulich ausfällt. Hier ist der Mensch voll für sich verantwortlich und kann nicht gute Taten als sein Verdienst zählen und zur gleichen Zeit seine Schwächen der Gnade Gottes anheimstellen. Der Buddhist muß für alle Taten selbst einstehen.

Hat er sich in seiner jetzigen Existenz nicht gut verhalten, so ist das seine eigene Schuld, wenn er in der nächsten Geburt zurückgestuft wird und dadurch noch länger braucht, um einer möglichen Erlösung näher zu kommen. Dafür kann er sich ja in seiner nächsten Existenz besonders anstrengen und vielleicht einige Stufen überspringen.

Ungerecht ist das nicht, es ist nur nicht so bequem wie Reue und Gnade. Oder ist es gerechter, wenn nach einer Lebensspanne von dreißig oder sechzig Jahren die Entscheidung getroffen wird, ob ich für Zeit und Ewigkeit in die Hölle oder in den Himmel komme? Bei so einer kurzen Testsituation braucht man ausgleichende Gerechtigkeit und Gnade, weil nicht jeder die gleichen Startchancen hat.

Praktische Schwierigkeiten

Dieses positive Bild der Selbsterlösung wird in der Realität durch einige Schwierigkeiten erheblich beeinträchtigt. Denn der Satz: »Wer Gutes tat, wird als Guter geboren, wer Böses tat, wird als Böser geboren« ist ja zugleich optimistisch und pessimistisch. Der Gute kann sich freuen, ihm wird es besser gehen. Der Böse aber verliert praktisch jede Chance auf Besserung. Da er als Böser wiedergeboren wird, wird er natürlich wieder Böses tun und immer tiefer absinken, weil »eine böse Tat fortzeugend immer Böses muß gebären«.

Das gleiche System, das für den einen Grund zur Hoffnung ist, ist für den anderen der Anlaß zu fatalistischer Verzweiflung. Man kann sich freilich damit trösten, daß man in einer Existenz als Regenwurm kaum noch Chancen hat, ein großer Übeltäter zu werden; irgendwann hört das Anhäufen von bösen Taten einmal auf. Umgekehrt hat man als Regenwurm auch wenig Aussicht, gute Taten zu vollbringen und wieder zum Menschen zu werden, »weil es in den niedrigen Daseinsformen nur gegenseitiges Morden und kein gutes Handeln gibt«. Ein Mensch, der in eine niedrige Daseinsform geraten ist, hat nach einem buddhistischen Gleichnis weniger Chancen wieder zum Menschen zu werden als eine einäugige Schildkröte, die alle hundert Jahre einmal auftaucht und den Kopf zufällig in einen ins Wasser geworfenen Ring steckt.

Allerdings ist nicht alle Hoffnung verloren, wie man aus einer späteren Legende lernen kann. Sie erzählt die köstliche Geschichte, wie der Buddha in einer seiner früheren Existenzen auch schon als Häschen eine moralisch gute Tat vollbracht hat:

»Und wieder in einem anderen Leben«, so läßt die Legende den Buddha erzählen, »war ich ein Häschen, das in einem Bergwald lebte: Ich aß Gras und Kraut, Blätter und Früchte und tat keinem Wesen etwas zuleide. Ein Affe, ein Schakal, ein junger Fischotter und ich, wir wohnten beieinander... Ich aber unterwies jene in den Pflichten und lehrte sie, was gut und was böse ist: ›Vom Bösen haltet euch fern, neiget euch zum Guten‹« – aber damit nicht genug. Das fromme Häschen achtete auch streng auf die Feiertage: »Am Feiertage, wenn ich den Mond voll sah, sprach ich zu jenen: ›Heute ist Feiertag. Haltet Gaben bereit, daß ihr sie Würdigen gebet... und begeht den Feiertag mit Fasten!‹ Dann sprachen sie: ›So sei es‹, und nach Kraft und Vermögen bereiteten sie Gaben...«

Da kam nun eines Tages ein hungriger Brahmane des Wegs, und da das Häschen nichts als Gras zu bieten hatte und der Brahmane kein Tier töten darf, beschloß das Häschen, sich selbst zu opfern. »Es steht dir nicht an, daß du einem Wesen Leid antust«, sagte das Häschen zum Brahmanen, »aber gehe hin, sammle Holz und zünde Feuer an. Ich will mich selbst braten, gebraten magst du mich verzehren.«

Der Brahmane sammelte Holz, froh, nicht gegen das Gebot des Tötens verstoßen zu müssen, machte Feuer, und, so erinnerte sich der Buddha, »da sprang ich in die Höhe und stürzte mich mitten in das brennende Feuer... Meinen ganzen Leib mit allen Gliedern habe ich dem Brahmanen gegeben.«

Diese geradezu rührend naive Geschichte von der guten Tat des Häschen verharmlost nicht nur die schier unüberwindlichen Schwierigkeiten niederer Existenzen, wieder in eine höhere Daseinsform aufzusteigen. Sie versucht gleichzeitig noch eine zweite Schwierigkeit der Wiedergeburtslehre zu überdecken, die auch die brahmanische Seelenwanderung nicht erklären konnte: Die fehlende Rückerinnerung an frühere Leben.

Die fehlende Rückerinnerung

Zwar wird dem Buddha zugeschrieben, daß er sich in der Nacht seiner Erleuchtung an alle früheren Existenzen erinnern konnte: »Durch hunderttausende Myriaden kannt' er sie alle, Tod und Leben, bis zum letzten« mit »Ort und Namen«.

Aber solange der Mensch diese Rückerinnerung an frühere Leben nicht auch schon vorher hat, verliert der Gedanke der sich entwickelnden Läuterung und Selbsterlösung seine ethische Grundlage. Was übrig bleibt, ist nur eine reine Mechanik der Vorherbestimmung: Gutes zeugt Gutes, Böses nur Böses.

Zwar soll die jeweilige Existenz das Gute anstreben, und da sich niemand an die vorige Existenz erinnern kann, kann man sich sogar einbilden, das jetzige Dasein sei schon ein Aufstieg gegenüber der vorigen Existenz. Aber warum soll man sich in diesem zweifelhaften Zustand überhaupt anstrengen, um einer nächsten, völlig unbekannten Existenz eine bessere Ausgangsbasis zu verschaffen? Was geht es mich in diesem Leben an, ob sich mein »Ich« in hundert oder erst in tausend Wiederverkörperungen erlösen kann, wenn schon die nächste Existenz so wenig von meinem jetzigen Leben weiß, wie ich vom vorhergehenden?

Was geht es mich an, ob und wann die Seelen nach unendlichen Irrwegen ihre Ruhe finden? Was ist das für eine Erlösung, die zwar auch die Tierwelt mit einbezieht, die aber vor der erschreckenden Vorstellung steht, wie sie eine Stelle der buddhistischen Schriften beschreibt:

»Die Knochen der Leiber, die ein Mensch in zahllosen Geburten getragen hat, wenn man sie aufeinanderhäufte, würden sie einen Berg bilden, höher als die Gipfel der Berge, die seine Augen mit ehrfürchtigem Staunen erblicken.«

Kann man das noch eine erstrebenswerte Erlösung nennen, wenn andere Religionen wie das Christentum eine individuelle Erlösung anbieten, wo der Mensch wenigstens für das belohnt oder bestraft wird, was er weiß und wofür er selbst verantwortlich ist?

Schon die Upanischaden haben diese Schwierigkeiten gesehen und versucht, auf den Fatalismus zwangsläufiger Abläufe einzuwirken. Da sie aber die Rückerinnerung nicht herbeizwingen konnten, richteten sie den Blick nach vorn. Gegen die mechanische Vorherbestimmung der nächsten Existenz durch Taten setzten sie die Willenskraft: »Mit welchem Wollen er sterbend aus dieser Welt dahingeht, mit demselben Wollen geht er in jene Welt ein und wird wiedergeboren.«

Auch in den buddhistischen Schriften finden sich derartige Versuche, die Kette der Wiedergeburt durch den Willen zu einer höheren Existenz einfach abzukürzen: »Es ereignete sich, ihr Jünger, daß ein Mönch, begabt mit Glauben, begabt mit Rechtschaffenheit, begabt mit Kunde der Lehre, mit Entsagen, mit Weisheit, also bei sich denkt: ›Wohlan, möchte ich, wenn mein Leib zerbricht, im Tode der Wiedergeburt teilhaftig werden in einem mächtigen Fürstengeschlecht.‹ Diesen Gedanken denkt er, bei diesem Gedanken verweilt er, diesen Gedanken nährt er. Diese Sankhâra, diese Tatabsichten und inneren Zustände (Vihâra), die er also in sich genährt und befördert hat, führen zu einer Wiedergeburt in einer solchen Existenz. Dies, ihr Jünger, ist der Zugang, dies der Weg, welcher zur Wiedergeburt in einer solchen Existenz führt.«

Eine solche »Welt als Wille und Vorstellung« transponierte dann über zweitausend Jahre später der von den Upanischaden beeinflußte Arthur Schopenhauer in das westliche Denken und machte daraus 1819 seine Philosophie von der schlechtesten aller möglichen Welten.

Der Körper ist »alte Tat«

Die Mehrzahl der buddhistischen Lehrschriften verfolgt aber den konsequenten Weg der kausalen Abhängigkeit. Denn so wie der Kausalnexus eine Kette von Folgen kennt, die unweigerlich eintreten, wenn die Voraussetzungen gegeben sind, so sind auch die Wiedergeburten nichts anderes als eine solche Kette: Der Körper ist »alte Tat«, und kein Wille kann dieses Gesetz der nachwirkenden Handlungen und Taten (Kamma) unterbrechen oder korrigieren: Gute Taten führen zu einer besseren Existenz, böse zu einer schlechteren.

Entscheidend ist dabei, daß der Buddhismus die Auswirkung dieses Kamma nicht als Strafe empfindet, sondern als eine natürliche Folge, so wie eine Brandwunde auch nicht die Strafe, sondern lediglich die Folge einer Berührung mit dem Feuer ist. Das System von Lohn und Strafe paßt hier nicht. Die Bilanz des einen Lebens entscheidet lediglich über die Ebene des folgenden: »Infolge ihres ruchlosen Wandels, ihres ungerechten Wandels ... gelangen hier manche Wesen bei der Auflösung des Körpers, jenseits des Todes ... auf den schlimmen Weg, zu Stätten der Pein, zur Hölle ...; infolge ihres der Lehre gemäßen Wandels, ihres besonnenen Wandels gelangen hier manche Wesen bei der Auflösung des Körpers, jenseits des Todes, auf den guten Weg, zur Himmelswelt.«

Auch wenn Worte wie Himmel und Hölle unterschwellig eine moralische Einteilung anzudeuten scheinen, so bleibt es auch hier beim unerbittlichen Gesetz, daß jede neue Existenz alte Tat ist. Denn ganz gleich, ob ich auf der Ebene der Tiere, der Geister oder der Dämonen, als Mensch oder Gott wiedergeboren werde – in allen diesen Bereichen gibt es den Tod und damit eine nächste Existenz, auch bei den Göttern. Götter leben zwar in einer angenehmeren, aber keiner grundsätzlich anderen Welt. Wann auch immer der Kredit ihrer guten Taten aufgebraucht ist, der zu dieser Existenz geführt hat, sterben auch sie, denn, wie Hans Wolfgang Schumann formuliert: »Die Namen der Götter sind im Buddhismus weniger Eigennamen als vielmehr Bezeichnungen bestimmter Posten, welche von wechselnden Individuen eingenommen werden, die sich den Rang für einige Zeit verdient haben.«

Höllenwesen, Tiere, Menschen und Götter unterliegen dem gleichen Gesetz des Leidens, das heißt dem Tod, und »der Ozean von Tränen, vergossen von jedem, der ein Leben nach dem anderen durchläuft, ohne Anfang, ist tiefer als die vier Meere zusammen«.

Himmel und Hölle sind nur Durchgangsstationen, kein Ziel. Im Gegenteil, um erlöst zu werden, müssen die Götter als Menschen wiedergeboren werden. Erst dann können sie wirklich die Lehre des Buddha verstehen und den Weg zur Erlösung gehen, denn der Buddha ist »Lehrer der Götter und Menschen«.

Eine solche Weltanschauung, die durchgehend auf dem Prinzip der Kausalität von Gefühlen, Gedanken und Taten beruht, legt natürlich den Gedanken nahe, daß es auch einmal eine Urkausalität gegeben haben muß, die alles in Gang gesetzt hat.

Da aber der Buddhismus einen Schöpfer oder überhaupt etwas

Ewiges leugnet, kommt er hier sofort in Schwierigkeiten und verweigert das Nachdenken mit dem Argument, daß derartige Spekulationen nichts für die Erlösung bringen: »Warum habe ich dies nicht offenbart? Weil es nicht förderlich und dem Heiligen Wandel dienlich ist . . .« Und dann wird das Gleichnis von dem Mann erzählt, der von einem vergifteten Pfeil getroffen wurde, sich aber erst dann helfen lassen will, wenn er alles, auch jedes kleinste Detail, über den Schützen weiß. Ein solcher Mann würde sterben, bevor er alle Antworten bekommen hätte. Darum, »ihr Jünger, denkt nicht Gedanken, wie die Welt sie denkt: ›Die Welt ist ewig‹ oder ›die Welt ist unendlich‹ . . . Wenn ihr denkt, ihr Jünger, so mögt ihr also denken: ›Dies ist das Leiden‹, ihr mögt denken: ›das ist die Entstehung des Leidens‹, ihr mögt denken: ›das ist der Weg zur Aufhebung des Leidens.‹«

Von der Schwierigkeit, ohne Seele zu wandern

Hätte der Buddha mit der Idee der Wiedergeburt auch die brahmanische Vorstellung von der ewigen All-Seele übernommen, aus der die einzelnen Seelen hervorgehen und wieder in sie zurückkehren, dann wäre seine Lehre leichter zugänglich gewesen. Denn dann hätte er Anfang und Ziel der Seelenwanderung angeben können: Zeit und Ewigkeit wären die großen Gegenpole gewesen.

Weil er aber nicht nur eine ewige Seele, sondern überhaupt irgendeine ewige Instanz abstritt und lehrte, daß ausnahmslos alles aus vergänglichen Teilmomenten existierte, stand der Buddhismus nun auch vor dem unlösbaren Problem, wie denn nun eigentlich die »alten Taten« in einen neuen Leib weitergegeben werden. Es gab ja nichts Bleibendes, denn mit dem Tode zerfiel die Person, die Nâma-rûpa, wieder in ihre Einzelbestandteile und hörte auf zu existieren. Es gab kein permanentes Ich, sondern im Gegenteil: Nur das Nicht-Ich; es gab keine Seele, sondern nur das Erscheinungsbild der Person, wenn die fünf Aneignungsgruppen beisammen waren und aufeinander einwirkten. Wie dem auch sei: Von einer »Seelenwanderung« im eigentlichen Sinn kann man jedenfalls beim Buddhismus nicht sprechen. Was aber gab die Taten weiter, und wer erhielt sie, wenn doch die Täterperson sich aufgelöst hatte?

Zur fehlenden Rückerinnerung kommt ja nun auch noch die fehlende Identität dazu. Was haben meine früheren Existenzen überhaupt mit meiner Person zu tun? Ist mein Tatenschicksal wirklich von mir in früheren Leben erworben worden? Und wenn nicht: Warum habe ich dann gerade dieses Schicksal erhalten?

Zwar heißt es bei Milinda, das neu entstehende Wesen sei nicht dasselbe, aber auch kein anderes gegenüber der vorherigen Existenz, aber das erkärt ja nichts. Es gibt auch die Vorstellung, daß sich beim Tode eines Menschen das Bewußtsein (Vinjâna) ins Herz zurückzöge und dann, wie an einem Seil schwingend, in die nächste Existenz überwechsele – aber das sind alles nur Umschreibungen für eine ungelöste Frage, denn ein bleibendes Bewußtsein kann es nach der Lehre nicht geben, oder die Lehre gibt ein entscheidendes Element auf.

Heutzutage kann man sich die Übertragung des Tatenschicksals (Kamma) von einer Existenz in die andere noch am ehesten am Beispiel von Billardkugeln vorstellen, die ja beim Zusammenstoß nichts vom Wesen der einen Kugel auf die nächste übertragen, obwohl die Energie der einen Kugel (das Dhamma) auf die nächste übergeht. Die angestoßene Kugel rollt nun mit der übernommenen Energie weiter und stößt die nächste Kugel an oder kommt, wenn dieser »Kreislauf« aufhört und die Energie der früheren Anstöße und Bewegungen aufgebraucht ist, zur Ruhe.

Der Buddhismus, der sich gern mit Bildern behilft, wenn er keine Erklärung parat hat, bringt hier das Beispiel von der Kerzenflamme, die ihr Licht von Docht zu Docht und von Kerze zu Kerze weitergeben kann, obwohl die Flamme selbst ja keine Sekunde lang die gleiche Flamme ist: Das Licht, das ich eben noch sah, ist vergangen, Neues ist entstanden. Die dauernde Flamme ist ein Scheingebilde, ist Mâjâ.

So belehrte Nâgasena den König Milinda über das »Ich«: »Wie wenn ein Mann, o großer König, eine Leuchte anzündete, würde sie nicht die Nacht hindurch brennen? – Ja, Herr, sie würde die Nacht hindurch brennen – Wie nun, großer König, ist die Flamme in der ersten Nachtwache identisch mit der Flamme in der mittleren Nachtwache? – Nein, Herr. – Und die Flamme in der mittleren Nachtwache, ist sie identisch mit der Flamme in der letzten Nachtwache? – Nein, Herr. – Wie denn aber, großer König, war die Leuchte in der ersten Nachtwache eine andere, in der mittleren Nachtwache eine andere, in der letzten Nachtwache eine andere? – Nein, Herr, an demselben Stoff haftend hat sie die ganze Nacht gebrannt ... – So auch, großer König, schließt sich die Kette von Wesenheiten (Dhamma) zusammen. Darum ist es weder dasselbe Wesen noch ein anderes Wesen, welches zur letzten Phase seines Erkennens gelangt.«

Wir müssen uns mit derartigen Bildern zufriedengeben. Denn bei allen philosophischen und gedanklichen Exzessen, zu denen der Buddhismus fähig ist, wird an solchen Punkten deutlich, daß die Lehre des Buddha im Grunde nichts anderes sein will als eine praktische Anleitung zur Selbsterlösung, nicht aber ein in sich völlig geschlossenes Denkgebäude. Manches »wie« und »warum« bleibt offen, wird nie oder falsch beantwortet. Wichtig ist der Heilige Wandel, das heißt, das ständige Bemühen um Erlösung.

Das Nirvâna

Die Erlösung wird im Buddhismus oft mit dem Verlöschen einer Flamme verglichen: »Wie, wo es Hitze gibt, auch Kühle gefunden wird, so muß, da es das dreifache Feuer gibt – das Feuer von Begierde, Haß und Verblendung – auch das Verlöschen des Feuers gesucht werden.«

Dieses »Erlöschen des Feuers« ist aber nichts anderes als die Übersetzung des Wortes Nirvâna (in Pâli Nibbâna), das sich von dem Wort »nir-va«, »ausblasen«, »aufhören zu atmen« ableitet. Denn das Nirvâna, das Ende allen Leidens und Wiedergeborenwerdens, ist jener Zustand, in dem sämtliche Begierden, Wünsche und Handlungen erloschen sind, so wie eine Kerze erlischt, wenn das Wachs alle ist: »Wie wenn, ihr Jünger, aus Öl und Docht erzeugt das Licht einer Öllampe brennte, aber niemand von Zeit zu Zeit Öl aufgösse und für den Docht sorgte: Dann würde, ihr Jünger, da der alte Brennstoff verzehrt ist und neuer nicht hinzugetan wird, die Lampe aus Mangel an Nahrung erlöschen. So auch, ihr Jünger, wird in dem, der in der Erkenntnis von der Verderblichkeit aller Daseinsfesseln verharrt, der Durst (nach Dasein) aufgehoben; durch die Aufhebung des Durstes wird das Ergreifen (der Existenz) aufgehoben ... Das ist die Aufhebung des ganzen Reichs des Leidens.«

Solange man noch nach etwas strebt, haftet man an etwas wie die Kerze am Wachs, und das Rad der Wiedergeburt dreht sich weiter. Wenn aber alles Sehnen und Wünschen, alles zielgerichtete Denken und Handeln erloschen ist, dann folgt nicht das Nirvâna, sondern dann ist dieser Zustand bereits Nirvâna.

Darum kann zum Beispiel ein Selbstmord nicht ins Nirvâna führen, weil das noch eine absichtsvolle, zweckgebundene Handlung ist. Überhaupt ist das Nirvâna um so schwieriger zu erreichen, je mehr man es erstrebt, denn solange man noch nach etwas strebt, hat die Flamme noch Nahrung. Paradoxerweise erreicht man daher das Nirvâna am leichtesten, wenn man sich nicht darum bemüht; es tritt gerade dann ein, wenn alle Ziele, Begierden und Wünsche erloschen sind, wenn man sich von der Welt und von sich selbst vollkommen gelöst hat.

Nirvâna bedeutet aber nicht automatisch den Tod. Der Buddha hatte das Nirvâna ja bereits bei seiner Erleuchtung unter dem Pipala-Baum erreicht, als Mâra, der Todesgott, ihn aufforderte, nun auch ins endgültige Nirvâna einzugehen. Der Buddha hatte dem aber widerstanden, weil er den Weg seiner Erlösung auch anderen mitteilen wollte.

Der Buddhismus unterscheidet deshalb einen »Nirvânazustand mit einem Erdenrest« und ein Verlöschen im physischen Tod. Allerdings entspricht dieser »Nirvânazustand mit einem Erdenrest« nicht ganz dem endgültigen Verlöschen im Tode. Denn das Bild von der Flamme, die mit dem letzten Rest Wachs ausgeht, stimmt hier nur dann, wenn man es auf Affekte und Handlungen bezieht, die nun keinen Nährboden mehr haben.

In diesem Zustand sind »Form, Empfindung, Wahrnehmung, Gestaltung und Bewußtsein (also die fünf Aneignungsgruppen), durch die man den Vollendeten bestimmen könnte, wenn man ihn bestimmen wollte, aufgegeben, entwurzelt, wie eine ausgerissene Palme, zunichte gemacht und keinem zukünftigen Entstehen mehr unterworfen«, und »frei von jeder Bezeichnung als Form, Empfindung, Wahrnehmung, Gestaltung oder Bewußtsein ist der Vollendete, tief unermeßlich und schwer zu ergründen wie das große Meer«.

Die Person selbst aber ist noch vorhanden und agiert. Das Nirvâna eines noch lebenden Arahant, eines Heiligen, zeigt aber an, daß bereits alle Faktoren verschwunden sind, die eine Wiedergeburt verursachen können.

Der Zustand eines Arahant ist daher die Gleichmut. Er muß zwar noch essen, trinken und schlafen, aber alles was er tut, geschieht ohne Gier, ohne Hast und ohne Verblendung. Er ist vollkommen von der Welt gelöst, obwohl er noch in ihr lebt. Wenn er handelt, handelt er ohne ein bestimmtes Wollen. Er hat nicht mehr die Absicht, gute Taten zu sammeln, er tut sie einfach. Deshalb lösen seine Taten auch keine neue Ursachenkette aus. Seine Güte, sein Mitleid sind zweckfrei.

Nun müssen allerdings vollkommenes Loslassen und Gelassenheit in allen Dingen nicht unbedingt mit dem Augenblick zusammenfallen, an dem auch zufälligerweise der Kontostand der Taten ausgeglichen ist. Aber diese Denkschwierigkeit stellt sich dem Buddhismus gar nicht erst. Für ihn ist alle Tat in dem Moment abgeleistet, wenn es dem Schüler aufgrund seines Wissens gelungen ist, jeden Durst nach den Dingen und jedes Haften an ihnen aufzugeben und loszuwerden. Er löst sich dann sogar von der Lehre Buddhas, die er ja nun ohnehin nicht mehr braucht.

Dem Buddhismus kommt es auch gar nicht in den Sinn, daß ein Arahant etwa wieder aus dem Zustand der Gelassenheit und des Nichtwollens hinausgleiten und wieder Gier und Verlangen zeigen könnte. Der Buddhismus kennt keine gefallenen Heiligen, denn der einmal erreichte Zustand des Nirvâna ist so beglückend, daß niemand ihn wieder verlassen wird.

Das endgültige Nirvâna (Parinirvâna) erreicht man dann mit dem Tode, wenn sich auch noch die Person auflöst und zerfällt, um nie wieder geboren zu werden.

Ob das Nirvâna eine Art Ewigkeit ist, steht dabei überhaupt nicht zur Debatte. Was allein zählt, ist die Tatsache, daß der Kreislauf der Wiedergeburten endlich unterbrochen ist. Das Konto der guten und bösen Taten steht auf Null, die Patience ist aufgegangen.

Das Nirvâna ist einfach »der Bereich, wo weder Erde noch Wasser, nicht Feuer noch Luft ist; nicht der Bereich der Unendlichkeit des Raums, nicht der Bereich der Unendlichkeit des Bewußtseins, nicht der Bereich der Nichtsheit noch der Bereich der Nichtwahrnehmung oder Wahrnehmung. Nicht diese Welt noch eine jenseitige Welt, nicht beide: Sonne noch Mond. Dies, ihr Mönche, nenne ich nicht Kommen und Gehen, nicht Zustand noch Verfall oder Entstehung; ohne Grundlage, Fortentwicklung und Bedingung ist es: Eben dies ist das Ende des Leidens.«

Es ist der Zustand, »wo alle Dinge aufgehoben sind« und wo auch »die Wege für die Sprache« enden. Das einzige, was der Buddhist über das Nirvâna sagen kann, ist daher nur, daß es die höchste Seligkeit ist. Aber »wie kann hier Seligkeit sein, Sâriputta, da hier doch keine Empfindung ist?«

Darauf gibt Sâriputta die Antwort: »Eben dies, o Freund, ist die Seligkeit, daß hier kein Empfinden ist.«

Wie man diese höchste Glückseligkeit und Abgeklärtheit erreichen und die Erlösung erlangen kann, erklären die beiden letzten Formeln der vier Sätze vom Leiden. Sie müssen wir uns jetzt näher ansehen.

Die Ethik des Buddhismus

Die beiden ersten Sätze vom Leiden hatten festgestellt, daß alles Leiden ist und erklärt, wie es zustande kommt. Sie bilden die theoretisch-philosophische Grundlage des Buddhismus. Die letzten beiden Sätze teilen nun mit, daß es einen Weg gibt, das Leiden zu beenden und zeigen den Weg dazu. Sie sind praktische Hilfe und Anleitung zur Selbsterlösung.

Der achtteilige Pfad

Wir wissen inzwischen, welche Rolle der »Durst« bei der Entstehung des Leidens spielt und haben bereits gesehen, daß die vollkommene Aufhebung dieses Durstes zum Nirvâna führt, so daß wir uns jetzt mit dem dritten Satz vom Leiden gar nicht mehr näher zu beschäftigen brauchen. Er ist ohnehin nur die logische Spiegelung des zweiten Satzes mit jenem Durst, der von Wiedergeburt zu Wiedergeburt führt.

Wie man nun aber diesen Durst überwinden kann, ist im vierten Satz vom Leiden mit einem Verhaltenskatalog erklärt, in dem der gesamte Erlösungsweg beschrieben sind.

»Dies, ihr Mönche, ist die heilige Wahrheit von der Aufhebung des Leidens: Die Aufhebung dieses Durstes durch gänzliche Vernichtung des Begehrens, ihn fahren lassen, sich seiner entäußern, sich von ihm lösen, ihm keine Stätte gewähren.

Dies, ihr Mönche, ist die heilige Wahrheit von dem Wege zur Aufhebung des Leidens: Es ist dieser heilige achtteilige Pfad, der da heißt:

(1) rechte Ansicht
(2) rechtes Entschließen
(3) rechtes Wort
(4) rechte Tat
(5) rechtes Leben
(6) rechtes Streben
(7) rechtes Gedenken
(8) rechtes Sichversenken«

Der oft als «heilig« bezeichnete achtteilige Pfad zur Erlösung spielt naturgemäß im Buddhismus eine große Rolle. Um so deutlicher sollte man sich dabei bewußt machen, daß dieser Heilsweg keinerlei religiöse Aussage enthält. Es ist nicht die Rede von rituellen Handlungen, wie sie andere Religionen kennen; es ist nicht die Rede von Opfern, wie sie die Brahmanen zur Versöhnung mit den Göttern bringen mußten; es ist nicht die Rede von Gebeten oder Fürbitten, und es ist nicht die Rede von der vorbildlichen, erst recht nicht von der bahnbrechenden oder gar stellvertretenden Tat des Buddha, der als erster diesen Pfad ging und die Erleuchtung erlebte. Es ist schließlich auch nicht die Rede von Schuld und Sühne, von Sünde und Vergebung, denn der Buddhismus kennt keinen dieser Begriffe.

Was hier als der Weg der Erlösung beschrieben wird, ist nichts weiter als ein Katalog von Dingen, die man auf richtige Weise tun muß, damit sie zum Erfolg führen. Welche Dinge das sind, wird nur in Kürzeln angegeben, so daß wir erneut versuchen müssen, den dahinterliegenden Sinn zu erfassen.

Eine erste Hilfestellung geben dabei einige Texte, die den achtteiligen Pfad in drei Bereiche unterteilen. So werden die beiden ersten Glieder von der »rechten Ansicht« und dem »rechten Entschließen« der »Weisheit« (Panja) zugerechnet; die Glieder 3-5 vom »rechten Wort«, der »rechten Tat« und dem »rechten Leben« dem Begriff der »Zucht« (Sîla), und die drei letzten Glieder »rechtes Streben«, »rechtes Gedenken« und »rechtes Sichversenken« der »Meditation« (Samâdhi) zugeteilt.

Im Gegensatz zur Abhängigkeitsfolge des Kausalnexus oder der fünf Aneignungsgruppen, sind die drei Bereiche Weisheit, Zucht und Meditation aber nicht in irgendeiner Reihenfolge voneinander abhängig. Vielmehr bilden sie einen Dreiklang und bedingen einander gleichzeitig, wie der Buddha immer wieder gelehrt hat:

»Von Rechtschaffenheit durchdrungen ist die Versenkung fruchtbar und segensreich; von Versenkung durchdrungen ist Weisheit fruchtbar und segensreich; von Weisheit durchdrungen wird die Seele ganz und gar von aller Verderbnis gelöst, von der Verderbnis der Begier, von der Verderbnis des Werdens, von der Verderbnis des Irrglaubens, von der Verderbnis des Nichtwissens«, denn »wo Rechtschaffenheit, da Weisheit, wo Weisheit, da Rechtschaffenheit.«

Am einfachsten dürfte es sein, wenn wir diesen Dreiklang zunächst einmal auflösen und in seine einzelnen Elemente zerlegen.

Die Tugend der Weisheit

Obwohl Weisheit, Zucht und Meditation den gleichen Rang einnehmen, wird die Weisheit gern als die höchste Tugend bezeichnet. Die buddhistische Weisheit hat aber nichts mit dem allgemeinen Erfassen von Zusammenhängen oder mit der Fülle des Wissens zu tun. Weisheit bedeutet hier nichts anderes, als die »rechte Ansicht« von den vier »edlen Wahrheiten«, vom Leiden, von der Entstehung des Leidens, von der Aufhebung des Leidens und dem Weg zur Aufhebung des Leidens zu kennen, zu begreifen und zu befolgen. Weisheit ist also nichts anderes, als die Lehre des Buddha anzuerkennen und zu verwirklichen.

Hermann Oldenberg hat deshalb vor hundert Jahren den ersten Schritt des achtteiligen Pfades mit »rechtem Glauben« wiedergegeben. Das aber führt in die Irre, denn es geht im Buddhismus nicht um Glauben, sondern um das Erkennen. Bezeichnungen wie rechte Ansicht, rechte Auffassung der rechten Theorie drücken daher viel genauer aus, was den ersten Schritt des achtteiligen Pfades ausmacht.

Der rechten Ansicht (Sammâditthi) folgt dann als zweiter Schritt der rechte Entschluß (Sammâsankappa). Er besteht darin, daß man den Erlösungsweg des Buddha nicht nur als richtig anerkennt, sondern auch selbst beschreitet und sein Leben in Wort und Handlung darauf einrichtet. Damit sind wir bereits bei jenen Geboten und Regeln, die die Ethik des Buddhismus ausmachen.

Das rechte Handeln und die Gebote

Der achtteilige Pfad umschreibt das ethische Verhalten mit den Begriffen vom »rechten Wort«, der »rechten Tat« und dem »rechten Leben« und bleibt dabei ziemlich allgemein. Genaugenommen ist damit nur gesagt, auf welchen Gebieten sich das richtige Verhalten abzuspielen hat. Mit keinem Wort ist auch nur angedeutet, was denn nun ein rechtes, d. h. richtiges Handeln ist.

Hier helfen die Texte mit einer Fülle von Beispielen, Regeln und Erzählungen weiter. Aber sie alle lassen sich auf die einfache, durch ihre dialektische Formulierung allerdings verblüffende Regel des Buddha zurückführen: »Ich lehre das Tun und das Nichttun.«

Damit ist nicht irgendwelcher Tiefsinn formuliert oder gar eine Philosophie des Nichttuns und der Passivität, sondern mit dem gleichzeitigen Tun und Nichttun wird das Wesen ethischen Verhaltens überhaupt beschrieben, nämlich »das Tun von Gutem und das Nichttun von Bösem«.

Was nun aber Gut und was Böse ist, wird immer wieder mit zahllosen Beispielen und Regeln verdeutlicht.

Das rechte Wort

Auf das »rechte Wort« (Sammâvâtschâ) angewandt, bedeutet das zum Beispiel, daß man möglichst nur über Dinge reden soll, die zum Heil führen, sonst aber lieber schweigt. In keinem Falle soll man lügen, klatschen, schwätzen oder Böses nachreden.

Der Mönch »läßt von verleumderischem Wort ab; er enthält sich verleumderischen Wortes. Was er hier gehört hat, sagt er nicht dort wieder, um jene von diesen zu trennen; was er dort gehört hat, sagt er nicht hier wieder, um diese von jenen zu trennen. Er ist der Getrennten Vereiner und der Vereinten Befestiger. Der Eintracht freut er sich, die Eintracht pflegt er; an der Eintracht hat er seine Wonne, des eintrachtschaffenden Wortes Redner ist er.«

Zum Geschwätz gehört, daß man nicht über alles reden soll, was man gesehen, gehört, empfunden und erkannt hat. In jedem Falle soll man nur über Gegenstände reden, deren gute Eigenschaften zunehmen und deren schlechte Eigenschaften schwinden.

Damit man auch weiß, welche Themen für einen wahren Buddhisten ungeeignet sind, gibt es ganze Kataloge von Tabuthemen. So soll der Buddhist nicht über Politik reden, die in der sinnigen Zusammenstellung von »Könige, Gauner, Minister, Kriegsheere, Gefahren, Krieg« charakterisiert wird.

Auch die Äußerlichkeiten des Lebens wie »Speisen, Getränke, Kleidung, Lagerstätten, Blumen, Wohlgerüche, Verwandte« sollten ebenso wenig Gesprächsgegenstand sein wie »Dörfer, Märkte, Länder, Straßen, Wasserläufe, Plätze«.

Ungeeignet sind auch Gespräche über Frauen, Helden und Geistergeschichten, sowie über solche Spitzfindigkeiten wie die Entstehung der Welt oder des Meeres. Unter diesen Umständen ist deshalb der beste Gesprächsstoff immer noch die Lehre des Buddha: »Trefft ihr euch, so geziemt euch zweierlei: Gespräch über die Lehre oder edles Schweigen.«

Die rechte Tat

Das rechte Tun (Sammâkammanta) wird vor allem durch fünf Gebote bestimmt, von denen die ersten vier wörtlich aus dem Brahamismus entnommen sind und außerdem mit dem Katalog der konkurrierenden Dschainas übereinstimmen. Es sind also keine speziell buddhistischen Gebote:

Man soll kein lebendes Wesen töten
Man soll sich nicht an fremdem Eigentum vergreifen
Man soll nicht die Frau eines anderen berühren
Man soll nicht lügen
Man soll keine berauschenden Getränke trinken.

Abgesehen von dem Verbot, sich zu betrinken, finden wir diese Gebote der »Rechtschaffenheit« auch in den Zehn Geboten des Moses wieder. Trotzdem bedeuten sie aber nicht das gleiche. Denn bei allem sogenannten »sittlichen Handeln« muß man ja die Frage stellen, aus welchem Grunde jemand die Einschränkung seiner Handlungsfreiheit und seines Egoismus hinnimmt und entgegen einem spontanen Impuls nicht einfach nimmt, was er will oder tötet, was ihn stört, sondern womöglich sogar anderen Gutes tut, ohne eine Gegenleistung zu erwarten und sich zu Dingen überwindet, die ihm schwer fallen.

Das einfachste Motiv ist das utilitaristische, das auf Gegenseitigkeit baut. In den Worten eines buddhistischen Laienanhängers heißt es daher in einem Text: »Ich möchte leben und nicht sterben, ich möchte Glück und nicht Leid erfahren. Würde mich jemand des Lebens berauben, so wäre mir das nicht lieb, und würde ich einen anderen des Lebens berauben, so wäre ihm dies nicht lieb. Wie kann ich also einem anderen etwas zufügen, was mir nicht lieb ist?«

Das entspricht der schönen Regel »Was du nicht willst, daß man dir tu, das füg' auch keinem andern zu.«

Gegenüber diesem auf Gegenseitigkeit bedachten Egoismus wird ein ethisches Handeln ohne persönlichen Vorteil und nur um des anderen willen ungleich höher bewertet, weil dann jede Spur von Egoismus ausgeschaltet ist.

Andere Voraussetzungen

Es besteht kein Zweifel, daß ein die Erleuchtung anstrebender Buddhist ohne jeden Egoismus handelt, denn sein Ziel ist es ja, sich voll und ganz von dieser Welt zu lösen. Er handelt nicht mehr um eines persönlichen Vorteils willen; erst recht wird ein Heiliger ganz uneigennützig sein, denn bei ihm besteht ja nicht einmal mehr der Verdacht, er tue nur Gutes, um die Bilanz seiner Taten aufzubessern.

Und doch gibt es auch hier Nuancen: Denn auf der anderen Seite muß man sich fragen, was dies für ein uneigennütziges Handeln ist. Der wahre Heilige hat ja gar keinen Anlaß mehr, sich um die Welt und die Menschen zu kümmern. Kann man dann überhaupt noch von Ethik sprechen, wenn man darunter das Handeln und das Anteilnehmen des Menschen in der Welt versteht?

Was ist das für ein Mitleid, wenn der Heilige gar nicht mehr das Gefühl des Mitleids kennt, weil er jede Bindung, auch jede gefühlsmäßige Bindung, aufgegeben hat? Was ist das für eine Nächstenliebe, wenn einem alles gleichgültig ist? Sind das nicht nur noch leere Hülsen, wenn ich Gutes tue, ohne das geringste dabei zu empfinden? Zerstören nicht Sätze wie »freudenreich und vom Schmerz frei sind, die nichts Liebes in der Welt haben« jedes mitmenschliche Verhalten? Für den, der sich von der Welt gelöst hat, haben moralische Regeln doch nur noch den Wert wie Gebrauchsanweisungen für die Pflege von Möbeln für eine Putzfrau, der die Gegenstände ihrer Tätigkeit im Grunde völlig gleichgültig sind, weil sie ihr nicht gehören.

Nun ist ja die Zahl der Heiligen gering und man kann seine Hoffnungen immer noch auf diejenigen setzen, die dem heiligen achtteiligen Pfad folgen und noch nicht völlig fühllos das Gute tun und das Böse lassen. Aber auch hier kann dann von guten Taten um ihrer selbst willen und von Mitleid um der Kreatur willen keine Rede mehr sein. Denn wenn die ganze Existenz dazu dient, durch gute Taten nach Möglichkeit das Tatkonto auszugleichen, dann ist jede gute Tat, auch wenn sie anderen zugutekommt, in dem Egoismus begründet, seine eigene Erlösung voranzutreiben. Was ich für andere tue, hat Folgen für mich, deshalb wird es getan.

Da sich der Buddhismus nun auch nicht auf ein göttliches Gesetz berufen kann, das einfach den Wert von gewissen Handlungen festlegt, die zu befolgen sind, ob sie mir nützen oder nicht, so könnte man die buddhistische Ethik leicht als egoistisches Zweckunternehmen mit »sozialem Effekt« einstufen. Man kann sich natürlich jetzt fragen, ob unsere Begriffe von Ethik und Moral überhaupt in einer Welt gelten, die kein ewiges, geschweige denn übergeordnetes Prinzip irgendeiner Art kennt und infolgedessen in Sachen Moral kaum einen anderen Standpunkt als einen rein pragmatischen einnehmen kann.

Ähnliche Praxis

In der Praxis unterscheidet sich die buddhistische Ethik an Tiefe und Ernsthaftigkeit allerdings in nichts vom Christentum, zumal dessen Gläubige ja auch nicht nur selbstlos zur höheren Ehre Gottes handeln, sondern das Halten der Gebote als Anwartschaft auf die ewige Seligkeit betrachten. Der Buddhismus gibt das wenigstens offen zu: »Ein Weiser von großer Einsicht«, so heißt es, »denkt zugleich an das eigene Heil, an das Heil des andern, an das beiderseitige Heil und das Heil der ganzen Welt.« Der wahre Mönch ist daher »mitleidig und barmherzig und trachtet freundlich nach dem Wohl aller lebenden Wesen«.

Wer so handelt, benimmt sich am Vorbildlichsten, denn »vier Arten von Menschen gibt es auf der Welt. Der eine erstrebt weder eigenes noch fremdes Heil: Er bekämpft Haß, Gier, Wahn weder bei sich noch bei anderen.

Der zweite erstrebt nur das Heil der anderen, aber nicht das eigene: Er gibt anderen gute Lehren, die er selbst nicht befolgt.

Der dritte erstrebt nur das eigene Heil, nicht das der anderen: Er selbst lebt sittlich, belehrt aber nicht die anderen.

Der vierte schließlich erstrebt eigenes und fremdes Heil: Er führt selbst ein sittliches Leben und hält andere zu einem solchen an. Unter diesen Menschen ist der dritte besser als die beiden ersten, der vierte aber ist von allen der Erhabenste.«

Eine solche Einstellung kann bis zur Feindesliebe führen, denn »das Böse überwinde man mit Gutem, durch Nichtzürnen überwinde man den Zorn«. So gibt es einen Text, den man mit dem Bibelwort »Herr vergib ihnen, denn sie wissen nicht, was sie tun« charakterisieren könnte: »Auch wenn Räuber und Mörder einem mit einer Säge Glied um Glied abschnitten – wer darüber zornig würde, der handelt nicht nach meiner Lehre. Denn auch in einem solchen Fall sollt ihr euch also üben: ›Nicht soll unser Denken sich verändern, nicht wollen wir ein böses Wort von uns geben, sondern gütig und mitleidig bleiben, voll freundlicher Gesinnung und ohne Haß. Wir wollen diesen Menschen mit von freundlicher Gesinnung erfülltem Geiste durchdringen und von ihm ausgehend die ganze Welt.‹«

Die gleiche Haltung kommt auch in der Geschichte vom Prinzen Dîghâvu (Prinz Lebelang) zum Ausdruck. Sein Vater, der König Dîghîti (König Leidelang) von Kosala und die Königin waren von ihrem Widersacher, dem König Brahmadatta von Benares vertrieben worden. Eines Tages wurde der als Mönch verkleidete König Leidelang von den Leuten Brahmadattas erkannt und mit seiner Frau gefangengenommen. Als man sie gefesselt vor die Stadt führte, um sie dort zu vierteilen, ging Lebelang zu seinem Vater, der ihm in dieser Situation sagte: »Mein Sohn Lebelang, sieh nicht zu weit und nicht zu nah. Denn nicht durch Feindschaft kommt Feindschaft zur Ruhe, mein Sohn Lebelang; durch Nichtfeindschaft, mein Sohn Lebelang, kommt Feindschaft zur Ruhe.« König Leidelang und seine Frau wurden nun geviertteilt, der Sohn verbrannte die Toten, ging in den Wald und weinte. Dann kehrte er nach Benares zurück, um in den Elefantenställen Brahmadattas Dienst zu tun.

König Brahmadatta wurde bald darauf wegen seines schönen Gesanges auf Prinz Lebelang aufmerksam und nahm ihn eines Tages zur Jagd mit, wo es Lebelang glückte, den König vom Gefolge zu trennen. Als der König Brahmadatta müde wurde, legte er sein Haupt in den Schoß von Lebelang und schlief ein.

»Da dachte der Knabe Lebelang: ›Dieser König Brahmadatta hat uns viel Übles getan. Er hat uns Heer und Troß und Land und Schatz und Vorräte genommen und hat meinen Vater und meine Mutter getötet. Jetzt ist die Zeit für mich gekommen, meiner Feindschaft Genüge zu tun.‹ Und er zog sein Schwert aus der Scheide.

Da kam dem Knaben Lebelang dieser Gedanke: ›Mein Vater hat, als er zum Tode geführt wurde, zu mir gesprochen: Mein Sohn Lebelang, sieh nicht zu weit und sieh nicht zu nah, denn nicht durch Feindschaft kommt Feindschaft zur Ruhe ...‹ da steckte er sein Schwert wieder in die Scheide.«

Dreimal überkam ihn die Versuchung zur Rache, bevor der König aufwachte. Da gab sich Lebelang zu erkennen und zog noch einmal das Schwert. Der König fürchtete nun um sein Leben, aber Prinz Lebelang hatte anderes im Sinn: Er wollte ihm deutlich machen, daß man nicht zu weit sehen und die Feindschaft zu lange dauern lassen sollte, so wie man auch nicht zu kurz sehen und sich voreilig streiten sollte.

»Da schenkten der König Brahmadatta von Benares und der Knabe Lebelang einander das Leben, reichten sich die Hände und schwuren, einander nichts Böses zu tun.«

Wenn diese Geschichte in der Bibel stünde, würden wir sie ohne Zögern als Gleichnis für Feindesliebe und Vergebung akzeptieren. Nach dem Verständnis der Bibel würden wir annehmen, daß Lebelang das göttliche Gebot befolgt hat, Frieden zu stiften, damit Gottes Wille Tat werde, »wie im Himmel, so auf Erden«.

Im buddhistischen Denken illustriert die Geschichte zwar den gleichen Willen zur Aussöhnung, aber die Grundhaltung ist anders. Die christliche Ethik will die aktive Erfüllung eines göttlichen Gebotes, die buddhistische das passive Loslassen: Jede gute Tat führt aus der Welt hinaus statt in sie hinein.

Grenzenloses Mitleid

So hat auch das grenzenlose Mitleid, daß der Buddhismus lehrt und das Verbot, Menschen und Tiere zu töten, nichts mit Barmherzigkeit in unserem Sinne zu tun. Der Buddhist hat zwar ein unbegrenztes Mitleid mit der Kreatur, weil er weiß, daß sie leidet, aber nicht, weil er ihr helfen möchte. Er kann achtlos an einem verletzten oder leidenden Tier vorübergehen, weil er ja ohnehin nichts ändern kann, daß alles Leben Leiden bedeutet. Darin besteht ja gerade sein Mitleid, zu wissen, daß alles Leiden ist.

Er wird aber nie ein Tier töten, denn das wäre Mord. Im Gegensatz zu den Zehn Geboten macht der Buddhismus beim Töten keinen Unterschied zwischen Mensch und Tier. Er kann das auch nicht, denn es besteht ja kein grundsätzlicher Unterschied zwischen Mensch und Tier: Auch die kleinste Ameise ist Durchgangsstation zur Existenz des Menschen, auch wenn es erst in Jahrmillionen so weit sein sollte.

Darum wird der buddhistische Mönch auch kein Moskito erschlagen, die es in der Regenzeit zu Millionen gibt, denn davon kann seine eigene Erlösung abhängen. Auch das Mitleid mit der Kreatur ist reiner Heilsegoismus. Er läßt die Mücke nicht leben, weil sie ihm etwa leid tut, sondern weil er gute Taten sammelt und auch in ihr eine Stufe der Wiedergeburt erkennt.

Wenn andere sündigen, ist ihm das gleich. Solange der buddhistische Mönch nicht selbst töten muß und damit gegen ein Gebot verstößt, darf er mit ruhigem Gewissen das Fleisch von Tieren essen, die andere getötet haben. Ausdrücklich heißt es sogar: »Leben zerstören, morden, vernichten, fesseln, Diebstahl, lügnerische Reden, Betrug und Hintergehungen, das Lesen schlechter Schriften und der Verkehr mit dem Weibe eines anderen: Das ist unrein – nicht aber das Essen von Fleisch.«

Der Buddha hat daher selbst Fleisch gegessen, wenn er eingeladen wurde und ist jedenfalls an einer Lebensmittelvergiftung, wenn nicht sogar an einer Fleischvergiftung, gestorben.

Dem steht gegenüber, daß der Buddha seinen Mönchen die Benutzung seidener Decken verbot, weil sich die Seidenweber bei ihm beklagt hatten: »Unser Mißgeschick ist es, daß wir um unseres Lebensunterhaltes willen, um unserer Weiber und Kinder willen, viele kleine Tiere töten müssen.«

Kein Tier ist zu klein, um es nicht zu schützen. So wird kein Mönch Wasser trinken, in dem Lebewesen sein könnten, so daß er es – nicht etwa wegen der Hygiene – vorher immer erst durch ein Tuch seiht. Die Geschichte, daß ein solcher Mönch dann ratlos verdurstet sei, nachdem ihm jemand im Mikroskop die im Wasser wimmelnden Infusorien gezeigt hatte, ist zumindest gut erfunden. Ebensowenig wird ein Mönch Wasser auf den Boden schütten, da die im Wasser lebenden Lebewesen dadurch ihr Lebenselement verlieren und sterben müssen.

Tatabsicht statt Tat

Ich habe nun bisher die buddhistische Ethik so geschildert, wie man sie in der konsequenten Fortführung des philosophischen Ansatzes darstellen muß und wie sie tatsächlich auch in den alten Texten enthalten ist.

Später hat der Buddhismus aber dann diese Konsequenz zum Teil aufgegeben und einen Unterschied zwischen Wollen und Wirklichkeit gemacht.

Wir hatten ja schon die Theorie kennengelernt, daß der Wille zu einer bestimmten Geburt das Kamma beeinflussen kann, daß also Tun und Handeln nicht allein über die nächste Existenz bestimmen. Zwar bleibt es wahr, daß jede Existenz »alte Tat« ist; aber so wie Jesus die Tatsünde des Ehebruchs um die Gedankensünde erweitert hat, so daß man schon die Ehe gebrochen hat, wenn man die Frau eines anderen mit Blicken begehrt, so hat der Buddhismus die Tatabsicht als Korrektiv eingesetzt, die nun an die Stelle der Tat tritt.

Das bedeutet, daß in der Realität Tat und Tatabsicht auseinanderklaffen können, wobei nun, und das ist entscheidend, die bloße Absicht, etwas zu tun, mehr Einfluß auf das Kamma hat als die tatsächlich ausgeführte (oder nichtausgeführte) Tat. Wenn der Mönch versehentlich eine Mücke tötete, aber weder den Wunsch noch den Willen dazu hatte, so ist dies anders zu bewerten, als wenn Absicht und Tat übereinstimmen, er sie also absichtlich erschlagen hat.

Der gute Wille steht somit höher als die Tat. Die gute Tatabsicht kann menschliche Schwächen ausgleichen und die Unerbittlichkeit der Tatfolgen mildern. Wenn jemand zum Beispiel aufgrund seines alten Tatkontos in einer Existenz wiedergeboren wird, die ihn zum Mörder an Tieren werden läßt wie unsere Seidenweber, so kann er trotzdem sein Schicksal verbessern, wenn er sich mit ehrlichem Herzen bewußt wird, daß er das eigentlich gar nicht will, sondern nur tut, um seine Familie durchzubringen.

Obwohl der Buddhismus die Begriffe Reue und Gewissen nicht kennt, weil er sie im mechanischen Ablauf der Tatschicksale nicht unterbringen kann, hat der Begriff der »Tatabsicht« eine ganz neue Dimension eröffnet.

»Was es auch immer, ihr Mönche, an verdienstvollen Werken des Menschen gibt – sie alle haben nicht den Wert eines sechzehntels der Liebe, der Erlösung des Herzens. Denn die Liebe, die Erlösung des Herzens, übertrifft sie alle und leuchtet und flammt und strahlt. Gleich wie da, ihr Mönche, aller Sternenschein nicht den Wert eines sechzehntels des Mondscheins hat ... Ebenso haben alle verdienstwirkenden Mittel des Menschen ... nicht den Wert eines sechzehntels der Liebe, der Erlösung des Herzens.«

Kaum anders hat es der Apostel Paulus gesagt, als er die Liebe höher stellte als den Glauben, der sogar Berge versetzen kann: »Und wenn ich alle meine Habe den Armen gäbe und ließe meinen Leib brennen und hätte der Liebe nicht, so wäre mirs nichts nütze ...«

Die Berücksichtigung der Tatabsicht führt dazu, daß man nicht mehr nur nach registrierbaren Taten, sondern auch nach Motiven fragt. Eine solche Motivforschung hat aber auch ihre Gefahren. Denn im Grunde kann die Betonung der Tatabsicht Anlaß für jede Art von Ausrede und Schwindel sein. Deshalb wurde ein umfangreicher Katalog aufgestellt, mit dem man Tat und Tatabsicht überprüfen konnte:

(1) Das Tier wurde getötet, und der Täter weiß es.
(2) Das Tier wurde getötet, und der Täter weiß es nicht.

(3) Das Tier wurde getötet, und der Täter ist im Zweifel, ob er tötete oder nicht.
(4) Das Tier wurde nicht getötet, der Täter meint aber, es getötet zu haben.
(5) Das Tier wurde nicht getötet, und der Täter ist im Zweifel, ob er getötet hat oder nicht.
(6) Das Tier wurde nicht getötet, und der Täter weiß, daß er es nicht getötet hat.

Zweifelsfrei ist dabei nur der erste und der letzte Punkt, alle anderen unterliegen einer subjektiven Beurteilung. Die Dschainas karrikierten denn auch dieses buddhistische Regelwerk mit dem Beispiel, dann sei ein Mönch bereits ein Mörder, der einen Kuchen anschneidet, aber meint, es sei ein Kind; oder ein Mönch habe dann keine Schuld, wenn er ein Kind röstet, in der Meinung, es sei ein Kürbis.

Nicht umsonst wird deshalb immer wieder gewarnt, sich selbst gute Taten vorzuschwindeln und seine Schwächen mit guten Tatabsichten zu entschuldigen.

Andererseits ist hier der Punkt, an dem sich das Unbehagen auflöst, daß einen angesichts des so starr erscheinenden Kausalnexus und der Wiedergeburtsmechanik stets überfällt. Der Buddhismus verlangt jetzt nicht nur keine mechanischen Opferriten wie die Brahmanen mehr, um das Heil zu gewinnen; er sieht jetzt auch nicht nur noch auf die äußere Tat, sondern er verlegt nun das eigentliche Geschehen nach innen.

Erlösung von innen

Es nützt nichts, wenn man sich durch Nichthinhören und Nichthinsehen von dem Bösen bewahrt – dann wären Blinde und Taube die vollkommensten Menschen –, sondern, wie Oldenberg zusammenfaßt: »Der Wille, aus dem heraus wir reden und handeln, entscheidet über den Wert von Wort und Tat; das Wort allein ist nichtig, wo die Taten fehlen.«

Oder anders gesagt: Wenn nicht der ganze Mensch dahintersteht, bleibt alles nur Formel. Wer nicht an seinem Inneren arbeitet, kann sich mit äußerlichen Mitteln nicht erlösen. So heißt es im Dhammapada: »All unser Wesen hängt an unserem Denken; das Denken ist sein Edelstes; im Denken hat es sein Dasein. Wer mit unreinen Gedanken redet oder handelt, dem folgt Leiden nach wie das Rad dem Fuß des Zugtieres ... Wer mit reinen Gedanken redet oder handelt, dem folgt Freude nach, wie der Schatten, der nicht von ihm weicht.« Und: »Wer auch viele weise Worte redet, aber nicht danach tut, der Tor ist einem Hirten gleich, der die Kühe anderer zählt; er hat nicht Teil an der Herrlichkeit der Mönche. Wer auch nur wenige weise Worte redet, aber in der Lehre der Wahrheit wandelt, wer von Liebe und Haß läßt und von Betörung, wer Erkenntnis hat und wessen Sinn Erlösung gefunden, wer an nichts haftet im Himmel und auf Erden – der hat Teil an der Herrlichkeit der Mönche.«

Erlösung ist nicht mehr nur das äußerliche Verzichten auf Dinge, es ist auch das innerliche Lösen von ihnen. Das aber kann nur geschehen, wenn man sich selbst findet: »Schritt um Schritt, Stück um Stück, Stunde um Stunde soll, wer weise ist, sein Selbst von allem Unreinen läutern, wie ein Silberschmied das Silber läutert.«

Nicht Selbstaufgabe, sondern Selbstfindung ist das höchste Ziel der buddhistischen Ethik: »Durch dein Selbst erforsche dein Selbst, so wirst du dein Selbst wohl bewahrend und wachsam in Seligkeit leben, o Mönch. Denn des Selbstes Schutz ist das Selbst; des Selbstes Zuflucht ist das Selbst. Deshalb halte dein Selbst im Zaum wie der Händler ein edles Roß.« Um diese Selbstfindung zu erreichen, die bis in die Tiefen der menschlichen Gefühle und Gedanken führt, ist Selbstbeobachtung und meditierende Versenkung unerläßlich. Nach dem rechten Wort, der rechten Tat und dem rechten Leben führt der achtteilige Pfad deshalb nun zum rechten Streben, rechten Gedanken und rechten Sichversenken: Zur Meditation also, ohne die es keine Erlösung gibt.

Die Selbstverwirklichung

»Dich selbst erforsche durch dich selbst«

Als Europa im vergangenen Jahrhundert mit dem Buddhismus intensiver in Berührung kam, interessierte man sich vor allem für die indische Philosophie und ihre »Sittlichkeit«, konnte aber mit dem Joga wenig anfangen. Zuviel erschien daran mystisch und unerklärbar, zuviel machte den Eindruck von fakirhafter Zauberei, wie sie eben das »Wunderland Indien« hervorbrachte.

Das stand ja sogar in den alten Texten, wenn es hieß »vier unfaßbare Dinge gibt es, über die man nicht nachdenken soll, und wer darüber nachdenkt, wird wahnsinnig oder verstört«. Und dann wurden die vier unfaßbaren Dinge aufgezählt: Es war die Frage nach dem Wesen der Welt, der Vergeltung der Taten im Rad der Wiedergeburt, die Machtsphäre des Erleuchteten und schließlich noch: die Machtsphäre der Versenkung.

So nannte Oldenberg die Meditationsübungen des Joga noch eine »oft ins wunderliche umschlagende Eigentümlichkeit der buddhistischen Praxis« und verkannte damit ihre eigentliche Bedeutung. Auch andere, wie Hermann Beckh, erklärten den Joga als eine »auf übersinnliche Ziele gerichtete Methode der geistigen Konzentration« oder handelten, wie Edmund Hardy, Meditation und Joga überhaupt gleich unter dem Kapitel »Wunder« ab und meinten, »ein außerordentlich starker Wille und Glaube« könne derart »außerordentliche Wirkungen« zustande bringen.

Seit der Entdeckung des Unbewußten durch Sigmund Freud, seit seiner Psychoanalyse und der Tiefenpsychologie C. G. Jungs und seit der systematischen Erforschung der hypnotischen Phänomene sind solche naiven Beurteilungen nicht mehr möglich. Die indische Jogalehre ist weder etwas Übersinnliches, noch beruht sie auf außerordentlichen Fähigkeiten. Indem sie aber psychische Erlebnisse und Fähigkeiten freilegen kann, die das Alltagsleben eher unterdrückt als fördert, gewinnt sie leicht den Charakter des Wunderbaren. Wir können diese Phänomene heute zum großen Teil erklären. Damals aber hat man intuitiv vieles von dem vorausgenommen und praktiziert, was wir für eine Erkenntnis unserer Zeit halten. Im Grunde sind es uralte Erfahrungen der Menschheit, die wir heute nur neu entdeckt haben.

Aber diese Wiederentdeckung geht selbst auf eine Wiederentdeckung zurück: Auch der Buddha hatte nichts weiter getan, als diesen uralten Weg zu beschreiben: »Gesetzt, ein Mann fände im Dschungel einen alten Weg«, läßt eine Geschichte den Buddha erzählen. »Er folgt ihm und entdeckt eine alte Stadt, die früher von Menschen bewohnt war. Er teilt dies dem König mit, und dieser ließe sie wieder aufbauen, so daß sie wieder bevölkert würde und zu neuer Blüte erstände – gerade so habe ich einen alten Weg wiederentdeckt: den von den Buddhas der vergangenen Zeiten beschrittenen Weg zum Nirvâna.«

Dieser Weg der Versenkung ist der eigentliche Weg zum Heil. Zwar werden Fälle erzählt, wo die bloße Mitteilung der vier heiligen Wahrheiten vom Leiden bei einzelnen unmittelbar zur Erleuchtung geführt hat, die Regel war das aber nicht. Die Erleuchtung allein durch intellektuelle Einsicht wird deshalb auch eigens mit der Tatsache begründet, daß die so rasch Erleuchteten offenbar in ihren früheren Existenzen schon so viel gute Taten angesammelt hatten und einen derart abgeklärten Charakter besaßen, daß sie praktisch schon erlöst waren. Für alle anderen aber ist die Meditation überhaupt erst der Weg, um zu dieser Abgeklärtheit und damit zur Erlösung zu kommen. Wissen und Einsicht allein nützen nichts; die Erlösung im Buddhismus geschieht vielmehr auf dem Wege einer praktischen Therapie durch Konzentration und Versenkung, die zu einer Selbstanalyse führt: »Dich selbst erforsche durch dich selbst«!

Das Bewachen der Sinnestore

Der erste Schritt auf dem Wege der Selbstbeobachtung und Selbsterkenntnis ist im achtteiligen Pfad mit dem Begriff »rechtes Streben« (Sammâvâjâma) umschrieben. Darunter versteht man das Bemühen, »die Sinnestore zu bewachen« und sich gefühlsmäßig von den Wahrnehmungen zu lösen. Denn »gleichwie der Regen in ein Haus, das schlecht gedeckt ist, einwärts dringt, so dringt die Lust in ein Gemüt, dem sorgsame Bewachung fehlt«. Aber »durch Festigkeit und ernstes Streben, durch Selbstzucht, Sinneszügelung, bereitet sich der weise Mann ein Eiland, das vor der Hochflut ganz gesichert ist«.

Es geht jedoch nun bei der »Bewachung der Sinnestore« nicht darum, äußere Eindrücke abzuwehren und einfach die Augen zu schließen. Vielmehr geht es, in heutigen Begriffen zu reden, um eine Kontrolle der Affekte, indem man die Außenwelt beobachtend wahrnimmt, ohne sich von ihr abhängig zu machen. So heißt es: »Wenn ... ein Mönch mit dem Auge eine Form erblickt, so klammert er sich weder an die Gesamterscheinung noch an Einzelheiten. Da Verlangen oder Abneigung, böse und unheilsame Geistesregungen denjenigen überwältigen, der ohne Zügelung des Sehbewußtseins dahinlebt, ist er um diese Zügelung bemüht. Er behütet das Sehbewußtsein (und) bringt des Sehbewußtseins Zügelung zustande.«

Das gleiche wird dann auch an den anderen Sinnesorganen vorgeführt: »Wer mit dem Ohr einen Ton gehört ... mit der Nase einen Duft gerochen ... mit der Zunge einen Geschmack geschmeckt ... mit dem Körper ein Tastobjekt gefühlt ... mit dem

Denken ein Denkobjekt aufgefaßt hat – : ... klammert ... sich weder an die Gesamterscheinung noch an Einzelheiten.«

Das heißt: Solange ich auf Sinneswahrnehmungen noch mit Gefühlen der Sympathie oder Antipathie reagiere, etwas schön, begehrenswert oder häßlich und abstoßend finde, habe ich die notwendige Lösung noch nicht vollzogen. Erst wenn ich ein affektfreies Urteil abgeben kann und statt Schönheit oder Häßlichkeit lediglich feststellte, etwas ist zum Beispiel »großgewachsen, dunkelhaarig, braunäugig« – erst dann habe ich mich von den Bindungen an die Außenobjekte gelöst und hänge nicht mehr von ihnen ab. Ich sehe Objekte »objektiv«, also so wie sie sind, nicht subjektiv, wie sie mir erscheinen, ich hafte nicht mehr an ihnen.

Dieses »Haften an den Objekten« ist uns nicht neu. Wir hatten es in der buddhistischen Theorie bei den »sechs Gebieten« kennengelernt, die wiederum als fünfte Stufe im Kausalnexus für den »Werdedurst« verantwortlich waren, eben weil sie an den Objekten der Wahrnehmung hafteten. Aber während der Kausalnexus nur das Lösen von den Objekten der Sinnesorgane und des Verstandes verlangt, zeigt nun das »rechte Streben«, wie das erreicht werden kann.

Dieser Verlust von affektiven Objektbindungen hat aber im Buddhismus keine autistische Selbstbezogenheit zur Folge, indem ich etwa den Verlust der Außenbindung durch besondere Betonung der Eigenliebe kompensiere und statt der Außenobjekte nur mich selbst liebe oder hasse.

Im Gegenteil: Auch wenn der Buddhist sich von allen gefühlsmäßigen Bindungen nach außen löst, bleibt er der Welt verbunden. Er tritt ihr nur anders gegenüber. Die Barmherzigkeit eines Buddhisten ist nun nicht mehr abhängig vom mitleiderregenden Aussehen eines Krüppels, während er andere Normalaussehende vergißt. Seine Barmherzigkeit gilt jetzt allen Lebewesen. Im wahrsten Sinne des Wortes handelt der Buddhist »selbstlos«, denn sein Handeln geschieht ohne Emotion, geradezu unbeteiligt. Er will keinen Dank und keine Selbstbestätigung, wenn er das Gebot der Barmherzigkeit an jedermann erfüllt. Er ist nicht mehr barmherzig, weil ihm jemand leid tut, sondern weil Barmherzigkeit in sich gut ist. Er ist nicht gütig, weil er die anderen liebt oder seinen Haß überwindet, sondern weil Güte eine Tugend in sich ist. Der Buddhist handelt gütig und barmherzig, aber er fühlt nicht Güte und Barmherzigkeit; er hat von allem abgelassen und lebt mit »gelassenem« Gemüt.

Daß eine solche Ablösung von den gefühlsmäßigen Bindungen und eine solche wertfreie Betrachtung der Welt ungeheuer schwer sind, ist dabei nicht erst eine Erkenntnis unserer Tage. Schon in den alten Texten wird diese Selbstüberwindung immer wieder als der höchste Sieg gepriesen:

»Sich selbst bezwingen ist ein schönerer Sieg als Schlachtensieg. Wer sich selbst überwunden hat und selbstbeherrscht im Wandel ist, dem kann kein Gott, kein Teufel, auch kein Genius, kein höchster Gott den Sieg entreißen – wenn er nur beständig ist.« Oder: »Nicht wer auf dem Schlachtfeld viele Tausende besiegt, sondern nur, wer sich selbst bezwang, ist von den Siegern der größte.«

Das gleiche wird auch vom Buddha gesagt, »dessen Sinne stille sind, dessen Seele stille ist«, weil er der Held ist, »der sich selbst bezwungen hat«.

Wir in unserer westlichen Tradition sind versucht, diese Loslösung mit Selbstbeherrschung zu verwechseln. Doch das »rechte Streben« hat damit nichts zu tun. Denn gerade darin liegt die Eigenart der buddhistischen Jogapraxis, daß sie nicht unterdrückt und verdrängt (wie die Askese), sondern bewußt macht und dadurch löst.

Das erfordert lange Übung und sicher auch Willenskraft. Aber die Willenskraft allein nützt nichts, wenn nicht der ganze Mensch mit seinen Gefühlen und Gedanken mitbeteiligt ist. Im Gegenteil: Wenn nicht der ganze Mensch mitbeteiligt ist, wird es nie zu einer Selbstfindung und Selbstverwirklichung, sondern viel eher zu einer Neurose kommen, wie man seit Freud weiß. Denn wenn auch die moderne Tiefenpsychologie nicht die Lösung von den äußeren Objekten zum Ziel hat wie der Buddhismus, so sind doch die psychischen Abläufe psychoanalytischer und tiefenpsychologischer Verfahren mit der buddhistischen Selbstverwirklichung identisch, auch wenn die jeweils verwendeten Begriffe verschieden sind.

Das »unbedachte« Bedenken

Das trifft auch für das zweite Glied der Meditation zu, das man mit die »rechte Bewußtheit« (Sammâsati) übersetzen kann. Es ist wiederum in moderner Terminologie – der Versuch, sich Teile des Unbewußten und Vorbewußten bewußt zu machen. Ging es beim »rechten Streben« darum, die Sinneseindrücke aus der Außenwelt ohne Erregung wahrzunehmen und gewissermaßen zu objektivieren, so hat nun die »rechte Bewußtheit« zum Ziel, die innerkörperlichen Vorgänge bis hin zu den Denkinhalten zum Gegenstand der bewußten Beobachtung zu machen und so das »Unbedachte« zu bedenken.

Da werden zunächst die automatischen Abläufe erlebt: »Atmet er lang ein, so ist er sich wohl bewußt: ›ich atme lang ein‹; oder atmet er lang aus, so ist er sich wohl bewußt: ›ich atme lang aus‹; oder atmet er kurz ein, so ist er sich wohl bewußt: ›ich atme kurz ein‹; oder atmet er kurz aus, so ist er sich wohl bewußt: ›ich atme kurz aus‹. ›Jeden Atemzug voll empfindend will ich einatmen‹: So übt er sich; ›jeden Atemzug voll empfindend will ich ausatmen‹: So übt er sich.«

Erst dann, wenn man sich über Dinge klargeworden ist, die man miterleben kann, ohne es eigentlich jemals bewußt zu tun, gewinnt man ein Verhältnis zu seinen Körperfunktionen. Sie kann man nun auch nach dem Gesetz des psychophysischen Zusammenhanges umgekehrt mit seinem Willen beeinflussen. Nach den Regeln für die Beobachtung der Atemtätigkeit folgt daher die Anweisung: »Diese Körpergestaltung (das heißt das Atmen) beruhigend will ich einatmen: So übt er sich. Diese Körpergestaltung beruhigend will ich ausatmen: so übt er sich.«

Es ist dies die gleiche Anweisung, die das aus diesen Joga-Übungen entstandene Autogene Training gibt, wenn es erst heißt »der Atem geht ganz gleichmäßig« und dann die lösende Formel gegeben wird: »Es atmet mich«. Wer das Autogene Training kennt, weiß, daß sich mit dieser gedanklichen Aufforderung der Atemrhythmus nach einiger Übung meist auf verblüffende Weise ändert.

Entsprechend der Anweisung »ich bin ganz ruhig und fühle« im Autogenen Training verbindet die »rechte Bewußtheit« dann das Atmen mit den verschiedensten Empfindungen: »Den ganzen Körper empfindend werde ich einatmen, werde ich ausatmen; die Körperfunktionen beruhigend werde ich einatmen, werde ich ausatmen; die Geistesfunktionen empfindend werde ich einatmen, werde ich ausatmen; die Geistesfunktionen beruhigend werde ich einatmen, werde ich ausatmen ... den Geist konzentrierend werde ich einatmen, werde ich ausatmen ...«

»Also verweilt, ihr Mönche, ein Mönch beim Körper und in der Betrachtung des Körpers«, heißt es dazu. Aber das hat eben nichts mit der mystischen Nabelschau zu tun, die man hier gern vermutet, denn dieses bewußte Erleben wird auch auf aktive, wenn auch oft reflexartige Lebensvorgänge angewendet:

»Wenn ein Mönch kommt und geht, so tut er das mit vollem Bewußtsein. Wenn er hinblickt und wegblickt, so tut er das mit vollem Bewußtsein. Wenn er Mantel, Almosenschale und Gewänder trägt, so tut er das mit vollem Bewußtsein. Wenn er ißt und trinkt, kaut und schmeckt, so tut er das mit vollem Bewußtsein. Wenn er Kot und Harn von sich läßt, so tut er das mit vollem Bewußtsein. Wenn er geht, steht, sitzt, einschläft, erwacht, redet oder schweigt, so tut er das mit vollem Bewußtsein.«

In der gleichen Weise werden Gefühle und Gedanken bewußt wahrgenommen: »Da ist sich, ihr Mönche, ein Mönch, wenn er ein Lustgefühl empfindet, wohl bewußt: Ich empfinde ein Lustgefühl ...«, woraufhin dann die gleiche Litanei folgt wie beim Atmen, bis hin zur Schlußfolgerung: »Er verweilt bei den Gefühlen, indem er sie hinsichtlich ihres Entstehens betrachtet, oder er verweilt bei den Gefühlen, indem er sie hinsichtlich ihres Vergehens betrachtet ... ›nur Gefühle sind es‹: Dieser Gedanke ist ihm gegenwärtig in dem Maße, als er Erkenntnis und Einsicht besitzt, und er lebt ohne Anhänglichkeit und haftet nicht an irgendetwas in der Welt.«

Genauso dann bei den Gedanken, bei denen man sich klar macht, ob man einen haßvollen Gedanken, einen haßfreien Gedanken, einen abschweifenden Gedanken und so weiter hat. So soll sich der Mönch über alles Rechenschaft ablegen, ob nun »schläfrige Trägheit« über ihn kommt, »Übelwollen« oder »Zweifel«.

Nun ist das bewußte Miterleben kein zweckfreies Unternehmen, denn alle diese Übungen zielen daraufhin, den Mönch zu wertfreien Gefühlen und Gedanken zu führen, so daß er, erlöst vom »Durst«, ins Nirvâna eingehen kann. Denn wenn er erkennt, daß er ein Haßgefühl empfindet, so wird er ihm leichter begegnen können und zur Gleichmut finden, als wenn er sich gar nicht darüber klar ist, daß er haßt. Aber »wenn ihr ... mit gestillten Sinnen verweilt, besänftigten Herzens, so werden eure Werke ebenso sanft sein, eure Worte sanft sein, eure Gedanken sanft sein«.

So verstanden ist die buddhistische Erlösungslehre vor allem ein psychologisches Verfahren zur Selbstfindung. Mit »Glauben«, bloßem Willen oder krampfhaftem Bemühen ist nichts zu erreichen. Je mehr man sich selbst kennt und je weniger man sich selbst belügt, desto größer sind die Chancen, in sich selbst zu ruhen und sich von äußeren Dingen unabhängig zu machen. Sich selbst zu finden, ist der Weg, sich selbst zu erlösen.

Das rechte Sichversenken

Der letzte Schritt auf dem Wege zur Erlösung ist dann das »rechte Sichversenken« (Sammâsamâdhi). Es ist die höchste Form der geistigen Sammlung und Konzentration. Sie unterscheidet sich von der »rechten Bewußtheit« nicht durch eine andere Technik, sondern durch einen anderen Meditationsinhalt.

Während die bisherigen Techniken die Beziehungen und Einstellungen des Menschen zu seiner Umwelt bewußt machten, indem sie sich auf die körperlichen, affektiven und gedanklichen Abläufe konzentrierten, löst man sich auf dieser höchsten Stufe der Konzentration von diesen direkten aktuellen Bezügen und betreibt reine Innenschau.

Voraussetzung ist natürlich, daß der Mönch bereits so weit ist, daß er seine »Sinnestore« und seine Reaktionen überwachen kann. Wenn der Mönch aber »in solcher Weise mit der edlen Gruppe der Sittlichkeit gerüstet, mit der edlen Zucht der Sinnesorgane gerüstet und mit der edlen Achtsamkeit und Bewußtseinsklarheit gerüstet, dann sucht er eine abgelegene Lagerstätte auf, einen Wald, den Fuß eines Baumes, einen Berg, eine Schlucht, eine Berghöhle, eine Leichenstätte, eine Waldlichtung, einen Platz unter freiem Himmel oder einen Strohhaufen. Nach der Mahlzeit, vom Almosengang zurückgekehrt, setzt er sich mit gekreuzten Beinen dort nieder, richtet seinen Körper auf und konzentriert seine Aufmerksamkeit.«

Gegenstand der Meditation ist auch jetzt zunächst noch der eigene Charakter und das eigene Verhalten:

»Der Gier nach Welt entsagend, verweilt er gierfreien Geistes und reinigt seinen Sinn von der Gier;

Bosheit und Zorn entsagend, verweilt er bosheitsfreien Sinnes und reinigt seinen Sinn von Bosheit und Zorn, das Heil aller Lebewesen erstrebend;

Trägheit und Schlaffheit entsagend, verweilt er frei von Trägheit und Schlaffheit und reinigt seinen Sinn von Trägheit und Schlaffheit, klarbewußt, achtsam und bewußt;

Aufgeregtheit und Unart entsagend, verweilt er nicht aufgeregt und reinigt seinen Sinn von Aufgeregtheit und Unart innerlich beruhigten Sinnes;

der Zweifelsucht entsagend, verweilt er frei von Zweifelsucht und reinigt seinen Sinn von der Zweifelsucht, nicht zweifelnd hinsichtlich heilsamer Gegebenheiten.«

Sind diese fünf Hemmnisse überwunden, indem der Mönch

»die leisen Gedanken, die zarten Gedanken, die noch nicht völlig zum Vorschein kamen ... « in »klarer Bewußtheit erkennt« und damit überwindet, so hat er jetzt alle Widerstände beseitigt, die einer weiteren Einsicht im Wege stehen.

Er fühlt sich jetzt »wie ein Schuldner, dem es glückte, seine Schuld zu tilgen; wie ein Patient, der nach schwerem Leiden gesundet; wie ein Häftling, der aus der Gefangenschaft entlassen wird; wie ein Sklave, der seine Freiheit erhält; wie ein Reisender, der nach gefahrvoller Wanderung endlich den schützenden Ort erreicht«. Mit den gleichen Bildern kann man das Erleben beschreiben, das auch am Ende einer gelungenen tiefenpsychologischen Behandlung steht.

Losgelöst von allen äußeren Zwängen kann der Meditierende sich nun voll und ganz dem widmen, was befreit in ihm aufsteigt:

»Sobald der Meditierende sieht, daß die fünf Hemmungen geschwunden sind, entsteht in ihm eine frohe Stimmung, dann freudige Verzückung, dann wird sein Körper ruhig, dadurch empfindet er Glücksgefühl, und dann sammelt er seine Gedanken zur Konzentration, losgelöst von Sinneslüsten und den unheilvollen Dingen (Dhamma) erreicht er die erste Versenkung, die aus der Loslösung geborene, welche durch Erwägen und Erfassen, durch Freude und Glücksgefühl gekennzeichnet ist. Er ist erfüllt und durchdringt seinen Körper mit der Freude und dem glücklichen Gefühl, die aus der Loslösung geboren sind ...«

Dieser Versenkungsstufe innerer Heiterkeit und Gelöstheit, die diesen Zustand noch reflektierend genießt, folgt dann die zweite Stufe der Versenkung, denn nun »erreicht er, nachdem er Erwägen und Erfassen zur Ruhe gebracht hat, den inneren Frieden, die Einung des Denkens, die von Erwägen und Erfassen freie, aus der Sammlung geborene, von Freude und Glücksgefühl begleitete zweite Versenkung. Er erfüllt und durchdringt seinen Körper mit Freude und Glücksgefühl, die aus der Sammlung geboren sind, so wie ein kühler Quellstrom einen nur von ihm gespeisten See ganz und gar durchflutet.«

Nach dieser nur vom Glücksgefühl erfüllten, reflexionsfreien Phase kann dann endlich ein Zustand erreicht werden, der weder Denken noch Fühlen kennt:

»Nachdem er sich von der Freude freigemacht hat, verharrt er gleichmütig, besonnen und vollbewußt und empfindet mit dem Körper ein Glück, wie es die Edlen in Worte fassen: ›Er ist gleichmütig, besonnen und verweilt im Glück.‹ So erreicht er die dritte Versenkung. Er erfüllt und durchdringt seinen Körper mit einem freudefreien Glücksgefühl, vergleichbar dem kühlen Wasser, das eine unter dem Wasserspiegel blühende Lotosblume ganz und gar umspült.«

Jede Stufe entfernt sich also immer weiter von einer willentlichen Aufmerksamkeit oder Empfindung und nähert sich immer mehr einer reinen Zuständlichkeit, bei der das »Ich« immer weniger beteiligt ist:

»Nach dem Aufgeben von Glück und Leid, nachdem Frohsinn und Trübsinn vergangen, erreicht er die von Glück und Leid freie vierte Versenkung, die rein ist durch Gleichmut und besonnenes Überdenken. Er durchdringt seinen Körper mit reinem geläutertem Denken und sitzt da wie einer, der vom Kopf bis zu den Füßen mit weißen Gewändern bedeckt ist ... ohne Zuneigung und Abneigung gegen diese Dinge (Dhamma) verharrt er losgelöst mit ungefesseltem Denken.«

Wer diese vierte Stufe der Versenkung erreicht und die vier heiligen Sätze vom Leiden erfaßt hat, der ist in jenem Zustand von Glück, Frieden, Gelassenheit und Unendlichkeit, mit dem die meist poetischen Stellen im Pâlikanon das Nirvâna beschreiben.

Tatsächlich führt die vierte Versenkungsstufe geradewegs zur Erlösung, ja, sie ist bereits die Erlösung. Wer sie erreicht hat, hat das Rad der Wiedergeburt angehalten und wird nicht mehr wiedergeboren. Er ist auf Erden ein Heiliger, ein Arahant, und geht nach seinem Tode wie der Buddha ins endgültige Nirvâna ein. Sich von den Dingen zu lösen und ganz aus sich heraus zu leben, gleichmütig und gelassen zu sein – das also ist die Erlösung. Jetzt kann man der ganzen Welt gegenüber Güte entfalten und seinen Geist von allen Schranken befreien, so daß sich sogar die Götter vor einem verneigen, denn »dies nennt man göttlich Weilen in der Welt«.

Der Weg nach innen

Während die Versenkungsstufen (sie wurden später unnötigerweise noch um weitere vier erweitert) in den Texten oft aufgezählt werden, haben wir keine ausreichenden Informationen darüber, wie diese Stufen erreicht wurden. Aber aus einer ganzen Reihe von Beschreibungen, wie man sie in der späteren Entwicklung der Jogapraxis, wie z. B. dem Zen-Buddhismus findet, können wir darauf schließen, daß zumindest die letzten Stufen der Versenkung durch Selbsthypnose erreicht wurden.

So wird etwa eine Übung namens Kasina (Ganzheit) beschrieben, bei der man einen Kreis, eine Flamme oder eine Wasseroberfläche solange fixiert, bis man das Bild auch mit geschlossenen Augen reproduzieren kann. Eine derartige konzentrierte Bewußtseinseinengung ist aber die Voraussetzung einer jeden Fremd- oder Eigenhypnose.

Daß die Hypnose bereits in jener Zeit bekannt war, läßt sich wiederum aus dem vedischen Mahâbhârata nachweisen, wo recht anschaulich beschrieben wird, wie ein Schüler die Frau seines Lehrers in Trance versetzte.

Hypnose und Autosuggestion haben nun nichts mit Zauberei oder unerklärlichen Phänomenen zu tun. Auch wenn noch nicht bis in Einzelheiten geklärt ist, was bei der Fremdhypnose den sogenannten »Rapport« zwischen Hypnotiseur und Hypnotisierten bewirkt, beruhen die Verfahren auf der Ausnutzung simpler physiologischer Vorgänge. So ruft zum Beispiel das konzentrierte Anstarren eines nahen Gegenstandes innerhalb weniger Sekunden eine Ermüdung der Augen hervor, und die Pupillen weiten sich, so daß der Gegenstand nicht mehr scharf gesehen wird. Wenn der Hypnotiseur in diesem Augenblick suggeriert »ihre Augen sind müde, sie können sie schließen, wenn sie wollen«, so hat er nichts weiter getan, als ein vorhandenes Gefühl und ein Erleben in Worte gefasst. In 90 Prozent aller Fälle wird der so »Hypnotisierte« dankbar die Augen schließen.

Die Hypnose selbst ist dabei kein Schlafzustand wie das Wort Hypnose (griechisch: hypnos = Schlaf) suggeriert, sondern ein Zustand eingeengten Bewußtseins, bei dem der Hypnotisierte alles wie im Wachzustand miterlebt und sogar beschreiben und kommentieren kann, wenn man ihn dazu auffordert.

Daß Hypnose allerdings etwas mit Konzentration zu tun hat, geht schon daraus hervor, daß kleine Kinder und Geisteskranke nicht hypnotisierbar sind: Ihnen fehlt die Beständigkeit, an etwas festzuhalten. Indem man nun die Konzentration auf bestimmte Teilgebiete lenkt, kann man dann auch die berühmte Bewegungsstarre hervorrufen. Sie beruht auf der Suggestion, daß z. B. der linke Arm schwer wie Blei sei und man gar keine Lust habe, ihn hochzuheben. Wenn der Hypnotisierte sich das jetzt plastisch vorstellt, bekommt er den Arm tatsächlich nicht hoch.

Um das zu erreichen, muß man freilich die physiologischen Voraussetzungen schaffen, damit der Hypnotisierte tatsächlich die Schwere spürt. Daher wird vorher suggeriert, man sei völlig entspannt, der Arm sei ganz warm und schwer. Dadurch setzt sich die Muskelspannung herab, so daß es nun einer größeren

Anspannung als vorher bedarf, den Arm zu heben. Außerdem ist der Arm tatsächlich auch schwerer: Die Suggestion der Wärme führt zu einer meßbaren Erweiterung der Gefäße und damit zu einer verstärkten Durchblutung.

Der »Befehl« des Hypnotiseurs, man könne seinen Arm nicht mehr bewegen, nutzt also psychophysische Zusammenhänge aus. Sind sie nicht ordentlich vorbereitet und werden sie zum Ende der Hypnose nicht ordentlich zurückgenommen und wieder aufgelöst, kommt entweder keine Hypnose zustande, oder man hat nach der Hypnose noch körperliche Beschwerden wie Mattigkeit oder Kopfschmerz. Wie beim Autogenen Training sollen derartige Dinge also nicht ohne Überwachung vorgenommen werden.

Die Autosuggestion, wie sie im Joga und im Autogenen Training geschieht, ist nichts grundsätzlich anderes. Es ist eine Hypnose, bei der Hypnotiseur und Hypnotisierter eine Person sind. Man kann sich selbst in diesen Zustand versetzen und sich selbst daraus lösen. Wie tief dabei Hypnose und Autosuggestion führen können, ist von Veranlagung, Übung und Ziel abhängig.

Wunderbare Erlebnisse

Was eine solche Autosuggestion bewirken kann, ist oft genug in den buddhistischen Schriften, aber auch von christlichen Mystikern geschildert worden, denn »es ist nicht zuviel gesagt«, schreibt Oldenberg, »daß die Berichte mancher Visionen christlicher Heiliger wie aus buddhistischen Sutta übersetzt klingen«. Da ist zunächst das Erleben der mystischen All-Einheit, das in der Versenkung spürbar wird und das die Upanischaden mit dem Orgasmus vergleichen: »Wie einer, von der geliebten Frau umschlungen, nicht weiß, was außen noch innen ist...«

In der buddhistischen Literatur wird der gleiche Zustand so beschrieben: »Das ist der Erhabene, der auf mannigfaltige Weise Machtentfaltung an sich erfahren mag: Als nur einer etwas vielfaches werden, und vielfach geworden wieder einer zu sein; oder sichtbar und unsichtbar zu werden; auch durch Mauern, Wälle, Felsen hindurchzuschweben wie durch die Luft; oder auf der Erde auf- und unterzutauchen wie im Wasser; auch auf dem Wasser zu wandeln ohne unterzusinken wie auf der Erde; oder auch in der Luft sitzend dahinzufahren wie der Vogel mit seinen Fittichen; auch etwa diesen Mond und diese Sonne, die Mächtigen, so Gewaltigen, mit der Hand zu befühlen und zu berühren...«

Man könnte versucht sein, von Drogeneinwirkung zu reden, wenn wir nicht wüßten, daß die christlichen Mystiker ähnliches in der Versenkung erlebt haben und wenn wir nicht die gleichen Gefühlszustände und Erlebnisse in der Hypnose hervorrufen könnten.

So berichten auch Mystiker von Zuständen der Schwerelosigkeit, den sogenannten Levitationen, die es anscheinend möglich machen, auf dem Wasser zu laufen oder in der Luft zu schweben. Und die parapsychologische Literatur zitiert hier gern Berichte, daß mittelalterliche Mystiker in der Verzückung des Gebetes tatsächlich mindestens eine Handbreit über dem Boden geschwebt seien. Wer aber keine Erfahrung mit parapsychologischen Phänomenen hat, wird dies eher als Beispiele von Schwindel statt eines Beweises ansehen.

Zum gleichen Phänomen gibt es aber auch Protokolle aus der Praxis des Autogenen Trainings. So zitiert J. H. Schultz die Aussage eines sechzigjährigen Mannes, der nur die ersten beiden Entspannungsübungen des Schwere- und des Wärmeerlebnisses praktiziert hatte: »Plötzlich war mir, als ob ich in der Luft schwebe, dabei hatte ich das Gefühl der absoluten Glückseligkeit, so wie ich es in meinem ganzen Leben weder vorher noch nachher gehabt habe.«

Solche subjektiven Eindrücke sind kein Einzelfall. So ergab eine Untersuchung, bei der die Versuchspersonen lediglich aufgefordert wurden, sich in bequemer Sitzhaltung »ganz zu entspannen, als ob sie einschlafen wollten«, daß acht von zwanzig Personen das Gefühl hatten zu schweben. Bei liegenden Personen konnte man dann sogar feststellen, woran das lag: Nämlich daran – ich zitierte – »daß die Versuchspersonen überwiegend in liegender Haltung einen unbewußten aktiven Druck auf die Unterlage ausübten, vor allem mit dem Ellbogen. Dies ist objektiv feststellbar in Verhärtungen der infrage kommenden Muskeln, besonders des Trizeps. Das Erlebnis dürfte psychophysiologisch so zu deuten sein, daß der im übrigen entspannte Körper keine feste Raumordnung erleben läßt. Der Spannungsdruck auf die Unterlage wird für den Erlebenden ... unmerklich zur Grundlage einer neuen Raumorientierung, was sich subjektiv darin äußert, daß der im übrigen entspannte Körper über der Unterlage zu schweben scheint. Damit geben wir einem ehrwürdigen Phänomen eine physiologische Erklärung, das als Levitation, als mystisches Schweben, oft beschrieben wurde.«

Diese wenigen Beispiele zeigen, daß die in der Versenkung erlebten Phänomene durchaus nicht so wunderbar und übersinnlich sind, wie sie erscheinen. Wenn man sie freilich an sich selbst erlebt, hat man den Eindruck des Wunderbaren.

Man glaubt tatsächlich zu schweben, weil man ein innerpsychisches Erleben, einen psychischen Eindruck, als real in die Außenwelt verlegt. Erzählt man nun gar anderen von diesem »Erlebnis«, ist das Wunder fertig.

Auf diese Weise entstanden dann im späteren Buddhismus unzählige Wundergeschichten, die innerlich Erlebtes nach außen projizierten und womöglich dann als Massensuggestion wirkten.

Das klingt dann etwa so: »Der Erhabene sprach zu dem ehrwürdigen Svâgata: ›So zeige uns nun, Svâgata, die übermenschlichen Zustände, das Wunder der Zauberkraft‹. ›Jawohl, Herr‹, antwortete der ehrwürdige Svâgata, erhob sich über den Erdboden, schritt in der Luft auf und nieder, stand, saß und legte sich, stieß Rauch und Feuer aus und machte sich unsichtbar.«

Auch die aus dem Autogenen Training bekannten und sogar willkürlich hervorrufbaren subjektiven Lichterscheinungen sind dem meditierenden Buddha nicht fremd. Es wird erzählt, daß er noch vor seiner »Erleuchtung« bereits »einen Lichtglanz und die Erscheinung von Gestalten« gesehen habe. Spätere Erzählungen haben daraus den tatsächlich lichtstrahlenden Buddha gemacht: »Liebevollen Gemütes weilend strahlte er nach einer Richtung, dann nach einer zweiten, dann nach einer dritten, dann nach einer vierten, ebenso nach oben und unten: Überall in allem sich wiedererkennend durchstrahlte er die ganze Welt mit liebevollem Gemüte...«

Und die Legende wußte es dann schließlich ganz genau: »Er trägt einen Kranz von achttausend Strahlen... die Farbe seines Körpers ist purpurnes Gold, seine Handflächen haben die Mischfarben von fünfhundert Lotosblüten, und jede Fingerspitze trägt achtundvierzigtausend Siegesmale, deren jedes achtundvierzigtausend Farben hat; von jeder Farbe gehen achtundvierzigtausend Strahlen aus, die sanft und mild sind und alle Dinge bescheinen.«

Wenn man von solchen legendären Ausschmückungen absieht, kann man sich jetzt vielleicht einigermaßen vorstellen, warum Joga und Versenkung immer wieder mit übersinnlichen Erscheinungen in Verbindung gebracht werden.

Diese spektakulären Phänomene sind aber nur Randerscheinungen, die allerdings geeignet sind, das Eigentliche zu überlagern.

Heil durch Selbstheilung

Will man psychologisch beschreiben, was das eigentliche Ziel der Jogaübungen ist, klingt das viel nüchterner.

Das Haupthindernis ist die jeden Tag erlebte Zweiteilung zwischen Körper und Geist, Körper und Wille, Wollen und Können oder welches Gegensatzpaar man auch immer vorzieht. Die erste meditative Übung ist deshalb der Versuch, sich und seinen Körper als Einheit zu erleben. Es ist nicht wichtig, den Atem zu kontrollieren, sondern zu erleben, daß es mein Atem ist. Kenne ich meine Art zu atmen, dann kann ich einen Schritt weitergehen und den Atem so erleben, als wenn ich beobachtet würde: »Es atmet mich.« Jetzt erlebe ich mich so, wie der Atem mich erlebt. Es ist meist eine ganz neue Art zu atmen, oft stockender, hektischer, unrhythmischer. Es ist der sonst unterdrückte, nicht bewußte Atem, der nach außen kommt.

Nach einiger Zeit stellen sich dann die langen, hinschwingenden Atemzüge ein, wie man sie bei anderen im Schlaf kennt, wenn Bewußtsein und Unterbewußtsein zusammenfallen. Erst jetzt und in diesem Moment bin ich und der Atem eins, weil wir übereinstimmen.

Und wie im Schlaf das Unbewußte im Traum nach oben steigt und bis ins Erinnerungsbewußtsein dringt, können nun auch in der Jogaübung die Tiefenschichten aufsteigen, wenn die bewußte Trennung zwischen »Ich« und »Es« überwunden ist. Joga ist – nahezu unzulässig vereinfacht – nichts anderes als das Zurückfallen in einen Zustand, der noch am ehesten dem Schlaf vergleichbar, das Bewußte durch das Unbewußte korrigiert und damit einen Ausgleich schafft. (Wir wissen allerdings seit Freud, daß auch das Bewußtsein im Schlaf nicht völlig ausgeschaltet ist und durch die »Traumzensur« Einfluß zu nehmen sucht).

Im Unterschied zum Traum kann man aber in der Jogaübung das »Thema« bestimmen. Träume steigen einfach auf und drängen ins Bewußtsein, man kann sie bestenfalls registrieren, wenn man sie am Morgen noch weiß. Bei der Jogaübung kann man sich vornehmen, was man aufsteigen lassen will. Joga ist gelenktes Träumen, ist gelenkter Ausgleich zwischen »Ich« und »Es«.

Daß das funktioniert, wenn auch nicht immer gleich, zeigt das Autogene Training. Mit fortschreitender Übung kann man außer dem Atem auch andere Körperfunktionen erleben, kann Wärme, Kälte, Bewegungslosigkeit, Ruhe und Gelassenheit, als Muskelentspannung, spüren, kann Glieder schmerzlos oder empfindlich machen. Man kann aber auch, wenn man sich ganz losläßt, reine Gefühlszustände erleben: Schweben, in sich selbst so versinken, daß man seinen Körper nicht mehr spürt, weil er mit dem »Ich« eins geworden ist.

Nach diesen mehr passiven Erlebnissen der Ganzheit von »Ich« und »Es« kann man dann auch der »Gegenseite« Raum geben: Den meist durch Erziehung, Tabus und Angst unterdrückten und ins Unbewußte abgedrängten Wünschen. Diese Bilder aufsteigen zu lassen, ist die eigentliche »Selbsterkenntnis«, die man annehmen und in das bewußte Denken integrieren muß.

Joga, Autogenes Training, Psychoanalyse und Tiefenpsychologie sind hier im Ergebnis, wenn auch nicht in der Methode einig. Man findet nur dann zu sich, wenn Bewußtes und Unbewußtes einen organischen, harmonischen Ausgleich finden. Keins darf das andere dominieren.

Wenn man diese Einheit von »Ich«, »Es« und »Überich« erreicht und mit sich Frieden geschlossen hat, kann die Jogameditation schließlich auch noch zu abstrakten Erlebnissen führen, die über rein Persongebundenes hinausreichen. Das sind dann reine »Zuständlichkeiten« wie etwa Glückseligkeit und Frieden, wenn man seinen Weg gefunden hat.

Das bedeutet aber auch, daß jeder *seinen* Weg selbst finden muß, bevor er ihn gehen kann, denn *den* Weg gibt es nicht, sonst hätte die buddhistische Meditationspraxis nicht im Laufe der Zeit derart viele und zum Teil verworrene Systeme entwickelt.

Unnötige Umwege

Wer den buddhistischen Weg der Selbsterlösung gehen will, aber auch wer ohne Leidensphilosophie und Nirvâna lediglich die heitere Gelassenheit und Abgeklärtheit eines Buddha sucht, sollte sich deshalb klarmachen, daß die Stufen buddhistischer Versenkung ebenso von christlichen Mystikern im Gebet erreicht wurden wie heute von psychologisch-physiologisch fundierten Methoden.

Deshalb sind bestimmte indische Sitzhaltungen wie der Lotossitz keine unabdingbaren Voraussetzungen für Meditations- und Versenkungsübungen. Zwar sind bestimmte Körperhaltungen besser als andere, weil sie die Konzentration tatsächlich fördern, und wer es kann, mag sich im verschränkten Schneidersitz niederlassen, notwendig ist es nicht. Moderne Lehrbücher des im Zen weiterentwickelten Buddhismus bieten durchaus auch das für den westlichen Menschen bequemere Sitzen auf einem Stuhl an. Die Hauptsache ist, daß der Körper in einer vorher überlegten, bestimmten Form Entspannung finden kann. Da wir aber normalerweise nicht gewohnt sind, im Schneidersitz längere Zeit zu sitzen und dann womöglich auch noch die Fersen überkreuz auf den Schenkel des anderen Beines zu legen, ist eine solche Haltung für die Meditation sogar eher hinderlich. Statt zu entspannen, verkrampft man sich, weil für den Ungeübten dieser Sitz ganz einfach schmerzhaft ist.

Meditation und Versenkung werden zwar von der Körperhaltung beeinflußt; wer aber meint, man könne dieses Ergebnis nur mit einer bestimmten Haltung wie dem Fersen- oder Lotossitz erreichen, der ist in der Gefahr, den Zweck mit dem Mittel zu verwechseln. Denn – so J. H. Schultz – »wichtig für unsere Bestrebungen ist nicht irgendwelches Fühlungnehmen mit modischen pseudo-ostischen Allüren, sondern die Feststellung, daß die physio-psychologisch-rationale Methode des Autogenen Trainings gleiche Stufenbildung erkennen läßt wie die alte Jogatradition, und darüber hinaus die richtige Einstellung des ›Haltungs‹-Faktors. So dürfen wir hoffen, den Realbestand der Jogatradition ebenso zu erobern, wie frühere Forschung aus dem mystischen Magnetismus die rationale Hypnotherapie entstehen ließ.«

III
Die Gemeinde

Der Buddha unterwegs

Fünfundvierzig Jahre lang hatte der Buddha nach seiner Erleuchtung Zeit, seine Lehre zu entwickeln, sie anderen mitzuteilen und sie selbst vorzuleben.

Jahr um Jahr war er als Bettelmönch im »gelben Kleid der heimatlosen Wanderer« mit geschorenem Kopf und der Almosenschale in der Hand mit ein paar Getreuen von Dorf zu Dorf gezogen und hatte für seine Lehre geworben.

Es war ein gemächliches Wandern, kaum sechs Kilometer am Tag. Das Gebiet, das der Buddha auf diese Weise durchzog, umfaßte die Königreiche Kosala und Magadha mit einer Fläche von etwa dreihundert mal sechshundert Kilometern. Sie liegen heute zum Teil auf nepalesischem Gebiet, gehören in der Hauptsache aber zu den indischen Bundesstaaten Uttar Pradesh und Bihar.

Der östlichste Punkt, den er erreichte, war Campâ, vierzig Kilometer östlich von Bhagalpur am Rande des Dschungelgebietes, in dem der Ganges nach Süden abbiegt; der westlichste war Kosambî, fünfundzwanzig Kilometer südwestlich von Allâhabâd. Im Norden bildete Kapilavatthu, seine Vaterstadt, die Grenze, und im Süden schließlich Uruvelâ, der Ort seiner endgültigen Erleuchtung.

Betteln, schweigen, lehren

Es war ein ewig gleicher Tagesablauf. Mit Sonnenaufgang stand er auf und wanderte in der Morgenkühle zum nächsten Dorf, um seinen Lebensunterhalt zu erbetteln. Schweigend blieb er vor jeder Hütte stehen und hielt die Almosenschale vor sich hin. Bekam er etwas, ging er wortlos und ohne Dank weiter, denn es war ja der Spender, der sich durch seine Gabe Verdienste erwarb; wozu ihm dann danken.

Bekamen der Buddha und seine Mönche nichts oder nicht genug, so gingen sie zur nächsten Hütte und warteten wieder schweigend. Wählerisch durften sie nicht sein, und sie waren es auch nicht. Deshalb ließen sie keine Hütte aus, um nicht in den Verdacht zu geraten, nur dorthin zu gehen, wo es gutes Essen gab. Lediglich Fleisch mußten sie ablehnen, wenn zu vermuten war, daß das Tier ihretwegen geschlachtet worden war.

Was sie gesammelt hatten, mußte noch vor dem höchsten Sonnenstand gegessen werden. »Wer da zuerst von uns ... vom Almosengang aus dem Dorf zurückgekehrt, der bereitet die Plätze und setzt Trinkwasser, Waschwasser und den Spülnapf vor«, wird erzählt. Dann wurde das Mahl geteilt, und jeder aß schweigend mit den Fingern der rechten Hand, denn die Linke galt damals wie heute noch als unrein, weil man mit ihr die anderen Körperöffnungen berührte. Der letzte räumt dann »Trinkwasser, Waschwasser und Spülnapf weg, fegt den Speiseplatz rein ... Wenn er es allein nicht kann, so winkt er einen zweiten herbei, und wir kommen und helfen, ohne daß wir ... aus solchem Grund das Schweigen brächen.«

Es war die einzige ordentliche Mahlzeit des Tages, denn vor dem nächsten Morgengrauen nahmen sie nichts mehr zu sich. An manchen Tagen dürfte es ein ziemlich mageres Mahl gewesen sein. Sehr zum Ärger der asketischen Dschainisten, aber auch zum Verdruß mancher Buddhisten, fand der Buddha jedoch nichts dabei, sich und seine Jünger gelegentlich von Laienanhängern auch zu einem üppigen Mittagsmahl einladen zu lassen.

In solchen Fällen wurde die Einladung am Abend vorher ausgesprochen: »Es möge, Herr, der Erhabene mir für morgen zum Mittagsmahl zusagen mit seinen Jüngern.« Gab der Buddha durch Schweigen seine Zustimmung, dann konnte man sicher sein, daß der Gastgeber am nächsten Vormittag das Beste vom Besten anbieten werde. Stereotyp heißt es in den alten Texten: »Nachdem die Nacht vergangen war, ließ der Gastgeber erlesene Speisen und Getränke bereiten und ließ dem Erhabenen melden: ›Es ist Zeit, o Herr, die Speise ist bereitet.‹ – Der Erhabene machte sich in der Morgenstunde fertig, nahm Eßnapf und Gewand und ging mit der Mönchsgemeinde zum Hause des Gastgebers. Dort setzte er sich auf dem für ihn bereiteten Sitz nieder. Dann reichte der Gastgeber eigenhändig dem Buddha und der Mönchsgemeinde erlesene Speisen und Getränke dar.«

Obwohl solche Einladungen recht angenehm waren, dienten sie in keiner Weise der Schlemmerei, denn »nachdem der Erhabene gegessen hatte, stellte der Gastgeber die Schalen weg, nahm einen niedrigen Sitz ein und setzte sich nieder, um die Lehre zu hören. Der Erhabene predigte, unterwies, förderte und erfreute den Gastgeber durch eine auf die Lehre bezügliche Rede, stand vom Sitz auf und ging weg.«

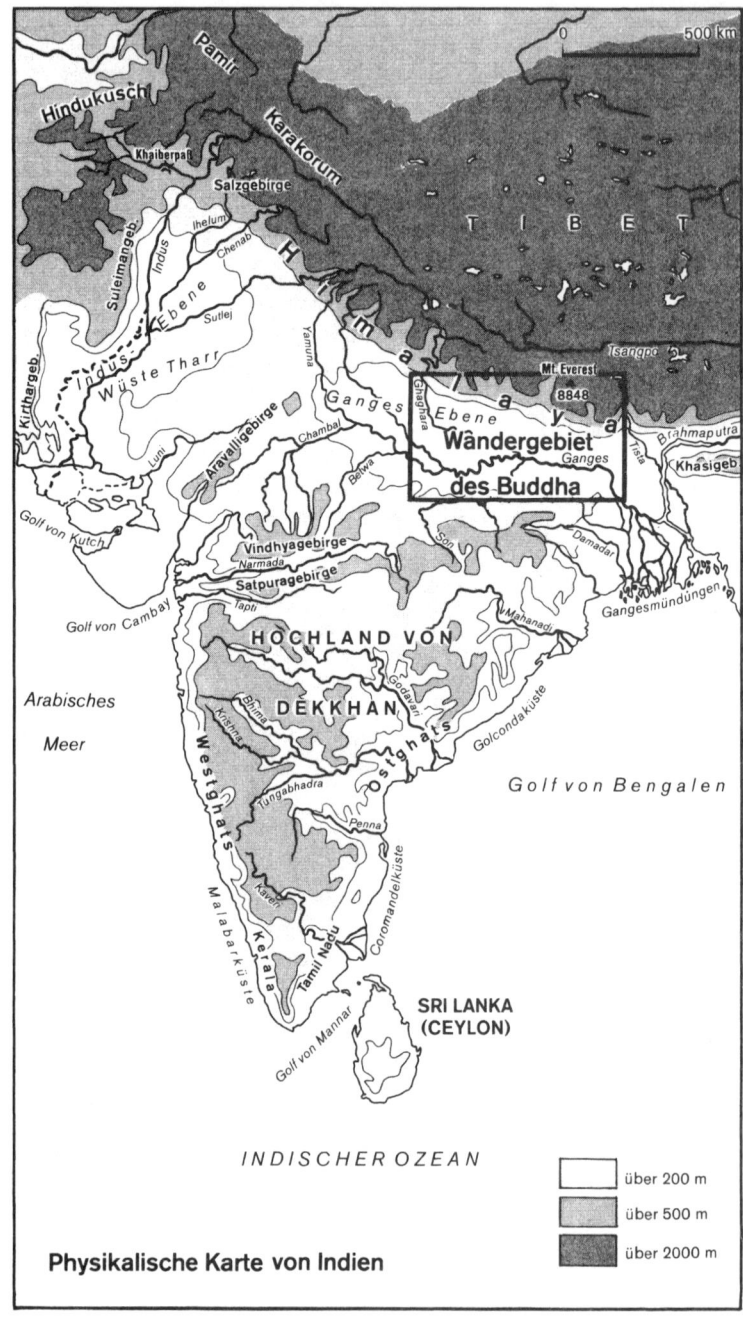

Auch hier war, wie beim Almosengang, der Spender der Beschenkte. Dieser Gedanke wurde in den später legendär ausgeschmückten Berichten immer stärker betont, wenn etwa erzählt wird, ein armer Arbeiter oder ein Waisenknabe habe sein ganzes Vermögen geopfert, um den Erleuchteten auf würdige Weise bewirten zu können, oder wenn beim Mahl im königlichen Park die Elefanten Sonnenschirme über die Mönche hielten und die Königin dem Erhabenen eigenhändig Kühlung zufächelte.

War man dann vom Almosengang oder vom Festmahl zurück, das man offensichtlich bei aller Distanz zu den Freuden der Welt doch recht genoß, dann tat der Erhabene in der Mittagshitze oft etwas, was von manchen Asketen und Priestern als »betörendes Sichgehenlassen« gerügt wurde: Er hielt ein Mittagsschläfchen.

Ein ernsthafter Asket tat so etwas natürlich nicht, und darum wurde der Vorgang auch eigens diskutiert: »Gibt der verehrte Gotama wohl zu, bei Tage zu schlafen?« fragte ihn einmal der Mönch Aggivessano, und der Buddha antwortete: »Ich gebe es zu, Aggivessano, im letzten Monat des Sommers, nach dem Mahle, wenn man vom Almosengang zurückgekehrt ist, den Mantel vierfach gefaltet auszubreiten und auf der rechten Seite liegend gesammelten Sinnes einzuschlafen.«

In den anderen Sommermonaten dagegen, so erzählte der Buddha, ging er nach der Mahlzeit in den Wald. »Da häufe ich die Gräser und Blätter, die sich dort finden, zusammen und setze mich darauf nieder, mit gekreuzten Beinen, den Körper gerade aufgerichtet, das Antlitz mit wachsamem Denken ... umgebend. So verweile ich, indem ich die Kraft der Freundschaft ... die Kraft des Erbarmens ... die Kraft der Fröhlichkeit ... die Kraft des Gleichmutes, die meinen Sinn erfüllt, über eine Weltgegend sich hinerstrecken lasse; ebenso über die zweite, die dritte, die vierte, nach oben, nach unten, in die Quere; nach allen Seiten, in aller Vollständigkeit über das All der ganzen Welt hin lasse ich die Kraft ... die meinen Sinn erfüllt, sich erstrecken, die weite, große, unermeßliche, die von keinem Haß weiß, die nach keinem Schaden trachtet.«

Kam dann der Abend, so brach er das, was an anderen Stellen als »edles Schweigen« bezeichnet wird, nahm ein erfrischendes Bad und begab sich wieder in die Gemeinschaft, um andere zu belehren oder mit seinen Jüngern zu diskutieren, denn »wahrlich Ananda, dieses ganze religiöse Leben besteht in guter Freundschaft, guter Gefährtenschaft, guter Kameradschaft«.

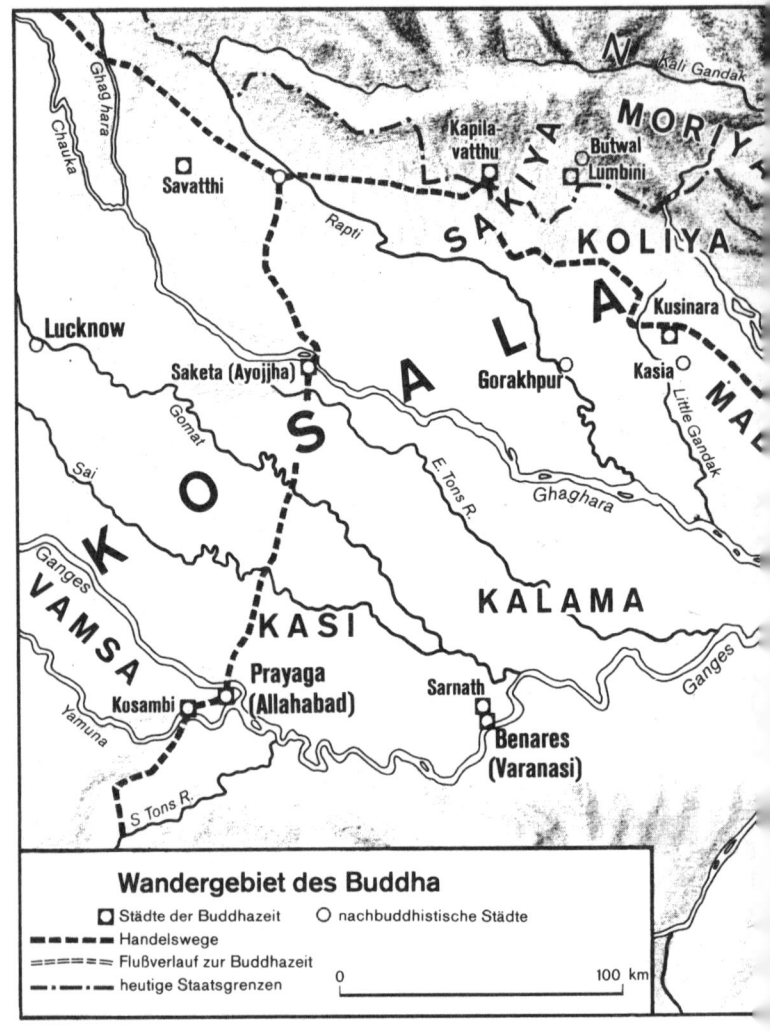

Klösterliche Beschaulichkeit

Das Wanderleben wurde jedes Jahr im Juni/Juli für drei oder vier Monate unterbrochen, wenn der Monsunregen einsetzte und mit seinen Sturzfluten alles aufweichte. Während dieser Regenzeit bezog der Buddha mit seinen Mönchen ein festes Quartier, einen Vihâra, wo man in einem Wald in Bambushütten lebte.

In jenen Wäldern, von reichen Gönnern zur Verfügung gestellt,

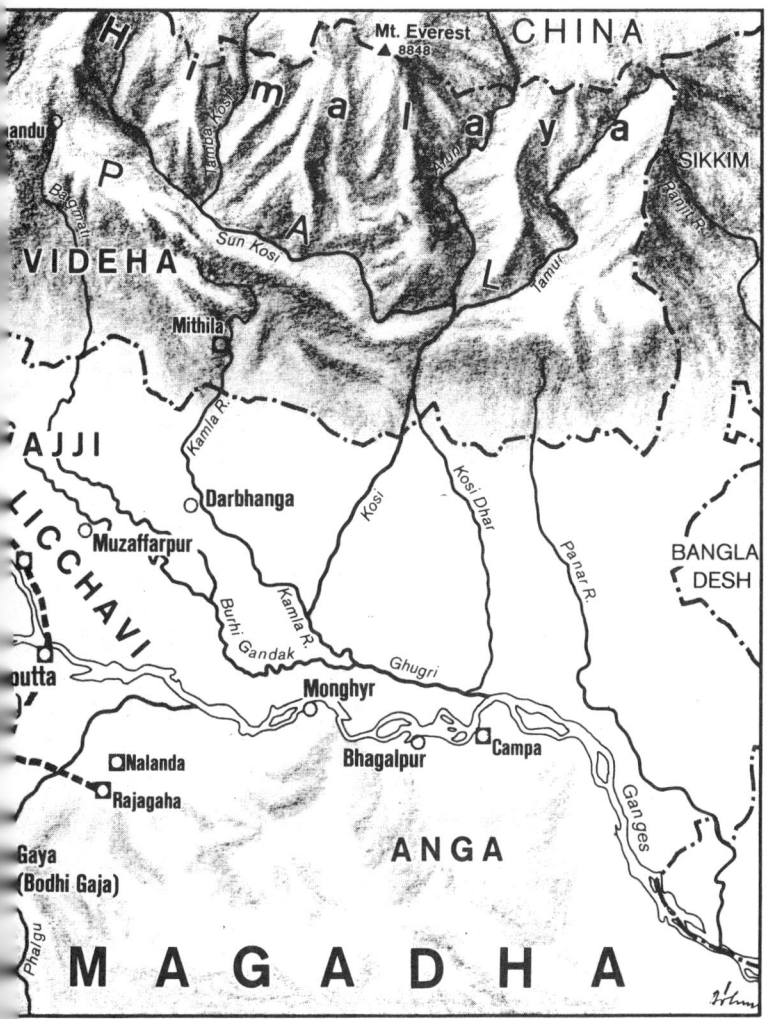

entstanden im Laufe der Zeit regelrechte Klöster, »nicht zu fern und nicht zu nah bei der Stadt ... wohlversehen mit Eingängen und Ausgängen, leicht erreichbar für alles Volk, das dorthin verlangt, bei Tage nicht zu belebt, bei Nacht still, von Lärm und Menschendunst entfernt, ein Ort der Zurückgezogenheit, eine gute Stätte für einsame Betrachtung«.

»In diesen Gärten« – so schildert es Oldenberg – »lagen die Wohnstätten der Brüder, Häuser, Hallen, Säle, Vorratsräume, umgeben von Lotosteichen, von duftenden Mangos, von zierlichen, hoch über alles andere Laub sich erhebende Fächerpalmen und von dem tiefen Grün des Njagrodhabaumes, dessen aus der Luft sich herabsenkende Wurzeln zu neuen Stämmen werden und mit ihren schattigen kühlen Hallen und Laubgängen zum sinnenden Ruhen einzuladen scheinen.«

Derartige Vihâras, »lärmentrückt, lärmverloren, von den Leuten gemieden«, gab es an zahlreichen Orten. Vier von ihnen gehörten zu den Lieblingsaufenthalten des Buddha: Die meisten Regenzeiten, nämlich neunzehn, verbrachte er im Hain von Dschetavana bei Sâvatthî, keine hundert Kilometer von seiner Heimatstadt Kapilavatthu entfernt. Der Hain war ein Geschenk des Kaufmanns Sudatta, den man deshalb Anâthapindika, den »Ernährer der Schutzlosen« nannte.

In einem anderen Wald bei Sâvatthî, einem Geschenk der reichen Matrone Visâkhâ, verbrachte der Buddha weitere sechs oder sieben Regenzeiten, so daß er insgesamt rund fünfundzwanzig Jahre in der Umgebung von Sâvatthî, der Residenzstadt des Königs Pasenadi von Kosala, zubrachte.

Dschetavana – »das liebliche, Weisenscharendurchwandelte, wo gewohnt hat der Wahrheit Fürst, der Ort, der mir das Herz erfreut« – wurde so zum Zentrum des Buddhismus. Hier hat der Buddha nach den Berichten des Palikanon achthunderteinundsiebzig Lehrreden gehalten, und noch achthundert Jahre später schwärmte der chinesische Pilger Fa-Hien: »Das klare Wasser der Teiche, das üppige Grün und zahllose Blumen in mannigfaltigen Farben vereinigen sich in dem Bild von dem, was man den Vihâra des Chi-ûn (= Dschete) nennt.«

Die meisten Vihâras, nämlich insgesamt achtzehn, befanden sich aber in der Umgebung von Râdschagaha, der Hauptstadt des Königs Bimbisâra von Magadha, wo der Buddha jedoch nur fünf Regenzeiten verbrachte. Hier hatte ihm König Bimbisâra seinen Lustgarten Veluvana zur Verfügung gestellt, einen anderen Hain hatte er von dessen Leibarzt Dschîvaka erhalten.

Vier Klöster besaßen die Buddhisten auch bei Kosambî, der Hauptstadt des Königs Udena, und schließlich einen Mangowald bei Vesâli – ein Geschenk der Dame Ambapâlî, deren Reichtum aus einer sehr weltzugewandten Tätigkeit stammte: Sie war Prostituierte gewesen. Von ihr hatte sich der Erhabene eines Tages zum Mittagessen einladen lassen, woraufhin sie ihm und den Jüngern den Wald geschenkt hatte.

Zentren der Lehre

Diese Quartiere während der Regenzeit dienten aber nicht nur der stillen Meditation, sondern waren auch Zentren der Belehrung und der Begegnung. Neugierige kamen ebenso wie fromme Mönche, denn es war Sitte, »daß Mönche, wenn sie Regenzeit gehalten haben, sich aufmachen, den Erhabenen zu sehen. Es ist Sitte des erhabenen Buddha, sich mit den Mönchen, die aus der Ferne kommen, zu begrüßen.«

Zumindest dann wurde aus den stillen Wäldern ein Pilgerort mit all dem Trubel, der dazu gehört. Wenn sich die Mönche ehrfürchtig mit entblößter rechter Schulter vor dem Erhabenen verneigten und die zusammengelegten Hände grüßend vors Gesicht hielten, fragte dieser freundlich: »Geht es euch wohl, ihr Mönche?« und »Findet ihr zu leben? Habt ihr in Frieden und Eintracht und ohne Streit die Regenzeit wohl zugebracht und keinen Mangel an Unterhalt gelitten?«

Manche kamen auch als Ratsuchende, denn »zum Asketen Gotama kommen die Leute durch Königreiche und Länder gezogen, um sich mit ihm zu befragen«, und manche kamen jedoch nur, weil es der Herrscher befohlen hatte: »Wer dem Erhabenen nicht entgegenzieht, bezahlt eine Strafe von fünfhundert.«

Wenn man den alten Berichten folgt, so nutzte der Buddha solche Gelegenheiten, um immer wieder bestimmte Aspekte der Lehre darzustellen, wobei diese Gespräche natürlich regelmäßig damit endeten, daß die Zuhörer meist schon nach kurzer Zeit begeistert zustimmten – »vortrefflich, Herr Gotama, vortrefflich!« – und zu Anhängern des Buddha wurden.

War aber jemand uneinsichtig und verstockt, so saß er am Ende blamiert und vernichtet da wie der arme Satschaka, der den Buddha »bei Vesâli, im großen Wald, in der Halle der Einsiedelei« aufgesucht hatte, um ihn in einer Disputation zu besiegen. Das gelang ihm natürlich schon deswegen nicht, weil Satschaka ein Mönch der konkurrierenden Dschaina-Sekte war. Der Buddha hatte leichtes Spiel: »Du hast dich nun ... in deinem Gespräch mit mir hohl, leer, nichtig erwiesen. Denn du hast ja ... zu den Vesaliern also gesprochen: ›Den Asketen oder Priester möchte ich kennen – sei es auch ein Meister mit zahlreichen Jüngern und Anhängern, und hielt er sich gleich für einen Heiligen, vollkommen Erwachten –, der im Redekampf mit mir nicht wankte, bebte, erzitterte, dem nicht der Angstschweiß aus den Achselhöhlen rieselte! Ja: Wenn ich eine leblose Säule mit meiner Rede anginge, würde selbst diese, von der Rede getroffen, wanken, beben, erzittern – geschweige denn ein Menschlein!‹ Dir jedoch ... haben sich Schweißtropfen von der Stirn gelöst, sind über den Mantel herab auf die Erde gefallen. Mein Körper ist gegenwärtig frei von Schweiß.«

Damit war das Urteil gesprochen, und »so bot der Erhabene in dieser Versammlung einen Anblick wie reines Gold«, denn »seine Gesichtsfarbe war hell geblieben«. Satschaka aber setzte sich wortlos nieder, »verstummt und verstört, gebeugten Rumpfes, gesenkten Hauptes, das Antlitz von brennender Röte übergossen«.

Der wahrhaft Suchende dagegen fand stets Trost und Rat, wie es die Geschichte von König Adschâtasattu von Magadha, dem Sohne Bimbisâras, erzählt. Dieser König saß in der »Lotosnacht« – der Vollmondnacht im Oktober, wenn die Lotos blühen – von seinen Räten umgeben auf dem Dach seines Palastes.

»Schön fürwahr ist diese Mondnacht«, sagte er da, »lieblich fürwahr ist diese Mondnacht, herrlich fürwahr ist diese Mondnacht, herzerfreuend fürwahr ist diese Mondnacht, günstige Zeichen fürwahr trägt diese Mondnacht. Welchen Samana (= Asketen) oder welchen Brahmanen soll ich gehen zu hören, daß, wenn ich ihn höre, meine Seele erfreut werde?«

Man nannte dem König nun die Namen verschiedener Männer. Nur Dschîvaka, der Arzt des Königs, saß schweigend da. »Was schweigst du, Freund Dschîvaka?« fragte ihn der König und erhielt zur Antwort: »In meinem Mangogarten, o Herr, weilt er, der erhabene, heilige, höchste Buddha mit einer großen Schar von Jüngern, mit zwölf und einem halben Hundert von Mönchen. Von ihm, dem erhabenen Gotama, geht herrlicher Preis durch die Welt ... Ihn, den Erhabenen gehe zu hören, Herr; wohl mag, wenn du ihn, den Erhabenen, hörst, deine Seele, o Herr, erfreut werden.«

Darauf ließ Adschâtasattu seine Elefanten holen und zog mit Fackelschein durch die Mondnacht hinaus zum Mangowald des Dschîvaka. Dort kam es dann zu einem nächtlichen Gespräch über »die Frucht des Asketentums«, und König Adschâtasattu von Magadha bekannte sich als Laiengenosse zur Gemeinde des Buddha.

Lehrer und Meister

Es ist schwer abzuschätzen, worin die Wirkung lag, wenn der Buddha »seine Löwenstimme erhob«, denn seine Reden sind uns, wenn überhaupt, nur in den Lehrreden der Pâlitexte überliefert, die selbst wieder durch die Tradition verändert und stilisiert worden sind.

So bestehen viele dieser Reden, die den Zuhörer angeblich sofort überzeugten, aus endlosen Wiederholungen, aus wahren Wortgebirgen, unterbrochen von öden Strecken voll Wortgeröll. Kein Wunder, daß in eben diesen Texten dann auch darüber Klage geführt wird, daß kein Mensch zuhöre. Andere Texte sind von feierlicher Langeweile. Da erleuchtet nichts, da gleiten dumpfe Wortmassen vorüber, da strahlt nichts persönliche Überzeugung aus, man spürt kein Engagement, die Worte leiern im Kreise, degenerieren zu Merkversen.

Es ist schwer vorstellbar, daß ein Mensch so pedantische Langeweile verbreiten und damit Erfolg haben kann. Der Buddha muß kein zündender Redner gewesen sein, kein Rhetoriker. Aber er muß etwas an sich gehabt haben, was ihn vor anderen auszeichnete, bis dann die verehrende Tradition seine unverwechselbare Eigenart überdeckte.

Und trotzdem steckt in der Typisierung der Lehrreden ein charakteristisches Merkmal des Buddhismus: Da nicht der Glaube an etwas entscheidend ist, sondern einzig und allein das Wissen über die Ursachen der Wiedergeburt, sind die Lehrreden deshalb auf Information, nicht auf Überzeugung angelegt. So simpel die Argumentation im einzelnen gelegentlich scheinen mag – im Grunde sind es philosophische Traktate, die allerdings durch zahlreiche Gleichnisse und Bilder plötzlich an Lebendigkeit gewinnen, denn – so der Buddha – »durch ein Gleichnis erkennt manch weiser Mann den Sinn dessen, das da geredet ist«.

Es ist also denkbar, daß der Buddha viel mehr solcher Bilder und Gleichnisse verwendet hat als die ihm später zugeschriebenen Texte. Sicher hat auch er seine Lehre nicht immer mit der gleichen Spontaneität und Intensität vorgetragen wie in seinen jungen Jahren, gewiß ist auch bei ihm im Laufe von fünfundvierzig Jahren vieles zur Formel erstarrt. Aber darüber hinaus muß auch sein Charakter, seine Erscheinung anziehend gewirkt haben.

Als einmal der Mönch Sona den Buddha besuchen wollte, weil er ihn noch nie gesehen hatte, rät ihm sein Lehrer begeistert zu: »Schön, schön, Sona, gehe hin, Sona, ihn zu schauen, den Erhabenen, heiligen, höchsten Buddha«, und dann beschreibt er, was Sona sehen wird: »Den Freudebringer, den Freudespender, dessen Sinne gestillt sind, dessen Seele stille ist, den höchsten Selbstbezwinger und Friedreichen, den Helden, der sich selbst bezwungen hat und über sich wacht, der seine Sinne im Zaum hält.«

Nicht der Lehrer, sondern das Vorbild wird hier beschrieben. Vielleicht überzeugte Buddha mehr durch seine Art als durch das, was er lehrte. Die Tradition hat dies jedenfalls umgekehrt. In ihr ist der Buddha stets nur der Erhabene, der Mann ohne Eigenschaften, so wie auch aus dem Menschen Jesus immer mehr der zum Gott Erhöhte wurde.

Den historischen Buddha kennen wir nicht. Seine Wirkung läßt sich nur aus den Folgen ablesen. Trotzdem legt der Stil mancher alten Berichte nahe, das eine Gespräch mehr in der Nähe des historischen Buddha anzusiedeln als andere; so zum Beispiel, als der Mönch Sona beim Buddha ankam und ihn um Rat fragte, weil er sich, wie einst der Buddha, ein Übermaß an Askese auferlegt hatte und nun gescheitert war. Sona wurde in dieser Situation nicht mit Formeln überschüttet, sondern der Buddha führte mit ihm ein anscheinend harmloses Gespräch, wie es auch Sokrates geführt haben könnte.

»Wie ist es, Sona, warst du früher, ehe du dein Haus verließest, des Lautenspiels kundig?
– Ja Herr.
Wie meinst du nun, Sona, wenn bei deiner Laute die Saiten allzu straff gespannt sind, wird dann die Laute den rechten Ton geben und zum Spiel geschickt sein?
– Das wird sie nicht, Herr.
Wie meinst du aber, Sona, wenn bei deiner Laute die Saiten allzu schlaff gespannt sind, wird dann die Laute den rechten Ton geben und zum Spiel geschickt sein?
– Das wird sie nicht, Herr.
Wie aber, Sona, wenn bei deiner Laute die Saiten nicht zu stramm und auch nicht zu schlaff gespannt sind, wenn sie das rechte Maß bewahren, wird dann die Laute den rechten Ton geben und zum Spiel geschickt sein?
– Ja, Herr.
So gerät auch, Sona, die allzu gespannte Kraft in das Übermaß, und die allzu nachgelassene Kraft in Schlaffheit. Darum Sona, vollende du in dir das Gleichmaß deiner Kräfte, dringe zum Gleichmaß deiner geistigen Vermögen hindurch und setze dir dies zum Ziel.«

Ganz anders spätere Geschichten wie die Erzählung von der Predigt auf dem Berge Gidschakûta (Geierspitze) bei Râdschagaha. Hier wurde die Nüchternheit der Argumentation durch ein Unterhaltungsmoment eigener Art kompensiert, das gleichzeitig den späteren Verfall der reinen Lehre deutlich macht.

Da hatte König Bimbisâra von Magadha eines Tages die achtzigtausend (!) Dorfältesten seines Reiches in Râdschagaha zur »Unterweisung in den Ordnungen der sichtbaren Welt« zusammengerufen und sie anschließend zum Buddha geschickt, der sie nun in »den Dingen des Jenseits unterweisen« sollte.

Die Dorfältesten marschierten also zum Kloster Dschîvaka am Fuß der Geierspitze, wo sie dem »ehrwürdigen Sâgata« ihren Wunsch vortrugen. Dieser entschwebte sofort unsichtbar zum Buddha, erhielt den Auftrag: »Bereite mir einen Sitz, Sâgata, im Schatten des Klosterhauses ... verschwand vor dem Gesicht des Erhabenen, tauchte vor dem Angesicht der achtzigtausend Dorfältesten und vor ihren Augen an den Stufen auf und bereitete im Schatten des Klosterhauses einen Sitz.«

Der Buddha kam, nahm Platz, bemerkte aber, daß die Besucher »ihre Gedanken allein auf den ehrwürdigen Sâgata und nicht auf den Erhabenen« gerichtet hatten. »Da erkannte der Erhabene in seinem Geist die Gedanken der achtzigtausend Dorfältesten und sprach zu dem ehrwürdigen Sâgata: ›So zeige denn, Sâgata, noch größere Wunder übermenschlichen Vermögens‹ – ›Ja, Herr‹, antwortete der ehrwürdige Sâgata dem Erhabenen, stieg in die Luft empor und in die Höhe, im Luftraum wandelte er, stand er, ließ sich nieder, setzte sich, ließ er Rauch und Flammen ausgehen und verschwand er.«

Dieses Feuerwerk an Wundern, sollte aber nur die Größe des Buddha demonstrieren. Denn nun teilte der ehrwürdige Sâgata mit: »»Mein Meister ist der Erhabene. Ich bin sein Jünger ...‹ Da gedachten die achtzigtausend Dorfältesten: ›Wahrlich, es ist herrlich, wahrlich, es ist wunderbar; wenn der Jünger also hochmächtig ist und hochgewaltig – wie wird der Meister sein!‹ und sie richteten ihre Gedanken allein auf den Erhabenen.«

Damit war die Absicht erreicht: Der Buddha belehrte sie zunächst über die allgemeine Moral, um erst danach auf das Leiden, die Entstehung des Leidens, die Aufhebung des Leidens und den Weg zur Aufhebung des Leidens zu kommen.

Allen Dorfältesten ging nun wie üblich sofort »das reine und fleckenlose Wahrheitsauge« auf und »von Schwanken frei, zur Kunde hindurchgedrungen, keines anderen bedürftig im Glauben an des Meisters Lehre, sprachen sie zum Erhabenen also: ›Herrlich Herr, herrlich Herr ... wir nehmen, Herr, unsere Zuflucht bei dem Erhabenen und bei der Lehre und bei der Gemeinde der Jünger. Als seine Verehrer (Laienjünger) halte uns der Erhabene von heute an für unser Leben, die wir unsere Zuflucht bei ihm genommen haben.‹«

Damit hatte auch diese Geschichte den üblichen Schluß gefunden: Von der neuen Erkenntnis überwältigt, wurden die Zuhörer zu Anhängern.

Diese Anhängerschaft wollen wir jetzt kennenlernen.

»Ich nehme meine Zuflucht zum Buddha...«

Schon bei seiner ersten Predigt in Benares hatte der Buddha Anhänger gewonnen, und bald hatte sich – jedenfalls nach den Berichten – die Schar seiner Jünger vergrößert. Regelrechte Mönchsgemeinden entstanden, die der Lehre des Siddattha Gotama als des Erleuchteten und Erlösten folgten.

Derartige Gemeinschaften waren in jener Zeit nichts besonderes, es gab sie sozusagen an allen Ecken des Landes. Der Buddha selbst hatte ja vor seiner Erleuchtung in den sieben Jahren seiner Askese solchen brahmanischen Asketengruppen angehört, die sich jeweils um einen Lehrer scharten. Nach einer buddhistischen Überlieferung soll es zur Zeit des Buddha zweiundsechzig, und nach dschainistischen Quellen sogar dreihundertdreiundsechzig verschiedene Lehrmeinungen über die Welt und die Seele gegeben haben, darunter zum Beispiel den – vielleicht nur zum Spaß erfundenen – Asketen, der die Sanftmut lehrte und deshalb pausenlos verprügelt wurde, um nachzuprüfen, ob er seine Lehre selbst ernst nahm.

Von diesen vielen Sekten haben sich am Ende nur der Buddhismus, die Adschîvaka und der Dschainismus durchgesetzt.

Ebensowenig wie die Jogapraxis ist also auch das Mönchtum ein Charakteristikum des Buddhismus; vielmehr gehen die Grundstrukturen auch hier auf bereits Vorhandenes zurück. Trotzdem gibt uns aber der Buddhismus die älteste erhaltene detaillierte Beschreibung einer Mönchsgemeinschaft überhaupt, und es ist erstaunlich, wie viele typische Kennzeichen einer Mönchsgemeinschaft bereits damals festgelegt waren.

Die Laienanhänger

Wer die Lehre des Buddha annahm, brauchte allerdings nicht notwendigerweise Mönch werden. Wie auch bei anderen Gemeinden und Religionen muß man daher beim Buddhismus zwischen Mönchen und Laienanhängern unterscheiden.

Diese Laienanhänger (Upâsaka) waren Männer und Frauen, die sich zwar verpflichteten, gewisse Regeln einzuhalten, die aber sonst ihr normales Leben in der Gesellschaft weiterführten. Abgesehen davon, daß es so etwas wie eine Mitgliedschaft gar nicht gab, brauchte der Laienanhänger auch kein »Buddhist« in dem Sinne zu sein, daß er das genaue Weltbild des Buddha annahm. Solange er die Lehre vom Leiden und dessen Überwindung akzeptierte, spielte es keine Rolle, ob er ansonsten etwas anderes glaubte oder einer anderen religiösen Gruppe angehörte.

In jedem Falle waren die Laien von der Erlösung weiter entfernt als die Mönche. Durch die Formel: »Ich nehme meine Zuflucht zu dem Buddha, ich nehme meine Zuflucht zu der Lehre (Dhamma), ich nehme meine Zuflucht zu der Gemeinschaft (Sangha)« und durch die Einhaltung gewisser Regeln konnten sie aber hoffen, in einer kommenden Existenz die Voraussetzungen für das Mönchsein und die Erlösung erworben zu haben.

Die Regeln für das »rechte Tun« hatten mit der buddhistischen Lehre selbst oder mit irgendwelchen kultischen Handlungen nichts zu tun; vielmehr waren es allgemeine moralische Regeln, wie sie jede Ethik kennt und wie sie auch im achtteiligen Pfad als »rechte Tat« erwähnt sind. So verpflichteten sich die Laienanhänger, nicht zu töten, nicht zu stehlen, sich von »Unkeuschheit« im Sinne des Ehebruchs fernzuhalten, nicht zu lügen und sich nicht mit Branntwein, Likör oder Wein zu betrinken, denn der Verständige weiß: »Geistige Verwirrung ist das Ende.«

Außerdem sorgt der Laienanhänger für »Vater und Mutter, wie es recht ist« und betreibt ein »rechtschaffenes Gewerbe«. Wer sich in diesen Dingen »unermüdlich übt, gelangt sicher zu den selbststrahlenden Göttern«. Allerdings gibt es noch eine Pflicht, die er »frommen Sinnes und freudig« erfüllen muß, nämlich die Mönche an Feiertagen »am Morgen mit Speise und Trank« zu versorgen.

Überhaupt war die Spendenfreudigkeit der Laienverehrer ihre wichtigste Tugend. In zahlreichen Predigten wird das immer wieder betont. Da die Mönche keine produktive Arbeit leisteten, waren es ja vor allem die Spenden der Laienanhänger, die den Bestand des Mönchtums überhaupt erst ermöglichten und sicherten. Ohne sie hätten die Mönche oft umsonst gebettelt, ohne sie hätten sie nicht während der Regenzeiten in größeren Scharen zusammenleben können.

Möglichst viele reiche und einflußreiche Leute für die Lehre des Buddha zu gewinnen, war also nicht nur ein Prestigegewinn für die Bewegung, sondern eine existentielle Notwendigkeit. Man kann daher bezweifeln, ob sich der Buddhismus überhaupt derart hätte entwickeln können, wenn er nicht von Anfang an die wirtschaftliche Unterstützung der lokalen Herrscher wie König Bimbisâra von Magadha und König Pasenadi von Kosala gehabt hätte, die den Mönchen Winterquartiere und Unterhalt zur Verfügung stellten.

Damit hatte der Laienanhänger für sein eigenes Heil, aber auch für das der anderen gesorgt, denn »wenn er selbst von Freigebigkeit beseelt, auch einem anderen zur Ausübung der Freigebigkeit behilflich ist; wenn er selbst darauf bedacht ist, mit Mönchen zu verkehren, und auch einem anderen dazu verhilft, daß er mit Mönchen verkehren kann; wenn er selbst darauf bedacht ist, das gute Gesetz zu hören, und auch einem anderen dazu verhilft, daß er das gute Gesetz hören kann ... so ist ein Laienjünger eben insofern für sein eigenes Heil und auch für das Heil anderer tätig.«

Auf diese Weise waren Mönche und Laien voneinander abhängig: Die einen sorgten für die wirtschaftliche Grundlage, die anderen unterwiesen sie dafür in der rechten Lehre.

Damit ist im Grunde der Status des Laienverehrers umschrieben, denn trotz der dreigliedrigen Formel, die in derselben Version auch für die Mönche galt, entstand für den Laienanhänger keine weitere moralische oder juristische Bindung. Wollte er sich von der Gemeinde des Buddha lösen, so stand dem nichts im Wege.

Aber auch wenn er sich zur Gemeinde des Buddha rechnete, blieb er ein einzelner neben vielen anderen. Es gab keine gemeinsame Kulthandlung, kein Gemeindeleben, keine Gemeinschaft, die ihn trug und in der er sich geborgen fühlen konnte, keinen »Ortsgeistlichen«, der ihn regelmäßig unterrichtet hätte. Es existierte keinerlei Organisation und kein Oberhaupt außer dem Buddha selbst. Daß daraus trotzdem eine Weltreligion entstanden ist, erscheint wie ein kleines Wunder.

»Komm herzu, Mönch...!«

Im Gegensatz zu der eher unverbindlichen Laienanhängerschaft war das buddhistische Mönchtum festen Regeln und Zwängen unterworfen, die sich im Laufe der Zeit immer stärker entwickelt haben.

Zu Lebzeiten des Buddha scheint, ähnlich wie bei Jesus, die Aufforderung des Meisters genügt zu haben, um Jünger an sich zu ziehen. So wird an einer Stelle erzählt, der Buddha habe einmal die vier Sätze vom Leiden erklärt und anschließend gesagt: »Kommt, seid Mönche ... Lebt das Heilige Leben um dem Leiden ein Ende zu machen.« Daß das genügte, macht der folgende Satz deutlich: »Dies war die Ordination der Ehrwürdigen«, heißt es da. Und an einer anderen Stelle berichtet ein Mönch: »Ich schritt herzu, mich vor ihm zu neigen. Mein, ja mein erbarmend stand er still, aller Männer Höchster ... da sprach zu mir der barmherzige Meister, der Erbarmer über alle Welt: ›Komm herzu, Mönch!‹ Das war die Mönchsweihe, die ich empfing.« Damit war man ein »Samana Sakjaputtijâ, ein Asket des Sakjasohnes«.

In der Regel aber war, zumindest später, ein wesentlich komplizierteres Aufnahmeverfahren nötig. Zwar konnte sich jeder den Mönchen anschließen, wenn er in die »Hauslosigkeit« gegangen war, sich das Haar hatte scheren lassen und das gelbe Gewand angezogen hatte. Sprach er die Formel: »Ich nehme meine Zuflucht zum Buddha, zur Lehre und zur Gemeinde«, so war er wie die anderen ein »Bhikkhu«, ein »Bettler«.

Aber damit hatte er erst den Wartestand eines Novizen erreicht, in dem er von den Mönchen unterrichtet und beobachtet wurde. Novizen konnten daher auch schon Jugendliche im Alter von fünfzehn Jahren werden, manchmal sogar auch Kinder, wie Buddhas siebenjähriger Sohn Râhula, die dann von den Mönchen erzogen wurden.

Aber erst mit zwanzig Jahren (von der Empfängnis an gerechnet), zumindest aber nach einer Wartezeit von vier Monaten bei Älteren, konnte ein Novize vollgültig in den Orden aufgenommen werden. Dazu wurde ein bestimmter Tag festgesetzt, an dem üblicherweise in mehrfacher Wiederholung ein Frage- und Antwortritual stattfand. Aus ihm geht hervor, daß durchaus nicht jeder aufgenommen wurde.

Im Beisein von mindestens fünf anderen Mönchen fragte der Lehrer den Novizen:

»Ist dies deine Almosenschale? – Wahrlich ja, Herr.
Ist dies das Obergewand? – Wahrlich ja, Herr.
Ist dies das Untergewand? – Wahrlich ja, Herr.
Ist dies das Lendentuch? – Wahrlich ja, Herr.
Nun gehe und bleibe an jenem Platz stehen!«
Darauf wandte sich der Lehrer an die anderen Mönche:
»Es höre mich die hohe Gemeinde! Nâgo, der Schüler des ehrwürdigen Tisso, wünscht die Upasampadâ (Ordination). Wenn es die richtige Zeit für eine Versammlung ist, will ich den Nâgo ermahnen.«
Wenn die Mönche es dann für richtig hielten, das Examen fortzusetzen, wandte sich der Lehrer wieder an den Novizen, um mögliche Hindernisse für eine Ordination zu erfahren:
»Ich werde dich jetzt folgendes fragen! Hast du Krankheiten wie diese:
Aussatz? – Nein, Herr.
Beulen? – Nein, Herr.
Ausschlag? – Nein, Herr.
Fallsucht? – Nein, Herr.
Bist du ein Mensch? – Wahrlich ja, Herr.
Bist du männlichen Geschlechts? – Wahrlich ja, Herr.
Bist du ein freier Mann? – Wahrlich ja, Herr.
Bist du frei von Schulden? – Wahrlich ja, Herr.
Bist du kein Söldner des Königs? – Wahrlich ja, Herr.
Hast du die Einwilligung deiner Eltern? – Wahrlich ja, Herr.
Hast du das volle Alter von zwanzig Jahren? – Wahrlich ja, Herr.
Sind deine Almosenschale und deine Gewänder vollständig? – Wahrlich ja, Herr.
Wie ist dein Name? – Ich heiße Nâgo, Herr.
Wie heißt dein Lehrer? – Herr, mein Lehrer ist der Ehrwürdige mit Namen Tisso.«
Diese Befragung, die also ausdrücklich Kranke, Kinder und Ausreißer ausschloß, wurde noch zweimal wiederholt. Dann wandte sich der Lehrer wieder an die Gemeinde:
»Es höre mich die hohe Gemeinde! Dieser Nâgo, des ehrwürdigen Tisso Schüler, wünscht die Ordination. Er ist frei von den ein Hindernis bildenden Dingen; seine Almosenschale und seine Gewänder sind vollständig. Nâgo bittet die Gemeinde um die Ordination mit dem ehrwürdigen Tisso als Lehrer. Die Gemeinde erteilt dem Nâgo die Ordination mit dem ehrwürdigen Tisso als Lehrer. Wer von den Ehrwürdigen der Ordination des Nâgo mit

dem ehrwürdigen Tisso als Lehrer zustimmt, der schweige, wer ihr nicht zustimmt, der spreche!«

Und wenn dann die Gemeinde zustimmend schwieg, erfolgte die endgültige Zusage: »Nâgo hat von der Gemeinde die Ordination unter dem ehrwürdigen Tisso als Lehrer empfangen. Die Gemeinde stimmt zu; aus diesem Grunde schweigt sie. In diesem Sinne verstehe ich das.«

Damit war der Novize zum Mönch, zum Bhikkhu, geworden. Um innerhalb des Ordens sein »Dienstalter« bestimmen zu können, wurde nun Uhrzeit, Tag und Jahreszeit festgestellt:

»Unmittelbar darauf ist der Schatten zu messen.

Der Stand des Jahres ist anzugeben.

Die Zeit des Tages ist anzugeben.« Aber auch:

»Die einzelnen Teile der Lehre sind anzugeben.«

Regeln und Gebote

Deshalb folgt nun die umständliche Aufzählung der »vier zu unterlassenden Dinge«, die die Mönchsregeln bilden:

1) »Ein ordinierter Mönch hat geschlechtlichen Verkehr, auch mit einem Tier, zu unterlassen. Ein Mönch, der geschlechtlichen Verkehr ausübt, ist kein Asket mehr, gehört dem Sakja-Sohne nicht mehr an. Gleichwie da ein Mann mit abgeschnittenem Kopfe infolge dieser Verstümmelung des Körpers unfähig ist zu leben, ebenso ist ein Mönch, der geschlechtlichen Verkehr ausübt, kein Asket mehr, gehört dem Sakja-Sohne nicht mehr an. – Das hast du während deines ganzen Lebens zu unterlassen! – Wahrlich ja, Herr.

2) Ein ordinierter Mönch darf – was als Diebstahl gilt – Nichtgegebenes nicht nehmen, selbst wenn's ein Grashalm wäre ... gleichwie da ein von seinem Stengel losgelöstes welkes Blatt unfähig ist, zu grünen, ebenso ist ein Mönch, der – was als Diebstahl gilt – etwas ..., sofern es ihm nicht gegeben ward, genommen hat, kein Asket mehr, gehört dem Sakja-Sohne nicht mehr an. – Das hast du während deines ganzen Lebens zu unterlassen. – Wahrlich ja, Herr.

3) Ein ordinierter Mönch darf bewußt keinem Wesen das Leben nehmen, selbst wenn's eine Ameise wäre ... gleichwie da ein in zwei Teile gespaltener großer Felsen nicht wieder ein ganzes Stück werden kann, ebenso ist ein Mönch, der bewußt einem menschlichen Wesen das Leben nimmt, kein Asket mehr, gehört

dem Sakja-Sohne nicht mehr an. – Das hast du während eines ganzen Lebens zu unterlassen. – Wahrlich ja, Herr.

4) Ein ordinierter Mönch darf sich nicht einer übermenschlichen Fähigkeit rühmen, selbst nicht (daß er sagt:) ich liebe es, an einer leeren Stätte (zu leben). Ein Mönch, der sich aus Eitelkeit grundlos übermenschlicher Fähigkeiten rühmt ... der ist kein Asket mehr, gehört dem Sakja-Sohne nicht mehr an. Gleichwie da ein Palmbaum, dem man die Krone abgehauen hat, nicht fähig ist, wieder zu wachsen, ebenso ist ein Mönch, der sich, schlechtes Begehren hegend, von Gier erfüllt, einer nicht vorhandenen, nicht entstandenen übermenschlichen Eigenschaft rühmt, kein Asket mehr, gehört dem Sakja-Sohne nicht mehr an. Das hast du während eines ganzen Lebens zu unterlassen – wahrlich ja, Herr.«

Nach den vier Verboten des Geschlechtsverkehrs, des Diebstahls, des bewußten Tötens und der eitlen Prahlerei, wurde dann auch die Litanei der Dinge wiederholt, die dem Mönch ausdrücklich erlaubt waren:

»Das asketische Leben begnügt sich mit Almosenspeise, die aus zerkleinerter Speise besteht. So hast du dich während deines ganzen Lebens zu üben.«

Aber hier, wie auch bei den folgenden drei Regeln, wird die harte Zucht jeweils durch ein »außerdem ist gestattet« im Sinne des buddhistischen Mittelmaßes erleichtert. So heißt es weiter: »Außerdem ist gestattet: Gemeinschaftliches Mahl, Speise, die bei besonderen Anlässen gespendet wird, Einladungen, Speise, die abwechselnd den Mönchen gespendet wird, Mahlzeiten, die am achten Tage des Monats gegeben werden, Speise, die an den Feiertagen gespendet wird, Speise, die nach einem Feiertag gespendet wird.« Auf die Weise konnte man, wenn man Glück hatte, ganz gut leben.

Genauso war es mit der Kleidung: »Das asketische Leben begnügt sich mit einem Gewande, das aus weggeworfenen Lumpen besteht.« Aber: »Außerdem ist gestattet: Leinwand, Baumwolle, seidener Stoff, wollenes Gewand, rauhes Gewand, hänfenes Gewand.«

»Das asketische Leben begnügt sich mit der Lagerstätte am Fuß eines Baumes. So hast du dich während deines ganzen Lebens zu üben. Außerdem ist gestattet: Ein Kloster, eine Halle, ein Sommerhaus, ein Dachzimmer, eine Höhle.«

Und schließlich im Krankheitsfalle: »Das asketische Leben begnügt sich mit altem Kuh-Harn als Heilmittel. So hast du es während deines ganzen Lebens zu üben.« Zum Glück gab es auch angenehmere, wenn auch nicht bessere Mittel: »Außerdem ist gestattet: Zerlassene Butter, frische Butter, Öl, Honig, Sirup.«

Ausgerüstet mit den acht Requisiten eines Mönchs – den drei Kleidungsstücken, dem Almosentopf, dem Schermesser, einer Nadel, dem Gürtelband und einem Wasserfilter – war der in die Hauslosigkeit Gegangene nun ein Mönch geworden. Allerdings blieb jeder neue Mönch noch zehn Jahre lang unter der Vormundschaft von Lehrmeistern, wobei man zwischen einem Sittenlehrer und einem geistlichen Lehrer unterschied. Er lebte bei einem dieser Lehrer und bediente ihn. Als Gegenleistung erhielt er Unterweisung und Zuspruch, wenn ihn Zweifel und Mutlosigkeit überfielen. Erst nach zehn Jahren wurde er dann zum »bestätigten Mönch«, der nun selbst Schüler annehmen konnte.

An keiner Stelle dieser Laufbahn, auch nicht bei seiner Ordination, wurde der Mönch nach seinem Glaubens- oder Erkenntnisstand gefragt. Außer der Erkundigung nach äußerlichen Dingen und dem schweigenden Einverständnis der anderen Mönche fand auch nichts statt, was man auch nur von ferne mit einem liturgischen Akt vergleichen könnte. Der Eintritt in den Mönchsorden war nichts weiter als die Aufnahme unter Gleichgesinnte.

Unsere abendländischen Vorstellungen von einer religiösen Gemeinschaft treffen hier nicht den Sachverhalt, denn obwohl die nun einmal eingebürgerten Begriffe wie Mönch, Jünger oder Gemeinde immer wieder zu dieser Annahme verleiten mögen, ist der frühe Buddhismus keine religiöse Gemeinschaft. Eigentlich gibt es in ihm auch gar keine »Jünger«. Was anstelle dieser christlichen Vokabel im Original steht, ist stets das Wort Bhikkhu, das man, ebenso wenig zutreffend mit »Mönch« übersetzt. Wörtlich übersetzt müßte man für Bhikkhu »Bettler« sagen und infolgedessen von der Gemeinschaft der Bettler statt von einer Mönchsgemeinde reden. Immerhin entspricht das Wort Mönch der griechischen Urbedeutung für Mönch: »der einzelne« und charakterisiert damit noch einigermaßen den Bhikkhu: Sie waren eine Ansammlung von Einzelgängern, die, jeder für sich, nach der Erlösung strebten.

Infolgedessen war es nicht schwierig und bedeutete auch keinen Makel, die Gemeinschaft des »Sakja-Sohnes« wieder zu verlassen. Die Mitteilung »Mein Vater liegt mir im Sinn«, »meine Mutter liegt mir im Sinn« oder gar »mein Weib liegt mir im Sinn«, genügte, um das Leben eines Bettlers aufzugeben. Selbst die Sehnsucht nach dem früheren Leben – »das Lachen und Scherzen, das Ergötzen der alten Zeit liegt mir im Sinn« – war Grund genug, die Gemeinschaft zu verlassen, ohne daß man in Feindschaft auseinanderging. Im Gegenteil: Der bisherige Bhikkhu konnte sogar als Laie oder Novize der Lehre und der Gemeinde verbunden bleiben, ohne daß die anderen etwas dagegen hatten.

Es war jedermanns eigene Sache, wie ernst er seine Selbsterlösung nahm, ob er sie in dieser oder einer nächsten Existenz erreichen wollte. Dem buddhistischen Mönchtum blieben auf diese Weise all jene erspart, die in anderen religiösen Mönchsorden allzu leicht ihre nie ehrlich eingestandene Reue über ihren Entschluß in sogenannte ecclesiogene, das heißt religiös bedingte Neurosen umsetzen.

Nächtliche Beichte

Wer in der »Gemeinde der Bettler« (Bhikkhusangha) blieb, war dann allerdings festen Regeln unterworfen, über deren Einhaltung er vor den anderen Auskunft geben mußte.

Das geschah zweimal im Monat, und zwar im Rhythmus des Mondwechsels in der Vollmondnacht und in der Neumondnacht. Dann trafen sich sämtliche Mönche eines Bezirkes bei Fackelschein in der Versammlungshalle eines Klosterhaines, in einer Höhle oder irgendeinem anderen Ort, um in einer langen Aufzählung die mehr als zweihundert möglichen Vergehen und Verbote herzusagen, gegen die ein Mönch verstoßen konnte.

An dieser Versammlung, von der Laien, Novizen und Nonnen ausgeschlossen waren, mußte jeder Mönch des Bezirks teilnehmen, auch der fernste Waldeinsiedler. War er krank, so mußte er einem anderen vorher seine Verfehlungen beichten; war niemand da, dem er vorher beichten konnte, so mußte der Kranke herbeigetragen werden, oder die ganze Mönchsgemeinde zog zum Lagerplatz des Kranken und verbrachte dort im Fackelschein die Beichtnacht. Konnte ein Mönch nicht kommen, wenn er etwa von Soldaten oder Räubern festgehalten wurde, so durfte die Versammlung nicht stattfinden. Nur wenn ein Mönch wahnsinnig geworden war, durften die anderen ohne ihn zusammentreffen.

Waren dann schließlich alle beieinander, so trug der Älteste oder ein Beauftragter den Pâtimokkha, die Ordenssatzung vor:

»Es höre mich, ihr Ehrwürdigen, die Gemeinde. Heute ist Fasttag, der fünfzehnte des Halbmonats. Wenn die Gemeinde bereit ist, möge die Gemeinde Fasttag halten und die Beichtformel vortragen lassen. Was muß die Gemeinde zuvor tun? Sprecht die

Erklärung der Reinheit aus, ihr Ehrwürdigen, ich will die Beichtformel vortragen.

Wer ein Vergehen begangen hat, möge es bekennen. Wo kein Vergehen ist, möge er schweigen. Aus eurem Schweigen werde ich abnehmen, daß ihr Ehrwürdigen rein seid ... ein Mönch, der auf dreimalige Frage ein Vergehen, das er begangen hat und dessen er sich erinnert, nicht bekennt, ist einer wissentlichen Lüge schuldig. Wissentliche Lüge aber, ihr Ehrwürdigen, ist ein Hindernis geistlichen Lebens; so hat der Erhabene gesagt. Deshalb soll ein Mönch, der etwas begangen hat, sich dessen erinnert und danach trachtet, davon rein zu werden, sein Vergehen bekennen. Denn was er bekennt, wird ihm leicht sein.«

Nach dieser Ermahnung wurden dann zunächst die vier Gelöbnisse abgefragt, die jeder Mönch bei seiner Ordination geleistet hatte. Wer gegen sie verstoßen hatte, wurde aus der Gemeinde ausgeschlossen:

»Wenn ein Mönch, der die Übungen und die Gemeinschaft der Mönche auf sich genommen hat, ohne sich von diesen Übungen loszusagen, und ohne seine Schwächen zu bekennen, mit irgendeinem Wesen bis herab zu einem Tier geschlechtlichen Umgang pflegt, so ist er ausgestoßen und von der Gemeinschaft ausgeschlossen.«

Das gleiche wurde nun für Mord, Diebstahl und geistliche Anmaßung festgestellt, und dann wurden »die Ehrwürdigen« gefragt: »Seid ihr von diesen Vergehen rein? Zum zweiten Mal frage ich: Seid ihr rein? Zum dritten Mal frage ich: Seid ihr rein?« Und wenn dann die Mönche schweigen: »Rein sind hiervon die Ehrwürdigen, darum schweigen sie; also nehme ich dies an.«

Nun wurde die Beichte mit der Aufzählung von über zweihundert kleineren Vergehen fortgesetzt, die ursprünglich durch das bloße Bekenntnis vor der Gemeinde gesühnt werden konnten und keine weitere Strafe nach sich zogen. Der uns erhaltene Text setzt allerdings voraus, daß die Mönche bereits vorher gebeichtet hatten, oder, wenn ihnen erst während der Aufzählung eine Verfehlung einfiel, sie diese schnell dem Nachbarn mitteilten, so daß bei der Frage des Ältesten jeder zustimmend schweigen konnte. Auf diese Weise wurde ein öffentliches Schuldbekenntnis vermieden und gleichzeitig der Eindruck erweckt, die Mönchsgemeinde erstrahle in permanenter Reinheit, wenn es zum Beispiel dann weiter hieß:

»Welcher Mönch sich dazu erniedrigt, mit verderbten Gedanken ein Weib körperlich zu berühren, indem er ihre Hand faßt oder ihr Haar faßt oder den einen oder anderen Teil ihres Körpers berührt, über den verhängt die Gemeinde Degradation.

Welcher Mönch in einem der Gemeinde gehörigen Hause sich wissentlich seinen Sitz also bereitet, daß er dadurch einen früher gekommenen Mönch belästigt und bei sich spricht: ›Wem es zu eng ist, der mag hinausgehen‹, indem dabei eben dies seine Absicht ist und nichts anderes: Der ist der Buße schuldig.

Welcher Mönch einen Mönch im Zorn und Feindschaft aus einem der Gemeinde gehörigen Haus hinausstößt oder hinausstoßen läßt, ist der Buße schuldig.«

Als unwürdig galt neben vielen anderen Dingen auch, wenn man die Lehre jemandem predigte, der keine würdige Haltung einnahm; wenn man die Lehre vor einer Frau verkündigte, ohne daß ein zweiter Mann zugegen war, der die Lehre bestätigen konnte, oder wenn man während der Predigt einen Sonnenschirm trug.

Verboten war es, jemals seine drei Kleidungsstücke abzulegen, ein neues Gewand zu tragen, das nicht absichtlich vorher beschmutzt worden war, sich mit Sandalen ins Bett zu legen oder auf Stühlen zu sitzen, die höher als etwa zwanzig Zentimeter waren.

Zu den Ordensregeln gehörten auch Tischsitten und hygienische Gebote. So mußte der Mönch anständig essen und durfte den Mund zum Beispiel erst dann aufmachen, wenn der Bissen nahe genug am Munde war, er durfte das Essen nicht im Mund hin- und herschieben, beim Essen nicht die Zunge herausstrecken oder gar schmatzen und die Finger ablecken. Baden sollte er nur alle vierzehn Tage, außer bei großer Hitze und wenn er sehr verstaubt war. Lediglich die Füße sollte er sich jeden Abend reinigen, sofern er ein Bett hatte.

So war vom Morgen bis zum Abend alles bis ins kleinste Detail geregelt: Wann der Mönch essen durfte, wie er sein Essen zu erbetteln hatte, wann er meditierte, auf welcher Körperseite er zu schlafen hatte.

Ein großer Teil dieser Regeln hatte dabei mit dem geistlichen Leben recht wenig zu tun: Es waren Gebote, die das Zusammenleben erträglich machen sollten. Eine allzu ausführliche Beschäftigung mit all diesen Geboten und Verboten verstellt einem daher den Blick für die Tatsache, daß der ursprüngliche Buddhismus noch nicht derart von Formalismen überwuchert war, wie es diese Zitate aus einem späteren Text nahelegen.

Die Lehre des Buddha beruhte weniger auf Regeln als auf

Selbsterkenntnis, weniger auf Beichte als auf Klärung. So wird eine solche Vollmondnacht im Beisein des Buddha ganz anders geschildert:

»Das hab' ich gehört. Zu einer Zeit weilte der Erhabene bei Sâvatthî, im Osthaine, auf Mutter Migâros Terrasse.

Um diese Zeit nun hatte der Erhabene – es war ein Feiertag im halben Monat, in der voll aufgegangenen Mondnacht – inmitten der Mönchsgemeinde unter freiem Himmel Platz genommen. Und der Erhabene blickte über die lautlose, stille Schar der Mönche hin und wandte sich also an sie...«

Aber nun folgte kein Bußkatalog, sondern eine gemächlich vorgetragene Abhandlung über das Thema, ob man gute von bösen Menschen unterscheiden kann:

»... kann wohl, ihr Mönche, ein schlechter Mensch einen schlechten Menschen erkennen: ›Das ist ein schlechter Mensch?‹

– Wohl nicht, o Herr.

– Recht so, ihr Mönche. Unmöglich ist es, ihr Mönche, es kann nicht sein, daß ein schlechter Mensch einen schlechten Menschen erkenne: ›Das ist ein schlechter Mensch.‹ Kann aber, ihr Mönche, ein schlechter Mensch einen guten Menschen erkennen: ›Das ist ein guter Mensch?‹

– Wohl nicht, o Herr.

– Recht so, ihr Mönche, auch das ist, ihr Mönche, unmöglich...«

Doch dann folgt das Gegenbeispiel:

»Kann wohl, ihr Mönche, ein guter Mensch einen guten Menschen erkennen: ›Das ist ein guter Mensch?‹

– Freilich, o Herr.

– Recht so, ihr Mönche es mag schon sein, ihr Mönche, daß ein guter Mensch einen guten Menschen erkenne: ›Das ist ein guter Mensch.‹ Kann aber, ihr Mönche, ein guter Mensch einen schlechten Menschen erkennen: ›Das ist ein schlechter Mensch?‹

– Freilich, o Herr.

– Recht so, ihr Mönche. Auch das, ihr Mönche, mag schon sein, daß ein guter Mensch einen schlechten Menschen erkenne: ›Das ist ein schlechter Mensch.‹ Ein guter Mensch, ihr Mönche, folgt einer guten Weise nach, hat zu guten Menschen Neigungen, denkt mit guten Menschen, berät sich mit guten Menschen, liebt die Ansichten guter Menschen, gibt die Gabe guten Menschen...«

So standen wohl am Anfang statt des starren Regelwerkes Menschenkenntnis und Selbsterkenntnis im Vordergrund. Später vergaß man dann allzu leicht, daß alle Regeln eigentlich nur dem Zweck dienen sollten, sich mit seinen Eindrücken, Gedanken und Werken von der Welt zu lösen und in der Stille der Meditation das vollkommene Erlöschen aller Regungen, Wünsche und Begierden zu erleben, bis das Rad der Wiedergeburten zum Stillstand gekommen war.

Leben im Klosterhain

Dieses kontemplative Leben des einzelnen wurde während der Regenzeit zu einer gemeinsamen Bemühung. Für drei oder vier Monate mußten sich dann alle Mönche in einen der Klosterhaine zurückziehen und durften das Gebiet nur ausnahmsweise für die Dauer von höchstens sieben Tagen verlassen – vom täglichen Bettelgang in die umliegenden Dörfer abgesehen. Gemeinsame Meditationsübungen und lange Lehrgespräche bis tief in die Nacht wechselten dann mit Stunden der Einsamkeit ab, denn so die Regel: »Trefft ihr euch, meine Mönche, so geziemt euch zweierlei: lehrreiches Gespräch oder heiliges Schweigen.«

Aufrecht sitzend und die Beine gekreuzt waren sie auch in der Gemeinschaft allein:

»Die kleine Hütte schützt mich gegen Wind
und sie beschirmt mich, wenn der Regen rinnt,
drum regne, Gott, soviel du magst.
Mein Denken ist gesammelt, frei von Gier,
im Feuer der Entrückung sitz ich hier,
drum regne Gott, soviel du magst.«

War die Regenzeit vorbei, wurden alle Mönche eingeladen, sich reihum bei den anderen für ihre Fehler und Vergehen zu entschuldigen, die sie während ihres Beisammenseins begangen haben mochten. In feierlicher Haltung, die zusammengelegten Hände vor die Stirn erhoben, bat dann jeder dreimal die Gemeinde: »Ich lade, ihr Ehrwürdigen, die Gemeinde ein: Wenn ihr etwas von mir gesehen habt, oder gehört habt, oder einen Verdacht gegen mich habt, habt Erbarmen mit mir, ihr Ehrwürdigen und redet. Wenn ich es einsehe, will ich es sühnen.«

Dann wurde der von Laienanhängern gespendete Baumwollstoff für neue Gewänder verteilt und die Mönche begannen wieder ihr Wanderleben, einzeln oder in kleinen Gruppen. Oder sie zogen sich in die Waldeinsamkeit zurück, wo sie in lockeren Eremitenkolonien lebten, nahe genug beieinander, daß »einer dem andern zuredet und einer den andern aufrichtet« und einsam genug, um sich fern von der Welt dem Streben nach Selbsterlösung hinzugeben.

Brahmanen und Parias

Außer den Beichtnächten alle vierzehn Tage und der gemeinsam verbrachten Regenzeit gab es sonst kein äußerliches Band, das die Mönche zusammenhielt, keine Priesterkaste und keine hierarchische Ordnung, keinen Gottesdienst und keine Opfer.

Aus dieser Tatsache erklärt sich nun auch etwas, das ebenso revolutionär war wie die Ersetzung des Opfers durch die rein psychischen Bemühungen um die Selbsterlösung: Da der Buddhismus kein Sozialgefüge innerhalb der Gemeinde kannte, wußte er auch von keiner trennenden Schranke zwischen den einzelnen Kasten. So heißt es in einer Rede, die dem Buddha zugeschrieben wird:

»Wie, ihr Jünger, die großen Ströme, soviel ihrer sind – die Gangâ, die Jamudâ, die Atschiravatî, die Sarabhû, die Mahî –, wenn sie den großen Ozean erreichen, ihren alten Namen und ihr altes Geschlecht verlieren und nur den einen Namen des großen Ozeans führen, so auch, ihr Jünger, diese vier Kasten – Adlige, Brahmanen, Vessas und Suddas –, wenn sie nach der Lehre und dem Gesetz, das der Vollendete verkündet hat, ihrer Heimat entsagen und in die Heimatlosigkeit gehen, verlieren sie den alten Namen und das alte Geschlecht und führen nur den einen Namen von Asketen, die dem Sakja-Sohne anhangen.«

Was bis heute in Indien noch nicht überwunden ist, war damals in der Gemeinschaft des Buddha möglich: Ein Königssohn, unterschieden durch Hautfarbe und Stand, lebte mit einem dunkelhäutigen »Plattnasigen« zusammen, ein Angehöriger der Kriegerkaste mit einem aus der Kaufmannskaste. Keiner galt mehr und keiner galt weniger, Herr und Knecht, Adel und Bauer waren in der Gemeinschaft gleich. Dieter Schlingloff schreibt daher in seinem Buch *Die Religion des Buddhismus:* »In der altindischen Asketengemeinschaft ist wohl zum erstenmal in der Weltgeschichte der Grundsatz der Gleichheit und Brüderlichkeit aller Menschen begründet und gelebt worden.«

Allerdings darf man dahinter keine sozialreformerische Tat des

Buddha vermuten: Wer die Welt verließ, ließ auch Stand und Ansehen hinter sich zurück; das lag im System der Asketengemeinschaft begründet. Nach außen jedenfalls hat der Buddha nie versucht, die Welt und die Gesellschaft zu verändern – auch das eine logische Folge der Weltabkehr.

Immerhin wäre es aber denkbar gewesen, daß der Buddha nur Brahmanen und Edle in seine Gemeinschaft aufgenommen hätte. Denn zum einen wird in den Texten oft genug gesagt, daß im Grunde nur Brahmanen und Edle die Erleuchtung und damit die Buddhaschaft erreichen können; zum anderen hat der Buddhismus seine »entschiedene Hinneigung zur Aristokratie als Erbteil der Vergangenheit« nie verleugnet.

Schon ganz zu Beginn, in der Predigt von Benares, klingt das Motiv an, wenn gesagt wird, daß um der Lehre willen »edle Jünglinge von ihrer Heimat in die Heimatlosigkeit gehen«. Auch später wird bei jeder passenden Gelegenheit mitgeteilt, daß dieser oder jener Mönch ein Brahmane war – und sei es nur, weil man sich Vorteile davon versprach. So forderte Ânanda, der Lieblingsjünger, den Buddha einmal sogar auf, sich aus Prestigegründen um einen Brahmanen namens Malla Rodscha besonders zu bemühen, denn »dieser Malla Rodscha, Herr, ist eine angesehene, bekannte Person. Die Gunst solch angesehener, bekannter Person ist für die Lehre und Ordnung von hoher Bedeutung.«

Grundsätzlich stand die Gemeinde aber allen offen. Nach einer Aufstellung, die die Herkunft von fünfundsiebzig namentlich genannten Jüngern untersucht, dürfte die Zahl der damals als Parias geltenden Sudda (Diener und unselbständige Gewerbetreibende) unter der Anhängerschaft des Buddha allerdings nur etwa sechs Prozent betragen haben, während die Kaste der Handeltreibenden, der Vessas, mit vierundvierzig Prozent, die der Brahmanen mit siebenundzwanzig Prozent und die Kriegerkaste mit dreiundzwanzig Prozent vertreten waren. Wenn diese Zahlen auch nur einen ungefähren Anhaltspunkt geben können, so wird doch immerhin deutlich, daß sich der frühe Buddhismus im wesentlichen aus der Mittel- und Oberschicht zusammensetzte, obwohl er absichtlich niemanden ausschloß.

So wird ausdrücklich der Rinderhirt Nanda erwähnt und ein Sunîta, der erzählt: »Aus niederem Geschlecht bin ich entstammt, ich war arm und dürftig.« Seine Aufgabe war es gewesen, den Abfall, wie etwa verwelkte Blumen, wegzuräumen: »Ich war verachtet vor den Menschen, gering angesehen und gescholten. In demütigem Sinn bezeugte ich vielem Volk Ehrfurcht.«

Als er sich der Lehre und Gemeinde des Buddha anschloß und im Walde meditierend die Erlösung erlangte, soll der Buddha zu ihm den bezeichnenden Satz gesagt haben, mit dem der Makel des Paria aufgehoben wurde: »Durch heilige Glut und keuschen Wandel, durch Bezähmung und Selbstbezwingung, dadurch wird man zum Brahmanen; das ist die höchste Brahmanenschaft.«
Die sonst durch Geburt gesetzten unüberwindlichen Kastenschranken wurden aufgehoben, indem der Buddha das Brahmanentum zu einem ethisch-moralischen Begriff umfunktionierte. Entgegen der Realität konnte man beim Buddha das (innere) Brahmanentum erwerben, es wurde Attribut, nicht Voraussetzung. Höchstes Ziel blieb es immer.

Besondere Mönche

Innerhalb der Mönchsgemeinde nahmen aber die Angehörigen vornehmer Abstammung keine Sonderstellung ein – es sei denn, sie hatten sich durch eine besondere Eigenschaft hervorgetan, die aber ebensogut auch andere erwerben konnten.
So gibt es eine Aufstellung von fünfundsiebzig »Heiligen« der ersten Mönchs- und Laiengemeinde, deren Bedeutung innerhalb der Gemeinde jeweils durch einen bestimmten Beinamen charakterisiert wurde. Unter ihnen waren zweiundfünfzig Männer und dreiundzwanzig Frauen.
Der Zwerg Bhaddidscha stand dabei »an der Spitze der mit lieblicher Stimme Begabten«, ein gewisser Punna »an der Spitze der Lehrredner«. Der Grübler Revata stand »an der Spitze der Vertiefung Pflegenden« und Vakkali »an der Spitze der Glaubensstarken«. Bâhijer wurde gerühmt, weil er »an der Spitze der mit schnellen Einsichtsvermögen Begabten«, und Upâli, der Sohn eines Friseurs, weil er »an der Spitze der in Ordensdisziplin Erfahrenen« stand. So geht das weiter bis hin zu dem Laienanhänger Mahânâma, der das Verdienst hatte, »an der Spitze der Spender wohlschmeckender Speisen« zu stehen – für einen asketischen Mönchsorden ein recht aparter Heiliger, denn gute Köche sind auch sonst in Heiligenkalendern recht selten.
Nahezu vierzig Prozent derart verdienstvoller Männer und Frauen stammten übrigens aus einem geographisch eng begrenzten Gebiet rund um Buddhas eigene Heimat. Allein zwölf kamen aus Kapilavatthu, seiner Geburtsstadt, und davon waren sieben Verwandte des Erhabenen. Siebzehn andere kamen aus der nicht

weit entfernten Stadt Sâvatthî, wo auch der Lieblingsaufenthalt des Buddha lag. Die Zahl der Anhänger und Heiligen aus seiner heimatlichen Umgebung mag sogar noch größer gewesen sein, da manche Ortsangaben heute nicht mehr identifizierbar sind. Die nächstgrößere Gruppe mit etwa zehn Anhängern stammte dann aus der Umgebung von Râdschagaha.

Ähnlich wie bei dem Wanderprediger Jesus hatte also auch der Buddha einen großen Teil seiner Anhängerschaft im vertrauten heimatlichen Gebiet gewonnen. Von ihnen waren allerdings nur einige für die Biographie des Buddha und für die spätere Geschichte von besonderer Bedeutung.

So wird die Liste angeführt von Kondanja, dem Ordensältesten: Kondanja war es gewesen, der nach Buddhas Predigt in Benares als erster der fünf Asketen die Lehre des Erleuchteten angenommen hatte und seitdem als »der Erkenner« galt.

Für das Ordensleben und die Lehre waren aber andere Männer von wichtiger Bedeutung. Vor allem war es Sâriputta und Moggallâna, die beiden Freunde, die sich nahezu gleichzeitig in Râdschagaha bekehrt hatten.

Sâriputta stand dabei »an der Spitze der Wissensmächtigen«, denn der Buddha hatte immer wieder seine Weisheit und seine Intelligenz gerühmt, die ihn auch befähigte, vom Buddha angefangene Lehrgespräche zu Ende zu führen. In seiner Verbindung von Scharfsinn und Güte galt er auch als idealer Lehrer für Novizen, und er war es dann auch, der später Râhula, den Sohn des Buddha, ordinierte. In späteren Jahrhunderten galt Sâriputta auch als Ahnvater der mahajanischen Weisheitsschule, die wir noch bei der Ausbreitung und Aufspaltung des Buddhismus kennenlernen werden.

Moggallâna, »an der Spitze der Magiegewaltigen«, wurde dagegen später zum Vorbild des okkulten Tantrajâna Ostasiens, der mit dem ursprünglichen Buddhismus kaum noch etwas gemeinsam hat. Zu diesem Ruhm war er gekommen, weil er in der Versenkung die Fähigkeit des Hellsehens und der Magie entwickelt hatte. Ihre Anwendung hatte der Buddha zwar verboten, immerhin stand Moggallâna aber im Ruf einer besonderen Meditationskraft, die er als redegewandter Bhikkhu propagierte. Zu seinem eigenen Nutzen konnte er seine prophetischen Gaben allerdings nicht anwenden: Noch vor dem Tode des Buddha wurde Moggallâna unversehens von Räubern erschlagen.

Spezialist und Kenner der Ordenregeln war Upâli, der Friseurssohn, der auf dem ersten Konzil nach Buddhas Tod imstande war, sämtliche Regeln auswendig herzusagen, so daß sie im späteren »Korb der Mönchsregeln«, im Vinaja-Pitaka, niedergeschrieben werden konnten.

Der Lieblingsjünger

Persönlich am nächsten stand dem Buddha allerdings sein Vetter Ânanda (= Seligkeit, Freude, höchste Wonne), der als sein Lieblingsmönch die letzten fünfundzwanzig Jahre seines Lebens für ihn sorgte. Dieser Ânanda, in Kapilavatthu als Sohn von Buddhas Onkel Amitodana geboren, war nach der Erleuchtung des Siddattha mit ein paar Altersgenossen in die Einsamkeit gezogen, aber erst zwei Jahre danach in den Orden eingetreten. Doch erst achtzehn Jahre später war Ânanda – »an der Spitze der Kenntnisreichen, der geistig Klaren, der Gedächtnisstarken, der Eifrigen« – zum ständigen Begleiter des Buddha geworden.

Er sorgte für seine äußeren Bedürfnisse, war auf seinen Wanderungen ständig um ihn und kannte auf diese Weise sämtliche Lehrreden des Erleuchteten, so daß er auch als Interpret der Lehre auftreten konnte. So hat er auch, öfter als der Buddha selbst, die Nonnen in der Lehre unterwiesen. Auf dem ersten Konzil nach dem Tode des Buddha war er es dann, der die Lehrreden des Dahingegangenen vorzutragen hatte. Sie wurden später die Grundlage für den »Korb der Lehre«, das Sutta-Pitaka.

Obwohl Ânanda sämtliche Lehrreden des Buddha kannte und erklären konnte und er fünfundzwanzig Jahre lang Tag und Nacht mit dem Erleuchteten zusammenlebte, war es ihm übrigens während dieser Zeit nicht gelungen, selbst die Erleuchtung zu erlangen. Erst nach dem Tode des Buddha und unmittelbar vor dem ersten Konzil war er in einer Meditationsübung bis zum Nirvâna vorgestoßen, hatte das Rad der Wiedergeburt angehalten und war zum Arahant, zum Heiligen, geworden. So ist Ânanda ein Beispiel dafür, daß das Wissen zwar die Voraussetzung für die Erlösung ist, sie selbst aber nicht bewirkt, wenn nicht die Jogameditation hinzukommt.

Ein buddhistischer Judas

Es klingt wie ein dramaturgischer Trick, daß der Buddha inmitten lauter abgeklärter Heiliger nun auch seinen Judas hatte, der ihn aus Neid und brennendem Ehrgeiz ermorden wollte. Jedenfalls wird erzählt, daß Devadatta, ein anderer Vetter des Buddha, seinerzeit mit Ânanda in die Hauslosigkeit gezogen war, um sich später dem Buddha anzuschließen. Lange Jahre hatte er dann bescheiden und still als Bhikkhu gelebt, bis der Erfolg des Erhabenen »sein Herz mit eifersücht'gem Haß« erfüllte.

Devadatta machte deshalb dem alternden Buddha den Vorschlag, sich zur Ruhe zu setzen und ihm die Leitung der Gemeinschaft zu übertragen. Da der Buddha dies ablehnte, beschloß Devadatta, ihn mit Gewalt zu beseitigen. Er verbündete sich mit Adschâtasattu, dem ebenfalls machtgierigen Sohn des Königs Bimbisâra, der gern die Nachfolge seines Vaters angetreten hätte. Bimbisâra trat auch tatsächlich zurück, woraufhin ihn Adschâtasattu ins Gefängnis steckte und ihn dort verhungern ließ.

Nachdem nun der mächtige Gönner des Buddha beseitigt war, ging Devadatta seinerseits ans Werk und heuerte einen Soldaten an, der den Buddha umbringen sollte. In den alten Überlieferungen ist das ein willkommener Anlaß, wieder eine Reihe schöner Wundergeschichten zu erzählen: So bekam der gedungene Mörder das große Zittern, als er vor dem Buddha stand, und statt ihn zu ermorden, ging er bekehrt von dannen. Ein großer Felsblock, der den Buddha zerschmettern sollte, blieb zwischen zwei Berggipfeln hängen, so daß der Erhabene nur leicht am Fuß verletzt wurde. Und als schließlich Devadatta einen »bösen, trunkenen Elefanten« auf ihn hetzte, blieb der »vom freundlichen Denken« des Erleuchteten gebannt rechtzeitig stehen, »sank ehrfürchtig hin zu seinen Füßen« und trottete dann friedlich von dannen.

Möglicherweise sind diese Mordgeschichten ebenso reine Erfindung wie die Mitteilung, eines Tages habe sich der Höllenrachen aufgetan und den bösen Devadatta bei lebendigem Leibe verschlungen.

Wahr dürfte dagegen sein, daß Devadatta zu denen gehörte, die Lehre und Praxis des buddhistischen Mönchslebens als zu lax empfanden und für eine strengere Askese eintraten. So wird berichtet, Devadatta habe zum Beispiel gefordert, die Mönche sollten grundsätzlich ihr Leben lang einsam im Wald verbringen, statt wie der Buddha, in der Nähe von Dörfern und Städten. Außerdem sollte es verboten sein, daß sich die Mönche zu Mahlzeiten einladen ließen, statt nur von ihren erbettelten Almosen zu leben. Und schließlich sollten sie, entsprechend der Ordensregel, nur Gewänder aus Lumpen tragen, statt sich von reichen Laienanhängern am Ende der Regenzeit ausstaffieren zu lassen.

Aus einer ganzen Reihe solcher Forderungen geht hervor, daß

Devadatta noch zu Lebzeiten des Buddha eine Reform gefordert hat, ohne sie freilich durchsetzen zu können. Offensichtlich hat er sich daraufhin von der Gemeinde des Buddha getrennt und eine eigene Gemeinschaft mit strengen Regeln gegründet, die nach Angaben des chinesischen Pilgers Fa-Hien noch im fünften Jahrhundert nach Christus bestanden haben soll.

Wenn Devadatta tatsächlich die erste Spaltung verursacht hat, wäre es verständlich, wenn die Nachfolger des Buddha diesen »Reformator« nachträglich zum Bösewicht umstilisiert hätten, wie dies im Laufe der Geschichte noch oft genug mit religiösen und politischen Reformern geschehen ist.

Die Nonnen

So oft die alten Texte ihre Drohungen gegen Spaltungsversuche wiederholen, so sehr scheint der Buddha den Untergang seiner Lehre eher von einer ganz anderen Seite befürchtet zu haben: von den Bhikkunî, den Nonnen.

Der Buddha selbst hat offenbar nie daran gedacht, auch Frauen in seine Gemeinschaft aufzunehmen. In den Bekehrungsgeschichten der ersten Zeit ist jedenfalls nie von Frauen die Rede, sondern immer nur von Männern und Jünglingen. Da die Frauen damals noch nicht so vom öffentlichen Leben ausgeschlossen waren wie im späteren Indien, mag dabei die Abneigung gegen den »Zweifingerverstand der Frauen« eine Rolle gespielt haben, deren Erkenntnisfähigkeit gerade noch ausreichte, um mit zwei Fingern nachzuprüfen, ob die Reiskörner weich gekocht waren. Ausschlaggebend war sicher auch, daß es ja gerade die Frauen waren, die es den Männern so schwer machten, sich von der Welt und dem »Durst« und der »Gier« zu lösen. Bezeichnend ist da ein Dialog zwischen Ânanda und dem Erleuchteten:

»Wie sollen wir, Herr, uns gegen ein Weib benehmen?
– Ihr sollt den Anblick vermeiden, Ânanda.
– Wenn wir sie aber doch sehen, Herr, was sollen wir dann tun?
– Nicht zu ihr reden, Ânanda.
– Wenn wir aber doch mit ihr reden, Herr, was dann?
– Dann müßt ihr über euch selbst wachsam sein, Ânanda.«

Die frauenfeindliche Haltung wird auch an zahlreichen Stellen der buddhistischen Literatur deutlich, in denen die Frauen dargestellt werden als »unergründlich verborgen wie im Wasser des

Fisches Weg«, als »vielgewitzte Räuberinnen, bei denen die Wahrheit schwer zu finden ist« oder bei denen »die Lüge ist wie die Wahrheit und die Wahrheit wie die Lüge«.

Daß es dann doch zur Gründung von Nonnenorden kam, ist auf die Beharrlichkeit von Buddhas Stiefmutter Mahâpadschâpatî zurückzuführen, die gegen den anhaltenden Widerstand des Erhabenen die Gründung einer Frauengemeinschaft durchsetzte, was Buddha zu der schon zitierten Prognose verleitete, daß die reine Lehre nun nur noch fünfhundert Jahre lang bestehen werde, nachdem sich der »Mehltau« der Weiber auf die reifende Ernte gelegt habe.

Obwohl dem Frauenorden außer Mahâpadschâpatî auch noch Buddhas frühere Frau Jasodharâ und Rûpânandâ, eine seiner Stiefschwestern, angehörten, wurden die Nonnen von vornherein nur in höchst untergeordneter Stellung geduldet. Selbst die Ordnung für die Nonnengemeinde wurden den Bhikkunîs nicht etwa vom Buddha selbst, sondern absichtlich nur über die Vermittlung von Mönchen mitgeteilt. Auf keinen Fall erhielten die Nonnen gleiche Rechte wie die Mönche, denn – so der Buddha: »Jähzornig, Ânanda, sind die Frauen; eifersüchtig, Ânanda, sind die Frauen; neidisch, Ânanda, sind die Frauen; dumm, Ânanda, sind die Frauen.«

Entsprechend waren dann auch die Ordensregeln für Nonnen:

»1) Eine Nonne, wenn sie auch seit hundert Jahren ordiniert ist, muß vor jedem Mönch, wenn er auch erst an diesem Tag ordiniert ist, die ehrfurchtsvolle Begrüßung vollziehen, vor ihm aufstehen, die gefalteten Hände erheben, ihn nach Gebühr ehren. Diese Ordnung soll sie achten, heilig halten, bewahren, ehren und ihr Leben lang nicht übertreten.

2) Eine Nonne darf in keinem Distrikt, in welchem Mönche weilen, die Regenzeit zubringen...

3) Halbmonatlich haben die Nonnen sich an die Mönchsgemeinde um zweierlei Dinge willen zu wenden: Sie haben wegen der Beichtfeier anzufragen und die Mönche um die Predigt anzugehen...

4) Nach beendeter Regenzeit haben die Nonnen an die beiderseitige Gemeinde die dreifache Einladung zu richten, sie etwaiger Schuld anzuklagen...

5) Eine Nonne, die ein schweres Vergehen begangen hat, muß sich der beiderseitigen Gemeinde gegenüber einer halbmonatlichen Bußdisziplin unterwerfen...

6) Die Ordination ist von der beiderseitigen Gemeinde erst

dann nachzusuchen, wenn die Kandidatin während einer zweijährigen Vorbereitungszeit... gelebt hat.

7) Unter keinen Umständen darf eine Nonne einen Mönch schmähen oder schelten...

8) Von heute an ist den Nonnen der Pfad der Rede den Mönchen gegenüber verschlossen, nicht aber ist den Mönchen der Pfad der Rede den Nonnen gegenüber verschlossen...«

Außer dieser strikten Unterordnung unter die Männer verlief das tägliche Leben der Nonnen kaum anders als bei den Mönchen. Allerdings war es den Nonnen verboten, in Waldeinsiedeleien zu wohnen und auf Reisen oder Bettelgängen mit einzelnen Mönchen zusammenzutreffen.

Unter diesen Umständen ist es nicht verwunderlich, daß die Bhikkunîs im Gesamtbild des Buddhismus kaum eine Rolle spielen: Nicht einmal beim Tode des Buddha war eine Nonne in der Nähe, und Ânanda wurde es sogar zum Vorwurf gemacht, daß er überhaupt Frauen zur Leiche Buddhas zugelassen hat, weil deren Tränen den Leichnam befleckten.

Zahlenmäßig waren die Nonnen wahrscheinlich nur ein verschwindend kleiner Teil der Gemeinschaft. Wir können das aus einem Bericht über die Anzahl der Mönche und Nonnen schließen, die rund zweihundert Jahre später an einer Feier des Königs Asoka teilgenommen haben sollen. Wenn auch die Zahlen nach gut indischer Art wieder einmal sinnlos übertrieben sind, könnte das Zahlenverhältnis einigermaßen der Wahrheit entsprechen: Neben achthundert Millionen (!) Mönchen sollen damals nur sechsundneunzigtausend Nonnen an dem Fest teilgenommen haben. Das wären weniger als 0,01 Prozent.

IV
Der Tod
des Buddha

Am Ende des Weges

Achtzig Jahre war der Buddha alt, als er sein Ende kommen fühlte. Mehr als vier Jahrzehnte lang waren die Tage im sanften Gleichmaß von Lehren, Meditieren und Schweigen, Wandern, Betteln und Ruhen vergangen.

Jeder Tag war mit dem anderen austauschbar. Wir hören nichts von Kriegen, Unruhen oder Hungersnöten, nichts von Freude oder Schmerz im Auf und Ab der Jahre. Was auch geschehen sein mag – es betraf dieses Leben nicht. Nichts ereignete sich, was ein Biograph, wohlgeordnet und nach Daten aufgereiht, hätte notieren können.

Was aus jenen Jahren blieb, waren Lehrreden und Diskussionen, die seine Schüler sammelten und weitergaben, bis sie eines Tages aufgeschrieben wurden – kaum noch zu trennen von dem, was die Tradition in der Zwischenzeit dazuerfunden hatte.

Erst die letzten drei, vier Monate dieses Lebens sind dann wieder in einer zusammenhängenden Schilderung dargestellt worden. Es ist der Bericht von Buddhas letzter Wanderung von Râdschagaha nach Kusinârâ und die »Erzählung von seinem endgültigen Eingang ins Nirvâna«, das »Mahâparinibbânasutta«.

Man muß nicht unbedingt der Meinung des Indologen Hermann Beckh folgen, das von ihm übersetzte Mahâparinibbânasutta gehöre »wohl zu den größten Kunstwerken nicht nur der indischen, sondern der Weltliteratur«. Aber immerhin vermittelt diese Erzählung über weite Strecken den Eindruck einer authentischen Schilderung der historischen Vorgänge – sie weist auch eine künstlerische Komposition und Wortwahl auf, die – so wieder Beckh – »in allen Einzelheiten der Darstellung, in der ganzen Sprache und rhythmischen Prägung der Worte« zum Ausdruck kommt. Ihn erinnert das Mahâparinibbânasutta »im künstlerischen der Komposition« sogar »an die christlichen Evangelien«, womit er übrigens gar nicht so unrecht hat.

»So habe ich gehört«

Der Text beginnt mit dem stereotypen Satz, mit dem jeder Bericht des Pâlikanons beginnt: »Evam me sutam« – »so habe ich gehört«, denn was da wiedergegeben wird, ist die mündliche Überlieferung und kein unmittelbarer Augenzeugenbericht.

Nach diesem Satz sind wir sofort ohne jede feierliche Einleitung mitten in einer Geschichte: »Einst weilte der Heilige bei Râdschagaha, der Königsstadt auf dem Geiergipfel«, als ein Abgesandter des Königs Adschâtasattu von Magadha ihn aufsuchte und wissen wollte, ob der König mit einem Kriegszug gegen seine Feinde Erfolg haben werde.

Der Buddha, gegenüber derart weltlichen Geschäften erstaunlicherweise nicht abweisend, gab nun seinen Ratschlag und warnte den König. Denn da die Gegner die »sieben Richtlinien des Wohlergehens« einhielten, die der Buddha sie früher gelehrt hatte, bestehe »die Zuversicht, daß aufwärts es mit ihnen gehe, nicht abwärts«. Daraufhin zog der königliche Würdenträger mit der Einsicht ab, daß gegen die moralische Überlegenheit des Gegners mit Waffen nichts zu machen sei.

Diese Episode wird nun in der Erzählung des Mahâparinibbânasutta als Anlaß für eine Belehrung genutzt. Der königliche Würdenträger war kaum gegangen, »da richtete der Heilige das Wort an den ehrwürdigen Ânanda: ›Geh, Ânanda, entbiete alle Jünger, die im Umkreis von Râdschagaha weilen, nach dem Versammlungsraum!‹«

Als sie dort eingetroffen waren, »erhob der Heilige sich von seinem Sitze, begab sich nach dem Versammlungsraum und ließ sich, dort angelangt, auf dem bereiteten Sitz nieder. Von da aus richtete der Heilige das Wort an die Jünger:

›Sieben Richtlinien für euer Wohlergehen will ich euch zeigen, ihr Jünger: So hört denn zu und nehmt wirksam zu Herzen, was ich sage.‹

›Ja Herr‹, sagten die Jünger zu dem Wort des Heiligen.«

Und nun begann der Buddha, damit es mit den Mönchen aufwärts gehe und nicht abwärts, die Regeln für die Mönchsgemeinschaft vorzutragen. »So redete der Heilige, da er bei Râdschagaha auf dem Geiergipfel weilte, den Jüngern in reicher Ausführlichkeit über das Wesen der heiligen Wahrheit, immer wieder zeigend: So ist sittliche Selbsterziehung, so meditative Versenkung, so wahre höhere Erkenntnis. Nur von sittlicher Selbsterziehung getragen und geläutert ist Meditation ertragreich und segensvoll, nur von Meditation getragen und geläutert ist Erkenntnis ertragreich und segensvoll, und von solcher Erkenntnis durchdrungen und geläutert wird der Geist frei von allen Trübungen irdischen Wähnens, als da sind der Wahn der Weltlust, der Wahn des Weltdasein, der Wahn der Weltansicht, der Wahn des Weltirrtums.«

Und dann fährt der Text fort: »Als dann der Heilige, solange es ihm gefiel, bei Râdschagaha geweilt hatte, richtete er das Wort an den ehrwürdigen Ânanda: ›Wohlauf, Ânanda, laß uns weiterziehen nach Ambalâtthika.‹

›Ja Herr‹, sagte Ânanda zu den Worten des Heiligen. Da zog der Heilige mit großer Jüngerschar des Wegs nach Ambalâtthika...«

Belehrung der Hausväter

Damit hatte die letzte Wanderung des Buddha begonnen. Über Ambalâtthika und Nalanda zog er langsam nordwärts und kam, rund siebzig Kilometer von Râdschagaha entfernt, an das Südufer des Ganges, wo gerade die neue Hauptstadt des Magadhareichs gebaut wurde, die dann in der Folge Râdschagaha ersetzte. Sie hieß damals Pataligâma, wurde aber im Jahre 300 vor Christus in einem Bericht des Griechen Megasthenes bereits mit ihrem neuen Namen Pâtaliputta bezeichnet. Es ist das heutige Patna, die Hauptstadt der indischen Provinz Bihar.

Als der Buddha in Pataligâma angekommen war, begrüßten ihn die Laienanhänger im Dorf: »Es geruhe der Heilige, in unserer Herberge zu wohnen.« Durch Schweigen gab er seine Zusage, die Anhänger umschritten feierlich den sitzenden Buddha und gingen zur Herberge.

»Dort breiteten sie Teppiche aus, machten Sitze zurecht, stellten ein Wassergefäß hin und hingen Öllampen auf. Dann traten sie wieder zum Heiligen und sagten: ›Alles ist bereit; wofür der Heilige nun die Zeit für gekommen hält.‹ Da legte der Heilige die Gewänder an, nahm Almosenschale und Übergewand und ging mit der Jüngerschar nach der Herberge. Dort angelangt, wusch er sich die Füße, trat ein und setzte sich vor den Mittelpfeiler nieder, das Antlitz nach Osten.

Die Jünger wuschen sich ebenfalls die Füße, traten ein und setzten sich vor den westlichen Pfeiler, das Antlitz nach Osten, dem Heiligen zugewandt. Dann wuschen sich auch die Gemeindefreunde von Pataligâma die Füße, traten ein und setzten sich vor den östlichen Pfeiler, das Antlitz nach Westen, dem Heiligen zugewandt...«

Und wieder begann der Buddha von den Mißgeschicken zu sprechen, die die Menschen vom guten Weg abhalten. Immer wieder taucht das Wort Selbsterziehung auf und zieht sich wie ein roter Faden durch das Gespräch.

»Nachdem so bis in die späte Nacht hinein der Heilige die Gemeindefreunde von Pataligâma durch das Wort der heiligen Wahrheit unterwiesen, angefeuert, befeuert und beglückt hatte, verabschiedete er sie: ›Die Nacht ist vorgerückt, ihr Hausväter; wofür ihr nun die Zeit für gekommen achtet.‹

›Ja, Herr‹, sagten die Freunde von Pataligâma zu dem Wort des Heiligen, umschritten ihn ehrfurchtsvoll und entfernten sich. Eben waren sie fortgegangen, da zog sich der Heilige in seine Klause in stille Versenkung zurück...«

In dieser Meditation sah der Buddha dann, wieder erstaunlich weltzugewandt, für die Stadt Pâtaliputta eine große Zukunft voraus: »Soweit der Arier Wohngebiet reicht, soweit Handel und Verkehr ihre Beziehungen haben, wird hier die im Entstehen begriffene Stadt Pâtaliputta eine Hauptstadt sein.«

Hocherfreut über diese Prognose luden ihn daraufhin die königlichen Baubeauftragten zu einem festlichen Mittagsmahle ein, das der Heilige wie üblich schweigend annahm. Danach ging er zum Ganges, setzte zum letztenmal über und zog weiter nordwärts nach Vesâli.

Ein Spiegel der heiligen Wahrheit

Auch im weiteren Verlauf benutzt die Erzählung nun jeden Aufenthaltsort dazu, den Buddha einen Teil seiner Lehre darstellen zu lassen, so daß das Mahâparinibbânasutta nicht nur über die letzten Monate des Erleuchteten berichtet, sondern gleichzeitig auch eine knappe Darstellung der Lehre gibt.

So bot das Quartier in Kotigama auf dem Wege nach Vesâli eine Gelegenheit, die vier heiligen Wahrheiten vom Leiden zu wiederholen. In Nâdika gab es dann einen aktuellen Anlaß. Dort waren eine Reihe von Anhängern durch eine Seuche gestorben, der Text berichtet gar von sechshundert. »Wohin sind sie gegangen, was ist ihr künftiges Schicksal?« wird der Buddha daraufhin gefragt, das heißt: Wer von ihnen geht ins Nirvâna ein, wer wird noch einmal wiedergeboren werden müssen?

Weil es aber eine »Drangsal für den Vollendeten« gewesen wäre, bei jedem Todesfall über den Erlösungsgrad des Gestorbenen Auskunft geben zu müssen, antwortete der Buddha mit einer allgemeinen Regel:

»Ich will euch einen Weg der Heilserkenntnis zeigen, der ›Spiegel der heiligen Wahrheit‹ heißen soll und der jeden Schüler des Erhabenen jederzeit in die Lage setzt, sich selbst im Innern zu prüfen, ob er sich sagen kann: ›Ich bin der weiteren Notwendigkeit, in höllische, untermenschliche, gespenstische Daseinsformen herabzusinken, die in den Abgrund der Verdammnis führenden Wege zu gehen, enthoben, bin eingetreten in den Strom des geistigen Lebens und habe in innerer Festigkeit zielsicher mein Streben auf geistiges Erwachen hingelenkt.‹«

Wie in einer Art Glaubensbekenntnis nennt der Buddha nun vier Maßstäbe: das Vertrauen zum Buddha, das Vertrauen in die Lehre, das Vertrauen in die Brüderschaft und ein Leben in Läuterung:

»... zum ersten, daß der hohe Schüler das klare, gläubige Vertrauen zum Buddha hat, in welchem er sich sagt: ›Das ist der Heilige, der Erhabene, vollkommen Erwachte, der im Wissen und Wandel Bewährte, der Erkenner der Welten, der unvergleichliche Menschenerzieher und Lenker, der Lehrer der Götter und Menschen.‹

Daß er zum zweiten das klare gläubige Vertrauen in die heilige Wahrheit hat: ›Zu Recht erklärt vom Heiligen ist die heilige Wahrheit als eine, die schon hier für das sichtbare Sein, nicht erst für ein fernes Jenseits ihre Geltung hat, eine Lehre, die jedem unmittelbar zugänglich ist und von der er durch eigene Einsicht sich überzeugen kann, eine, die weiterführt, die von Weisen im eigenen Wesen zu wissen ist.‹

Zum dritten das klare gläubige Vertrauen in die Brüderschaft hat: ›Auf einem guten Wege ist die Jüngerschar des Heiligen, auf dem geraden Wege ist die Jüngerschar des Heiligen, auf einem zielsicheren Wege, einem Wege rechten Verhaltens ...‹

Kommt zu all dem noch dieses, daß er sich die sittlichen Eigenschaften aneignet, an denen die Erhabenen ihre Freude haben, und erhält er sie sich in vollkommener, unverbrüchlicher, fleckenloser Reinheit, so daß sie ihm innere Freiheit geben ... und ihm zur Brücke werden zum meditativen Leben – dann hat der hohe Schüler den ›Spiegel der heiligen Wahrheit‹, den Weg der Heilserkenntnis, der ihn jederzeit in die Lage setzt, sich selbst im eigenen Innern zu prüfen ...«

Die Bajadere Ambapâlî

In Vesâli, der nächsten Station, etwa vierzig Kilometer von Patna, setzte der Buddha dann im Mangohain der Lebedame Ambapâlî seine Belehrung fort. Das Thema ist diesmal die Meditation:
»In klarer Selbstbesinnung, ihr Jünger, und in wachem Bewußtsein verbringe der Jünger all sein Leben, diese Ermahnung gebe ich euch. Wie aber, ihr Jünger, übt er die klare Selbstbesinnung? Er tut das ... im Gebiet des körperlichen, indem er in Anspannung seiner Seelenkräfte wachen Gedankens sich der Betrachtung des Körpers hingibt, und dabei alles Verlangen nach der Welt und allen Kummer, mit dem sie ihn noch anfechten könnte, innerlich abstreift. Und wie übt er die wache Bewußtheit? Er tut das so, ihr Jünger: Geht der Jünger einen Weg, geht er ihn wieder dann zurück, so tut er das in wachem Bewußtsein; schaut er vor sich hin oder um sich, so tut er es in wachem Bewußtsein; beugt er die Glieder oder streckt er sie aus, so tut er dieses in wachem Bewußtsein ... Beim Essen und Trinken, Kauen und Schmecken, bei allen Verrichtungen des Körpers bewahrt er dieses wache Bewußtsein ...«

Man erkennt, daß diese Gespräche bisher sorgsam auf die verschiedenen Stationen des Wanderweges verteilt waren, ohne daß ein eigentlicher Erzählfaden sichtbar würde. Mit dem Aufenthalt des Buddha in Vesâli beginnen nun aber plötzlich Erzählungen, die mehr oder weniger unverwechselbar mit dem Buddha zu tun haben und die daher auch farbigere Schilderungen enthalten als bisher.

So wird unmittelbar und ohne Übergang nach der Belehrung über die Wachsamkeit recht anschaulich die Geschichte der uns schon bekannten Bajadere Ambapâlî berichtet, in deren Mangohain der Buddha Quartier genommen hatte.

Als nämlich Ambapâlî von der Anwesenheit des Buddha erfuhr, ließ sie »allerprächtigste Wagen anspannen, bestieg selbst einen der prächtigen Wagen, fuhr mit allen diesen prächtigen Wagen zur Stadt hinaus und nahm die Richtung nach ihrem Lustgarten. Da wo der Fahrweg zu Ende war, stieg sie vom Wagen und ging zu Fuß dahin, wo der Heilige war. Dort angekommen, verneigte sie sich ehrfurchtsvoll vor dem Heiligen und setzte sich in einiger Entfernung vor ihn hin.«

Der Buddha belehrte sie nun, und Ambapâlî war so »belehrt, angeeifert, befeuert und beglückt«, daß sie den Buddha zum Essen einlud: »Schenken wolle der Heilige für morgen mir die Ehre, bei mir zu Tisch zu sein mit dem Kreis der Jünger«, und »durch Schweigen gab der Heilige seine Zustimmung«.

Inzwischen hatten nun auch die in Vesâli wohnenden Prinzen der Litschavî vom Buddha gehört, ließen ihre fürstlichen Wagen anspannen und fuhren mit derart prachtvollen Gewändern und solchem Gepränge zum Mangohain hinaus, daß der Buddha sie sogar mit Göttern verglich. Auf dem Wege dorthin begegnete ihnen Ambapâlî, die gerade auf dem Weg zurück in die Stadt war. In ihrem Stolz über die angenommene Einladung vergaß sie ihre untergeordnete soziale Stellung:

»Da fuhr die Bajadere Ambapâlî herausfordernd mit ihrem Wagen Achse an Achse, Rad an Rad, Deichsel an Deichsel, hart an denen der Litschavî-Jünglinge vorbei. Da sprachen die Litschavî zur Bajadere Ambapâlî. ›He, Ambapâlî, was fällt dir ein, daß du mit deinem Wagen den der jungen Litschavî-Prinzen so anrennst, Achse an Achse, Rad an Rad, Deichsel an Deichsel?‹ – ›Wie sollt' ich nicht, Hoheiten, ist doch der Heilige bei mir für morgen zu Tische geladen mit seinem Jüngerkreise!‹«

Die Litschavî-Söhne waren nun neidisch: »›Ach, Ambapâlî, laß uns dieses Mahl, wir bieten dir hunderttausend!‹ – ›Und gäbt ihr mir, Hoheiten, Vesâli mit allem seinem Reichtum, ich werde ein so hohes Mahl euch nimmer überlassen!‹ – Da schnippten ärgerlich die Litschavî mit ihren Fingern, um damit zu sagen: ›Führwahr, verloren haben wir gegen die Bajadere, sie hat ihr Spiel mit uns, die kleine Bajadere!‹«

Trotzdem fuhren sie zum Buddha hinaus, ließen sich belehren und baten ihn am Schluß: »Schenken wolle der Heilige für morgen uns die Ehre, bei uns zu Tisch zu sein mit dem Kreis der Jünger!« Darauf der Buddha: »›Schon zugesagt, ihr Litschavî, habe ich für morgen das Mahl der Bajadere Ambapâlî.‹ Da schnippten ärgerlich die Litschavî mit ihren Fingern, um damit zu sagen: ›Verloren haben wir gegen die Bajadere, sie hat ihr Spiel mit uns gehabt, die kleine Bajadere!‹«

Am nächsten Morgen ließ dann Ambapâlî im Mangohain ein »auserlesenes Mahl aus festen und flüssigen Speisen« auftragen und bat: »›Es ist Zeit, Herr, das Mahl ist aufgetischt!‹ Da nahm der Heilige, nachdem er am Vormittag die Gewänder angelegt hatte, noch Schale und Übergewand mit sich und begab sich nach dem Speiseraum der Ambapâlî...«

Es war das letzte große Mahl, von dem wir erfahren, und »als der Heilige das Mahl beendet hatte, nahm Ambapâlî einen niedern Sitz und setzte sich in einiger Entfernung vor den Heiligen. So vor ihm sitzend, sprach die Bajadere Ambapâlî zum Heiligen: ›Hier diesen Park, o Herr, ich geb' ihn zum Geschenk dem Buddha als dem Haupt des Jüngerkreises.‹«

Der Buddha nahm das Geschenk an und »solange es ihm gefiel, weilte der Heilige im Mangohain der Ambapâlî.« Ob diese Geschichte tatsächlich erst auf Buddhas letzter Wanderung passiert ist, wissen wir allerdings nicht, da sie in einem völlig anderen Zusammenhang und zu einer ganz anderen Zeit in den alten Texten noch einmal erzählt wird.

Todesahnung und Vermächtnis

Obwohl Vesâli zu seinen Lieblingsplätzen gehörte, zog der Buddha in das Dorf Beluva, um dort seine letzte Regenzeit zu verbringen. Er wollte allein sein: »Geht hin, ihr Jünger, und verbringt die Regenzeit dort in der Nähe von Vesâli bei guten Freunden und Bekannten – mich aber verlangt, hier im Dorf Beluva die Regenzeit zu halten.«

In der Abgeschiedenheit des kleinen Dorfes und nur von seinem Lieblingsmönch Ânanda begleitet, spürte er sein nahes Ende. Es »überfiel ihn eine schwere Krankheit, heftige Schmerzen stellten sich ein – tödlichen Ausgangs Vorboten.« Aber »ruhigen und gefaßten Geistes, in klarer Besinnung und wacher Bewußtheit ertrug der Heilige die Schmerzen. Da kam dem Heiligen der Gedanke: Nicht angemessen wäre es von mir, wollte ich, ohne noch einmal das Wort an die Freunde meiner Nähe gerichtet zu haben und ohne die Jünger in Kenntnis zu setzen, der Welt ins Nirvâna entschwinden. Wohlan, ich will diese Krankheit durch Willensanstrengung zurückdrängen...«

Und wirklich: »Da drängte der Heilige durch Anspannung der Willenskraft die Krankheit zurück, und auf des Lebens bildende Kraft sich innerlich stellend, hielt er das Leben in sich zurück. Da kam die Krankheit des Heiligen zum Stillstand.«

Daraufhin erhob er sich und setzte sich vor das Haus in den Schatten, wo ihn Ânanda begrüßte: »Wie schön, Herr, daß dem Erhabenen wohl ist; wie schön, Herr, daß dem Erhabenen leichter ist. Mich hatten, Herr, die Kräfte verlassen; mir war schwindlig; mein Geist konnte keinen Gedanken fassen wegen der Krankheit des Erhabenen. Aber einen Trost, Herr, hatte ich doch: Der Erhabene wird nicht ins Nirvâna eingehen, bis der Erhabene nicht über die Gemeinde der Jünger seinen Willen verkündet hat.«

Es ging um das Vermächtnis des greisen Buddha, vor allem wer die Gemeinde leiten sollte, wenn ihr Gründer gestorben war. Aber welche Antwort Ânanda auch erwartet haben mochte – er bekam die Worte eines abgeklärten Weisen zu hören, der am Ende seines Lebens nur einen Rat hatte: Nehmt eure Zuflucht bei der Lehre und – bei euch selbst:

»Was begehrt die Gemeinde der Jünger noch von mir, Ânanda? Ich habe die Lehre verkündet, Ânanda, und ich habe keinen Unterschied gemacht zwischen einem drinnen und draußen (zwischen einer Geheimlehre und einer Lehre fürs Volk); denn in bezug auf die Wahrheit, Ânanda, hat der Vollendete nicht die geschlossene Faust eines Lehrers, der gewisse Wahrheiten zurückhält.

Wer da meint, Ânanda: Ich will über die Gemeinde herrschen, oder: möge mir die Gemeinde untertan sein – der mag, Ânanda, seinen Willen über die Gemeinde verkünden. Der Vollendete aber, Ânanda, meint nicht: Ich will über die Gemeinde herrschen oder mir möge die Gemeinde untertan sein.

Was soll der Vollendete, Ânanda, seinen Willen über die Gemeinde verkünden? Ich bin jetzt hinfällig, Ânanda, ich bin alt, ich bin ein Greis, der seinen Weg gemacht und das Alter erreicht hat. Achtzig Jahre bin ich alt. Wie ein alter Wagen knarrend und stoßend sich weiterbewegt, also, möchte ich sagen, schleppt auch des Vollendeten Körper nur noch mühselig sich hin ... Darum, Ânanda, seid eure eigne Leuchte, eure eigne Zuflucht, sucht keinen anderen Halt ... Solche Jünger werden ... dem rechten Wandel nachtrachten.«

Ânanda versagt

Die Tatsache, daß der Buddha eine schwere Krankheit durch Willensanstrengung und Beherrschung überwinden konnte, wird im darauffolgenden Bericht zur letzten Konsequenz gesteigert: Wenn er durch Jogaübungen die Lebenskraft in sich halten konnte, dann brauchte der Buddha ja überhaupt nicht zu sterben, wenn er nur konsequent am Leben festhielt.

Nachdem Buddha von einem Almosengang aus Vesâli zurückgekehrt war, unterhielt er sich deshalb mit Ânanda im ›Hain des vergänglichen Wesens‹ über die Macht der Meditation:

»Wer immer, Ânanda, die vier Elemente überirdischer Macht durch Meditation in sich weckt und entwickelt, wer sich in ihnen zu bewegen weiß, sie wesenhaft in sich verwirklicht, wer ihre Methoden beherrscht, durch Übung in ihnen stark geworden ist und sie völlig bemeistert, der könnte ja, wenn er nur wollte, ein Weltenalter im Irdischen stetig verbleiben oder den Rest des Weltenalters.

Der Vollendete aber, Ânanda, der so den Buddha-Weg gegangen ist, hat die vier Elemente überirdischer Macht durch Meditation in sich geweckt ... So könnte, wenn er nur wollte, Ananda, der Vollendete ein Weltenalter im Irdischen stetig verbleiben oder den Rest des Weltenalters.«

Aber trotz des »machtvoll-deutlichen Winks« verstand Ânanda nicht, was der Buddha wollte, obwohl er die Geschichte dreimal wiederholte. Denn Ânanda war unfähig, »zum Geist der Worte hindurchzudringen, und bat den Heiligen nicht: ›Im Erdenstand bleibe der Heilige, im Erdenstand bleibe der Selige ein Weltalter lang stetig zum Heile vieler Wesen, zum Glück vieler Wesen, aus Mitleid mit der Welt, zum Wohle, zum Heile, zum Glücke der Götter und Menschen...‹«

Ânanda hätte den Buddha also bitten sollen, äonenlang am Leben zu bleiben. Weil er dies nicht tat, mußte der Buddha aus »innerer Notwendigkeit« sterben. Freilich war das nicht Ânandas Schuld allein: Mâra, der »Widersacher des Menschen«, hatte Ananda mit Blindheit geschlagen.

Denn nun erschien der Todesgott Mâra, um dem Buddha, wie schon einmal bei seiner Erleuchtung, den sofortigen Eingang ins Nirvâna nahezulegen: »Die Zeit ist da, der Welt entschwinde der Heilige ... Gekommen ist für den Heiligen die Zeit, ins große Nirvâna einzugehen ...«

Und der Buddha, der das irdische Weiterleben durch Willenskraft hätte erzwingen können, antwortete: »Sei ohne Sorge, du Böser, über ein kleines wird des Vollendeten Nirvâna sein, in drei Monaten von heute wird der Vollendete in das große Nirvâna eingehen.«

Mit dieser ersten Todesankündigung begann nun der eigentliche »Hingang des Vollendeten«, denn »da entließ denn aus sich der Heilige im ›Hain des vergänglichen Wesens‹ in klarer Besinnung und wacher Bewußtheit des Lebens bildende Kraft« (Sankhâra).

Jetzt endlich begriff Ânanda, daß er den Buddha hätte bitten müssen, weiterzuleben, aber jetzt lehnte der Buddha ab: »Hättest du, Ananda, die Bitte an den Vollendeten getan, so hätte der Vollendete dir zweimal das Wort deiner Bitte abgeschlagen, das drittemal hätte er sie dir erfüllt. Darum, Ânanda, hast du Unrecht getan, darum hast du gefehlt.«

Der Tod des Buddha war nun unabwendbar.

Die verdorbene Mahlzeit

Nachdem der Buddha dann auch den übrigen Jüngern seinen Tod angekündigt hatte, zog er langsam weiter nordwärts seiner Heimat am Fuß des Himalaja zu.

Aber er sollte sie nicht mehr erreichen. Als er unterwegs in der Ortschaft Pava Halt machte, lud ihn der Schmied Tschunda, ein Laienanhänger, zu einer Mahlzeit ein, die er nicht vertrug. Den Buddha befiel danach »eine schwere Krankheit mit blutigem Abgang, heftige Schmerzen stellten sich ein, des Todes Vorboten...«

Es ist viel darüber gerätselt worden, was diese ruhrartige Krankheit verursacht haben könnte. Das Mahâparinibbânasutta erzählt jedenfalls, Tschunda habe unter anderem eine große Schüssel von »Sûkaramaddavam« gebracht, von der aber nur der Buddha gegessen habe und deren Überreste der Gastgeber seltsamerweise auf ausdrückliche Anweisung des Buddha vergraben mußte.

Es ist unklar, was »Sûkaramaddavam« bedeutet. Die Schwierigkeit liegt dabei nicht in der Wortzusammensetzung, sondern in der Bedeutung. »Sûkara« heißt »Eber«, »Schwein« und »maddava« heißt »Weichheit«, »Milde«.

Die einen vermuten daher, es habe sich um ein verdorbenes Wildschweingericht, also etwa um Wildschweinsülze oder etwas ähnliches gehandelt. Andere meinen dagegen, das Wort Eber habe hier vielleicht nur eine übertragene Bedeutung und meine ein pflanzliches Gericht wie etwa »Ebertrüffel«, so wie wir ja auch im Deutschen Pflanzen als »Bärwurz«, »Geißblatt«, »Schlangenkraut« oder »Wolfsmilch« bezeichnen.

Man könnte daher bei Buddhas letzter Mahlzeit ebenso an ein verdorbenes Fleischgericht wie an eine Pilzmahlzeit denken, die versehentlich auch giftige Pilze enthielt. Aber vielleicht dramatisiert man damit nur die Tatsache, daß der ohnehin durch seine Krankheit geschwächte und hinfällige Buddha auch aus einem weit harmloseren Anlaß an Ruhr erkranken und sterben konnte.

Jedenfalls war aber die Mahlzeit das auslösende Moment und der Schmied Tschunda infolgedessen die Ursache für den raschen

Tod des Buddha. Zwar war dieser Tod unvermeidlich, da der Buddha ihn bereits im voraus auf den Tag genau angekündigt hatte – ebenso unvermeidlich wie nach der christlichen Lehre der Tod Jesu. Aber während das Christentum Judas verdammte, obwohl er doch nach dem Plan Gottes die Heilstat der Kreuzigung und Auferstehung überhaupt erst möglich machte, hat der Buddhismus aus Tschunda keinen Judas gemacht. Im Gegenteil.

Kurz vor seinem Tode kam der Buddha noch einmal auf Tschunda zu sprechen: »Es möchte sein, Ânanda, daß jemand dem Schmiede mit dem Vorwurf heißmachen wollte: ›Das ist dir, lieber Tschunda, nicht zum Gewinn, das ist dir fehlgeraten, daß auf die bei dir genossene letzte Almosenspeise der Vollendete aus dieser Welt gegangen ist.‹ Doch dann sollt ihr die Pein des Selbstvorwurfes dem Schmied aus der Seele nehmen, sollt ihm sagen: ›Das ist dir, lieber Freund, sehr zum Gewinn, das Schicksal hat es gut mit dir gemeint, daß auf die bei dir genossene letzte Almosenspeise der Vollendete aus dieser Welt gegangen ist ... Ein Tatenschicksal hat sich Tschunda, der ehrwürdige Schmied, geschaffen, das ihm zu langem Leben verhilft, ein Tatenschicksal, das ihm zu Ruhm, zu Glück und Ehre verhilft, ein Tatenschicksal, das ihm zur Himmelseligkeit verhilft‹«, denn: »Wer Gaben spendet, der erwirbt Verdienst.«

Die Verklärung

Trotz seiner Erkrankung wollte der Buddha aber nicht in Pava bleiben. »In heft'ger Ruhrheimsuchung sprach der Heilige dann: Nach Kusinârâ will ich weiterziehen ...«

Kusinârâ, das heutige Kasia, fünfundfünfzig Kilometer östlich von Gorakhpur, war die letzte Station, die der Erleuchtete erreichte. Hier sollte er sterben und ins Nirvâna eingehen.

Wenn seine Ankündigung, er werde in einem Vierteljahr sterben, nicht nur symbolisch gemeint war, dann hätte der Buddha demnach drei Monate gebraucht, um von Vesâli in das hundertzwanzig Kilometer entfernt liegende Kusinârâ zu ziehen, das in gerader Linie zwischen Vesâli und seiner Heimatstadt Kapilavatthu liegt. Die lange Wanderzeit wird allerdings damit erklärt, daß sie durch die Regenzeit unterbrochen wurde. Das wiederum gibt uns einen Anhaltspunkt, in welcher Jahreszeit der Buddha gestorben sein könnte. Da die Regenzeit bis September/Oktober dauert, käme als Sterbemonat Oktober oder November in Frage, wenn man noch einige Zeit für die Wanderung hinzurechnet. Tatsächlich geben die Sanskritquellen auch November an, während Pâliquellen April/Mai nennen und damit eine Beziehung zu seinem Geburtsmonat herstellen. Wenn aber überhaupt ein historischer Kern in den Erzählungen des Mahâparinibbânasutta steckt (wofür einiges spricht), dann wäre die Sanskritangabe mit November wesentlich glaubwürdiger.

Auf dem Wege nach Kusinârâ, so wird weiter erzählt, machte der Buddha noch einmal an einer Baumwurzel Rast, weil er Durst hatte. Dabei traf er Pukkusa, einen Prinzen der Malla, der sich zu seiner Lehre bekannte und ihm zum Dank zwei Gewänder aus Goldbrokat schenkte. Diese Gewänder wurden, wie Ânanda sagte, zu einem »Wunder« und »seltenem Geheimnis«, denn als der Buddha eins anzog – »siehe da, es leuchtete, anliegend an des Heiligen Leib, in blendend hellem Glanz, wie weißer Aussatz. Da sprach der ehrwürdige Ânanda: ›Ein Wunder, Herr, ein seltenes Geheimnis ist es, wie in Verklärung hier in lichtem Weiß das Inkarnat des Heiligen erglänzt...‹«

Es gibt auch noch andere Stellen, wo es ebenfalls zwischen Todesankündigung und Tod heißt: »Und seine Kleider wurden ganz leuchtend weiß, wie sie kein Bleicher auf Erden so weiß machen kann« und »seine Kleider wurden weiß wie das Licht«, oder in einer dritten Formulierung: »... ward das Aussehen seines Angesichts anders, und sein Kleid ward weiß und glänzte.« Es sind die drei Stellen aus dem Neuen Testament, wo von der Verklärung Christi gesprochen wird.

Was uns im Neuen Testament als Verklärung reichlich fremdartig erscheint, hat im Leben des »Erleuchteten« eine mehr als sinnbildliche Funktion, denn der Buddha erklärte dem Ânanda nun das Wunder: »Zwei Zeitanlässe gibt es, wo des Heiligen Inkarnat in überheller Verklärung, in lichtem lauterem Weiß erglänzt... Zuerst in jener Nacht, da der Vollendete, Ânanda, zur höchsten vollkommenen Erleuchtung auferwacht – und in der anderen Nacht, da der Vollendete im Nirvâna... verweht. Bei diesen beiden Zeitanlässen, o Ânanda, erglänzt des Heiligen Leib wie in Verklärung überhell, in lichtem, lauterem Weiß.«

Der Tag des Todes war also gekommen: »Und heute nun, Ânanda, im letzten Drittel dieser Nacht, zu Kusinârâ im Salahaine der Malla, im ›Garten der Heimkehr‹, zwischen zwei Zwillingssalabäumen, wird der Hingang des Vollendeten ins große Nirvâna sein. Wohlauf, Ânanda, laß uns weiterpilgern...«

Der Hingang ins Nirvâna

Im »Garten der Heimkehr«

». . . Da zog der Heilige mit großer Jüngerschar Gefolge hin zum anderen Ufer des Goldbächleins, da wo im Gebiet von Kusinârâ der Mallafürsten Sala-Hain, ›der Heimkehr Garten‹ war. Am Ziele angelangt, richtete er an den ehrwürdigen Ânanda das Wort: ›Geh hin, ich bitte dich, Ânanda, und bette mir zwischen zwei Zwillingssalabäumen die letzte Lagerstatt, das Haupt nach Norden! Ich bin müde, Ânanda, ich will mich hinlegen.‹

Ânanda richtete im Schatten ein Lager her, und . . . da legte sich der Heilige, wie ein Löwe sich hinlegt, auf die rechte Seite, den einen Fuß über den andern, in klarer Besinnung und wacher Bewußtheit.«

Nach einer ausführlichen Schilderung, in der berichtet wird, daß nun die beiden Salabäume zu blühen anfingen und Blütenschauer »auf des Vollendeten Leib herniederregnen, herniederrieseln, herniederströmen«, obwohl es nicht die Jahreszeit dazu war; und nach einer Beschreibung, daß im Umkreis von zwölf Meilen auch nicht der kleinste Fleck Erde zu finden war, auf dem sich keine göttlichen Wesen drängten, um den Erleuchteten zum letztenmal zu sehen, findet die Geschichte plötzlich zu einer ganz nüchternen Diskussion zurück: Wie sollen, Herr, wir mit dem Leichnam des Vollendeten verfahren?« fragte Ânanda, und der Buddha antwortete, von seiner Bedeutung überzeugt: »Wie eines großen Königs, eines Erdkreisherrschers Leichnam soll man ihn behandeln.«

Damit legt die Erzählung dem Buddha die Begründung für die spätere Reliquienverehrung in den Mund; denn eine solche Behandlung bedeutete den Bau von Reliquienstätten.

Der Lieblingsmönch aber erkannte nun, daß wirklich die letzte Stunde des Buddha gekommen war. »Da ging der ehrwürdige Ânanda in das Gemeindehaus und brach, an einen Mauervorsprung angelehnt, in Tränen aus . . .«

Da war nichts mehr von Abgeklärtheit und Gleichmut, wie sie der Buddha gelehrt hatte. Ânanda trauerte darüber, daß der Buddha so bald sterben mußte und daß er »in dieser aus der Wildnis herausgewachsenen Stadt, in dieser abgelegenen Stadt ins Nirvâna« eingehen würde. Aber der Buddha starb nicht allein und einsam. Außer seinen Mönchen ließ er noch die Vornehmen aus

Kusinârâ herbeirufen, und schließlich kam zufällig auch noch Subhadda, ein Mönch aus einer anderen Sekte vorbei. Zum letzten Male stellte der sterbende Buddha seine Lehre dar und erinnerte sich:

»Im Alter, Freund, von neunundzwanzig Jahren
entsagte ich der Welt, den Heilsweg suchend.
Und über fünfzig Jahre sind dahingegangen,
seitdem ich heimatlos dahingepilgert,
die Wahrheit und den Weg als Richtschnur zeigend.
Wo diese beiden nicht gefunden werden,
da kann kein wahres Jüngertum bestehen.«

Da nahm Subhadda seine Zuflucht zum Buddha, seiner Lehre und seiner Gemeinde und war damit, wie es im Text heißt, »des Heiligen letzter persönlicher Schüler«.

Ein letztes Mal wandte sich daraufhin der Buddha an Ânanda und die Mönche:

»Es möchte sein, Ânanda, daß euch der Gedanke komme: Das Wort hat seinen Meister verloren, wir haben keinen Lehrer mehr. So sollt ihr es, Ânanda, aber nicht ansehen. Sondern die Geisteswahrheit und die Geistesschulung, die ich euch gezeigt und geoffenbart habe, die ist euer Meister, wenn ich dahingegangen bin ... wohlan, ihr Jünger, an euch ergeht mein Wort:

Vajadhammâ sankhârâ, appamâdena sampâdethâ'ti!
Vergänglich sind alle Gebilde, strebt ohne Unterlaß!
Das waren des Vollendeten letzte Worte.«

Das Verlöschen

Danach verfiel der Buddha ins Koma, das vom »Mahâparinibbânasutta« ehrfürchtig als letzte Meditation beschrieben wird:

»Darauf erhob der Heilige sich zur ersten Stufe geistiger Versenkung, aus ihr sich wiederum erhebend, erreichte er die zweite, dann die dritte, dann die vierte Stufe der Versenkung. Auch diese Stufe wiederum verlassend, erhob er sich zur ›Sphäre der Unendlichkeit des Weltenäthers‹ (die Unendlichkeit des Raumes), aus dieser Sphäre der Unendlichkeit des Weltenäthers zur Sphäre des unendlichen Bewußtseins: Aus dieser Sphäre des unendlichen Bewußtseins sich erhebend, erreichte er die ›Sphäre des Nicht-Ist‹. Auch diese Sphäre wiederum verlassend, erhob er sich zur ›Sphäre jenseits von bewußt und unbewußt‹, aus ihr zur ›Sphäre des Auslöschend von Bewußtsein und Empfindung‹.«

Da sagte der ehrwürdige Ânanda: »Hinübergegangen ins Nirvâna ist der Heilige«, wurde aber von einem anderen Mönch korrigiert: »Nein, ehrwürdiger Ânanda, der Erhabene hat die Vernichtung von Wahrnehmung und Empfindung erreicht.«

Daraufhin durchlief der Buddha alle Stufen wieder in umgekehrter Richtung bis hinab zur ersten Versenkungsstufe, um dann noch ein zweites Mal aufzusteigen:

»Er erhob sich aus der ersten Versenkungsstufe und erreichte die zweite Versenkungsstufe; er erhob sich aus der zweiten Versenkungsstufe und erreichte die dritte Versenkungsstufe; er erhob sich aus der dritten Versenkungsstufe und erreichte die vierte Versenkungsstufe; er erhob sich aus der vierten Versenkungsstufe und ging von ihr aus unmittelbar in das vollständige Nirvâna ein.«

Der Buddha hatte sein Ziel erreicht:

»Ohn' alle Regung ging er ein zur Ruhe,
der Herr des Schweigens, da er von uns schied.
Mit einem Geist, der frei vom Ird'schen war,
ertrug gefaßt er allen Todesschmerz,
wie das Verlöschen eines Lampenlichtes
war seines Geistes Lösung anzuschauen.«

Reliquienstreit und Versöhnung

Erst eine Woche nach seinem Tode wurde der Buddha dann im Osten von Kusinârâ auf einem Holzstoß verbrannt. Zuvor hatte man ihn wie eine Mumie in viele Leinentücher eingewickelt und in einen »ehernen Behälter mit Öl« gelegt.

Zu dieser Verzögerung war es gekommen, weil einmal die Trauerfeierlichkeiten so lange dauerten, dann aber auch, weil sofort nach seinem Tod ein Streit um die Reliquien begann. Als nämlich die anderen nordindischen Stämme vom Tode des Buddha hörten, schickten sie sofort Delegationen nach Kusinârâ, um einen Anteil an der Asche des Heiligen zu verlangen. Das aber lehnte der Herrscher von Kusinârâ ab: »Der Heilige ist in unsere Gemarkung ins Nirvâna eingegangen, wir werden von den Gebeinen des Heiligen nichts hergeben.« Inzwischen hatte man den Buddha verbrannt, und der Brahmane Dona, der das Zeremoniell geleitet hatte, versuchte zu vermitteln:

»Hört, ihr Herren, diese meine Rede!
Nachgiebigkeit zu üben, mahnte uns der Buddha.
Nicht wohlgetan erschien es dem Erhabenen,
zu streiten um die Teilung der Gebeine.
Uns gütlich einend alle miteinander,
ihr Herren, wollen wir acht Teile machen.
Allüberall mögen Reliquienstätten
verkünden allem Volk, daß ihnen naht
des großen Sehers gläubige Verehrung.«

Dieser Vorschlag wurde schließlich angenommen und die Asche und die Knochenreste des Buddha in acht Teile aufgeteilt, während Dona die Urne selbst behielt. Weil eine Abordnung zu spät kam und die Überreste des Buddha schon verteilt waren, erhielt sie wenigstens die Asche des Brennholzes. »So gab es außer den acht Reliquienstätten der Gebeine noch eine neunte über der Urne, eine zehnte über der Kohlenasche. So ist es vor Zeiten geschehen...« heißt es dazu im Text.

Auf diese Weise konnte die Erinnerung an den Erleuchteten »in Ehrfurcht überall gefeiert« werden, denn – so die letzten Worte des »Mahâparinibbânasutta« –:

»Neigt euch vor ihm in Ehrfurcht, faltet...
vor ihm die Hände an die Stirn:
denn schwer zu finden ist in dieser Welt
in hundert Weltenaltern ein erwachter Buddha.«

Urnenfunde

Damit ist das Leben und die Lehre dieses Mannes erzählt, den man den Buddha nennt. Man kann sich dabei fragen, ob die Überlieferung wirklich alles so geschildert hat, wie es »vor Zeiten geschehen«. Funde bestätigen aber zumindest den Reliquienkult, der gleich nach seinem Tode einsetzte.

So hat man bei allerdings nicht sehr gründlichen Ausgrabungen in Kusinârâ Klosterruinen entdeckt, die zwar erst aus dem dritten bis zwölften Jahrhundert nach Christus stammen. Der Reliquienschrein, ein sogenannter »Stupa«, und die Andachtshalle stammen sogar erst aus dem letzten Jahrhundert. Sie sollen aber nach einer alten Tradition an der Stelle stehen, an der der Buddha unter den Zwillingssalabäumen ins Nirvâna einging, also am gleichen Ort, wo vorher der Paranirvâna-Tschaitja, der »Tempel des endgültigen Nirvâna«, stand.

Anderthalb Kilometer davon entfernt ist im Osten ein riesiger Grabhügel erhalten, der sich an der Stelle befindet, wo der Buddha verbrannt wurde und wo die Verteilung der Reliquien stattfand. Dieser Grabhügel, in der Umgebung »Ramabhar« genannt, ist noch nicht systematisch erforscht worden.

Er vermittelt aber noch einen Eindruck, wie derartige Reliquienstätten ausgesehen haben: Sie waren nichts weiter als ein monumental ausgestalteter Grabhügel, der »Stupa« genannt wurde. In solchen Stupen wurden die Herrscher beigesetzt. Da nun das »Mahâparinibbânasutta« den Buddha sagen läßt, er sei wie ein »Weltenherrscher« zu bestatten, wurden solche Stupen später geradezu zum Symbol der buddhistischen Erlösung vom Kreislauf der Wiedergeburten. Sie wurden dann allerdings nicht mehr als Grabhügel errichtet, sondern als steinerne Kuppelbauten, die man über Reliquien von Heiligen oder deren Skulpturen errichtete.

Den Rest eines zweiten alten Stupa entdeckte man 1898 bei Piprâvâ, das wahrscheinlich mit Kapilavatthu, der Heimatstadt des Buddha, identisch ist. Als man den Stupa öffnete, fand man in drei Meter Tiefe eine kleine Urne mit Votivgaben und in fünfeinhalb Meter Tiefe einen Steinkasten, der fünf Gefäße enthielt. Sie befinden sich heute im indischen Nationalmuseum in Kalkutta, lediglich die Asche ist seinerzeit dem König von Thailand übergeben worden.

Auf einem dieser Gefäße, einer Specksteinurne, entzifferte man die Inschrift: »Diese Urne mit Reliquien des erhabenen Buddha aus dem Sakjastamm ist eine Stiftung des Sukuti und seiner Brüder mitsamt Schwestern, Söhnen, Frauen.«

Und schließlich wurde 1958 in einem Stupa in Vesâli eine kleine Deckelschale gefunden, die Knochenreste, Asche und verschiedene Beigaben enthielt. Es könnte der Teil der Buddha-Reliquie sein, den die Bewohner von Vesâli vor mehr als zweitausendvierhundert Jahren erhalten haben.

V
Die Ausbreitung der Lehre

Konzile und Edikte

»Seid eure eigne Leuchte!«

Mit dem Tode des Buddha waren die Mönche auf die korrekte Überlieferung der Lehre angewiesen; sie allein war die Autorität, die der Buddha hinterlassen hatte, denn einen Nachfolger hatte er nicht bestimmt.

Es kam nun also darauf an, die Aussprüche und Reden zu sammeln und miteinander zu vergleichen, die der Buddha in fünfundvierzig Jahren an den verschiedensten Orten und vor den verschiedensten Menschen geäußert hatte. Allzuleicht konnte es sonst geschehen, daß voneinander abweichende Versionen überliefert wurden und es dadurch zu Differenzen und Spaltungen kam.

Das »Mahâparinibbânasutta« läßt daher den Buddha erklären: »Es könnte, ihr Jünger, dieses hier geschehen, daß ein Jünger spräche: ›Aus des Heiligen eigenem Munde habe ich dieses gehört und aufgenommen, dies ist die wahre Lehre, dies ist die rechte Satzung, dies des Meisters Gebot.‹ Ein solches Wort eines Jüngers sollt ihr dann weder ohne weiteres annehmen, noch ohne weiteres verwerfen, sondern ihr sollt euch, ohne voreilig nach einer Richtung zu entscheiden, den Wortlaut genau merken und ihn am Kanon der Lehre nachprüfen, im Kanon der Satzung aufsuchen.

Läßt es sich dort nicht nachweisen, dann werdet ihr zu dem Ergebnis kommen: ›Das Wort rührt gewiß nicht vom Heiligen her, der Jünger hat es schlecht behalten‹, und ihr habt es zu verwerfen. Läßt es sich aber im Kanon nachweisen, dann kommt zu dem Ergebnis: ›Gewiß ist das ein Wort des Heiligen, der Jünger hat es gut behalten.‹«

Ein solcher Kanon mußte aber überhaupt erst einmal geschaffen werden, und es ist erstaunlich, mit welcher Eile das geschah: Noch während der Verbrennungsfeierlichkeiten des Buddha forderte der Waldeinsiedler Mahâkassapa die fünfhundert anwesenden »Heiligen« auf, sich in der nächsten Regenzeit in Râdschagaha zu treffen und die mündliche Überlieferung miteinander zu vergleichen.

Die Konzile

Binnen Jahresfrist fand dann das erste »Konzil« in Râdschagaha statt, das der Waldeinsiedler Mahâkassapa leitete. Ânanda rezitierte die Lehrreden, die Suttas, und Upâli die Ordensregeln, wobei jeder anwesende Mönch die Möglichkeit hatte, seine eigenen Erinnerungen an Buddhaworte zur Diskussion zu stellen. Auf diese Weise dauerte es allein sieben Monate, bis das Konzil den Stoff geordnet und anerkannt hatte. Danach wurden die Texte auswendig gelernt. Auch wenn sich die Mönche dabei aufteilten und gruppenweise bestimmte Stoffe memorierten, muß die Gedächtnisleistung ungeheuer gewesen sein.

Rund hundert Jahre später, also etwa 390 vor Christus, kam es dann wegen Unstimmigkeiten in der Ordenszucht zu einem zweiten Konzil, das diesmal in Vesâli stattfand. Acht Monate lang wurden dort Texte aufgesagt und miteinander verglichen. Aber es kam zu keiner Einigung, sondern zu einer Aufspaltung in die konservative Richtung der Theravâdin und in eine liberalere Mehrheit, der Mahâsânghikas, aus der sich dann später die beiden großen Richtungen des Hînajâna und des Mahâjâna entwickelten.

Wieder hundertdreißig Jahre später, also etwa um 260 vor Christus, wurde in Pâtaliputta ein drittes Konzil abgehalten, das den inzwischen angewachsenen Lehrstoff neun Monate lang aufsagte, revidierte und um ein scholastisches Werk, das »Kathâ-Vatthu«, erweiterte, in dem mehr als zweihundert Ketzereien widerlegt wurden. Die zunehmende Absicherung gegen falsche Lehren und Ketzereien beweist, daß die »Konzile« längst nicht die bindende Kraft hatten, die man erwartete. Vielleicht sollte man sie sich daher auch eher als regionale Synoden vorstellen und nicht als die »Gemeinde der vier Weltgegenden«.

Die Tradition scheint jedenfalls ähnlich empfunden zu haben, denn sie berichtet, daß am Ende des ersten Konzils der ehrwürdige Mönch Purâna nach Râdschagaha kam und aufgefordert wurde, den Kanon anzunehmen. Purâna aber dachte nicht daran: »Der Kanon der Lehre und Ordnung, ihr Freunde, ist von den Ältesten trefflich festgestellt worden, aber ich will doch an dem halten, was ich vom Erhabenen selbst gehört und empfangen habe.«

So konnte auch das dritte Konzil die zunehmende Aufspaltung weder verhindern noch gar rückgängig machen. Daß es überhaupt zu diesem Konzil kam, war ohnehin nicht auf die Initiative der Mönche zurückzuführen, sondern auf die »Bekehrung« eines

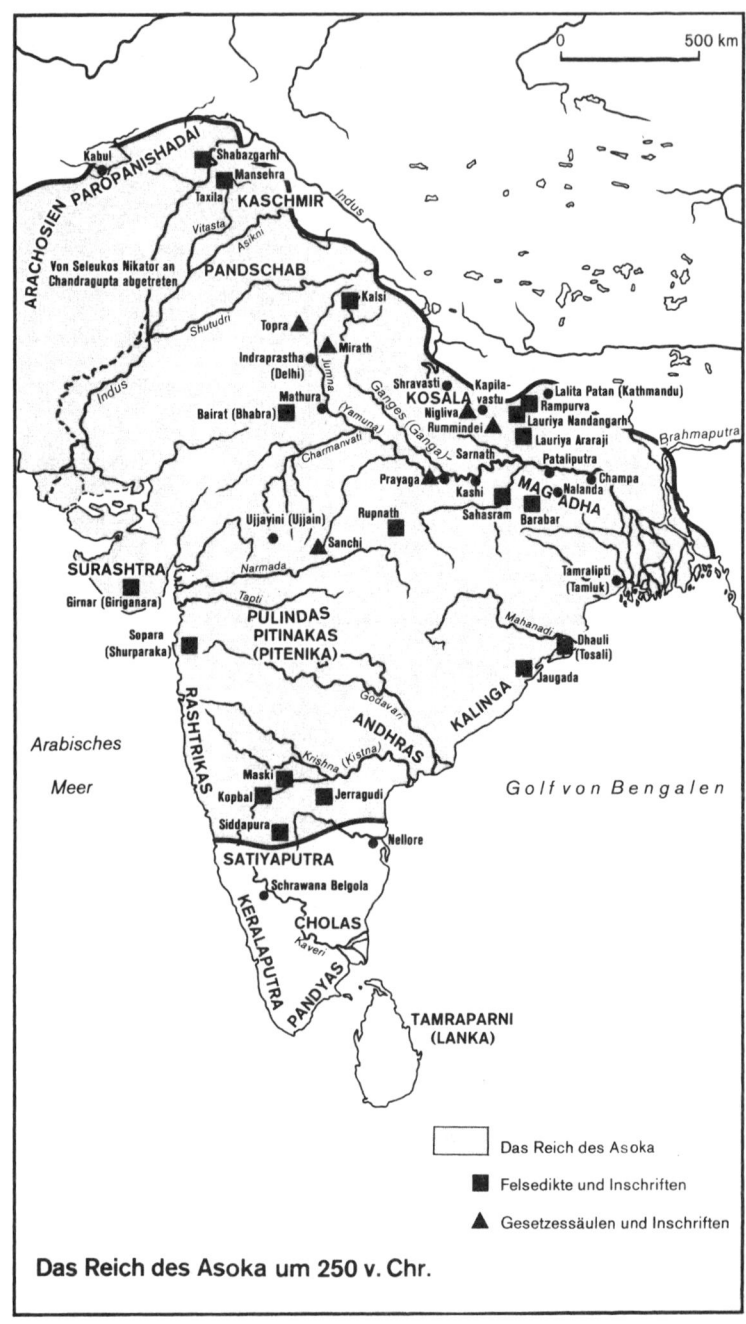

Herrschers, der für die Geschichte des Buddhismus eine ähnlich prägende Bedeutung hatte wie Kaiser Konstantin für das Christentum: König Asoka.

Asoka und die Edikte

König Asoka, einer der größten Herrscher der indischen Geschichte überhaupt, schuf das erste indische Großreich, das den gesamten Subkontinent mit Ausnahme der drawidischen Südspitze des Tamillandes unter seiner Herrschaft vereinigte.
Asoka regierte etwa von 273–232 vor Christus. Er war der Enkel des Tschandragupta, der nach dem Indienfeldzug Alexanders (327–325) den griechisch kontrollierten Pandschab durch einen Aufstand befreite, dann in das Königreich Magadha einfiel und Pâtaliputta, die einst von König Bimbisâra von Magadha neu erbaute Residenz, besetzte und die Dynastie der Nanda verdrängte. Später verständigte er sich mit dem griechischen Diadochen-Herrscher Seleukos I., der in Babylon residierte und dessen vorderasiatisches Reich bis zum Indus reichte.
In jener Zeit hielt sich der Grieche Megasthenes in Pâtaliputta auf und schrieb seinen Bericht über Indien, während kurz darauf indische Gesandte nach Antiochia und Alexandria kamen.
Tschandraguptas Sohn Bindusâra regierte dann von 298 bis etwa 273 vor Christus. Ihm folgte sein sechzehnjähriger Sohn Devânapija Pijadasi (»der Gütigschauende«), den wir unter dem Namen Asoka Vardhana (»der Kummerlose«) kennen.
Warum Pijadasi den zweiten Namen Asoka führte, wissen wir nicht. Auf seinen Säulen- und Felsenedikten ließ er sich jedenfalls fast ausnahmslos Pijadasi nennen, so daß man im letzten Jahrhundert zunächst vor dem Rätsel stand, von wem diese Felseninschriften überhaupt stammten. Erst als man auf eine alte ceylonesische Chronik aus dem vierten Jahrhundert nach Christus stieß, löste sich das Rätsel. In dieser Dipavamsa-Chronik wurde der Herrscher ebenso wechselnd Pijadasi und Asoka genannt wie auf einer später entdeckten Inschrift auf dem Felsenedikt von Maski (im heutigen Unionsstaat Haiderabad).
Was wir über Asoka wissen, ist zum großen Teil legendär. Aber an die dreißig sogenannte »Edikte«, die er auf Felsen und Säulen in seinem Herrschaftsgebiet einmeißeln ließ und aus deren Standorten wir vor allem die Größe seines Reiches ablesen können, geben zumindest die Selbstaussagen Asokas unverfälscht wieder.

So ließ er in Felsenedikten mitteilen, die in Prâkrit, der Volkssprache des Sanskrit, geschrieben waren (weshalb dann auch sein Name anders buchstabiert wird):
»Acht Jahre nach seiner Krönung eroberte König Devânamprija Prijadarsin das Land Kalinga. Hundertfünfzigtausend Menschen wurden damals verschleppt, hunderttausend Menschen wurden erschlagen, und eine vielfache Anzahl starb.«
Doch was zunächst wie eine der üblichen Siegesmeldungen aussieht, die auch andere Herrscher in anderen Teilen der Welt stolz in Stein meißeln ließen, wurde hier nach seinem Feldzug gegen die Kalinga (im heutigen Gebiet von Orissa am Bengalischen Golf) plötzlich zu einem öffentlichen Reuebekenntnis:
»... Devânamprija betrachtet es als schmerzlich und beklagenswert, daß die Eroberung eines fremden Landes von Gemetzel, Tod und Verschleppung begleitet ist ... Devânamprija ist auch der Ansicht, man solle vergeben, was nur irgend vergeben werden kann.«
Asoka scheute sich auch nicht, den Grund seiner Reue zu bekennen: »Danach aber, nach der Eroberung des Landes Kalinga, ergab sich Devânamprija dem Studium des moralischen Gesetzes, der Liebe zum moralischen Gesetz und widmete sich der Belehrung über die Forderungen des moralischen Gesetzes. Darin zeigt sich das Bedauern des Devânamprija über die Eroberung des Kalinga-Landes.«
Auf was König Asoka hier anspielte, berichten dann die buddhistischen Quellen: Die Grausamkeit des Eroberungskrieges hatte sein Gewissen belastet, und in dieser Situation hatte ihn der Mönch Upagupta von Mathurâ zur Lehre des Buddha bekehrt.
»Daher erscheint jetzt dem Devânamprija schon der hundertste oder tausendste Teil aller dieser Menschen, die bei der Eroberung des Landes Kalinga erschlagen wurden, starben oder verschleppt wurden, sehr beklagenswert«, heißt es in dem Felsenedikt weiter. »Devânamprija erstrebt nämlich im Interesse aller Wesen Verzicht auf Gewalt, Selbstbeherrschung, Gerechtigkeit und Milde. Diesen Sieg aber hält Devânamprija für den größten, nämlich den Sieg des moralischen Gesetzes.«
Asoka ließ es jedoch nicht bei diesem für einen Herrscher höchst ungewöhnlichen Eingeständnis. »Mir kam folgender Gedanke«, ließ er auf einen Pfeiler einmeißeln: »Ich werde Aufrufe zur moralischen Lebensführung erlassen und ich werde Belehrungen über das moralische Gesetz veranlassen. Wenn die Menschen dies hören, werden sie freudig gehorchen, werden sich aufraffen

und werden durch Vervollkommnung ihres sittlichen Lebenswandels große Fortschritte machen.«

Es war ein Moralist und ein Menschenfreund, der da auf dem Thron saß:

»Indem ich so an das Heil und das Glück der Menschen denke, richte ich meine Aufmerksamkeit nicht nur auf meine Verwandten, sondern auf alle Menschen nahe und fern, auf daß ich sie zum Glück führe, und ich belehre sie dementsprechend.«

Auch wenn Asokas moralische Belehrungen nirgends die vier Wahrheiten vom Leiden erwähnen, sondern nur die allgemeine Ethik des Buddha wiedergeben, und er in seiner Toleranz »alle religiösen Vereinigungen mit mannigfachen Ehrungen geehrt« hatte, haben wir den eindeutigen Nachweis, daß Asoka der Lehre des Buddha folgte. In einem Felsenedikt ließ er sogar die Titel von Buddhas Lehrreden einmeißeln, die man befolgen sollte, »damit die Menschen meine Absichten kennen«.

In diesem Edikt heißt es dann auch: »Ihr wißt, ehrwürdige Herren, wie groß meine Zuneigung zum Buddha, zur Lehre und zum Mönchsorden ist. Was auch, ehrwürdige Herren, vom Erhabenen, dem Buddha, gesprochen worden ist, alles das ist wohlgesprochen.«

Darum war Asoka auch in seinem einundzwanzigsten Regierungsjahr nach Lumbinî gereist, um am Geburtsort des Buddha ebenso eine Gedenksäule zu setzen wie im Gazellenhain von Benares. Schließlich hatte er schon früher bekanntgegeben: »Mehr als zweieinhalb Jahre bin ich nun Laienanhänger ... vor etwas mehr als einem Jahr jedoch bin ich dem Mönchsorden nähergetreten.« Möglicherweise war König Asoka wenigstens eine Zeitlang Mönch.

Missionare nach Europa

Es ist verständlich, wenn König Asoka seinen Einfluß darauf verwandte, seinen Mönchsorden vor drohenden Spaltungen zu bewahren. Denn die mehr als zweihundert Jahre seit dem Tode des Buddha hatten genügt, um zahlreiche buddhistische Sekten entstehen zu lassen, die sich zum Teil um Spitzfindigkeiten stritten. So ging es in einem Streit darum, ob ein Mönch etwas Salz in einem Horn bei sich führen durfte, oder ob das schon dem Verbot des Buddha widersprach, sich Lebensmittelvorräte anzulegen.

Zwar verbot König Asoka auf seinen Pfeileredikten schlichtweg jede Spaltung: »Der Mönchsorden darf nicht gespalten werden.

Der Orden der Mönche und Nonnen soll geeint bleiben, solange meine Söhne und Urenkel regieren und solange Sonne und Mond scheinen...«

Aber offenbar war ein Konzil die einzige Möglichkeit, die streitenden Mönche zur Ordnung zu rufen. Wie Kaiser Konstantin im Jahre 325 nach Christus auf dem Konzil von Nicaea die Formulierung eines gemeinsamen Glaubensbekenntnisses erzwang und damit, wenn auch nicht für immer, die Einheit der Christenheit rettete, so hat damals auch König Asoka in seinem siebzehnten Regierungsjahr ein buddhistisches Konzil in seine Regierungsstadt Pâtaliputta einberufen. Nicht ohne Grund widerlegte dieses Konzil mehr als zweihundert ketzerische Abweichungen und überprüfte noch einmal den ganzen Kanon.

Ähnlich wie Kaiser Konstantin die Lehre der verfolgten Christensekte zur Staatsreligion seines Imperiums machte, obwohl er selbst noch dem Sol Invictus, dem Sonnengott, weiter neue Tempel widmete, so hat auch König Asoka durch sein Eintreten den buddhistischen Mönchen und Nonnen ein Ansehen verschafft, das sie allein wohl nie erreicht hätten. Er begnügte sich dabei nicht nur damit, in seinem eigenen Herrschaftsgebiet die »Sehnsucht nach einem moralischen Lebenswandel« zu wecken und seine Beamten und Untertanen mit immer neuen Anweisungen zu »guten Taten, Mitleid, Freigebigkeit, Wahrhaftigkeit und Reinheit« zu ermuntern, sondern er schickte in seinem missionarischen Eifer sogar Gesandte an Völker außerhalb seines Reiches, um dort den Sieg des moralischen Gesetzes als den größten Sieg zu verkünden.

In einem Felsenedikt werden dann auch die Gebiete genannt, zu denen er buddhistische Missionare geschickt hat. Es sind: Birma, Gandhâra (Nordwestindien und Afghanistan), Kaschmir, Dekkhan und das benachbarte Tamilland, Ceylon und sogar Europa, »wo der Griechenkönig Antiochos regiert, und noch über das Reich dieses Antiochos hinaus, wo vier andere Könige regieren, nämlich König Ptolomaios, König Antigonos, König Magas und König Alexander«. Das heißt nichts anderes, als daß nach diesen Angaben 250 Jahre vor Christus buddhistische Mönche bis nach Syrien, Ägypten und Makedonien gezogen sind.

Von bleibendem Erfolg war aber lediglich die Missionierung Ceylons, wo dann im letzten vorchristlichen Jahrhundert auf Anordnung des ceylonesischen Königs Vattagâmani der Pâlikanon niedergeschrieben wurde, der den frühen Buddhismus aus dem Blickwinkel der konservativen Theravâdin wiedergibt.

Aufspaltung in Sekten

Von den rund dreißig anderen buddhistischen Sekten und Richtungen, die trotz Asokas Warnung vor einer Spaltung weiterbestanden oder sich neu entwickelten, wissen wir dagegen oft nur den Namen, denn außer einigen Bruchstücken besitzen wir keine überlieferten Texte. Sie hier im einzelnen aufzuzählen, bringt daher keinen Gewinn.

Mit vier von ihnen müssen wir uns aber kurz bekanntmachen, denn an ihnen können wir die entscheidenden Veränderungen ablesen, die die weitere Entwicklung des Buddhismus außerhalb des Pâlikanon bestimmten. Bereits durch sie wurde die ursprüngliche Lehre des Buddha in wesentlichen Punkten geradezu in ihr Gegenteil verkehrt.

Wir kennen vom zweiten Konzil in Vesâli die Aufspaltung der Gemeinde in Theravâdin (die Anhänger der alten Lehre) und in die Mahâsânghika (die große Gemeinde). Die Mahâsânghika hatte sich nicht nur wegen der unterschiedlichen Auslegung der Mönchsregeln von der konservativen Gruppe getrennt, sondern auch wegen Differenzen in der Lehre.

So sah die Mahâsânghika zum Beispiel den Begriff des buddhistischen Heiligen anders. War ursprünglich der Arahant, der Heilige, ein Mensch, der wie der Buddha durch die Selbsterlösung die Heiligkeit erlangt hatte, so sah die Mahâsânghika in einem Heiligen wie dem Buddha keinen normalen Menschen mehr, sondern einen Übermenschen. Sie begann also den Buddha zu vergöttlichen und in ein höheres Wesen zu verwandeln – ähnlich wie aus dem Menschensohn Jesus allmählich der Gottessohn wurde. Damit war der Buddha nicht mehr Beispiel und Vorbild für andere Menschen, dem man nacheifern sollte, sondern ein höheres Wesen, das man um Hilfe bitten konnte, indem man es verehrte. Das war das Gegenteil von dem, was der Buddha gelehrt hatte.

Diesem erhöhten und überhöhten Buddha, der über der Welt schwebte, stellte man nun das Ideal eines weltzugewandten Bodhisattva gegenüber. Ein solcher Bodhisattva, also »ein auf die Erlösung zustrebender zukünftiger Buddha«, brauchte nur eine einzige Tugend zu üben, in der dann alle Buddhatugenden vereint waren: »das große Mitleid«. Damit wurde auch der Weg der Erlösung verändert: Mitleid oder Weisheit genügten, um das Leid zu überwinden. Die Selbstverwirklichung durch den heiligen achtteiligen Pfades war zusammengeschrumpft auf eine einzige Verhaltensweise.

Gleichzeitig änderte sich auch die Auffassung vom Gesetz der Kausalität. Das Tatenschicksal, das die nächste Existenz bestimmte, wurde nicht mehr als einengende Vorherbestimmung verstanden. Der fatalistische Zug, daß jede Existenz voll und ganz von den Taten der vorhergehenden Existenz abhing, verlor sich mehr und mehr. Damit bereitete sich eine Entwicklung vor, die dann sogar die Gnade und die Fremderlösung anstelle der Selbsterlösung kannte – auch das eine totale Verkehrung der ursprünglichen Lehre.

Und schließlich entwickelte die Mahâsânghika eine andere Lehre vom Nirvâna. Was einst beim Buddha nur das »Verlöschen« bedeutete, aber keine eigene Qualität hatte, wurde nun zu einer tatsächlichen »Leere«, von der sich die falsche landläufige westliche Vorstellung des Nirvâna als eines »Nichts« ableitete. Das klingt wie ein sinnloser Streit um Definitionen. Wir werden aber sehen, welche Folgen das hatte.

So empfand auch eine Schule des Theravâda, die sich Sarvâstivâda nannte, das Nirvâna nicht mehr nur als Verlöschen. Wo sich aber die Mahâsânghika eine Leere und damit einen, wenn auch negativen, Raum dachten, der sonst weiter keine Eigenschaften besaß, postulierten die Sarvâstivâdin das Nirvâna jetzt als etwas Ewiges, in das der Erlöste Zugang fand.

Damit widersprachen sie grundlegend der Lehre des Buddha. Der Buddha hatte gelehrt – um es vereinfacht zu wiederholen –, daß alles aus vergänglichen Teilchen bestand, die in ständiger Abhängigkeit von anderen Teilchen entstanden, in unvorstellbar kurzer Zeit wieder vergingen und durch andere Teilchen ersetzt wurden. Der Grundgedanke war dabei, daß es gerade eben nichts Ewiges gebe, weil ja jede Substanz und jeder Gedanke nur aus einer ununterbrochenen Kette vergänglicher Teilchen bestand und so höchstens eine Scheinkontinuität bildete. Das Nirvâna war in diesem Zusammenhang einfach ein anderes Wort für die Tatsache, daß diese Kausalkette und damit das Leid aufhörten. Wenn ein Rad zum Stillstand kommt, nennt man das Stillstehen ja auch nicht »Leere« oder »Ewigkeit«.

Wenn die Sarvâstivâdin nun glaubten, das Nirvâna sei etwas Ewiges, ein unveränderlicher Dauerzustand, dann griffen sie genau den Gedanken auf, den der Buddha verworfen hatte, denn plötzlich gab es ein »nichtbedingtes Sein«, ein Asamskrita, das unabhängig von irgendwelchen Tatfolgen von jeher existierte und auch in Zukunft existieren wird.

Einmal auf diesem Wege, zählten die Sarvâstivâdin aber nicht nur das Nirvâna zu den nichtbedingten Seinselementen, sondern auch die Seinselemente selbst. Zwar glaubten die Sarvâstivâdin auch, daß die von den Ursachen abhängigen »Dharmas« (Pâli: Dhamma) nur »das Tausendstel eines Augenzuckens« lang wirksam waren. Sie glaubten aber nicht mehr, daß diese Seinselemente ebenso kurzlebig waren wie der Moment ihres Agierens. Gebrauchten die alten Texte das Bild von den Tönen, die nur so lange lebten, wie sie zu hören waren, so benutzten die Sarvâstivâdin das Beispiel vom Stein, der auf einem Berg inaktiv ruhend liegt.

So wie der Stein aber irgendwann einmal – vielleicht nach Jahrtausenden der Ruhe – durch irgendeine Ursache in Bewegung gerät, ins Tal hinabrollt und dann wieder – vielleicht für weitere Jahrtausende – ruhig liegen bleibt, so existieren nach Ansicht der Sarvâstivâdin auch die Dharmas latent, bis sie wie der angestoßene Stein für den Bruchteil einer Sekunde aktiv werden und wirken.

Die Sarvâstivâdin glaubten also nicht mehr wie der Buddha an die Vergänglichkeit der Seinselemente. Im Gegenteil: Auch die Materie war plötzlich ewig da, wenn auch nicht ständig aktiv wirksam.

Infolgedessen konnten sie die Ursache allen Leidens nicht mehr in der Vergänglichkeit aller Dinge suchen. Damit brach das ganze Lehrgebäude des Buddha zusammen. »Sarvam asti« – »alles ist« war daher die Gegenthese, in der sie ihre Lehre zusammenfaßten und die der Sekte dann auch ihren Namen Sarvâstivâda gab.

Zwar konnte die Existenz des Leidens jetzt noch immer aus der Tatsache abgeleitet werden, daß die auf Dauer vorhandenen Daseinsteilchen durch den Kausalzusammenhang von Ursache und Wirkung aktiviert wurden. Hinter der bedingten Wirkung tauchte nun aber die unbedingte Existenz der Dinge auf. Damit war der Grund gelegt, daß auch der Buddhismus mit der Anerkennung des Ewigen den Buddha später zum unvergänglichen Gott machen konnte.

Die Existenz eines ewig existierenden Buddha setzte einen weiteren Bruch mit der alten Lehre voraus. Ihn vollzog eine andere, ebenfalls aus dem Theravâda hervorgegangene Sekte, die von einem gewissen Vatsîputra gegründete Richtung der Puggalavâdin.

Die Puggalavâdin bestritten zwar in Übereinstimmung mit der Lehre des Buddha die Existenz einer Seele, predigten aber dann, daß es doch etwas Beständiges im ewigen Kreislauf der Wiedergeburten gebe, nämlich die »Puggala«, die »Person«, die zwar mit den »fünf Gruppen« nicht identisch, aber von ihnen auch nicht verschieden sei.

Tatsächlich gibt es Stellen im Pâlikanon, wo die fünf Gruppen als die Bürde und die »Person« als deren Träger bezeichnet wird. Aber die Lehre der Puggalavâdin, diese »Person« bleibe im Gegensatz zur »Nâma-rupa« der fünf Gruppen auch noch nach dem Eingang ins Nirvâna bestehen, führt von der ursprünglichen Lehre fort. Sie setzt voraus, daß auch eine fortdauernde Existenz des Individuums gegeben ist, ganz gleich, ob man das nun Seele nennt oder nicht.

Dem Urbuddhismus ist diese Vorstellung ganz und gar fremd: Hörten die Kausalzusammenhänge auf, existierte auch keine Person mehr. Indem die Puggalavâdin auf dem Umweg über die »Person« nun doch so etwas wie eine individuelle Seele einführten, beseitigten sie zwar die alten Denkschwierigkeiten, wer oder was denn nun eigentlich der von Existenz zu Existenz führende Träger des Tatenschicksals war; gleichzeitig setzten sie aber an die Stelle einer konsequenten, wenn auch abstrakten Philosophie von der Vergänglichkeit aller Dinge die Vorstellung von der persönlichen Unsterblichkeit und befriedigten damit ein elementares Bedürfnis des Menschen.

Einen Schritt in ähnliche Richtung taten schließlich die »Sautrântikas«, indem sie jetzt auch ein kontinuierlich existierendes Bewußtsein annahmen. Ihren Namen hatten sie daher, daß sie den spekulativen Teil des Pâlikanons, den Abhidamma, ablehnten und sich nur auf den Sutra-Teil, das »Sûtrânta«, also die Lehrreden, beriefen.

Aus ihnen lasen sie heraus, daß die Dhammas, die Daseinsmomente, zwar nach klassischer Lehre nur solange existierten, wie sie wirksam waren, daß aber hinter dieser kausalbedingten Kette unendlich vieler Augenblicksexistenzen doch ein dauerhaft existierendes und wirkendes Bewußtsein stünde.

Sehnsucht nach dem Ewigen

Alle vier (nur sehr vereinfacht skizzierten) Richtungen zeigen deutlich den Wandlungsprozeß, den die Lehre des Buddha in den ersten Jahrhunderten durchlaufen hat. Die strenge Lehre des Buddha von der Vergänglichkeit aller Dinge konnte die Sehnsucht nach dem Ewigen, Dauernden, nicht erfüllen. Gerade das, was der

Buddha in Opposition zu den Brahmanen geleugnet hatte, wurde deshalb nun als Lehre des Erleuchteten ausgegeben.

Aus dem Menschen, der als der Buddha die Erlösung fand, wurde der übermenschliche Heilige, der von seinen Verdiensten anderen abgeben und ihnen die Erlösung von außen her erleichtern konnte. Aus dem Verlöschen, dem Nirvâna, wurde ein ewig existierender Ort der Leere, in den man eingehen konnte wie die Brahmanen in die Allseele.

Die strenge Leugnung der Seele und die Ablehnung eines dauerhaft existierenden unverwechselbaren Individuums fand ihren Ersatz in der »Person«, die auch im Nirvâna noch weiter existierte wie die Seele im christlichen Himmel althergebrachter Vorstellung.

Die abstrakte Idee, daß die Dinge im Grunde gar nicht existierten, sondern nur durch die Aneinanderreihung vergänglicher Daseinsmomente den Anschein der Beständigkeit vorspiegelten, wurde durch die Gedanken gemindert, daß die Daseinsmomente auch vor und nach ihrem Wirkungsmoment vorhanden waren wie ein ruhender Stein: Auch die Welt und die Dinge bekamen Dauer und Beständigkeit.

Das Bewußtsein – in der alten Lehre nur die stets wechselnde Antwort auf wechselnde Außenreize – wurde zu einer eigenständigen Existenz, die hinter dem ständigen Wechsel stand. Wie stark hier im Gegensatz zum Urbuddhismus ein idealistisches System vorbereitet wurde, zeigte sich dann später deutlich im Jogâtschâra-System, für das alles Wahrnehmbare überhaupt »nur Geist« war.

So waren im Laufe der Zeit in dem unheimlichem Strom der Vergänglichkeit aller Dinge feste Pfeiler und Bögen errichtet worden, die dem Bewußtsein Halt und dem Erlösungsbedürfnis einen festen und verläßlichen Boden gaben. Person, Bewußtsein und Welt zeigte sich dem Denken zwar immer noch als das Scheinkontinuum eines pausenlosen Wechsels voneinander abhängiger Teilchen und Daseinsmomente. Das Empfinden und Erleben aber erhielt seine beruhigende Stütze, daß in den Dingen und hinter den Dingen doch etwas Dauerndes existierte.

Alle diese Komponenten vereinigten sich im Laufe der Zeit zu einer neuen Lehre, die mit dem Urbuddhismus nichts mehr zu tun hatte und seine Lehre an vielen Stellen ins Gegenteil verkehrte. Aus der Lehre von der Selbsterlösung allein durch Selbsterkenntnis und eigenes Bemühen wurde eine Religion des Ewigen mit

Göttern, die man verehrte und die einem halfen. Aus dem Menschen Buddha, der im Nirvâna verloschen war und aufgehört hatte zu existieren, wurde ein Gott.

Es war der Preis, den die Philosophie des Buddha für ihre Ausbreitung und Popularisierung zahlen mußte.

Das Mahâjâna

Nur etwa fünfhundert Jahre Frist hatte der Buddha der reinen Lehre gegeben, nachdem sich noch zu seinen Lebzeiten die Nonnenorden wie »Mehltau« auf die reifende Ernte gelegt hatten. Entgegen dieser Voraussage erreichte der Buddhismus um diese Zeit seine Blüte – aber es war tatsächlich nicht mehr die reine Lehre.

Etwa vierhundert Jahre nach dem Tode des Buddha war aus den verschiedenen Strömungen des Mahâsânghika, der großen Gemeinde, eine vollkommen neue Form des Buddhismus geworden, die sich rasch ausbreitete und bald die Führung übernahm, weil sie neue und vor allem leichtere Wege zur Erlösung anbot.

Das Fahrzeug, mit dem man jetzt über das Meer des Leidens ins Nirvâna fahren konnte, war größer geworden und bot mehr Menschen Platz. Mahâjâna, großes Fahrzeug, nannte sich daher diese Richtung im Gegensatz zum Hînajâna, dem kleinen Fahrzeug, in dem die Anhänger der ursprünglichen Lehre saßen.

Beide Fahrzeuge fuhren, um im Bilde zu bleiben, jahrhundertelang friedlich nebeneinander her. Zwar war das Wort Hînajâna zunächst abschätzig gemeint, aber das war kein Grund, sich auch gegenseitig herabzusetzen oder gar zu bekämpfen. Religionskriege wie zwischen Katholiken und Protestanten hat es im Buddhismus nie gegeben. Weder die indische Mentalität noch erst recht die Lehre des Buddha hätten eine solche Intoleranz gegenüber Andersdenkenden erlaubt. Im Gegenteil. Die geradezu exzessive Toleranz führte mehr als tausend Jahre nach dem Tode des Buddha dazu, daß beide Richtungen in Indien vom Hinduismus, der verwandelten und weiterentwickelten Form des Brahmanismus, geradezu aufgesogen wurde: Im heutigen Indien gibt es weniger als ein Prozent Buddhisten.

Anhänger des Hînajâna leben heute nur noch in Ceylon, Birma, Thailand, Kambodscha, Laos und Vietnam. Ihre Zahl wird, zweieinhalbtausend Jahre nach dem Tode des Buddha, immerhin noch auf etwa vierzig Millionen geschätzt – gegenüber zweihundert

Millionen Anhängern des Mahâjâna, das in verschiedenen Ausprägungen noch in den Himalajastaaten, in Korea, China und Japan lebendig ist (siehe Tabelle im Anhang).

Der neue Buddha

Die zahlreichen Passagiere des Mahâjâna hatten so ziemlich alles über Bord geworfen, was der Buddha noch als notwendig angesehen hatte. Statt dessen brachten sie ihre eigene Ausrüstung mit und steuerten einen eigenen Kurs.

Vor allem entwickelten sie ein ganz neues Bild des Buddha. Aus Verehrung für den toten Meister kam der Gedanke auf, er müsse mehr gewesen sein als ein Mensch, denn niemand wollte glauben, daß es einem einfachen Menschen möglich gewesen sein sollte, das Rätsel vom Leiden zu lösen und den Weg zur Erlösung zu finden.

Schon das noch zur Hînajâna-Literatur gehörende »Mahâvastu« (»Große Begebenheit«) erzählt so viele Legenden und Wunder aus dem Leben des Buddha, daß man am Ende weiß: Der historische Buddha kann nur scheinbar ein Mensch gewesen sein. Das »Lalitavistara«, das zur Hînajâna-Schule der Sarvâstivâdin gehört, geht sogar noch einen Schritt weiter und beschreibt das Leben des Gotama überhaupt nur noch als das Spiel (Lalita) eines transzendenten und überirdischen Buddha, dessen Erdenleben nur vorgespiegelter Schein war. Im Grunde waren es, wie Schumann schreibt, »pädagogische Gaukelwerke, die der zeitlose und transzendente Buddha auf die Erde projiziert hat, um der Menschheit einen vollkommenen Tugendwandel vor Augen zu führen und sie auf den Weg der Selbstdisziplin und Erlösung zu bringen«.

Die Schwierigkeit bestand jetzt nur darin, wie man den zum Schein als Mensch geborenen Buddha mit dem gleichzeitig existierenden überirdischen Buddha identifizierte. Die Lösung fand man in der sogenannten Drei-Leiber-Theorie, nach der der Erleuchtete in Wirklichkeit aus drei Leibern bestand: Der eine Leib war der materiell sichtbare des historischen Buddha, der zweite der unsichtbare, aber immerhin noch feinstoffliche Leib des überirdischen Buddha und schließlich gab es noch den unsichtbaren, nichtstofflichen, ewigen Leib des transzendenten Buddha.

Wie bei der Puppe in der Puppe steckten hier Vergängliches und Ewiges ineinander: Im sterblichen Buddha wurde das Ewige Person. Damit hat das Mahâjâna schließlich den historischen Buddha ebenso überhöht und zum Gott gemacht wie das Christentum den historischen Juden Jesus zum Sohn Gottes, wenn es ihn als »wahren Menschen und wahren Gott« bezeichnet.

Zu einer Verkörperung des Ewigen, Absoluten konnte man wieder beten. Diese Konsequenz aus der Wiederentdeckung des Ewigen bedeutete die schärfste Absage an die ursprüngliche Lehre des Buddha, denn nun kam es nicht mehr allein darauf an, sich selbst zu erlösen, sondern man konnte sich von anderen helfen lassen. Diese Nothelfer waren die Bhodisattvas.

Die Bhodisattvas

In den Pâlitexten ist von einem Bhodisatta (Sanskrit: Bhodisattva), also einem Wesen, das nach der Erleuchtung strebt, meist nur im Zusammenhang mit dem historischen Buddha die Rede. In den Mahâjâna-Texten wird der Begriff dagegen nicht nur auf alle diejenigen angewandt, die sich ernsthaft um die Erlösung bemühen, sondern auch auf jene, die die Erleuchtung längst erreicht haben. Das ist nun keine Nachlässigkeit in der Begriffsbestimmung, sondern zeigt ein verändertes Verhältnis zum Begriff der Erlösung an.

Die Erlösung des historischen Buddha war eine Selbsterlösung, die nicht ganz frei von Egoismus war: Nur die eigene Erlösung vom Rad der Wiedergeburt war ihm wichtig, nicht das Schicksal der anderen. Wenn dann Siddattha nach seiner Erleuchtung nicht sofort ins endgültige Nirvâna einging, wie ihm der Todesgott Mâra riet, so geschah das allein mit der Begründung, anderen wenigstens den gleichen Weg der Erlösung zu zeigen, den sie dann allerdings selbst allein gehen mußten.

Ganz anders der Bhodisattva des Mahâjâna. Obwohl schon längst erleuchtet und erlöst, ist er noch immer mit der Erlösung beschäftigt. Aber wonach er strebt, ist nicht mehr seine eigene Erlösung, sondern die der anderen – nicht durch Belehrung, sondern durch aktive Hilfe. Denn »welche Tat auch immer die Bhodisattvas (tun): Mit dem Körper, der Stimme, dem Denken – das alles verrichten sie im Hinblick auf die Wesen, beherrscht vom großen Mitleid; (das alles) hat zur Ursache die Verwirklichung nach dem Wohl und Glück aller Wesen«.

Mitleid und Barmherzigkeit sind deshalb die wichtigsten Eigenschaften eines Bhodisattva. An ihnen erkennt man ihn, auch wenn man vorher nicht gewußt hat, daß man einen Erleuchteten, einen

Buddha, vor sich hat. Es ist der Umschlag von der kontemplativen Passivität zur mitmenschlichen Aktivität. Dem Asketen Sona war der Erleuchtete noch als einer annonciert worden, »dessen Sinne stille sind, dessen Seele stille ist«, weil alles hinter ihm lag. Der Bhodisattva des Mahâjâna hat alles noch vor sich, gerade weil er erlöst ist.

Was beim Buddha zwangsläufig Erlösungsegoismus war, weil es nichts Beständiges, nichts Ewiges, nichts Verbindendes zwischen den Menschen gab, konnte der Bhodisattva des Mahâjâna in Mitleid und Nächstenliebe ummünzen, weil alle Menschen am Absoluten teilhatten, der eine mehr, der andere weniger.

Wie beim Brahmanismus gab es wieder etwas, was alle Menschen gemeinsam hatten und was sie verband: die Teilhabe am Ewigen. Es war die Schiene, auf der man Schuld hin- und herschieben, der Wagebalken, mit dem man ausgleichen konnte. Das Mitleid eines Bhodisattva hatte plötzlich eine ungeheuer erweiterte Dimension: Er konnte sogar stellvertretend für andere das Leid übernehmen und ihnen die Erlösung erleichtern.

»Ich nehme die Last des Leidens auf mich«, gelobte der Bhodisattva, »ich bin entschlossen, ich ertrage es ... Und warum? Unbedingt muß ich allen Wesen die (Leidens-)Last abnehmen, die Veranlassung (zu diesem Entschluß) ist nicht, daß ich Lust daran hätte. (Vielmehr) habe ich das Flehen aller Wesen um Rettung (gehört). Alle Wesen muß ich zur Erlösung führen, die ganze Welt muß ich retten ... Ich bin entschlossen, in jedem einzelnen Elendszustand ungezählte Jahrmillionen von Weltzeitaltern zu verweilen ...« denn: »Es ist ja fürwahr besser, daß ich allein mit Leiden (beschwert) bin, als daß alle diese Wesen in Elendswelten gerieten.«

Man fragt sich mit Staunen, ob hier auch nur noch entfernt von dem gleichen Buddhismus die Rede ist, von dem bisher gesprochen wurde. Nicht anders hatte Jesus stellvertretend alle Sünden der Welt auf sich genommen. Aber schon vor Jesus heißt es in buddhistischen Texten: »Welches Leid es auch immer in der Welt (gibt), dieses möge in mir zur Reife kommen. Durch alles Wohl der Bhodisattvas möge die Welt glücklich werden.«

Das geht bis zur bitteren Konsequenz: Auch wenn ein Bhodisattva einem anderen nur dadurch helfen kann, daß er selbst ins Unglück gerät, weil sein Tatenkonto durch eine unmoralische Tat wieder ins Minus abgleitet, hat er keine Wahl:

»Wenn ein Bhodisattva (in) einem Wesen die Wurzel des Verdienstes entstehen läßt derart, daß er (selbst dabei) ins Unglück geriete ... (und) Hunderttausend Weltzeitalter in der Hölle gekocht würde, dann ... hat der Bhodisattva das Unglück, das höllische Leiden geduldig auf sich zu nehmen (und) nicht das Heil des einen Wesens preiszugeben.«

Hier gibt es endgültig keine egoistische Ethik mehr, die nach dem eigenen Tatenkonto schielt und anderen nur deshalb Gutes tut, weil die Erfüllung des Gebotes das eigene Himmelreich sichert. Ein Bhodisattva muß den anderen wahrhaftig mehr lieben als sich selbst, wenn er das auf sich nimmt; und man bewundert den naiven Mut christlicher Missionare, die in buddhistischen Ländern mit dem Opferlamm Christi etwas Neues zu sagen glaubten.

So wenig das Mahâjâna mit dem Urbuddhismus zu tun hat – es ist zumindest sein großer Verdienst, daß der Mensch nicht mehr egoistisch sein eigenes Nirvâna suchte, sondern die viel schwerere Aufgabe eines Bhodisattva auf sich nahm, um andere mitzuerlösen. Man ist deshalb versucht, die ethische Forderung des Mahâjâna über den ursprünglichen Buddhismus zu setzen, der nur die Erlösung vom eigenen Leiden erstrebt.

Man darf aber nicht vergessen, daß der Buddha in der Konsequenz eines Systems gefangen war, das auch seine Verdienste hat. Denn wenn man es bisher vielleicht nicht wahrhaben wollte, dann merkt man es vielleicht jetzt, daß die Lehre des Buddha eine konsequentere Philosophie und ein schärferes Denksystem war als die nun entstehende Erlösungslehre durch andere. In dieser neuen Lehre wird nicht nur die quälende Mechanik der fortwirkenden Tat zerstört und damit die Lehre von der Wiedergeburt als Sühne oder Belohnung früherer Existenzen aufgelöst; die Tatsache, daß hier ein Bhodisattva eine Schuld auf sich nimmt, kann genausogut auch bedeuten, daß jemand seine Schuld auf ihn abwälzt.

Wozu muß man in eigener Verantwortung leben, um sich womöglich zu läutern und zu bessern, wenn einem das durch mitleidige Bhodisattvas abgenommen werden kann? Warum muß ich selbst gut sein, wenn andere das genausogut für mich übernehmen können? Die hohe Ethik der Bhodisattvas korrumpiert allzuleicht die Moral der Vielen.

Die Selbstverantwortung wird vom Passagier des Mahâjâna als Ballast abgeworfen. Er kann sich alles leisten, der Bhodisattva wird schon für ein gutes Ende sorgen, denn auch er hat ein Hintertürchen: Solange ein Bhodisattva ohne Eigennutz und Egoismus handelt, füllt sich sein gutes Tatenkonto immer wieder von allein auf. Er legt von seinem Konto nur für andere aus.

Der Ewige

Ohnehin dabei, das strenge Denkgebäude frühbuddhistischer Philosophie aufzulösen, hatte man im ersten Jahrhundert vor Christus dann auch keine Schwierigkeiten mehr, sich noch einen zweiten Typ von Bhodisattva vorzustellen. Neben dem »irdischen Bhodisattva«, der eines Tages sterben mußte, kannte man nun auch transzendente, ewige Bhodisattvas. Auch sie hatten die erlösende Weisheit und damit die Vollkommenheit erreicht; aber statt mit dem Tode ins Nirvâna einzugehen und zu verlöschen, gingen sie ins Nirvâna ein und blieben dort leben.

Wir hatten schon im vorigen Kapitel gesehen, daß sich die Vorstellungen vom Nirvâna nach dem Tode des Buddha zu wandeln begannen. Aus dem einfachen »Nicht-Sein«, aus dem Verlöschen, war die »Leere« geworden, die – wenn auch als etwas Negatives – ewig bestand. Aus dieser andauernden Leere wurde nun ein Nirvâna mit einer höchst verblüffenden Eigenschaft: Es wurde zum »Nirvâna ohne Stillstand«, ja noch mehr: zum »aktiven Nirvâna«.

Starb jetzt ein erleuchteter Bhodisattva und ging ins »Nirvâna ohne Stillstand« ein, so löste sich weder seine Person auf, noch verlöschte er wie eine Flamme, die keine Nahrung mehr fand; vielmehr wurde er jetzt zu einem Wesen, das wir uns am besten als einen »Geist« vorstellen können: Ohne grobstofflichen Körper war er weder den Naturgesetzen unterworfen noch war es für normale Sinne wahrnehmbar.

Allerdings hielten sich die Erlösten in diesem Geister-Nirvâna nicht wie in einem Paradies auf ewig in heiterer Ruhe auf. Sie konnten vielmehr beliebig oft und in beliebiger Gestalt in die materielle Welt zurückkehren und in eine Scheinexistenz schlüpfen, um die noch nicht Erlösten zum Heil zu führen. Es scheint, daß ihnen dabei jedes Mittel recht war: »Wohlüberlegt werden sie Hetären, um die Männer an sich zu ziehen«, heißt es an einer Stelle: »Nachdem sie sie mit dem Haken der Begierde herangelockt haben, errichten sie (in ihnen) das Buddhawissen. Und immer (wieder) werden sie, um den Wesen Gutes zu tun, Dorfleute, Karawanenführer, Priester, Hauptminister und Minister.«

Hatte der Buddha noch gelehrt, daß nach seinem Tode seine Lehre die einzige Hilfe auf dem Weg zur Erleuchtung und Erlösung sei, so waren jetzt die transzendenten Bhodisattvas für den einfachen Gläubigen zu einer Art himmlischer Nothelfer geworden. Man konnte diese »großen Wesen« (Mahâsattva), von denen die Sanskritliteratur fünfzig nennt, um Hilfe anrufen, die sie wegen ihres Mitleides auch nie versagten.

So half einer der populärsten »großen Wesen«, der Bhodisattva Avalokiteschvara (»der Herr, der herabblickt«) auch in allen möglichen Lebenslagen, die nichts mit der Erlösung zu tun hatten: Avalokiteschvara verscheuchte wilde Tiere, machte giftige Schlangen ungefährlich, geleitete sicher durch gefährliche Wüsten, entwaffnete Feinde, schützte vor Räubern und vor Schiffbruch und löschte freundlicherweise auch Feuersbrünste. Man brauchte nur die bekannte Formel »om mani padme hum« auszusprechen, und schon war Avalokiteschvara zur Stelle, um vom Leiden zu befreien oder zum Nirvâna zu führen:

»Hört, ihr Söhne aus edler Familie. Das große Wesen, der Bhodisattva Avalokiteschvara, ist eine Leuchte für die Blinden, ein Schirm für die von Sonnenglut verbrannten, ein Fluß für die Verdurstenden; er schafft denen, die in Furcht und Schrecken sind, Sicherheit; er ist ein Arzt für die von Krankheit gequälten; unglücklichen Wesen ist er Mutter und Vater; den in die Hölle gestürzten weist er das Nirvâna ... Glücklich sind die Wesen in der Welt, die seines Namens gedenken; sie entrinnen als erste dem samsarischen Leiden.«

Schließlich wurde der Name Avalokiteschvara selbst zur magischen Formel, die Erlösungskraft hatte: »So viele hunderttausend Millionen und Milliarden Wesen hier (in der Welt) Leiden ertragen: Wenn sie den Namen des großen Wesens, des Bhodisattva Avalokiteschvara, hören, werden sie alle dadurch von der Masse des Leidens befreit.«

Einfacher konnte man es nicht mehr haben, und für denjenigen, der den schwierigen Weg eines irdischen Bhodisattva scheute, hatte das Mahâjâna bald auch eine Erlösungsmöglichkeit zur Hand, die dem ursprünglichen Weg des Wissens und der Erkenntnis diametral entgegenlief: den Glauben und den Kultus.

Der rettende Glaube

Es war ein Glaube, der keinerlei Denkvorgang erforderte, kritisches Denken sogar ablehnte. Wer dieses gläubige Vertrauen besaß und zur frommen Verehrung bereit war, brauchte sich um nichts mehr zu sorgen: »Der Glaube ist Führer, Mutter, Erzeuger, Schützer, Mehrer aller Tugenden, Zerstreuer des Zweifels, Retter aus der Flut der Wiedergeburten...«

Wer dies glaubte, wurde in einem Buddhaparadies wiedergeboren, wo er dann ohne Leiden, und befreit von der Last der Taten, die notwendige Weisheit erlangen konnte, um von da aus ins Nirvâna einzugehen.

Obwohl der Buddhismus das Wort Gnade und Vergebung nicht kennt, war dieser Heilsweg ein Gnadenweg, den der Glaube ermöglichte. Immerhin erforderte dieser Glaubensweg noch einige Anstrengungen, denn weil der Glaube die Tugenden förderte, schaffte er damit auch »Gefallen an der Entsagung« und hatte ethisches Handeln zur Folge.

Wem auch das noch zu mühsam war, der konnte sich mit simplen Ritualen erlösen, wie sie schon die einfachen Naturreligionen kennen. Das Herstellen von Buddhabildern, das Anbrennen von Räucherwerk und das Musizieren an Stätten der Verehrung reichte aus, um die Erleuchtung zu erlangen: »Diejenigen, die bei einem Stupa (ihre) Verehrung (durch das Ineinanderlegen der Handflächen) bezeugt haben, (entweder in) vollkommener (Weise) oder (nur) mittels einer Hand, (und diejenigen, die) den aufrechten Kopf und den Körper ein einziges Mal einen Augenblick niedergebeugt haben, (ferner diejenigen, die) bei jenen Reliquienbehältern (= Stupas) ein einziges Mal »Ehre dem Buddha« gesagt haben (und) sei es auch nur mit zerstreutem Denken – sie alle haben die höchste Erleuchtung (Agrabhodi) erlangt.«

Die zweite Drehung des Rades

Man hat nicht nur diese Volksfrömmigkeit, die schon bei »zerstreutem Denken« funktioniert, sondern auch große Teile des Mahâjâna als Entartung des ursprünglichen Buddhismus bezeichnet. Denn außer der Tatsache, daß Stichworte wie Leiden und Erleuchtung fallen, ist vom ursprünglich gemeinten nichts mehr übrig.

Das Gegenargument wird mit einem frappierenden Bild begründet: Dann wäre ja auch die Eiche eine Entartung der Eichel, weil sich das Aussehen des Samens und die Gestalt der Eiche in nichts gleichen. In Wirklichkeit aber sei in der Eichel ja gerade die Form der Eiche festgelegt. Das hieße also, das Mahâjâna sei eine konsequente und geradezu zwangsläufige Weiterentwicklung der ursprünglichen Lehre.

Aber es scheint, daß hier der Vergleichspunkt falsch gewählt ist. In einer Eichel ist zwar die spätere Gestalt des Baumes festgelegt, die Volksfrömmigkeit des Mahâjâna war aber gewiß nicht in Leben und Lehre des Buddha vorgeprägt. Daher erkannten manche philosophische Schulen des Mahâjâna diese Volksfrömmigkeit nicht als möglichen Heilsweg an, auch wenn sie in einzelnen Punkten der Lehre des Buddha nicht widersprach.

So fand Albert Schweitzer 1935: »Der Mahâjâna-Buddhismus ist eine folgerichtige Weiterbildung des ursprünglichen Buddhismus.« Schweitzer sprach allerdings von der Ethik. Schon der Buddha hatte das Mitleid mit der Kreatur gelehrt, auch wenn es nur schwer zu erklären war, wie man sich gleichzeitig von der Welt lösen und doch wirkliches Mitleid empfinden konnte. »Im Mahâjâna-Buddhismus« – so Albert Schweitzer – »lebt sich ... die Mitleidsidee des Buddhas voll aus. Der Mahâjâna-Gläubige nimmt sich vor, die Vollkommenheit des ›großen Mitleids‹ zu erreichen. Wie tief das Wort ›Solange die Wesen leiden, ist keine Möglichkeit der Freude für die, die voll Mitleids sind‹! Zum ersten Male im Denken der Menschheit ist die Weltanschauung von der Idee des Mitleids beherrscht.« Allerdings muß Schweitzer zugeben, daß auch im Mahâjâna ein großer Teil des Mitleids kein echtes Mitleid ist, sondern »nichts anderes ist als das Gedankenmitleid, das Buddha seinen Mönchen zur Pflicht macht, nur ins maßlose gesteigert«.

Vergleicht man aber die theoretische Begründung des Mahâjâna mit dem ursprünglichen Buddhismus, so muß man feststellen, daß die verschiedenen Schulen des Mahâjâna gar nicht erst den Versuch unternommen haben, ihre Lehren als Fortsetzung der originalen Buddha-Lehre auszugeben. Sie sind vielmehr der Ansicht, daß die Zeitgenossen des Buddha noch gar nicht reif waren, höhere Wahrheiten wie zum Beispiel die Existenz eines Bhodisattva zu erkennen, die Jünger des Buddha sich wahrscheinlich gar nicht alles merken konnten und manches auch falsch überliefert hätten. Das Mahâjâna sei infolgedessen keine direkte Fortsetzung der alten Lehre, sondern die zweite Drehung des Dharma-Rades.

Mit solchen Argumenten kann man natürlich jede Veränderung der Lehre begründen, auch wenn sie sich offensichtlich immer weiter von ihren Ursprüngen entfernt. Es ist etwa so, als wenn die Marxisten plötzlich den Kapitalismus als ideale Gesellschaftsform bezeichneten und behaupteten, genau das habe Marx eigentlich schon immer gesagt, seine Anhänger hätten ihn nur fortwährend falsch verstanden.

Auf der anderen Seite besticht das Bild von der Eichel und der

Eiche, denn in der Tat haben die Denkschulen des Mahâjâna meist nichts anderes getan, als jene Denkansätze weiterzuentwickeln, die der ursprüngliche Buddhismus nicht bewältigt hatte. Daß die Ergebnisse sich dann ebenso unterschieden wie die Eiche von der Eichel, spräche ja nicht gegen deren Folgerichtigkeit.

So beschäftigte sich das spekulative Denken der verschiedenen Mahâjâna-Schulen vor allem mit Fragen, die der Buddha zu diskutieren abgelehnt hatte, weil sie für den Heilsweg nicht notwendig waren, aber trotzdem als Problem bestanden und auf eine Lösung drängten.

Eines dieser Kernprobleme war die Unbeständigkeit aller Dinge, wobei man nicht erfuhr, woher alle diese Augenblicksexistenzen kamen und wohin sie gingen. Die Sarvâstivâdins hatten deshalb gelehrt, die Daseinsmomente existierten latent und würden nur wie ein angestoßener Stein für Sekundenbruchteile agieren, um dann wieder in Bewegungslosigkeit zurückzuverfallen. Hinter den Augenblicksmomenten gab es also etwas absolut Seiendes.

Aus diesen Gedanken heraus drehte nun das Madhjamaka-System des Mahâjâna, das wahrscheinlich im zweiten Jahrhundert nach Christus von einem südindischen Brahmanensohn namens Nâgârdschuna gegründet wurde, die ganze Frage um. Nicht mehr die Augenblicksexistenzen waren in diesem Denksystem real, denn sie hingen von anderen Faktoren ab und waren bedingt; wenn etwas wirklich vorhanden war, dann konnte dies doch nur etwas sein, was ewig war und nicht von anderen Dingen abhing. Das hieß aber, daß unsere Erscheinungswelt nicht die wirkliche Welt war, weil sie sich jeden Augenblick änderte, und so beantwortete Nâgârdschuna die Frage nach dem Sein oder Nicht-Sein der empirischen Welt ganz logisch: »Sie existiert wie eine Fata Morgana: Als Täuschungsphänomen ist sie real, aber was sie vorgaukelt, ist Schein.«

Die Welt als Mâjâ

Alles, was wir sehen, denken, fühlen, ja wir selbst, sind nicht real, sondern nur vergänglicher und wesenloser Schein und damit – so Nâgârdschuna: leer. Leer wie das Nirvâna. Weil diese Leere aber ewig ist, kommt die Dialektik zu der Schlußfolgerung: Wenn in den Wesen keine Seele, sondern Leerheit existiert, dann sind diese Wesen ja bereits dadurch grundsätzlich erlöst, indem sie an dieser ewigen Leere teilhaben. Sobald man erkannt hat, daß alles Schein, Mâjâ ist, also auch das Leiden, ist der Zwang zur Wiedergeburt aufgehoben.

Damit führt auch die Umkehrung der ursprünglichen Philosophie zum gleichen Ziel, das Rad der Wiedergeburt anzuhalten. Geändert hat sich dabei der Erlösungsweg. Das wird noch deutlicher, wenn wir uns die Lehre der Vidschnjânavâda ansehen.

Die Vorstellung, daß alles nur Mâjâ, nur Schein ist, hatte die Vidschnjânavâda (= »Bewußtseins«-)Lehre weiterentwickelt, die zwischen dem dritten und fünften Jahrhundert nach Christus entstand und wegen ihrer Betonung der Meditation auch Jogâtschâra genannt wurde.

Philosophiegeschichtlich gesehen vertrat sie einen subjektiven Idealismus, das heißt, sie leugnete die Existenz der Materie. Für das Jogâtschâra gab es nur Geist: »Es gibt keine sichtbaren (Objekte), die Außenwelt ist Geist (Citta), bloß Geist wird gesehen; Körper, Besitz und Umwelt nenne ich nur Geist.«

Was wir also wahrnehmen und für Materie halten, ist danach nichts weiter als Einbildung. Nichts von alledem ist vorhanden. Daß mehrere Menschen trotzdem die gleichen Dinge wahrnehmen, liegt daran, daß sie das gleiche Karma haben, das gleiche Weltenschicksal. Hat man dagegen kein Bewußtsein von den Dingen, dann existieren sie auch nicht. Die Welt ist meine Einbildung, genauso wie ich selbst eine Einbildung bin. Auch ich bin nur Schein, bin nur ideel vorhanden, bin die Ideation eines dahinterstehenden Geistes.

Diesen Geist identifizierte das Jogâtschâra nun mit dem Absoluten und das Absolute wiederum mit der Leerheit, dem Nirvâna. Dabei stieß das Jogâtschâra allerdings auf zwei Denkschwierigkeiten: Wenn alles nur eingebildet war, wie konnte man sich dann mit eingebildeten Wiedergeburten abquälen? Und die zweite Schwierigkeit: Wieso wurde mir das alles bewußt, wenn alles in der ewigen Leere des Nirvâna begründet lag? Oder anders formuliert: Das Jogâtschâra mußte erklären, wie sich ein absoluter Geist in empirische Personen und Individuen aufteilen konnte.

Hans Wolfgang Schumann beschreibt den komplizierten Vorgang so:

»Die Individuationstheorie unterscheidet beim Geist (Citta) zwei Schichten: Das Speicher- oder Grundbewußtsein (Âlaya-Vijnâna) und die Individual- oder Denkbewußtseine (Manovijnâna oder Manas). Beide sind im Grunde eins und unterscheiden sich nur funktionell.

Grundbewußtsein heißt der Teil des Citta, der ewig in sich selber ruht. Als das Absolute, an sich Seiende und Unwandelbare wird es häufig mit dem Ozean verglichen. Denn wie das Meer eine Ganzheit ist und alles Wasser aus dem Meer stammt, so ist auch das Grundbewußtsein ein Meer, und alles Existierende stammt von ihm her. Wesenhaft ist es frei von Unbeständigkeit und Übelwollen, ohne den Anspruch ein Selbst zu sein und rein in seiner Natur ... Und wie das Meer ferner allerlei Dingen, wie Fischen und Tang, Aufenthalt bietet, ebenso das Grundbewußtsein. Es ist der Speicher (Âlaya) der karmischen Eindrücke (Vâsanâ) oder Karman-Samen, die vergangene Individuen geschaffen und hinterlassen haben.

Im Grundbewußtsein wie in einer Nährflüssigkeit herumtreibend reifen diese Karma-Samen zu Denken (Manas) oder Denkbewußtseinen (Manovijnâna) heran, die sich jeweils für ein Selbst, eine physisch-reale Person halten: sie individuieren sich. Die Individuationen nun ideieren sich private Welten – bloße Vorstellungsgebilde, in denen sie aber neue karmische Samen produzieren, die dann ins Grundbewußtsein sinken.«

Oder um das ohnehin nicht ganz mit der Logik Erfaßbare in einem Satz zu sagen: »In diesem Zirkulationsvorgang, der kein physisches Geschehen ist, sondern sich als Ideenfolge im Grundbewußtsein abspielt, sieht das Yogâtschâra den Kreislauf der Wiedergeburten ... Mit anderen Worten: Die Welt ist geträumt im Kopf des Menschen, der selbst nur ein Traum im absoluten Grundbewußtsein ist.«

Man kann sich nun immer noch fragen, welchen Zweck dann eine Erlösung vom Leiden haben soll, wenn das Leiden und das Rad der Wiedergeburten ohnehin nur ein Alptraum des absoluten Geistes sind, den er, selbst ruhig und ungestört, in den Köpfen der armen Menschen träumen läßt.

Die Lösung, die das Jogâtschâra anbietet, liegt in der Erkenntnis eben dieses Tatbestandes. Die Menschen müssen nur durchschauen, daß ihr Leid gar nicht real existiert, sondern nur vorgestellt, eingebildet ist. Wenn man sich dagegen von dieser Scheinwelt abwendet und dem Ewigen zuwendet, hat man das Nirvâna erreicht.

Gefordert wird also das gleiche, was auch der Buddha verlangt hat: Abwendung von der Welt bedeutet das Aufgehen im Nirvâna. Aber was der Buddha noch als ein Hinübergehen von einem Zustand in einen anderen empfand, liegt jetzt von Anfang an im Menschen selbst: Die Erlösung, das Nirvâna ist er selbst, denn in ihm ist das absolute Ewige. Er muß sich dessen nur bewußt werden: »Durch Einsicht der Nichtigkeit (der empirischen Dinge und Mißhelligkeiten) mit dem Verstand und durch ein Verhalten gemäß den drei Erkenntnis (-Quellen: Belehrung, Denken, Meditation) wird die Erlösung mühelos erlangt.«

Erkenntnis, Wissen und Einsicht sind also beim Hînajâna wie Mahâjâna die Voraussetzung für eine Erlösung. Aber während das Hînajâna das Leiden für real hält, hält es das Mahâjâna für Schein, den allerdings nur der Weise als solchen erkennt. Im Hînajâna muß man sich das Nirvâna durch besonderes Verhalten erarbeiten, im Mahâjâna ist man bereits von Anfang an erlöst – wenn man sich dessen nur bewußt wird.

Indem das Mahâjâna im Gegensatz zum Hînajâna glaubt, daß der Kern aller Dinge das Absolute ist und daß infolgedessen letztlich alle Dinge identisch sind, können auch andere Teilhaber des Absoluten an der Erlösung mitwirken: Zur Eigenerlösung kommt die Fremderlösung dazu. Sie wiederum bringt die große Wende: Im Hînajâna konnte man nur sich selbst erlösen, im Mahâjâna kann der Bhodisattva daran gehen, alle Wesen zu erlösen. Das Hînajâna will die Welt überwinden, das Mahâjâna will ihr helfen.

Das wenige, was die vielen im Großen Fahrzeug selbst dazu tun konnten, war Glaube und Verehrung der göttergleichen Bhodisattvas und des Buddha, der für sie nicht mehr natürlicher Mensch, sondern das in einem Scheinleib verborgene Absolute war. Durch die Rückkehr des Absoluten war aus der philosophischen Lehre des Gotama Buddha eine Religion und er selbst zum höheren Wesen geworden.

Der Zen-Buddhismus

In einer Geschichte wird erzählt, daß einmal ein Brahmanenfürst zum Buddha kam, ihm eine goldene Blume überreichte und um Belehrung bat. Der Buddha nahm die Blume entgegen und betrachtete sie eine Weile schweigend. Dann lächelte er – und dieses Lächeln war die Geburtsstunde des Zen-Buddhismus, denn es wurde von einem Patriarchen zum nächsten weitergegeben, bis der achtundzwanzigste Patriarch, der südindische Königssohn und Mönch Bhodidharma, mit diesem Lächeln auf den Lippen nach China reiste. Dort angekommen, starrte er neun Jahre lang schweigend und unbeweglich auf eine Wand und gründete dann – um 520 nach Christus – den chinesischen Meditationsbuddhismus, der in China »Tsch'an«, in Vietnam »Thien« und im Westen allgemein »Zen« genannt wird.

Dieser Zen-Buddhismus, der in China zwischen dem achten und dem dreizehnten Jahrhundert seinen Höhepunkt erreichte und um 1200 nach Christus auch nach Japan kam, ist eine Kombination aus den Lehren des mahâjânischen Jogâtschâra und dem chinesischen Taoismus, dessen großer Lehrer Laotse ein Zeitgenosse des Buddha gewesen war.

Ähnlich wie das indische Denken war die chinesische Volksreligion des Tao (deutsch: »der Weg«) eine, wie Albert Schweitzer zusammenfaßte, in graue Vorzeiten »zurückreichende Mystik des Eins-Werdens mit der in der Welt wirkenden Ur-Kraft, die sich ursprünglich aus magischen Ideen und ekstatischen Erlebnissen herleitet. Er hat also dieselbe Herkunft und ist im Grunde derselben Art, wie die magische Mystik, auf die die brahmanische zurückgeht.«

Durch den Taoismus war China also in gewisser Weise auf einen Buddhismus vorbereitet, der nun lehrte, daß alles im Grunde nur die (eingebildete) Erscheinung ein und desselben Ewigen sei.

Auch die buddhistische Weltabkehr war dem Taoismus nicht fremd, denn auch er ging davon aus, daß man die Weltharmonie am ehesten erreichte, wenn man von allem abließ und sich auf eine »gütige Tatenlosigkeit« beschränkte. »Die Chinesen« – so noch einmal Albert Schweitzer – »fassen den Buddhismus also als eine Art von Taoismus auf. Die Ausdrücke für seine Begriffe und Vorstellungen entnehmen sie dem Sprachschatz des Taoismus. Seinerseits übernimmt der Taoismus Ausdrücke und Gedanken vom Buddhismus.«

So entstand im Laufe der Zeit in China ein Buddhismus ganz eigener Prägung, der vom ursprünglichen Buddhismus noch weiter entfernt war als die indischen Schulen des Mahâjâna: Alles, was bisher galt, wurde verachtet. Weil der traditionelle Buddhismus Statuen des Erhabenen verehrte, verbrannte man hölzerne Buddhastandbilder. Weil das Töten von Tieren verboten war, tötete man sie gerade. Weil die in der Tradition lebenden Buddhisten die Heiligen Texte verehrten und sie ständig aufsagten, taten die Chinesen es eben deswegen nicht, denn »was hilft es, die Schätze anderer Leute zu zählen«. Statt dessen erklärten sie: »Seine eigene Natur zu erkennen – das ist Tsch'an.«

Mit dieser These war gleichzeitig das positive Ziel des Zen-Buddhismus umschrieben. Man lehnte alle metaphysischen Spekulationen und das vernunftmäßige Denken ab, weil man die unmittelbare und spontane Einsicht höher schätze. Erleuchtung ließ sich nicht erzwingen, weder durch Askese noch durch Meditation, und wer es trotzdem versuchte, der handelte wie einer, der »einen Ziegelstein blank reibt, damit er ein Spiegel werde«.

Der Zen-Buddhismus war die rabiate Abkehr von den Regeln und Verfahren eines durch Jahrhunderte gealterten und verknöcherten Lehrgebäudes. Aber er war zugleich auch eine Reform des Buddhismus, wenn er auch in der neuen Umgebung nicht zu seinen indischen Ursprüngen zurückfand.

Kôan und die spontane Erleuchtung

Der Zen-Buddhismus will nicht erkennen, sondern schauen; will nicht wissen, sondern den Sinn erfassen. Daher lehnt er alles ab, was auch nur entfernt mit methodischen und logischen Abläufen zu tun hat. Erleuchtung war jetzt nicht mehr eine mühsam erarbeitete Anhäufung von Voraussetzungen und Erkenntnissen, die dann folgerichtig in einer letzten und höchsten Einsicht gipfelten. Erleuchtung war nun vielmehr ein plötzlicher und unerwarteter Vorgang. Das auslösende Moment konnte dabei höchst banal sein: Ein herabfallender Ziegelstein, der Moment, in dem jemand eine Kerze ausbläst, der Augenblick, in dem ich mich schmerzhaft stoße oder verletze – das alles konnte spontan zur Erleuchtung führen.

Eine solche Erleuchtung brauchte durch nichts vorbereitet werden, wohl aber konnte man sich durch besondere Übungen auf sie einstellen. Das geschah mit Hilfe der sogenannten »Kôans«.

Das japanische Wort Kôan (chinesisch: »kung-an«) hat eigentlich die Bedeutung »Urkunde, gesetzliche Verordnung«. Im Zen-Buddhismus hat sich das Kôan dann auf die Mitteilung eines Lehrers an die Mönche verengt und von da aus noch einmal seine Bedeutung verändert. Denn da der Lehrer sein Kôan absichtlich so formulierte, daß man es nicht verstand, steht das Wort Kôan im Zen-Buddhismus für eine von vornherein un-sinnige und a-logische Rätselfrage, über die man bis zur geistigen Erschöpfung nachdenken soll. Erst dann kann man zur plötzlichen Erkenntnis ihres »Sinnes« kommen, denn mit Logik und normalem Denken sind Kôans nicht lösbar. Eines der bekanntesten Kôans ist zum

Beispiel die Aufforderung: »Wenn jemand beide Hände zusammenschlägt, entsteht ein Ton. Horch auf den Ton der einen Hand!«

Während dieses Kôan geradezu noch tiefsinnig ist, sind andere reine Nonsense-Puzzles: »Da ist eine lebende Gans in einer Flasche. Wie kann man die Gans entfernen, ohne sie zu verletzen oder das Glas zu zerbrechen?« Über dieses Problem soll man nun nachdenken, bis man den Sinn erfaßt oder eine Lösung gefunden hat. Oder: »Jemand hängt über einem Abgrund, indem er sich mit den Zähnen an einem Ast festgebissen hat, weil seine Hände voll sind. Da lehnt sich ein Freund über den Abgrund und fragt: ›Was ist Zen?‹ Welche Antwort würdest du geben?«

Von solchen nervtötenden Puzzles soll es an die eintausendsiebenhundert geben, wenn heute auch nur noch einige hundert benutzt werden. Ihre Antilogik ist in jedem Falle beabsichtigt: »Das Kôan ist wie ein Stein im Munde eines Mannes, der durch die Wüste läuft«, erklärt der neobuddhistische Autor Christmas Humphreys. »Er beseitigt den Durst nicht, aber er regt an, nach Abhilfe zu suchen.«

Die Abhilfe besteht darin, daß man die Frage des Kôan lösen kann, wenn man das vernunftgemäße Denken aufgibt und statt dessen intuitiv den »Sinn« erfaßt – was das auch immer heißen mag. Erst wenn man dies erreicht hat, ist man zur Erleuchtung fähig, denn »die Methode des Zen besteht darin, in den Gegenstand selbst einzudringen und ihn sozusagen von innen zu sehen«, erklärt Teitaro Suzuki. »Die Blume kennen, heißt, zur Blume werden, die Blume sein, als Blume blühen und sich an Sonne und Regen erfreuen. Wenn ich das tue, so spricht die Blume zu mir, und ich kenne alle ihre Geheimnisse, alle ihre Freuden, ihre Leiden, das heißt, das ganze Leben, das in ihr pulst.«

Diese mystische Einheit mit der Blume endet aber nicht damit, daß ich die Blume verstehe, weil ich sie bin: »Gleichzeitig mit meiner ›Kenntnis‹ der Blume kenne ich alle Geheimnisse des Universums einschließlich aller Geheimnisse meines eigenen Ich, das mir bisher mein Leben lang ausgewichen war, weil ich mich in eine Dualität, in Verfolger und Verfolgten, in den Gegenstand und seinen Schatten, geteilt hatte ... Jetzt kenne ich jedoch mein Ich, indem ich die Blume kenne.«

Was Suzuki hier beschreibt, ist jene »vor- oder über- oder sogar antiwissenschaftliche Methode« des Zen-Buddhismus, die all jenen fremd und seltsam erscheint, die im logisch-wissenschaftlichen Denken erzogen sind.

Der Zen-Buddhismus geht genau den entgegengesetzten Weg: »Während die wissenschaftliche Methode darin besteht, den Gegenstand zu töten, den Leichnam zu sezieren, die Teile wieder zusammenzusetzen und so zu versuchen, den ursprünglichen, lebendigen Leib wiederherzustellen, was in Wirklichkeit unmöglich ist, nimmt das Zen das Leben so, wie es gelebt wird, anstatt es in Stücke zu zerhacken und zu versuchen, es mit Hilfe des Verstandes wieder zum Leben zu erwecken oder in Gedanken die zerbrochenen Stücke zusammenzuleimen.«

Mit derartigen Bildern beschreibt der Zen-Buddhismus den abstrakten Satz, daß alles Existierende von seinem Wesen her in einer kommunizierenden Einheit lebt, so daß ich mich im anderen und der andere sich in mir erleben und erkennen kann. Denn alles Existierende ist von seinem Wesen her Geist.

Diese mystische All-Einheit nicht nur zu begreifen, sondern auch zu erleben, ist die eigentliche Erleuchtung, ist »Satori«, die Selbstwesenschau, die auch im japanischen Wort »Kenschô« zum Ausdruck kommt: Die Silbe »Ken« heißt »sehen, schauen«, und »Schô« bezeichnet die »Natur, das Wesen«. Was man dann in dieser Selbstschau erfährt, hat Christmas Humphreys mit dem paradoxen Satz umschrieben: »Alles ist Gott, und es gibt keinen Gott.«

Um bis zu diesem Zustand eines »atheistischen Pantheismus« vorzudringen, bedarf es keiner besonderen Vorbereitung. Die Erleuchtung kann jederzeit und überall kommen: Während man über ein Koân nachdenkt oder während der Arbeit. Trotzdem aber kennt der Zen-Buddhismus eine Art systematischer Einübung. Es ist eben jenes »Zen«, das dieser Richtung den Namen gab.

Zen, die Kurzform des japanischen Wortes Zenna, geht auf das Sanskritwort Dhjana zurück und bedeutet wie dieses Versenkung. Aber wenn die Zenübung auch rein äußerlich der indischen Jogaübung gleicht, so bedeutet sie inhaltlich etwas anderes als die klassische Meditation, wie wir sie bisher als den Weg zur Erleuchtung kennengelernt haben.

Zâzen und die Nabelschau

Man sitzt auch hier mit untergeschlagenen Beinen und aufrechtem Oberkörper, denn nach alter Tradition ist »wohlbekannt, daß ein gebeugter Rücken unseren Geist seiner Spannung beraubt, so daß

zufällige, flüchtige Gedanken und Bilder leicht Einlaß finden . . .«
Bei dieser »Zâzen«-Übung (japanisch: »sitzen«) geht es zu Beginn auch um ein Fixieren des Geistes auf eine Idee, ein Kôan oder ein Objekt. Wie bei der klassischen Meditation beginnt man auch hier mit dem Zählen und Erleben des Atems, denn »aus diesem Zustand völligen geist-körperlichen Gleichgewichts und der daraus resultierenden inneren Harmonie erwächst jene Heiterkeit und Beseligung, die . . . den ganzen Körper mit Glückseligkeit erfüllt . . . Hier wird also der Atem zum Träger seelischer Empfindungen, zum Vermittler zwischen Psychischem und Physischem.« Auch die anschließenden Übungen und die Erkenntnis, daß alle Dinge unbeständig sind, daß Leben Leiden ist und daß nichts aus sich selbst heraus existiert, sondern im innersten leer ist, geht noch mit der Meditation des klassischen Buddhismus parallel.

Aber während nun die klassische Meditation verschiedene Stufen der inneren Schau und der Erkenntnis durchläuft, um am Ende Gleichmut und Andacht in höchster Reinheit zu erleben, betont die Zen-Literatur immer wieder: »Zâzen darf nicht mit Meditation verwechselt werden.«

Der gravierende Unterschied liegt darin: Meditation hat ein Objekt, Zâzen hat keins. Oder wie Humphreys schreibt: »Die Einzigartigkeit von Zâzen liegt in folgendem: Der Geist wird dabei aus der Knechtschaft aller und jeglicher Gedankenformen, Visionen, Dinge und Vorstellungen befreit, wie heilig und erhaben sie auch sein mögen, und in einen Zustand vollkommener Leere versetzt, aus dem allein heraus er eines Tages seines eigenen wahren Wesens oder des Wesens des Weltalls innewerden kann.«

Zâzen ist die Konzentration auf die Leere, wobei man das Denken ausschaltet und ins Unbewußte zurückgeht, indem man die berühmte »Nabelschau« vollzieht. Die Aufmerksamkeit wird dabei auf eine Stelle etwa vier Finger breit unter den Nabel konzentriert, um vom Hirnbewußtsein auf das Organbewußtsein des Sonnengeflechts umzuschalten, denn »unser ›Hirnbewußtsein‹ (ist) nur ein Sonderfall unter einer Anzahl möglicher Bewußtseinsformen.«

Es geht aber nicht darum, über die Leere nachzudenken und sie zu meditieren, sondern einzig und allein darum, diese Leere zu erleben. Wenn man das kann, findet man nicht nur zu sich selbst, sondern auch zu den Dingen, denn das alles Verbindende, einzig beständige ist die Leere. Zâzen ist daher »die Vergegenwärtigung unseres wahren Wesens«, oder, wie es Dôgen, ein Zen-Meister des dreizehnten Jahrhunderts, formuliert hat:

»Den Weg des Buddha erfahren, heißt, sich selbst erfahren.
Sich selbst erfahren, heißt, sich vergessen.
Sich selbst vergessen, heißt, die Welt als reines Objekt erleben.«
Dazu gibt es nur ein Mittel:
»Ihr müßt aufhören, euch um die Dialektik des Buddhismus zu kümmern und statt dessen lernen, wie ihr in Zurückgezogenheit in eure eigene Seele blickt.«

Zen und die moderne Psychologie

Mit seiner bewußten Abkehr vom Intellekt hat sich der Zen-Buddhismus von der Lehre des Buddha weit entfernt. Aber mit seiner Betonung der nicht-intellektuellen Kräfte und Fähigkeiten scheint der Zen-Buddhismus den Weg der Selbstfindung zu erleichtern, denn das bewußte und intellektuelle Leben macht ja nur einen geringen Teil aller unserer Handlungen und Bedürfnisse aus. Weit mehr, als uns bewußt wird, leben, denken und handeln wir aus den tieferen Schichten, die gar nicht der Kontrolle des bewußten »Ich« unterliegen.

Wenn Meditation und Kenschô Versuche sind, sich selbst zu finden und zu erkennen, dann kann der Zen-Buddhismus bestimmt neue psychologische Erkenntnisse vermitteln, zumal die enge Verwandtschaft zwischen indischer Philosophie und moderner Psychologie schon oft genug betont worden ist. So schrieb Helmuth von Glasenapp in seiner *Philosophie der Inder*:

»Dadurch, daß die meisten ihrer repräsentativen Vertreter den Weg nach innen einschlugen und den Mysterien der eigenen Seele ihr vornehmstes Interesse zuwandten, sind die Inder frühzeitig auf dem Gebiet der Psychologie zu Erkenntnissen vorgedrungen, die der Westen sich erst in neuerer Zeit in der Gestalt der ›Psycho-Analyse‹, des ›Autogenen Training‹ usw. nutzbar gemacht hat. Wenn es auch ein schwerer Fehler wäre, von den Indern alles kritiklos zu übernehmen ... so unterliegt es doch keinem Zweifel, daß der Westen in dieser Beziehung noch viel von den Indern zu lernen hat.«

In der Praxis haben solche Lernprozesse allerdings nur selten stattgefunden. Das liegt einmal daran, daß die Psychoanalyse Freuds und die Tiefenpsychologie C. G. Jungs unabhängig vom indischen Denken und aus anderen Motiven entstanden sind. Außerdem gehen sie mit anderen Methoden vor als die östlichen Praktiken, auch wenn das Ergebnis oft auf das gleiche hinausläuft.

Zum anderen ist ein wechselseitiges Zusammengehen, Lernen oder gar Übernehmen von Methoden und einzelnen Zielen auch deshalb schwierig, weil nicht nur der beschreibende Wortschatz, sondern auch die dahinterstehende Geisteshaltung völlig verschieden sind.

Immerhin gibt es Ansätze eines zumindest vergleichenden Gesprächs, um Berührungspunkte festzustellen. Die interessanteste Begegnung dieser Art fand in den fünfziger Jahren im Institut für Psychoanalyse der Staatsuniversität Mexiko statt. Dort hatten sich der an Freud orientierte Analytiker Erich Fromm, der führende westliche Vertreter des Zen-Buddhismus, der Yale-Professor Daisetz Teitaro Suzuki und der Religionswissenschaftler Richard de Martino von der japanischen Universität Kyoto getroffen. Die Ergebnisse erschienen zusammengefaßt in dem Band »Zen-Buddhismus und Psychoanalyse«.

Auch da wird festgestellt: »Was ... die Methoden zur Erreichung dieses Zieles betrifft, sind die Psychoanalyse und das Zen wahrhaftig vollkommen verschieden.« Vergleichbar aber ist die grundlegende Tatsache, daß beide Methoden durch Selbsterkennen und durch Selbsterlösen die durch falsches Bewußtsein oder äußere Umstände entstandenen Verdrängungen auflösen wollen, so daß man die »Wirklichkeit wieder unmittelbar und unverzerrt« erfassen kann und »wieder die Einfachheit und Spontaneität eines Kindes« erwirbt, das sich mit der Welt eins weiß.

Das Schlüsselwort ist dabei das »Unbewußte«. Wenn Suzuki sagt, der Zen-Anhänger stehe »in direkter Verbindung mit dem großen Unbewußten«, so setzt dem Erich Fromm die Formulierung entgegen, »er ist sich seiner eigenen Wirklichkeit und der Wirklichkeit der Welt in ihrer vollen Tiefe und ohne Schleier bewußt.« Das kann aber nur geschehen, wenn man eine verläßliche Methode besitzt, sich des Unbewußten bewußt zu werden.

»Um sich daher des Unbewußten bewußt zu werden, muß das Bewußtsein besonders geübt werden«, forderte deshalb Suzuki. Fromm stimmte ihm zwar zu: »Das Ziel besteht darin, sich des Unbewußten bewußt zu werden«, widersprach aber dann: »Weder das Unbewußte noch das Bewußte brauchen geübt zu werden ..., sondern der Mensch muß lernen, seine Verdrängungen fallen zu lassen.«

Dazu muß man einen Zugang zum Unbewußten finden. Hat man ihn gefunden, begegnen sich Zen und Psychoanalyse wieder: »Es ist in der Psychoanalyse für jede wahre Einsicht charakteristisch, daß man sie gedanklich nicht formulieren kann ... Die authentische psychoanalytische Einsicht kommt plötzlich; sie tritt nicht erzwungen oder vorsätzlich auf. Sie beginnt nicht in unserem Gehirn, sondern, um ein japanisches Bild zu verwenden, in unserem Bauch. Sie läßt sich nicht ausreichend in Worte fassen und weicht uns aus, wenn wir es versuchen; und doch ist sie wirklich und bewußt und läßt den Menschen, der sie empfindet, verändert zurück.«

So nahe sich nun an manchen Punkten Zen und moderne psychoanalytische und tiefenpsychologische Verfahren kommen, so wenig darf man aber dabei vergessen, daß sie sich letzten Endes grundsätzlich unterscheiden. Das östliche Denken strebt nach jener oft zitierten »weltüberlegenen Heiterkeit«, die westlichen Methoden dagegen wollen die Menschen fähig machen, möglichst ohne Schwierigkeiten gerade eben in jener Welt zu leben, die der Buddhist überwindet.

Die westlichen Verfahren befreien von Konflikten; Joga, Meditation und Zen erlösen von der Welt. Die westlichen Methoden sind von ihrer Absicht her Heilverfahren, die östlichen Heilsverfahren.

Das schließt aber nicht aus, daß man die verschiedenen Methoden wechselseitig verwenden kann. So kann ein Buddhist prinzipiell Erlösung und Nirvâna auch durch ein vertieftes Autogenes Training oder eine Psychoanalyse erreichen, sofern er die mehr analytische Einstellung der westlichen Verfahren akzeptiert und in sein Wesen integriert.

Umgekehrt kann ein im Westen aufgewachsener Mensch die »weltüberlegene Heiterkeit« auch durch die ihm gemäßeren westlichen Methoden erreichen, ohne sich in eine fremde Welt eindenken zu müssen. Wenn er aber den östlichen Weg wählt, so ist der Zen-Buddhismus als Weiterentwicklung des ursprünglichen Buddhismus am ehesten nachvollziehbar, auch wenn er mit der Lehre des Buddha nicht mehr viel gemein hat. Allerdings muß ein Europäer bereit sein, mit einer gewissen Verschwommenheit und einer ganzen Menge an bekenntnishaftem Ballast fertig zu werden.

Tantra und der Niedergang des Buddhismus

Zum drittenmal drehte sich das Rad der Lehre, als etwa im zweiten Jahrhundert nach Christus in Bengalen und Assam ein okkulter Buddhismus aufkam, der sich Tantrajâna, Fahrzeug der Tantratexte, nannte. Er war eine Mischung aus dem Gedankengut des Mahâjâna und den magischen Bräuchen primitiver einheimischer Religionen.

Im Laufe einiger Jahrhunderte breitete sich das Tantrajâna über ganz Nordindien aus und kam nach 750 bereits voll entwickelt nach Tibet. Dort ist es heute noch lebendig, ebenso in den Himalajastaaten Sikkim, Bhutan und der Mongolei, aber auch in China, Japan und Korea. Seinen Höhepunkt hatte das Tantrajâna, als der Buddhismus in Indien nach rund tausendjähriger Geschichte allmählich erlosch.

Das Ende des indischen Buddhismus begann, als im fünften Jahrhundert nach Christus die Hunnen in Indien einfielen. Es waren zentralasiatische Nomaden, die sich zunächst in Baktrien (im heutigen Afghanistan) niedergelassen hatten und von da aus über den Hindukusch in den Pandschab vorstießen. Im Jahre 465 gelang es ihnen dann unter ihrem Führer Toramana und dessen Sohn Mihirakula, das Gebiet bis zum zentralindischen Malva (heute im Bezirk Madhya Pradesh) zu erobern und fast ein Jahrhundert lang zu halten.

Dabei haben sie offenbar die Klöster und Heiligtümer der Buddhisten zerstört, denn Mihirakula wird in den Texten als böser Teufel und als Ungeheuer dargestellt, das mit dem Schwert regiert habe.

Nach dem Hunneneinfall waren es dann nichtbuddhistische indische Herrscher, die dem Buddhismus Schwierigkeiten bereiteten, bis dann um das Jahr 1000 – wieder über Afghanistan und den Hindukusch – Turkvölker einfielen und weite Gebiete für den Islam gewannen. Dies war der Todesstoß für den Buddhismus auf dem indischen Subkontinent, denn auch da, wo die Lehre des Buddha nicht durch den Islam verdrängt wurde, übernahm jetzt der Hinduismus mit seinem alten Götterhimmel aus brahmanischer Zeit wieder die Macht. Um 1200 war der Buddhismus in Indien untergegangen und vom Hinduismus aufgesogen worden: Der Buddha wurde als neunte Inkarnation des Gottes Vischnu zum Hindugott, dem man Opfer darbringen konnte.

Inzwischen hatte das Tantrajâna seine Fahrt in Bereiche fortgesetzt, die weitab vom Pfade des Buddha lagen. Zwar war der Tantrismus eine konsequente Fortsetzung des Mahâjâna, soweit es die philosophischen Grundlagen betraf. Auch der Tantrismus geht davon aus, daß die Schûnjatâ, die Leere, das einzig bleibende und bestehende und die Welt nur Mâjâ, nur Schein, ist. Auch der

Tantrismus lehrt, daß alle Dinge miteinander verwandt und sogar identisch sind, weil sie alle nur ein Abbild der letzten, absoluten und einzigen Realität, der Leere, sind.

Aber er zog daraus andere Konsequenzen, indem er aus der mystischen Einheit der Dinge einen Geheimkult und eine Zauberreligion machte, die nun weder etwas mit dem Hînajâna noch dem Mahâjâna und schon gar nichts mit der ursprünglichen Lehre des Buddha zu tun hatte, obwohl auch schon zu Buddhas Zeiten die Mirakel nicht gerade selten waren.

Zauberei und Beschwörung

Der Buddha hatte noch gesagt: »Drei Dinge leuchten offen und nicht im geheimen: Die Sonne, der Mond und die Lehre des Vollendeten.« Tausend Jahre später hatte der Tantrismus aus seiner Lehre einen Geheimkult mit Zauberformeln und magischen Handlungen gemacht, in die man nur durch einen geistlichen Lehrer, den Guru, eingeführt werden konnte. Der Guru war es dann auch, der den Schüler nach langer Vorbereitungszeit mit geheimnisvollen Aufnahmeriten auf den eigentlichen Weg der Erlösung brachte, indem er ihn zur Einweihung in die Mysterien taufte, die Hand auflegte und ihm einen neuen Geheimnamen gab.

Erlösung war im Tantrajâna nicht mehr die Arbeit an sich selbst, sondern das Wissen um trickreiche Formeln und Handlungen. Der Grundgedanke ließ sich zwar auch hier theoretisch begründen: Wenn alle Dinge durch das verbindende Element der Leere letztenendes identisch waren, so waren sie ja auch durch bestimmte Handlungen wechselseitig beeinflußbar. Eine bestimmte Geste, ein bestimmtes Wort wirkte zwangsläufig auf den gemeinten Gegenstand, genauso wie man mit dem einen Gegenstand den anderen beeinflussen konnte, denn die »tiefverwurzelte Überzeugung, daß alles Stoffliche ein Ausdruck des Geistigen ist, ermöglicht es, sämtliche rituellen Handlungen als Symbol für geistige Vorgänge aufzufassen«.

Was dabei aber herauskam, war dann nichts weiter als platte Zauberei und ein Rückfall in jenen »magischen Realismus« primitiver Religionen, der den Jagderfolg durch gemalte Szenen erzwingen wollte, auf denen Jäger das Wild bereits erlegt hatten. Im Gegensatz zum magischen Realismus primitiver Völker bezog sich im Tantrismus die magische Wirkung allerdings nicht so sehr darauf, andere Dinge zu beeinflussen, als vielmehr durch Worte und Gesten die eigene Psyche auf den Heilsweg einzustimmen. Dazu war die Kenntnis bestimmter magischer, oft sinnloser heiliger Silben notwendig, die Mantra genannt werden.

Doch schon das verbreitetste Mantra macht deutlich, daß das eigene Heil auf dem Umweg über die Beschwörung anderer lief. Es ist das bekannte »om mani padme hum«, mit dem man an das grenzenlose Mitleid des Avalokiteschvara appellierte.

Was diese Formel genau heißt, ist unklar. »Manipadme« ist an sich ein Vokativ und bedeutet »O Juwelenlotos!« Später hat man das, entgegen der Sanskritgrammatik als »Juwel im Lotos«, also als Aussage, verstanden, ohne daß wir nun besser wüßten, wer oder was gemeint ist, zumal die Silben »om« und »hum« ohnehin nicht zum Satz gehören, also nicht zum Verständnis beitragen können. Das »hum« ist nämlich eine selbständige Beschwörungsformel, mit der man böse Dämonen und Geister vertreiben kann. Im heutigen Tibet wird – nach Glasenapp – die Formel so interpretiert: »Om (gesprochen wie a+u+m) versinnbildlicht die Trinität: Buddha, Lehre, Gemeinde; hûm vertreibt die Dämonen; die beiden Mittelworte bekräftigen, daß ein Edelstein (Buddha und seine Lehre) im Lotos (der Welt) erschienen sind.« Das aber war mit Sicherheit nicht der ursprüngliche Sinn der Zauberformel.

Derartige Mantras, die übrigens schon die Brahmanen kannten, gibt es in unendlicher Zahl. Und weil solche Formeln allein schon durch ihre Existenz wirken, genügt es vollauf, wenn solche Texte aufgeschrieben und als Ersatz für das ständige Herbeten in mechanischer Bewegung gehalten werden: Es sind die sprichwörtlichen Gebetsmühlen, die sich im Wind drehen und dadurch ganz von allein ihre magische Wirkung tun.

Zwar glaubte man auch schon im Mahâjâna, daß die buddhistischen Lehrtexte durch ihren heiligen Inhalt in sich eine selbsttätige Wirkung besäßen; aber wenn man im Tantrajâna meinte, das bloße Herumtragen heiliger Texte auf Feldern könnte diese vor Dürre bewahren, hat die mechanisch-magische Vorstellung ein gewisses Endstadium erreicht.

Ähnlich steht es mit dem System von wirkungskräftigen Körperhaltungen und Gesten, den Mudras (= Siegeln). Auch hier hat der Tantrismus längst Bestehendes übernommen und pervertiert. Schon im Brahmanismus waren den Priestern bestimmte Händehaltungen vorgeschrieben, wenn sie heilige Texte lasen, denn nach ihrer ganzheitlichen Auffassung waren Worte und Gebärden untrennbar verbunden. Im Buddhismus erinnerten die Mudrâs dann an bestimmte Situationen aus dem Leben des Buddha und hatten symbolische Bedeutung:

Die Handhaltung des Buddha, als er das Rad der Lehre in Bewegung setzte, ist ebenso eine Mudrâ wie die Darstellungen mit im Schoß flach aufeinandergelegten Händen, wobei sich die Daumenspitzen berühren und die Augen geschlossen sind. Sie symbolisiert die Versenkung. Buddhastatuen, bei denen die Finger der rechten Hand nach unten auf die Erde weisen, während die linke im Schoß liegende Hand offen nach oben zeigt, sind das Symbol für Geduld und Langmut, denn sie sollen an die Szene erinnern, als der Buddha von Mâra, dem Todesgott, bedrängt wurde und die Erde für seine große Hingebung als Zeugen anrief.

Das Tantrajâna hat aus diesem Zusammenspiel von Geist, Körper und Sprache dann ein reichhaltiges Ritual gemacht, das bald den dahinterliegenden, eigentlichen Sinngehalt verdeckt. Die Wirkungskraft der Mantras und Mudrâs schlug in Zauberei und reine Magie um. Bestimmte Gesten sollten wie ein Zauberstab beliebige Wirkungen hervorrufen, und die Mönche, die solche Mudrâs beherrschten, wurden damit zu Wundertätern, die man um alles mögliche bitten konnte.

Die Berichte über die Wundertäter, die »Siddha«, (die Vollkommenen) waren dann geeignet, den Tantrismus bei Außenstehenden vollends in Verruf zu bringen. André Bareau formulierte das so: »Diese Lehre von der universalen Identität in der Welt der Illusionen konnte auch dazu dienen, die anstößigsten Handlungen zu rechtfertigen... Unter den Heldentaten, die von den berühmten Siddha erzählt wurden, kommen die schrecklichsten und widerlichsten Verbrechen vor, die sich die verschrobenste Einbildungskraft nur ausdenken kann. Das Vollbringen solcher Untaten wurde in der Tat als handgreiflicher Beweis dafür angesehen, daß diejenigen, die sie ohne das geringste Zögern verübten, wirklich von den relativen und somit illusorischen Begriffen von Gut und Böse frei und daher zur höchsten Erlösung gelangt seien. Das wenigste, was diese Zauberer tun konnten, war die Übertretung der fünf vom frühen Buddhismus gepredigten Haupttugenden, das heißt das Begehen von Mord, Diebstahl, Unzucht, Meineid und Trunksucht.«

Allerdings folgten durchaus nicht alle Anhänger des Tantrajâna derartigen Exzessen, die ausdrücklich den besonders Begabten und Geübten vorbehalten blieben; und niemand wird auch behaupten wollen, daß die heutigen Mönche in Tibet generell solchen rüden Bräuchen huldigen.

Erotischer Dualismus

Allgemein akzeptiert wurde aber, um noch eine letzte »Weiterentwicklung« des Urbuddhismus anzuführen, die Lehre vom erotischen Dualismus. Hatte der Buddhismus tausend Jahre lang gepredigt, daß der Umgang mit Frauen von der Erlösung abhalte und daß eine Frau auch niemals die Erleuchtung erlangen könne, so stürzte sich jetzt der Tantrismus auf einen sexuellen Symbolismus, der nicht nur dem Geschlechtsakt heilsfördernde Wirkung zusprach und die Mönche heiraten ließ, sondern der auch den Götterhimmel bald reichlich mit Göttinnen bestückte. Selbst dem Buddha wurde ein weiblicher Partner zugeteilt.

Der sexuelle Symbolismus ging dabei von einem Dualismus aus, der dem Buddhismus sonst so fern wie nur möglich lag. Weder der Buddha selbst hatte in Gegensätzen wie Materie oder Geist, Welt oder Absolutes, Mann oder Frau gedacht, noch das Mahâjâna, das eindeutig das monistische Denken bevorzugte, indem es nur die absolute Leere gelten ließ und alles andere für Schein erklärte.

Das Tantrajâna dagegen fand plötzlich nichts dabei, die Welt in Gegensätze aufzuspalten und zu behaupten, es müßten sich partout komplementäre, das heißt gegensätzliche Elemente vereinigen, um die höchste und absolute Einheit zu erzeugen.

So hatten sich die Leere und die Weisheit, das Intellektuelle und das Affektive zu vereinigen, um bei einem angehenden Bodhisattva überhaupt erst den Gedanken des Erwachens hervorzurufen. Dabei wurde eines der Elemente als männlich, das andere als weiblich gedacht, so daß von daher ein Vergleich mit der sexuellen Vereinigung nahelag.

In einigen Schulen gehörte der Geschlechtsverkehr dann auch tatsächlich zum Kult, wobei man nicht vor den perversesten Handlungen zurückschreckte, je schlimmer, desto besser. Das Zusammentreffen beider Geschlechtsorgane wurde zum Sinnbild höchster Weltgeheimnisse und zur Vorwegnahme der Seligkeit im All-Einen und Absoluten.

Das alles mag psychologisch gar nicht so falsch sein und sich erklären lassen; schließlich stellt auch das Autogene Training alle Bedingungen her, die an die wohlige Entspannung nach einem Geschlechtsakt erinnern. Aber mit den Lehren des Buddha hat das nichts, aber auch gar nichts mehr zu tun.

Formelhafte Äußerlichkeiten

Der Tantrismus hat das Glück gehabt, nicht vom Hinduismus aufgesogen zu werden. Deshalb ist in den Gebieten, wo er praktiziert wird, überhaupt noch vom Buddha die Rede. In Wirklichkeit ist der Tantrismus aber in der Praxis eher eine exotische Variante des Hinduismus, denn der Tempeldienst, also die Verehrung der Kultbilder des Buddha, der Bhodisattvas und der verschiedenen anderen göttlichen Mächte entspricht in seinen äußeren Formen dem Kult der Hindus, auch wenn die mehr oder weniger esoterischen und verqueren Gedankengebäude des Trantrajâna einen anderen Eindruck vermitteln.

Danach werden die »Verehrungswürdigen« nach einem Zeremoniell, das der Verehrung indischer Fürsten nachgebildet ist, durch Rezitation von Hymnen, durch das Schwenken von Lichtern, Abbrennen von Räucherwerk und durch Opfergaben wie Blumen und Früchten symbolisch erfreut, und Prozessionen, Wallfahrten, Mysterienspiele und lokale Bräuche führen dabei zu einem ausgedehnten Festkalender, wie ihn auch andere Religionen kennen.

Alles, was der Buddha nach innen verlegt hatte, war wieder zur formelhaften Äußerlichkeit geworden. Auch die private Frömmigkeit, die bei einem Gläubigen das ganze Leben durchzieht, war brahmanischen Riten nachgebildet, die der Buddhismus selbst wohlweislich nie in ein Ritual aufgenommen, wenn auch stillschweigend geduldet hatte.

Für den, der das Tantrajâna ernst nahm, war das Leben dabei nicht einfach, aber mit der stillen, einfachen Lebensweise des Buddha und seiner Mönche hatte es nichts mehr zu tun. Texte geben uns darüber Auskunft, und ich will einen in der Zusammenfassung von Glasenapp zitieren:

»Wenn der Gläubige sich noch in der Nacht von seinem Lager erhebt, faltet er seine Hände, neigt sein Haupt und spricht Sprüche der Verehrung der Tathâgatas. Er erneuert die Verpflichtung, die heiligen Gebote zu halten, er wäscht sich Gesicht und Glieder, reinigt seine Zähne und rezitiert dabei Mantras, die ihn vor Krankheit bewahren sollen. Er setzt sich dann nieder, meditiert, flüstert heilige Silben und Litaneien, wiederholt das Gelübde, auf dem Weg zur Erleuchtung fortzuschreiten und verehrt alle Gurus, Buddhas und Bhodisattvas.

Wenn die Sonne aufgegangen ist, meditiert er über Jambhala, dem Gott des Reichtums, indem er sich ihn mit allen seinen Attributen vorstellt und ihm hundertacht Mundvoll Wasser darbringt. Hat er dann auch die Geister (Preta) mit Wasserspenden bedacht, so schreitet er, indem er Gedanken des Wohlwollens, des Mitleids, der Freude und der Indifferenz hegt und sein Herz auf das Heil aller Wesen richtet, zur Herstellung eines Mandala (der symbolischen Darstellung von Welt und Göttern) auf einen unter Hersagung eines Mantra mit reinem Wasser besprengten Erdenfleck. Er verehrt die in dem Mandala vertretenen Tathâgatas, seine Schutzgottheit, weiterhin seine heiligen Bücher, Bilder und Statuen.

Ein anderer wichtiger Ritus ist das Herstellen eines Caitya (Miniaturtempels). Der Fromme nimmt einen Kloß aus Sand oder Ton und gibt diesem, während er einundzwanzigmal eine Dhâranî-Formel spricht, die Gestalt eines Caitya, indem er sich vorstellt, ›so viele Atome in diesem Erdenkloß sind, so viele Myriaden von Caityas sind jetzt hergestellt worden‹. Auf diese Weise wird die Kraft des guten Werkes, das er vollbringt, in ungeheurer Weise potenziert. Das transzendente Verdienst, das der Gläubige sich auf diese Weise erwirbt, will er aber nicht für sich selbst, sondern zum Besten aller Kreatur verwenden, deshalb spricht er, möchte ich durch dieses segensreiche Karma in nicht zu langer Zeit in der Welt ein Buddha werden, zum Heil des Universums das Gesetz verkünden und die von vielfältigem Leid gepeinigten Wesen erlösen.

In durchaus dem brahmanischen Brauch entsprechender Weise ist auch jede Mahlzeit mit religiösen Vorstellungen umwoben. Bevor der Gläubige ißt, soll er allen lebenden Wesen eine Spende (bali) darbringen, den Buddhas usw. eine Opferspeise (naivedya) weihen und der Hârîtî zwei Bissen anbieten, indem er diese Göttin bittet, alle Unreinheiten zu entfernen. Nachdem er dann das Eßgefäß zuerst mit dem Ringfinger berührt hat, genießt er gemächlich sein Mahl, und gibt den Pretas, den hungrig umherirrenden Geistern der Verstorbenen, die übriggebliebene Speise. Am Schluß des Mahls spült er sich den Mund aus und wiederholt dreimal die Segensformel ›Mögen der König und der Gabenherr (Patron) und die anderen Wesen immerdar Glück erreichen, langes Leben, Gesundheit und Heil.‹

Den Tag verbringt er mit reinen Taten des Körpers, der Rede und des Geistes. Die Zeit, die ihm seine Arbeit läßt, füllt er am zweckmäßigsten aus, indem er sich religiösen Betrachtungen widmet oder in Gesellschaft von Gleichgesinnten erbauliche Geschichten aus dem Jâtaka-Buch liest.

Bricht dann die Nacht herein, so meditiert er, spricht heilige Sprüche und versinkt, nachdem er noch eine Opferspende dargebracht, in den tiefen Schlaf des Joga.«

Trotz aller Assoziationen und Anklänge hat das nichts mehr mit der Lehre des Gotama Buddha zu tun; auch wenn heutzutage jeder Bericht aus einem tibetanischen Kloster zu einer Begegnung mit dem Buddha hochstilisiert wird, kann davon keine Rede sein.

Der Tantrismus ist vielmehr ein Beispiel dafür, daß Traditionen über die Jahrhunderte hinweg nicht nur verändern, sondern auch bis zum Gegenteil verfälschen können.

Was der Buddha als erster angeboten hatte, war die Erlösung ohne Götter und fremde Hilfe, ohne Opfer und ohne Gnade, nur aus sich heraus, indem der Mensch zu sich selbst fand. Es war die Erlösung des Menschen durch sich selbst und die läuternde Wiedergeburt bis zum Erlöschen im Nirvâna.

Davon ist im späten Buddhismus kaum noch etwas zu spüren. Die Faszination, die das indische Denken immer wieder auf den Westen ausgeübt hat, geht zurück auf die alten Zeiten, als der Buddha das Rad der Lehre zum erstenmal in Bewegung gesetzt hat.

VI
Der Buddha und der Westen

Nachrichten vom Ende der Welt

Es gehört zu den Kuriositäten der Geschichte, daß der indische Mönch Gotama Buddha zweitausend Jahre nach seinem Hingang ins Nirvâna auf dem Umweg über eine fromme Legende zum christlichen Heiligen wurde, in das amtliche Martyriologium Romanum geriet und noch heute dort als vorbildlicher Christ verzeichnet steht.

Es ist auch verblüffend, wie viele wundersame Details aus dem Leben des Erleuchteten vom Fuße des Himalaja fünfhundert Jahre später in den Berichten über das Leben Jesu in Palästina wieder anklingen, während die christliche Tradition umgekehrt beharrlich daran festhält, daß der »ungläubige Thomas«, einer der zwölf Apostel, nach Indien gewandert sei und dort die Gemeinde der »Thomaschristen« gegründet habe, (die es tatsächlich gibt), weil – so die immer wieder auftauchende Vermutung – Jesus selbst womöglich in den Jahren vor seinem öffentlichen Auftreten in Indien war oder mit Indern Kontakt hatte, ja, sogar womöglich in Kaschmir beerdigt sei.

Und es ist eine erstaunliche Parallele, daß, gleichzeitig mit dem Buddha, in Griechenland Pythagoras zum erstenmal von der Seelenwanderung spricht, daß hundert Jahre später Plato die Wiedergeburt lehrt, wonach die Toten je nach ihrem Vorleben »unter dem Thron der Notwendigkeit« ein neues Leben als Mensch oder Tier erhalten, und daß die Stoiker bald darauf nur die eine Glückseligkeit kannten, nach der Überwindung von Lust und Affekten im Einklang mit der Natur zu leben.

Ist das alles nur Zufall? Bevor man derartige Parallelen und Übereinstimmungen ungeprüft als Tatsachen akzeptiert und aus Einflüssen erklärt, muß man sich vorher fragen, ob und wieweit wir zu jener Zeit überhaupt Kontakte und Austauschmöglichkeiten zwischen den beiden Kulturen nachweisen können.

Frühe Kontakte

Die erste geschichtlich nachweisbare Verbindung zwischen Europa und Indien geht bis auf die Tage des Buddha zurück. Es war die Zeit des persischen Großreiches, als Dareios I. (521–485 vor Christus) um das Jahr 513 das Industal eroberte, so daß sich sein Reich vom Mittelmeer bis zum Pandschab erstreckte. Der Buddha war damals etwa siebenundfünfzig Jahre alt.

Allerdings hatte Dareios anderes im Sinn, als sich um die Bettelmönche im Gangesgebiet zu kümmern. Wir erfahren aber bei dieser Gelegenheit, daß er einen Griechen namens Skylax von Karyanda beauftragt hatte, das Industal zu erforschen. Dessen mühselige Reise war der erste nachweisbare Kontakt zwischen Griechenland und Indien. Zwar begann die ganze Geschichte mit einem Irrtum, weil Skylax von Kabul aus (heute der Hauptstadt Afghanistans) den Fluß Kabul hinabsegelte, den er für den Indus hielt. Als er aber ans Meer kam, unternahm er die erste bekannte Seereise zwischen Indien und Europa.

»Dann aber segelten sie auf dem Meer nach Westen zurück«, berichtet Herodot, »und kamen im dreißigsten Monat an jenen Ort, von dem aus die Phönizier .. auf das Geheiß des ägyptischen Königs hin Libyen umschifft hatten.«

Es war also bereits damals möglich, von Indien nach Südarabien zu segeln, auch wenn die zeitraubende Küstenschiffahrt zweieinhalb Jahre dauerte. Erst als dann der griechische Steuermann Hippalos die regelmäßigen Monsunwinde entdeckte, wagte man die schnellere Fahrt über das offene Meer, für die man nur vierzig Tage brauchte.

Daß es aber auch schon längst vorher Handelsbeziehungen zwischen Südarabien und Indien gab, beweisen Funde auf den Bahreininseln im persisch-arabischen Golf, die aus der Induskultur von Mohendscho Daro aus dem zweiten Jahrtausend vor Christus stammen. 1977/78 wies dann Thor Heyerdahl nach, daß eine solche Schiffsverbindung auch mit primitiven Fahrzeugen möglich war, indem er mit einem nach sumerischem Vorbild gebauten Schilfboot vom Tigris bis nach Mohendscho Daro und zurück segelte.

Außer von Herodot besitzen wir noch einen zweiten antiken Bericht über Indien. Er stammt von Ktesias, einem um 400 vor Christus lebenden griechischen Arzt, der sich als Kriegsgefangener lange Jahre in Persien aufhielt und nach seiner Rückkehr unter anderem auch eine, nur in Bruchstücken erhaltene, »Geschichte Indiens« schrieb. In ihr polemisierte er gegen Herodot, den »Vater der Geschichte« (etwa 485 bis etwa 420 vor Christus).

Da Herodot selbst nicht in Indien gewesen war, konnte Ktesias vermutlich mit Recht einiges an Herodots Schilderungen korrigie-

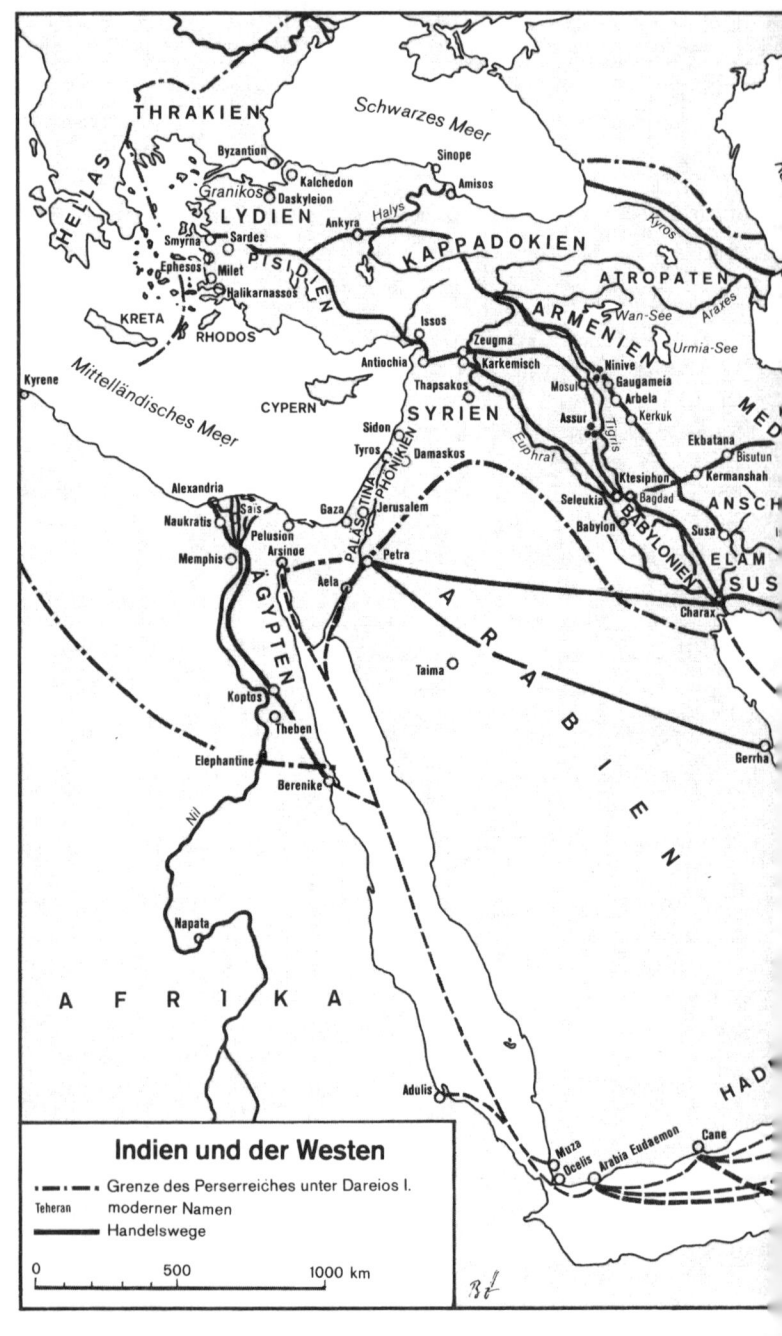

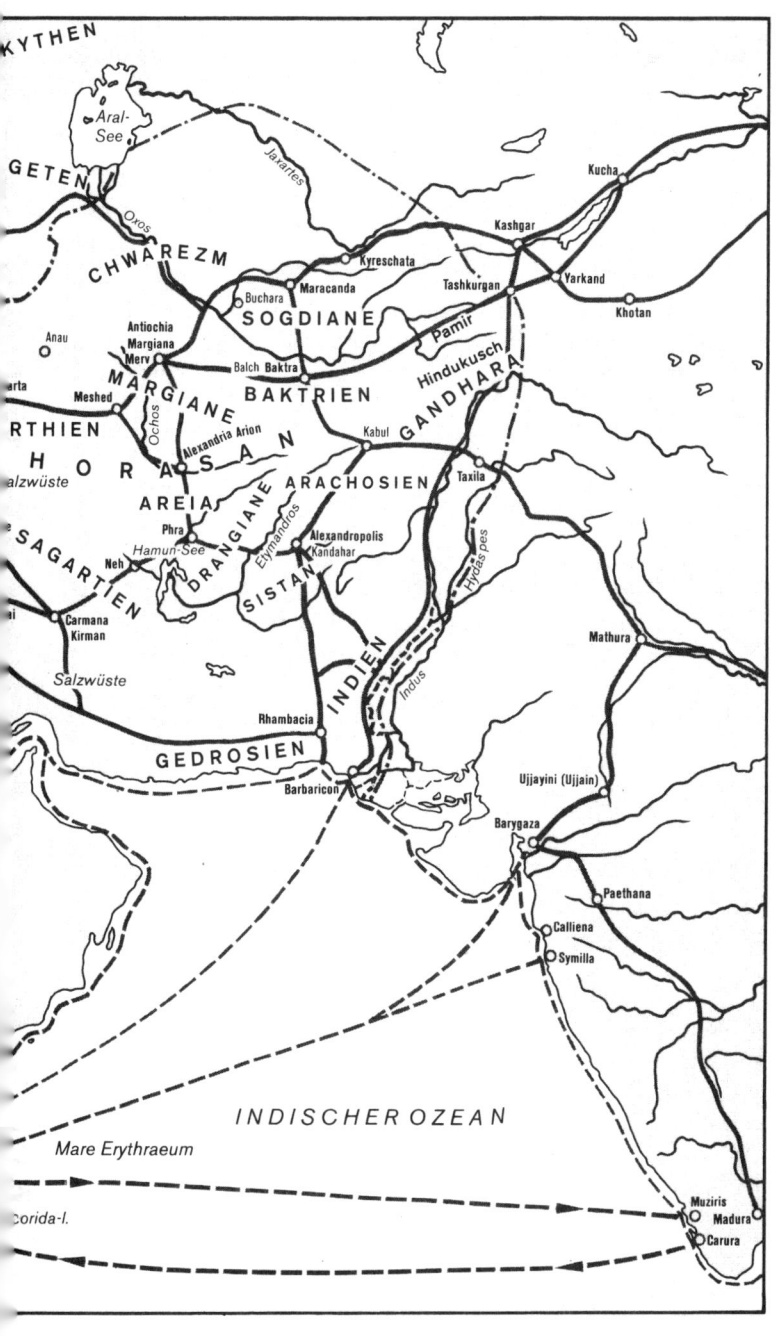

ren. So berichtet Herodot zum Beispiel, daß die Samenflüssigkeit, die die Inder »in ihre Frauen gelangen lassen, nicht etwa weiß (ist) wie bei anderen Menschen, sondern so schwarz wie die Farbe ihrer Haut«, und daß dort die Sonne nicht wie anderswo mittags, sondern in den frühen Morgenstunden am heißesten brennt.

So unsinnig uns diese Behauptung mit der Sonne erscheint, so plausibel war sie für Herodot. Da man sich die Welt als Scheibe dachte, die vom Okeanos umflossen war, und da »nach Osten das äußerste der bewohnten Länder Indien« war, mußte die aus dem Okeanos aufgehende Sonne morgens am heißesten sein, weil sie da dem östlichen Rand der Welt am nächsten war.

Es war das gleiche Weltbild, das dann auch Alexander den Großen nach Indien führte. Als er im Jahre 333 vor Christus die Perser bei Issos besiegt hatte und 327 nach Indien zog, hatte er entsprechend den damaligen Vorstellungen vor, im Osten bis an das Weltende vorzustoßen und damit im wahrsten Sinne des Wortes ein »Weltreich« zu errichten. Nachdem er 326 den Indus überschritten hatte, meuterten jedoch seine Truppen und er mußte zurückkehren. Als Teil des unterworfenen Persischen Reiches blieb aber der Nordwesten Indiens mit Unterbrechungen auch unter den Diadochen, den Nachfolgern Alexanders, im griechischen Einflußbereich.

Zur persischen Amtssprache, dem semitischen Aramäisch (der Sprache, die auch Jesus in einer palästinensischen Mundart sprach), kam dort nun auch das Griechische dazu: Auf Münzen wurden persische Worte in griechischen Buchstaben geschrieben, und einige seltene Münzen zeigen sogar das Wort Buddha in griechischer Schrift. Selbst eines jener Edikte, die König Asoka sonst im indischen Prâkrit-Dialekt in Säulen und Felsen meißeln ließ, fand man 1964 in Kandahar, westlich des Indus, in griechischer und aramäischer Sprache.

Möglicherweise war der indische König Asoka sogar ein halber Grieche, denn es wird berichtet, sein Vater Bindusâra habe eine griechische Seleukidenprinzessin geheiratet.

So ganz unmöglich wäre das nicht, denn daß König Bindusâra (298–273), der Sohn des Tschandragupta, mit Griechenland Kontakt hatte, wissen wir: Bindusâra hatte sogar nach dem Westen geschrieben und um Traubensirup, einige Feigen und einen Philosophen gebeten, hatte aber nach angemessener Zeit die Antwort erhalten, den Traubensirup und die Feigen könne er haben, es sei aber »in Griechenland ungesetzlich, mit Philosophen Handel zu treiben«.

Wir besitzen auch den Bericht des Makedoniers Megasthenes, der sich um 300 vor Christus im Auftrag des Königs Seleukos I. in Pâtaliputta am Hofe Tschandraguptas aufhielt und der in seiner »Indikâ« ausführlich über das wirtschaftliche und kulturelle Leben Indiens berichtete. Leider kennen wir seine Beschreibungen nur aus größeren Fragmenten, die von anderen Schriftstellern zitiert werden.

Und schließlich berichtete dann im ersten vorchristlichen Jahrhundert Alexander Polyhistor von Priestern in Baktrien (heute auf dem Gebiet Afghanistans), die er »Samanaioi« nannte. »Samanas« aber nannten sich die buddhistischen Bettelmönche.

An griechisch-indischen Kontakten hat es also in der Antike nicht gefehlt – bis hin zum griechischen König Menandros von Baktrien, der sich in Indien in den »Gesprächen des Milinda« über die Lehre des Buddha aufklären ließ, Münzen mit dem Buddhistischen Rad der Lehre prägte und, wie Plutarch berichtete, seine Asche in alle Winde verstreuen ließ, weil die Legende dies auch vom Buddha berichtete.

Die Frage ist nur, ob diese Kontakte auch zu einem Austausch von Ideen geführt haben. Weder griechische noch lateinische Quellen wissen etwas darüber zu berichten, und die indischen, die nicht einmal Alexander erwähnen, schon gar nicht. Daß zum Beispiel Asoka Missionare an die Diadochen Ptolomaios II. von Ägypten, Antigonos von Makedonien, Magas von Kyrene und Alexander von Epirus geschickt hatte, fand keinen Niederschlag in den westlichen Quellen, die zwar Tschandragupta, aber keinen Asoka kennen.

Wir sind auf unserer Suche also auf Indizien angewiesen, denn Vieles ist vermutlich ebenso verlorengegangen wie die »Indika« des Megasthenes.

Wechselseitige Einflüsse

Auf indischem Gebiet ist griechischer Einfluß mit Sicherheit lediglich beim Theater und in der Plastik nachweisbar.

Das eine ist nur ein geringfügiges Detail auf der Bühne: Der Hintergrundvorhang, durch den die Schauspieler die Szene betraten, hieß »Javanikâ«, »der Griechische«, so wie auch die Griechen selbst »Javanas« genannt wurden.

In der Bildenden Kunst läßt sich der griechische Einfluß an einem eigenartigen Detail bei der Darstellung des Buddha nachweisen, nämlich dem beulenartigen Auswuchs auf der Schädeldecke, der oft auch wie eine Flamme konisch ausläuft. Es gibt kaum ein Buddhabild aus klassischer Zeit, das ihn nicht zeigte.

Er wird von den Indern als Schädelauswuchs erklärt, ist aber in Wirklichkeit nichts anderes als der griechische Haarknoten, den die indischen Künstler zwischen dem zweiten und vierten Jahrhundert nach Christus im nordindischen Gandhâra (heute die Gegend um Peschawar) von der Apollo-Darstellung im Hellenismus übernommen hatten.

Aus der westlichen Ikonographie stammt außerdem noch eine Haarlocke, die dem Buddha in die Stirn fällt. Wir kennen sie von Christusdarstellungen auf alten Ikonen. In Indien wurde sie zu einer wolligen Locke zwischen den Augenbrauen des Buddha, »weich wie Baumwolle und ähnlich einer Jasminblüte, dem Mond, einer Muschel, dem Blütenfaden einer Lotosblume, der Milch der Kuh und einer Eisblume«.

Bei Statuen wurde diese Locke zwischen den Brauen oft durch einen Farbfleck, oder wegen des Glanzes, auch durch einen Edelstein dargestellt. Als die Erinnerung an die Locke vollends verlorenging, interpretierte man diesen Punkt als ein drittes Auge, als »Auge der Weisheit«. Daher zeigen seitdem die meisten Buddhabilder eine warzenförmige Erhöhung auf der Stirn – eine vergessene Erinnerung daran, daß die für Indien entscheidende Gandhâra-Kunst von der griechischen Plastik beeinflußt wurde.

Indischer Einfluß auf den Westen läßt sich dagegen mit Sicherheit nur auf wirtschaftlichem Gebiet ausmachen. Um die Zeitenwende gab es einen intensiven Handel zwischen Rom und Indien, der das Römische Reich in riesige Schulden stürzte. So klagte Plinius, der Kauf von indischen Spezereien, Aromen, Perlen und kostbaren Stoffen habe Rom ein jährliches Defizit von 50 Millionen Sesterzen eingebracht.

Indischer Einfluß auf das antike westliche Denken ist dagegen nicht unmittelbar zu belegen. Keiner der griechischen Philosophen von Pythagoras bis Plato hat sich zum Beispiel bei der Darstellung seiner Seelenwanderungslehre auf Indien bezogen.

Trotz auffälliger Parallelen bestreiten daher manche Wissenschaftler vehement jeden indischen Einfluß auf das antike Denken, wie zum Beispiel der Indologe Helmut von Glasenapp: »Es ist nicht einzusehen, wieso die Philosophie als solche einen allen Völkern gemeinsamen Ursprung haben muß.« Aber so sehr er für die Eigenständigkeit der griechischen Denker eintritt, muß er dann doch widerwillig einschränken, daß »ein indischer Einfluß auf abendländische Philosophen des neunzehnten Jahrhunderts sicher, bei Gnostikern und Neuplatonikern wahrscheinlich, bei den älteren griechischen Philosophen aber nicht erweisbar« ist. Andere Gelehrte sind dagegen, angesichts der vielen Analogien, von einer inneren Verwandtschaft der Ideen und damit einer Abhängigkeit von Indien überzeugt.

Indien und die griechischen Philosophen

Pythagoras: der Auftakt

Der älteste griechische Philosoph, der eine Lehre von der Seelenwanderung verkündete, war Pythagoras, ein Zeitgenosse des Buddha. Nach Herodot glaubte er, »daß die menschliche Seele unsterblich ist und, wenn der Körper verwest, immer in ein anderes, eben zum Leben kommendes Geschöpf hineinfährt; sei sie nun jedesmal herumgewandert in allen Land- Meer- und Himmelstieren, so gehe sie wieder in einem zum Leben kommenden Menschenleib ein, und diese Wanderung macht sie in dreitausend Jahren«.

Das klingt recht vertraut und erinnert sehr an die Wiederverkörperungslehre der Upanischaden und an den Buddhismus, der diesen Gedanken weiterentwickelt hat. So verwundert es nicht, wenn von Pythagoras weiter berichtet wird, er habe sich nicht nur gegenüber Menschen, sondern auch zu Tieren freundlich verhalten. Xenophanes (etwa 570–460) erzählt sogar ironisierend, Pythagoras habe das Jaulen eines geschlagenen Hundes nicht mehr ertragen können, weil er in dem Heulen die Stimme eines Freundes wiedererkannte.

Verständlich auch, daß die Pythagoräer kein Fleisch aßen und vegetarisch lebten. Schließlich wird sogar berichtet, Pythagoras habe sich wie der Buddha in einem Akt der Konzentration an frühere Existenzen erinnern können: »Wenn er mit Macht angespannt die vollen Kräfte des Geistes, konnt' er leicht überschauen die Geschicke jeglichen Daseins durch zehn, ja durch zwanzig der menschlichen Lebensalter.« So werden ihm auch verschiedene Existenzen zugeschrieben, unter anderem die eines delischen Fischers namens Pyrrhos.

Trotz dieser Übereinstimmungen gibt es auch Unterschiede. So geht Pythagoras einmal von dem uns vertrauten Begriff der unsterblichen Seele als dem Sitz der unverwechselbaren Persönlichkeit aus, während der Buddhismus so etwas wie eine Seele leugnet und der Brahmanismus die Einzelseele in die Allseele zurückkehren läßt.

Zum zweiten kennt die Seelenwanderung des Pythagoras gerade eben jenes entscheidende moralische Element nicht, das den Indern so wichtig war: die jeweilige Existenz als Lohn oder Strafe der vorhergehenden. Zumindest ist bei Pathagoras kein Grund dafür angegeben, warum die umherschwebenden Seelen nun gerade in dieses oder jenes Wesen fahren, oder genauer: Nichts dergleichen ist bei denjenigen Autoren angegeben, die Pythagoras zitieren. Er selbst hat nichts Schriftliches hinterlassen.

Vielleicht ist hier die Skepsis am Platze, die von Glasenapp vertritt: »Alle diese Lehren stimmen nur in einzelnen Punkten miteinander überein, in vielfacher anderer Hinsicht weichen sie hingegen wieder stark voneinander ab.«

Das ist zweifellos richtig, muß aber nicht notwendigerweise gegen einen Einfluß aus Indien sprechen. Die Unterschiede sind genausogut durch die Annahme erklärbar, daß die griechischen Philosophen fremdes Ideengut in ihr gewohntes Denken einzuarbeiten suchten, beispielsweise also die Unsterblichkeit der Seele mit der Wiedergeburt verbanden. Es kann aber auch sein, daß die Lehre des Pythagoras nur ungenau überliefert wurde. Denn kaum eine Generation nach Pythagoras verbindet der griechische Dichter Pindar (etwa 520 bis etwa 445) die Seelenwanderung mit dem Straf- und Lohngedanken. In einem Loblied auf Theron von Akragas (dem heutigen Agrigent auf Sizilien) verspricht Pindar dem Herrscher, er werde auf die Insel der Seligen kommen und die Gerechten würden nach dem Tode zu Heroen.

Diese moralisch bedingte Seelenwanderung hat dann auch Empedokles (etwa 483 bis etwa 423), ein Zeitgenosse des Pindar aus eben jenem Agrigent, vertreten, auf dessen Tyrannen Theron Pindar seine Ode geschrieben hatte.

Während sich bei Pythagoras die freischwebenden Seelen noch ohne erkennbares System in der nächstbesten freien Existenz verkörpern, führte Empedokles ein Zwischenstadium zwischen zwei Existenzen ein, in dem die Seele von einem Gericht im Hades für ihr letztes Leben belohnt oder bestraft wird.

Dementsprechend erfolgt dann die Wiederverkörperung in bestimmten Existenzen, wobei Empedokles auch die Pflanzen miteinbezieht: »Und so bin ich dereinst ein Knabe gewesen, ein Mädchen, ein Strauch und ein Adler, ein stummer Fisch in der Salzflut.« Die optimalste Verkörperung ist dabei der Mensch, aber auch innerhalb der Tiere und Pflanzen gibt es höchste Stufen: Bei den Tieren ist es der Löwe und bei den Pflanzen der Lorbeer.

Daß es überhaupt zu einem Kreislauf der Geburten kommt, führt Empedokles auf eine moralische Urschuld zurück, die vor allen irdischen Existenzen liegt: »Es ist ... ein göttlicher Beschluß, uralt, urewig, mit breiten Eidschwüren versiegelt: Wer aus der Schar der Dämonen, die ein lang währendes Leben sich erlost, in Schuldverstrickung seine Hände mit Mordblut befleckt, wer ferner vom Streite verführt, einen Meineid schwört – die alle müssen dreimal zehntausend Jahre fern von den Seligen umherirren, indem sie im Laufe der Zeit allerlei Gestalten ... annehmen und des irdischen Lebens mühselige Pfade wechseln.«

Bei Empedokles ist es allerdings genaugenommen gar keine »Seele«, die verschiedene Existenzen durchläuft, sondern ein »Daimon«, ein überirdisches göttliches Wesen, das durch eine Schuld gezwungen ist, seine göttliche Heimat zu verlassen. Für diesen Daimon (der dann alle Eigenschaften hat, die wir einer Seele zuschreiben) ist der Leib daher ein Gefängnis, in den er zur Strafe eingesperrt ist. Die irdische Existenz ist nur ein Durchgangsstadium, denn das eigentliche Ziel ist die himmlische Sphäre. Hier wird eine Leibfeindlichkeit erkennbar, der wir auch bei Plato und dann wieder im Christentum begegnen.

Plato: das Thema

Auch für Plato (427–347) ist der Leib nicht der erstrebenswerte Aufenthaltsraum der Seele, da »die wahren Philosophen sich in nichts anderem üben als im Totsein«. Solange sie sich aber nicht von den »Lüsten und Begierden« gelöst haben, irren auch die Seelen der Gestorbenen umher, »bis sie durch die Begierde des sie noch begleitenden Körperlichen wieder gebunden werden in einen Leib«. Was sie dann in der irdischen Existenz wahrnehmen und erleben, ist aber nach Platos berühmtem Höhlenbeispiel nur der Schein, der Schatten der eigentlichen übersinnlichen Welt, so daß das Bild eines Malers nur den »Schatten eines Schatten« wiedergibt. Aber jede Seele, »die im Gefolge eines Gottes etwas von den wahren Dingen geschaut hat, ist ungefährdet bis zum nächsten Kreislauf, und wenn sie das stets wieder zustande bringt, bleibt sie allzeit unbeschädigt«.

Die Seele jedoch, die Böses getan hat, »irrt in völliger Hilflosigkeit umher, bis eine gewisse Zeit vorüber ist, nach deren Verlauf sie zwangsweise in die Behausung gebracht wird, die ihr gebührt«. Schließlich wird erzählt, wie die Seelen von Mensch zu Tier und von Tier zu Mensch wechseln, und »ungerechte Tiere wurden zu wilden, gerechte zu zahmen«, um den Zyklus der Existenzen fortzuführen und zu vollenden.

Mit einer solchen Collage von Zitaten aus den verschiedenen Dialogen kann man den Eindruck hervorrufen, Plato habe die Lehre des Buddha einfach übernommen und für die griechische Vorstellungswelt lediglich variiert, indem er vor allem die Unsterblichkeit der Seele betonte und die strafende und belohnende Zwischeninstanz zwischen den irdischen Existenzen hinzufügte, wo die Schicksalsgöttinnen Atropos, Klotho und Lachesis als »Töchter der Notwendigkeit« ihre Schicksalsfäden spinnen.

Plato hat den Gedanken der Wiedergeburt an mehreren Stellen unterschiedlich erzählt und interpretiert. Zwar erhält, »wer Gutes getan hat, wer gerecht und fromm gelebt hat, in demselben Maße den verdienten Lohn«, so wie der Übeltäter »für jedes Verbrechen, das er begangen hat, und zwar an jedem einzelnen Menschen, der Reihe nach bestraft« wird, und sogar »für jedes Verbrechen zehnmal« – aber dieser Spruch im Hades wird nicht in einer irdischen Existenz, sondern zwischen den Existenzen abgebüßt.

Erst danach kommen die Seelen wieder auf eine Wiese, wo sie sich neue Verkörperungen aussuchen können. Diese sind nun aber nicht mehr die zwangsläufige Folge früherer Taten, auch wenn die Erinnerung an das frühere Leben eine Rolle spielt, denn »die meisten wählten nach den Erfahrungen ihres früheren Lebens. Ich sah die Seele, die einst Orpheus angehört hatt, das Leben eines Schwans wählen, weil sie aus Haß gegen das weibliche Geschlecht, das ihn ums Leben gebracht hatte, nicht von einem Weib geboren werden wollte.«

Die Seele hat also freie Wahl, je nach ihrer philosophischen Einsicht in Gut und Böse, was aber die Sache auch nicht einfacher macht. So seufzt der Erzähler bei Plato: »Dies ist für uns Menschen die furchtbarste Stunde...«

Wenn die Seelen dann gewählt hatten, »traten sie ohne sich umzuwenden unter den Thron der Notwendigkeit und gingen unter ihm hindurch. So taten auch alle anderen, und wir wanderten weiter in die Ebene der Lethe ... Alle mußten von diesem Wasser trinken ... Jeder, der trank, vergaß alles. Als wir uns ausgeruht hatten und Mitternacht kam, entstand ein Gewitter und Erdbeben, und wir wurden im Nu davongeführt, der eine hierhin, der andere dorthin, hinauf ins Werden. Es war, als ob Sterne dahinschießen.«

Auch wenn hier von »Notwendigkeit« die Rede ist, klingt das alles nicht mehr nach unabänderlichem Tatenschicksal, erst recht nicht, wenn man einmal im Zusammenhang liest, was Plato darüber im »Staat« als Bericht eines anderen wiedergibt. Entscheidend ist nämlich, daß Plato die Vorstellung von einer Wiedergeburt nicht braucht, um die Seelen zu läutern und allmählich vom Irdischen zu lösen. Für ihn ist die ständige Wiedergeburt nur die logische Folge seiner Feststellung, daß »die Zahl der Seelen ewig gleich ist«, in der Welt aber Geburt und Tod weiterhin stattfinden. Deshalb müssen immer die gleichen Seelen wieder zum Werden aufsteigen, »als ob Sterne dahinschießen«.

Es ist verständlich, wenn die einen bei solchen Unterschieden gar keinen Zusammenhang mit dem indischen Denken sehen oder wie von Glasenapp ihn für »nicht erweisbar« halten. Ebenso kann man aber auch argumentieren, daß ein Mann wie Plato, dessen Höhlenbeispiel so unverkennbar an die Scheinwelt der Mâjâ erinnert, auch andere indische Vorstellungen wie etwa die Seelenwanderung aufgriff, sie aber so in sein Denken integriert und damit verändert hat, daß der Ursprung kaum noch erkennbar ist. Albert Schweitzer jedenfalls meinte, »daß im Altertum mehr Gedankenaustausch zwischen Indien und dem europäischen Osten stattfand, als man gemeinhin annimmt. So zum Beispiel muß Plato irgendwie indische Lehren gekannt haben, anders ist es nicht zu erklären, daß in seiner Philosophie ... Welt- und Lebensverneinung im Zusammenhang mit der indischen identischen Lehre von der Seelenwanderung auftritt.«

Wie dem auch sei: Plato selbst behauptet ja nun auch gar nicht, daß die Vorstellungen der Seelenwanderung von ihm oder aus dem griechischen Denken stammt. Denn statt sich auf Pythagoras oder Empedokles zu berufen, schreibt er im »Staat« die Erzählung über die Wiedergeburt dem »Bericht eines wackeren Mannes, namens Er, eines Sohnes des Armenios, der aus Pamphylien stammte«, zu.

Da Pamphylien im asiatischen Teil der Türkei liegt, verlegte Plato also den Ursprung des Wiedergeburtsmythos absichtlich aus dem griechischen Raum in den Osten. Aus antiken Erzählungen wissen wir nun, daß dieser Er tatsächlich ein Armenier war und später sogar mit Zarathustra gleichgesetzt wurde. Jedenfalls war dieser Er über Jahrhunderte hin eine so bekannte Gestalt, daß ihm sogar die Ehre widerfuhr, im Neuen Testament unter den semitischen Vorfahren Jesu aufzutauchen.

Indem Plato den Ursprung der Wiedergeburtsvorstellung im Osten suchte, korrigierte er gleichzeitig Herodot. Zwar hatte auch Herodot die Entstehung einer Wiedergeburtslehre nicht bei den Griechen angesiedelt, dafür aber Ägypten als Ursprungsland angeführt. Er war dabei wohl von der gleichen Idee wie Sokrates ausgegangen, der durch die ägyptischen Mumien zu dem naiven Schluß geführt wurde, daß »wenn schon unser Schädel und unsere Knochen fast unverwüstlich sind, um wieviel mehr muß es dann unsere Seele sein?«

Herodot schrieb: »Nun sind die Ägypter die ersten, welche die Meinung ausgesprochen haben, daß die menschliche Seele unsterblich ist und, wenn der Körper verwest, immer in ein anderes, eben zum Leben kommendes Geschöpf hineinfährt; sei sie nun jedesmal herumgewandert in allen Land- und Meer- und Himmelstieren, so gehe sie wieder in einen zum Leben kommenden Menschenleib ein, und diese Wanderung mache sie in dreißigtausend Jahren.«

Daß gerade dieser »fremde Tropfen im griechischen Blut« »kaum abschätzbare Nachwirkungen« hatte, dürfte außer Zweifel sein. Aristoteles freilich, der Lehrer Alexanders des Großen, fällt als Kronzeuge abendländisch-indischer Kontakte aus.

Es hat nicht an angestrengten Bemühungen gefehlt, bei Aristoteles (384–322) auch nur einen Hauch indischen Denkens zu entdecken oder doch wenigstens die Verwendung einiger indischer philosophischer Begriffe nachzuweisen; aber der Versuch mußte fehlschlagen, wie Quirin Huonder in seinem Buch »Das Unsterblichkeitsproblem in der abendländischen Philosophie« feststellt: »Aristoteles lehnt eine Seelenwanderung ab, weil sie beinhalte, ›daß den Phantasiegebilden der Pythagoräer entsprechend, eine beliebige Seele in einen beliebigen Leib einträte, während doch jeder Körper seine eigene Form und Gestalt zu haben scheint‹. Die Seelenwanderung ist nach Ansicht des Stagiriten – gemeint ist Aristoteles – ontologisch unmöglich. Denn ›die Seele muß den Leib haben, den sie braucht‹.«

Trotz seiner unsterblichen Seele hat der Mensch daher nur *ein* Erdenleben, und der Gedanke, daß die Seele gar noch zwischen Mensch und Tier hin- und herpendeln kann, ist bei Aristoteles vollkommen ausgeschlossen. Zusammen mit dem platonischen Idealismus wurde diese Lehre zur Grundlage des christlichen Denkens.

Pythagoräer und Neuplatoniker: Variationen

Im Hellenismus und in der römischen Zeit war die Seelenwanderungslehre dann aber so bekannt, daß sie schon wieder verspottet wurde. Lucrez (etwa 94–55) witzelte, »wenn sie dann aber behaupten, die Seelenwanderung gehe immer durch menschliche Körper, so frag' ich, weshalb wohl die klügsten Geister bisweilen verdummen, warum kein Kind noch verständig«. Lukian (etwa 120–180) machte sich den Spaß daraus, in einem Hahn die Wiederverkörperung des Pythagoras zu entdecken, von dem er dann auch erfuhr, Homer habe gar nicht am Trojanischen Krieg teilgenommen, weil er zu der Zeit gerade als Kamel in Baktrien lebte.

Eine Reihe von Autoren, die von der stoischen Philosophie beeinflußt waren, beschäftigt sich aber immer wieder mit der Seelenwanderung, wobei es ihnen darum geht, ob auch die Tierwelt in den Zyklus einbezogen werden soll, und ob die Wiederverkörperung als Läuterungsvorgang anzusehen ist, ob man also aufgrund seines Vorlebens eine bestimmte Existenz erhält oder frei wählen kann. So läßt Vergil (70–19) den Aeneis fragen:

»Vater, wärs glaublich?
steigt von hier ein Teil der geschiednen
Seelen ans Licht empor und kehrt zurück
in die Dumpfheit
irdischen Leibs? Lockt so die Lust mühseliges Leben?«

Sein Vater Anchises antwortet nach der Schilderung des Elysischen Zwischenreiches:

»Die dort, wo sie tausend Jahre die Runde durchlaufen,
ruft aus dem übrigen Schwarm der Gott
zum Strom des Vergessens,
daß sie, gedächtnislos zum oberen Rande der Wölbung
kehren: keimender Wunsch,
noch eins im Leibe zu wandeln.«

Und Ovid (43 vor bis 17 nach Christus) schreibt in den »Verwandlungen«, den Metamorphosen:
»Alles verwandelt sich, nichts geht unter; es wandert der Lebenshauch von dort hierher, von hier dorthin, und er drängt sich ein in beliebige Körper; er fährt aus Tieren in Menschenleiber und unsere Seele in Tiere, doch niemals vergeht sie! Gleich wie ge-

schmeidiges Wachs zu neuen Figuren geprägt wird, so sich wandelt, und niemals bewahrt es die nämlichen Formen, aber es ändert im Wesen sich nicht, so ist auch nach meiner Lehre die Seele dieselbe, nur wechselt sie stets die Gestalten.«

Für Ovid entstehen die Leiden durch die Berührung mit dem irdischen Leib, so daß die Seele geläutert werden muß. Auch Plutarch glaubt an eine solche notwendige Reinigung, die er, wie die alten indischen Quellen, in die Nähe des Mondes verlegt, bevor die Seelen wiederkehren.

Wohl nicht ohne Grund ist dann Apollonius von Tyana (in Kappadokien) als Schüler des Pythagoras im ersten nachchristlichen Jahrhundert nach Indien gereist. Dort traf er mit indischen Weisen zusammen und erkannte daraufhin nach seiner Rückkehr in Ägypten in einigen Tieren alte Bekannte und Freunde wieder.

Im dritten nachchristlichen Jahrhundert erfuhr dann der Gedanke der Seelenwanderung durch die neuplatonische Schule einen erneuten Auftrieb. Philosophen wie Plotinos (etwa 205–270), Porphyrios (zweite Hälfte des dritten Jahrhunderts) und der Syrer Jamblichos (etwa 250–325) diskutierten wieder die Frage, inwieweit die Seele nur unter Menschen wandert und ob das vergangene Leben ausschlaggebend sei für das kommende. Jamblichos vertrat dabei die Ansicht, daß jede einzelne Tat ihre Folgen habe und kam damit der buddhistischen Lehre am nächsten.

Neben den philosophischen Schulen wurde die Seelenwanderung aber auch in religiösen Gruppen und esoterischen Zirkeln gelehrt, von denen aber kaum verläßliches Material überliefert ist. Immerhin kann man feststellen, daß der Gedanke der Seelenwanderung seit dem Auftreten des Buddha auch für Jahrhunderte im Abendland lebendig war. Das Christentum hatte dann keine Verwendung für ihn. Aber gerade im Christentum finden sich Spuren wieder, die in die Zeiten des Buddha zurückführen. Nur sind es andere.

Der Buddha und das Christentum

Erst über sechshundert Jahre nach seinem Tode wurde der Buddha namentlich in einer abendländischen Schrift erwähnt. Es war Clemens von Alexandria, ein christlicher Gelehrter des zweiten

Jahrhunderts, der schrieb, der Buddha sei »um seiner übermäßigen Heiligkeit willen der Ehre eines Gottes gewürdigt worden«.

Aber ähnlich wie in der griechischen Philosophie hat das indische Denken möglicherweise auch schon vorher die Evangelien des Neuen Testaments beeinflußt. Tatsächlich haben wir ja bereits eine ganze Reihe höchst erstaunlicher Parallelen zwischen buddhistischen Texten und dem Neuen Testament kennengelernt, die eine solche direkte Beeinflussung nahelegen.

Auf der anderen Seite ist es aber auch möglich, daß das alles nur »vermeintliche Parallelen« sind, die »aus einer riesenhaften Literatur wie Goldkörner aus Sandhaufen herausgeholt worden sind«, wie Alfred Jeremias 1918 in seiner »Allgemeinen Religionsgeschichte« vermutete. Dem steht allerdings die Behauptung Schopenhauers gegenüber: »Alles, was im Christentum Wahres ist, findet sich auch im Brahmanismus und Buddhaismus.«

Um sich ein eigenes Urteil bilden zu können, müssen wir also die wesentlichen Punkte noch einmal zusammenstellen und miteinander vergleichen.

Die Lebensläufe

Vergleicht man die überlieferten Lebensläufe verschiedener Religionsstifter wie Moses, Zarathustra, Buddha und Mohammed mit dem des Jesus von Nazareth, so fallen einem sofort die Ähnlichkeiten zwischen Buddha und Jesus auf.

Im Gegensatz zu den anderen stammen beide aus einem vornehmen Geschlecht, Buddha aus einem Herrscherhaus, Jesus aus dem Stamm des Königs David; beide werden übernatürlich gezeugt und mit Natur- und Himmelswundern geboren; beiden wird von einem Weisen eine große Zukunft vorausgesagt und beide demonstrieren schon in ihrer Jugend ihre Weisheit; von beiden erfahren wir bis zu ihrer religiösen Berufung nichts mehr aus ihrem Leben; beide lösen sich dann aus Glaubensgründen von ihren Familien, die dafür zunächst kein Verständnis aufbringen. Beide werden nach ihrer Berufung vom Teufel versucht, Buddha nach der Erleuchtung, Jesus nach der Taufe; beide sammeln nach ihrer Berufung sofort Jünger um sich, beide haben einen Lieblingsjünger und einen Verräter; beide sind Wanderprediger, beide treten sofort mit Predigten vor das Volk. Beide wenden sich gegen das bestehende erstarrte Ritual und gegen das Opfer und fordern eine Reinigung des Herzens. Beide lehren in Gleichnissen und

Sprüchen, die sich aus der Situation ergeben (etwa im Gegensatz zu Mohammed, der seine Eingebungen kapitelweise in Suren aufschrieb). Bei beiden nimmt die Beschreibung ihres Todes einen breiten Raum ein, bei beiden bebt die Erde, als sie sterben. Der eine ist der »Erleuchtete«, der andere das »Licht der Welt«.

Angesichts der kargen biographischen Fakten, die wir von beiden besitzen, ist die Zahl der Übereinstimmungen nahezu vollständig. Unterschiede gibt es lediglich in der Tatsache, daß die Mutter des Buddha nach der Geburt starb und daß beide unterschiedlich alt wurden: Buddha starb mit achtzig Jahren eines natürlichen Todes, während Jesus mit etwa dreißig Jahren ans Kreuz geschlagen wurde.

Im Ganzen aber ist das biographische Gerüst der beiden austauschbar. Eine andere Umgebung, ein paar andere Details und schon könnte man – abgesehen von der Lehre – aus Buddha Jesus und aus Jesus Buddha machen, ohne allzuviel ändern zu müssen. Wollte man das gleiche mit Buddha oder Moses oder Buddha und Mohammed versuchen, würde man schon von Anfang an scheitern, denn hier stimmen die Muster einfach nicht überein.

Man könnte nun also vermuten, daß die zeitlich frühere Buddhalegende den Evangelisten als Vorlage gedient hat, als sie die Biographie des Wanderpredigers Jesus niederschrieben.

Aber so überzeugend die biographischen Übereinstimmungen sind – sie haben keinerlei Beweiskraft, denn sie sind nichts weiter als die üblichen Bausteine der Legendenbildung. Die vergleichende Religionsgeschichte kann bei den verschiedensten Religionen mit ähnlichen Analogien aufwarten, ohne daß man daraus gegenseitige Abhängigkeiten konstruieren könnte.

Es gehört einfach zum Typus einer solchen Legendenbildung, daß besondere Menschen, vor allem wenn sie der Glaube dann auch noch in den Himmel versetzt, wenigstens bei Geburt und Tod von gewöhnlichen Menschen dadurch unterschieden werden, daß die Natur mit wundersamen Erscheinungen reagiert. Ein Stern von Bethlehem und himmlische Chöre bei der Geburt sind da ebenso willkommen wie Erdbeben beim Tode von Jesus und Buddha. Beim Tod des Erhabenen kommt es geradezu zu einer Naturkatastrophe: Flammen, Sturmwind, Gewitterdonner und sogar Aschenregen begleiten dort das Erdbeben, während sich Sonne und Mond verdunkelten und Blätter und Blüten von den Bäumen fielen.

Übernatürliche Zeugung und Geburt, Versuchung durch den

Bösen und die Wunder, ja selbst Geschichten von der Weisheit des zwölfjährigen Jesus im Tempel gehören zum festen Bestand der legendären Ausschmückung: Schon Si-Osire, der zwölfjährige Enkel Ramses II., übertraf selbstverständlich sämtliche Lehrer und Schreiber »im Lesen von Zauberbüchern«.

Bis ins hohe Mittelalter hinein wurden Biographien derart typisiert und sogar die Charakterzüge nachweislich an biblischen Gestalten des Alten Testaments orientiert. Biographien dienten nicht dazu, Individuen zu beschreiben, sondern ein Individuum als Verkörperung eines besonderen Typus darzustellen.

Selbst noch im Jahre 1250, als Kaiser Friedrich II. von Hohenstaufen in Italien starb, »der größte unter den irdischen Fürsten, das Wunder und der Verwandler der Welt«, fand der Chronist die Bemerkung angemessen, man könne nicht behaupten, »das Erdbeben jenes Tages sei ohne Bedeutung und nichtssagend gewesen«.

Eine Legende erzählt auch von Friedrich II., er sei nicht gestorben, sondern habe in einer Art Himmelfahrt einen »unsichtbar machenden Ring des Priesterkönigs Johannes umgedreht und sei den Blicken der Freunde plötzlich entschwunden« – woraus sich dann die später auf Friedrich Barbarossa übergegangene Sage entwickelte, er säße im Kyffhäuser, um in Zeiten der Not wieder als Retter zu erscheinen.

All das macht deutlich, daß die biographischen Ähnlichkeiten zwischen Buddha und Jesus eher etwas über die allgemeine Mythenbildung aussagen als über eine Abhängigkeit der Evangelisten von indischen Vorbildern. Das schließt zwar nicht aus, daß die Buddhalegende nicht trotzdem Vorbild war; aber es hätte genauso gut eine andere sein können. Beweisen kann man damit nichts.

Nun hat wohl auch niemand erwartet, daß sich eventueller indisch-buddhistischer Einfluß gleich von Anfang an so deutlich zeigen würde. Immerhin wären aber jetzt einige Goldkörner aus dem Sandhaufen ganz gut zu gebrauchen. Wir wollen also sehen, ob wir bei den Gleichnissen und Erzählungen des Neuen Testaments mehr Glück haben.

Die Erzählungen

Da berichtet der Apostel Johannes im neunten Kapitel von der Heilung eines Blindgeborenen am Sabbath, was die Schriftgelehrten in Aufregung versetzt. Der Sinn der Erzählung ist es, den göttlichen Auftrag Jesu deutlich zu machen und durch derartige Wunder nachzuweisen. Die Jünger interessiert aber eine ganz andere Frage: »Meister«, fragen sie, »wer hat gesündigt, dieser oder seine Eltern, daß er ist blind geboren?«

Da das Judentum keine Wiedergeburt kennt und man mit Recht annehmen kann, daß die Jünger als einfache Leute vom Lande wohl kaum Umgang mit griechischer Philosophie hatten, ist diese Geschichte vom Blindgeborenen verständlicherweise oft als Paradebeispiel für den indischen Einfluß auf die Evangelien angeführt worden. Denn allein schon die Frage, ob jemand wegen seiner eigenen Sünden als Blinder geboren werden kann, setzt ja ein vorhergehendes Leben und damit nicht nur die Wiedergeburt, sondern auch den buddhistischen Gedanken des Tatenkontos voraus.

Nun kann man dagegen einwenden, daß ja Jesus selbst nach den Worten des Evangelisten die Frage durch seine Antwort ablehnt: »Es hat weder dieser gesündigt, noch seine Eltern, sondern es sollen die Werke Gottes offenbar werden an ihm.« Damit ist die Neugier der Jünger nach diesem Vierzeilendisput befriedigt und das Ganze bleibt ein Einsprengsel, das für die eigentliche Wundererzählung ohne Belang ist.

Dabei ist aber der Gedanke für Jesus nicht fremd. Schon vorher hatte Johannes im dritten Kapitel seines Berichts jene merkwürdige nächtliche Begegnung zwischen Jesus und dem Pharisäer Nikodemus, einem »Obersten der Juden«, geschildert. Diesmal hatte Jesus das Gespräch mit dem Satz eröffnet: »Wahrlich, wahrlich, ich sage dir: es sei denn, daß jemand von neuem geboren werde, so kann er das Reich Gottes nicht sehen.« Nikodemus ist erstaunt: »Wie kann ein Mensch geboren werden, wenn er alt ist? Kann er auch wiederum in seiner Mutter Leib gehen und geboren werden?«

Die Frage zeigt, daß Nikodemus offenbar keine Ahnung von der Wiedergeburt hat, aber wie beim Blindgeborenen gibt auch hier Jesus eine andere Deutung: »Wahrlich, wahrlich, ich sage dir: es sei denn, daß jemand geboren werde aus Wasser und Geist, so kann er nicht in das Reich Gottes kommen.« Danach geht er zu einem anderen Thema über, so daß der Gedanke auch hier wie ein Einsprengsel stehen bleibt.

Es kann nun kein Zufall sein, daß Johannes zweimal das Thema Wiedergeburt anspricht, obwohl es dem Zusammenhang nach in beiden Fällen nicht nötig war. Und es kann auch kein Zufall sein, daß Jesus beide Male eine geistliche Deutung gibt, obwohl die

Gesprächspartner die Sache als körperliche Wiedergeburt auffassen.

Das legt den Gedanken nahe, daß die Wiedergeburt in dieser oder jener Form von den Jüngern diskutiert wurde, zumindest aber dem Evangelisten Johannes bekannt war. Der aber war kein Judenchrist, sondern ein wahrscheinlich im syrischen Raum Lebender, mit der Gnosis bekannter »Heidenchrist«. Bei ihm wäre es möglich, daß er ähnlich wie Paulus die griechisch-römische Gedankenwelt in seine Schilderung einbezogen und die Idee der Wiedergeburt aus der griechischen Philosophie gekannt hat. Ohnehin stammt das Evangelium des Johannes nachweislich aus einer anderen Erzähltradition als die Berichte der drei übrigen Evangelisten.

Es wäre also gut, wenn wir auch in den anderen Berichten ähnliche Hinweise fänden, die entweder im Textzusammenhang fremd wirken oder deren Gedanken zumindest mit außerjüdischen Parallelen besser erklärt werden können als aus der jüdischen Tradition selbst.

Solche Beispiele gibt es, und aus der Vielzahl, die in der Literatur behandelt worden sind, will ich wenigstens einige auswählen.

Die eigenartige Geschichte der Verklärung kennen wir schon aus dem Bericht über das Hinscheiden des Buddha. Sie wird im Neuen Testament von den drei »Synoptikern« Matthäus, Markus und Lukas mit ähnlichen Worten berichtet. Jesus hatte die Jünger Petrus, Jakobus und Johannes auf einen hohen Berg mitgenommen. »... und sein Angesicht leuchtete wie die Sonne, und seine Kleider wurden weiß wie Licht.«

Das war nichts vollkommen Neues, denn ähnliches kannten die Leser schon aus dem Alten Testament: Als Moses mit den Gesetzestafeln vom Berge Sinai herabstieg, wußte er nicht »daß die Haut seines Angesichts glänzte«, heißt es da. Damit erschöpft sich aber auch schon der Bezug zur Verklärung Jesu, während noch einige Details offenbleiben.

So wird im Neuen Testament zusätzlich berichtet, daß auch Jesus Kleider leuchteten wie in der Buddhalegende, und wie beim Buddha fand diese Verklärung kurz vor dem Tode zwischen den Leidensankündigungen statt. Damit nicht genug: Vom Buddha wird erzählt, daß er zweimal gestrahlt habe: Einmal in der Nacht seiner Erleuchtung unter dem Bodhibaum und dann kurz vor seinem Hingang ins Nirvâna. Die gleiche Beziehung stellen nun erstaunlicherweise auch die Evangelisten her, obwohl sie ja gar nicht nötig war, wenn Moses allein das Vorbild gewesen wäre. Sie besteht darin, daß bei der Taufe Jesu zu Beginn seiner Lehrtätigkeit eine himmlische Stimme den gleichen Satz sagt wie bei der Verklärung kurz vor dem Tode: »Du bist mein lieber Sohn, an welchem ich Wohlgefallen habe.« Die nicht in den Kanon aufgenommenen Evangelien der Hebräer und Ebioniten sprechen denn auch sogar von Licht und Feuer bei der Taufe.

Und ein drittes Detail! Bei der Verklärung Jesu erscheinen den Jüngern auch Moses und Elia, so daß die Jünger dann über den Glauben an die Wiederkehr des Elia diskutieren. Jesus antwortet ihnen darauf, Elias sei bereits gekommen, »aber sie haben ihn nicht erkannt, sondern sie haben mit ihm getan, was sie wollten«. Damit war Johannes der Täufer gemeint, denn Matthäus elf heißt es vom Täufer »er ist der Elia, der da kommen soll«.

Dieser Glaube an die Wiederverkörperung des Elia wird im Alten Testament nur ein einziges Mal beim Propheten Maleachi erwähnt, der zwischen 460 und 430 vor Christus gepredigt haben muß. Daß sie im Kreise Jesu ernst genommen und ausgerechnet Parallelen zu der Verklärung des Erleuchteten aufweist, ist daher mit den anderen Faktoren als weiteres Argument für eine indisch-buddhistische Beeinflussung der Evangelien vorgebracht worden.

Die Wunder

Ein anderes, oft zitiertes Beispiel ist das Wandeln auf dem Wasser. Matthäus, Markus und Johannes berichten, daß Jesus auf dem See Genezareth wie auf festem Boden lief, aber nur bei Matthäus kommt die Variante dazu, daß auch Petrus versucht, auf dem Wasser zu laufen, dann aber wegen der Wellen Angst bekommt und untergeht. Jesus fragt ihn daher: »O du Kleingläubiger, warum zweifelst du?« Nun war in der Geschichte niemals von Glauben oder Unglauben die Rede, sondern nur vom Schrecken der Jünger und der unerklärlichen Wunderkraft Jesu. Die Petrusgeschichte, auch wieder nur eine ganz kurze Szene, scheint daher als Demonstration der Einmaligkeit Jesu gut zu passen. Gedanklich aber bildet sie einen Sprung.

Nun gibt es die gleiche Geschichte auch im buddhistischen Kanon, wo ein gläubiger Laie und auserwählter Schüler an einen Fluß kommt, kein Boot findet und nun, »erfüllt mit den erhabenen Gedanken Buddhas in den Fluß hineinläuft. Seine Füße aber sanken nicht unter Wasser. Er kam bis zur Mitte des Flusses als liefe er über trockenes Land. Aber dann bemerkte er die Wellen, da verließ ihn die Ekstase und seine Füße begannen zu sinken. Da konzentrierte er sich wieder auf die Ekstase und lief weiter auf dem Wasser. So kam er nach Dschetavana.«

In dieser Fassung ergibt die Geschichte einen Sinn: In der Ekstase ist der Meditierende fähig, Außergewöhnliches zu tun, solange die Konzentration vorhält. Der Untergang des Petrus ist also mit mangelnder Konzentration viel leichter zu erklären als mit »Kleinglauben«. Aber da das Neue Testament offenbar den Hintergrund der Jogaübungen nicht kannte oder nicht mit übernommen hat, wurde Versenkung einfach mit starkem Glauben gleichgesetzt und damit die ursprüngliche Geschichte verfälscht.

Die Gleichnisse

Nun kann man mit Recht bei Wundergeschichten skeptisch sein und annehmen, daß hier wieder ein Baustein aus dem allgemeinen Wunderbaukasten hervorgeholt und ein wenig für die eigenen Bedürfnisse umgeformt worden ist, so daß bloße Ähnlichkeiten auch hier nichts besagen.

Bleiben noch die Gleichnisse. Da gibt es auch in der buddhistischen Literatur die glaubensstärkende Geschichte von der armen Witwe, die ihr Scherflein spendet. Dazu heißt es bei Matthäus: »Wahrlich, ich sage euch: Diese arme Witwe hat mehr in den Gotteskasten gelegt als alle, die eingelegt haben. Denn sie haben alle von ihrem Überfluß eingelegt; diese aber hat von ihrer Armut alles, wovon sie lebte, ihre ganze Habe, eingelegt.«

Bei Aschvagoscha heißt es parallel: »Der Oberpriester, welcher ... die Beweggründe des menschlichen Herzens durchschaut, achtet nicht auf die reichen Gaben anderer, sondern nur auf das gläubige Gemüt der armen Frau und singt zu ihrer Ehre ein Lied. Dies tut ihr wohl und sie sieht nun selbst ein, daß ihre Tat ebenso schwer ist, als wenn ein Reicher alle seine Schätze wegschenkt.«

Worauf die Geschichte bei beiden Erzählern hinaus will, ist klar: Die arme Witwe gibt das Wenige, was sie hat, den sprichwörtlich letzten Pfennig. Insofern ist leicht vorstellbar, daß eine solche Geschichte überall neu erfunden werden kann, ohne daß die eine Geschichte von der anderen übernommen sein muß.

Nun opfert aber die arme Witwe in der Bibel ausdrücklich zwei Pfennige, obwohl das für den Symbolgehalt der Erzählung unerheblich ist, ob ihr letztes Geld aus einem, zwei oder drei Pfennigen besteht: Im Vergleich zu den Reichen ist es in jedem Falle wenig. Und »wenn wir nun irgendwo sonst eine ähnliche Erzählung finden«, schreibt Bergh von Eysinga, »in welcher ganz derselbe Gedanke ausgesprochen und eine arme Witwe als opferwillige Geberin von gerade zwei Pfennigen benannt wird, so zieht dies nicht ohne Grund unsere Aufmerksamkeit auf sich«.

Liest man die buddhistische Geschichte bei Aschvagoscha noch einmal nach, dann erfährt man am Anfang der Erzählung, daß die Witwe betteln kam und sah, wie die Reichen opferten, während sie nichts zu geben hatte. »Doch da fällt ihr ein, daß sie noch zwei Kupferstücke besitzt, die sie vorher auf einem Misthaufen gefunden hat. Mit Freuden opfert sie diese als Gabe für die Priesterschaft.«

Ist auch das nur Zufall, oder gibt es einen breiteren Strom von buddhistischen Geschichten, Erzählungen und Handlungsabläufen, aus denen das Christentum möglicherweise geschöpft hat?

Eine Kette von Parallelen

Rudolf Seydel, der schon 1882 über dieses Thema ein umfangreiches Buch geschrieben hat, wartet mit mehreren hundert Vergleichsstellen auf. Wenn er in seinem Eifer vielleicht auch manchmal etwas zu weit ging, macht er doch deutlich, daß es für fast alles — von der Samariterin am Brunnen bis hin zum Gleichnis vo verlorenen Sohn – eine indische Entsprechung gibt, die mehr oder weniger deutlich ins Auge springt und die etwas sonst schwer Verständliches aufhellen kann.

So ist es an sich nicht auffällig, daß Jesus wie Buddha vom Teufel versucht werden. Solche Geschichten gehören in der Vita eines Heiligen zum dramaturgischen Ablauf. Eigenartig ist dann aber doch, daß Jesus, der das Fasten später ablehnte, nach seiner Taufe plötzlich vierzig Tage lang zum Fasten in die Wüste zog wie ein indischer Asket und dann infolge des Hungers auch Visionen hatte wie Buddha. Eigenartig ist auch, daß die biblische Versuchungsgeschichte die einzige Stelle im Neuen Testament ist, wo der Teufel als handelnde Person auftritt – wie Mâra beim erleuchteten Buddha – und von Jesus Wunder verlangt wie das Herabschweben von der Tempelzinne oder ihm – stets parallel zu indischen Erzählungen – die Weltherrschaft verspricht, die für einen Buddha als Sohn eines einflußreichen Vaters wohl eher von Bedeutung gewesen sein dürfte als für den Zimmermannssohn Jesus, zumal der Begriff der Weltherrschaft im indischen Denken eine große Rolle spielte, im jüdischen aber nicht: Der Buddha und nicht Jesus wurde dann auch mit allen Ehren eines Weltenherrschers beerdigt.

Es kann Zufall sein, daß beim Buddha und bei Jesus die Zahl der ersten Anhänger jeweils fünf beträgt. Bei seiner Schilderung erzählt der Evangelist Johannes aber nun eine Episode, die für Seydel eine innere Beziehung herstellt. Als Nathanael auf Jesus zukam, kannte ihn Jesus bereits und gab dafür als Begründung an, er habe ihn vorher unter dem Feigenbaum sitzen sehen. Da weder vorher noch nachher von »dem Feigenbaum« die Rede ist, bleibt unerklärlich, wieso er Jesus als Erkennungszeichen dafür dienen kann, daß in Nathanael »kein Falsch ist«. Seydel erinnert daran, daß für Buddha der Feigenbaum von großer Bedeutung ist, denn der »Bodhibaum«, der Baum der Erleuchtung, gehört zur Gattung der Feigenbäume. Es ist der sogenannte Pipalabaum (Ficus religiosa), der mit dem Feigenbaum des Neuen Testaments, der Sykomore, verwandt ist. Man könnte daher in diesem sonst unverständlichen Einsprengsel einen Sinn finden, wenn man es mit der buddhistischen Tradition zusammenbringt: Es wäre dann ein versteckter Hinweis auf einen Gleichgesinnten.

So wenig jedes einzelne Beispiel dieser Art überzeugen muß und kann, so sehr legt die erstaunlich große Zahl von Parallelen aber den Gedanken nahe, daß eine Beeinflussung zumindest nicht auszuschließen ist.

Die Lehre

Allerdings müßte man nun auch erwarten, daß sich derartige Parallelen nicht nur in Situationsschilderungen und Gleichnissen, sondern auch in der Lehre Jesu wiederfinden. Zur Freude beunruhigter Gemüter hat dem aber Albert Schweitzer in seiner »Leben-Jesu-Forschung« einen Riegel vorgeschoben. Obwohl bei den griechischen Philosophen noch durchaus bereit, indischen Einfluß zu erkennen und anzuerkennen, stellt er nun apodiktisch fest: »... unbewiesen, unbeweisbar und undenkbar ist, daß Jesus zu dem Schöpferisch-Neuen, das in seiner Lehre zutage tritt, durch den Buddhismus angeregt worden sein soll.«

Tatsächlich lehrt Jesus nirgendwo die fatalistische Konsequenz des Tatenschicksals, sondern die vergebende Gnade; im Gegensatz zu Buddha kennt er einen ewigen Gott, zu dem man wie mit einem Vater reden kann; im Widerspruch zum Buddha hat er als heimlicher Messias, als »König der Juden«, das durchaus weltzugewandte Ziel, das Reich Gottes »also auch auf Erden« zu errichten. Der Gedanke der Wiedergeburt wird von ihm im Sinne der Taufe als Umkehr, als Neubeginn verstanden.

Unbestreitbar bleibt aber auch die »bisweilen wörtliche Übereinstimmung der Bhagavad-Gita-Sprüche mit neutestamentlichen, besonders johannäischen Gedanken« wie Bergh von Eysinga schreibt. Manche Gedanken kann man geradezu mit Stellen aus der buddhistischen Literatur austauschen. Da werden Buddha wie Jesus als »wahrhafter Arzt« bezeichnet, da steht im »Lalitavistara« Sätze wie: »Ich bin euer Vater, ihr seid erlöst worden durch mich von euren Schmerzen« oder: »Ich werde im Glück befestigen die Wesen, die durch Mühsal verzehrt sind ... der ich geboren bin in dieser Welt, um sie zu retten.« Und was in Matthäus elf über Jesus gesagt wird, loben die Brahmanen beim Buddha: »Weil die Blinden sogar sehen, weil die Tauben die Töne vernehmen und selbst die Wahnsinnigen ihren Verstand wiederfinden, wird er geehrt werden ...« Zu jeder dieser buddhistischen Wundertaten gibt es eine Entsprechung im Neuen Testament.

Da ist der schon zitierte Satz: »Ich nehme die Last des Leidens auf mich ... alle Wesen muß ich zur Erlösung führen, die ganze Welt muß ich retten«, oder die andere Stelle: »Wenn der Bhodisattva in einem Wesen die Wurzel des Verdienstes entstehen läßt, daß er selbst dabei ins Unglück geriete und hunderttausend Weltzeitalter in der Hölle gekocht würde, dann hat der Bodhisattva das Unglück, das höllische Leiden geduldig auf sich zu nehmen und nicht das Heil des einen Wesens preiszugeben.« Ähnlich schrieb Paulus, um die verstockten Juden zu retten: »Ich selber möchte verflucht sein und von Christus geschieden sein meinen Brüdern zugut.«

Austauschbar sind vor allem auch Aussagen über die Nächstenliebe. »Durch Nichtzürnen überwinde man den Zorn; das Böse überwinde man mit Gutem, den Geizigen überwinde man mit Gaben; durch Wahrheit überwinde man den Lügner«, heißt es in den buddhistischen Texten, und nicht weit von der christlichen Duldsamkeit, nach einem Schlag auch noch die andere Backe hinzuhalten, sind Sätze wie: »Wen böse Menschen schmähen, der soll sagen: ›Sie sind gut, sie sind sehr gut, daß sie mich schlagen.‹ Schlagen sie ihn, sagt er: ›Sie sind gut, daß sie mich nicht mit Erdklumpen bewerfen.‹ Töten sie ihn mit scharfer Waffe, sagt er: ›Es gibt Jünger des Erhabenen, denen Leib und Leben Qual, Pein und

Ekel bereitet und die den gewaltsamen Tod aufsuchen. Solchen Tod habe ich ohne ihn zu suchen gefunden!«« Oder: »Denn nicht durch Feindschaft kommt je Feindschaft zur Ruhe; durch Nichtfeindschaft kommt sie zur Ruhe.«

Und da ist schließlich auch die Stelle in den buddhistischen Texten, wo es heißt: »Wer, o Mönche, mich pflegen würde, der soll den Kranken pflegen«, die bei Matthäus dem Zitat entspricht: »Was ihr getan habt einem unter diesen meinen geringsten Brüdern, das habt ihr mir getan.«

Bei aller Ablehnung einer Beeinflussung der Evangelientexte durch den Buddhismus kommt daher Albert Schweitzer zu dem Schluß, »Jesus und Buddha ist gemeinsam, daß ihre Ethik, da sie unter dem Einfluß der Welt- und Lebensvereinigung steht, nicht eine Tatethik, sondern eine Ethik der inneren Vollendung ist, bei beiden jedoch wird die Ethik der inneren Vollendung vom Grundsatz der Liebe beherrscht. Daher trägt sie die Tendenz in sich, sich im Tun auszudrücken ... Bei Jesus gebietet die Ethik der Selbstvollendung tätige Liebe: Bei Buddha geht sie nicht so weit.«

Alte Verbindungen

Man kann bei allen diesen Beispielen darauf verweisen, daß bloße Ähnlichkeiten nicht darüber hinwegtäuschen können, daß das Christentum fest im jüdischen Denken verwurzelt ist, ein ganz anderes Verhältnis zu Gott und eine vollkommen andere Lehre besitzt als der Buddhismus. Insofern erbringen alle die Parallelen nichts.

Man kann sich aber auch daran erinnern, daß weder die Schöpfungsgeschichte noch die Sintflutsage aus dem jüdischen Kulturkreis stammen, sondern von außen her ins jüdische Denken aufgenommen und integriert wurden, so daß sie nun als Offenbarung des biblischen Gottes gelten.

Und was soll man davon halten, daß der Psalm hundertneununddreißig, ein »Psalm Davids« nicht nur in seinen einzelnen Formulierungen, sondern auch in der Reihenfolge seiner Gedanken im indischen Atharva-Veda steht und dort Varuna, dem Mondgott, dem Regler der Zeiten und dem Hüter des Rechts gewidmet ist?

Eine kurze Probe mag das zeigen:

Atharva-Veda, IV, 16

1) Der große Lenker der Wesen sieht sie wie aus der Nähe; wenn einer meint, verstohlen zu wandeln, das alles wissen die Götter.
2) Wenn einer steht, geht und wankt, wenn einer versteckt geht oder hervorstürzend (?); was zwei zusammensitzend miteinander beraten, das weiß der König Varuna als Dritter.
3) Sowohl die Erde gehört dem König Varuna als auch dieser hohe Himmel mit seinen fernen Grenzen; die (beiden) Ozeane sind sein Bauch, und auch in diesem kleinen Wasser ist er verborgen.
4) Auch wer über den Himmel hinauseilte, würde nicht vom König Varuna freiwerden; vom Himmel kommen seine Späher (= Sterne) hierher und überblicken tausendäugig diese Erde.
5) Alles sieht der König Varuna, was zwischen Himmel und Erde ist und jenseits; von ihm ist das Blinzen der Menschen gezählt; wie der Spieler die Würfel (wirft), verleiht er diesen (Dingen) ihren Stand.
6) Deine Schlingen, Varuna, die dreimal sieben, die aufgetan darliegen, die im lichten, sie sollen alle den Lügner binden, den wahrhaften aber freilassen.

Psalm 139

1) Jahwe, du erforschst und kennst mich.
2) Ich sitze oder stehe, du weißt es, du kennst meine Gedanken von ferne.
3) Ich gehe oder liege – du prüfst es, bist mit allen meinen Wegen vertraut.
4) Ja, kein Wort ist auf meiner Zunge, das du, Jahwe, nicht schon wüßtest.
8) Führe ich gen Himmel, bist du da, bettete mir in die Hölle, da bist du;
9) nähme ich der Morgenröte Flügel und bliebe am äußersten Meer,
10) auch da würde deine Hand mich packen und deine Rechte mich fassen.
19) Ach, töte doch, Gott die Frevler, daß die Blutmenschen von mir weichen
20) die tückisch dir widerstreben, deinen Namen freventlich führen!

Niemand wird deswegen behaupten wollen, daß das Alte Testament grundlegend von den arischen Veden beeinflußt worden ist. Ebenso wenig ist die Behauptung möglich, das Christentum sei eine mit einer anderen Tendenz versehene Variante des Buddhismus. Wohl aber kann man annehmen, daß die Berichte im Neuen Testament etwas anders aussähen, wenn es das indische Denken nicht gegeben hätte.

Es ist schon darauf verwiesen worden, daß vor allem der Evangelist Johannes als Übermittler östlicher Gedanken infrage kommt, und es fehlte um die Jahrhundertwende auch nicht die Vermutung, daß über Johannes eine Verbindung zu den Essénern bestand, jener asketischen Wüstensekte aus Jesu Zeiten, deren Schriften man dann 1947 in Kumran am Toten Meer fand.

So wahrscheinlich die Esséner vom persischen Gedankengut beeinflußt wurden und so sicher viele Stellen im Neuen Testament – und nicht nur bei Johannes – auf die Esséner zurückgehen, so aussichtslos ist es nun wieder, in den erhaltenen Texten von Kumran auch nur den geringsten Anhaltspunkt für indische oder gar buddhistische Einflüsse zu finden. Das schließt nicht aus, daß in verlorenen Texten von Kumran derartige Beziehungen nachweisbar gewesen wären, obwohl sie dann allerdings nicht dem Geist der erhaltenen Texte entsprächen. Wie die Dinge aber liegen, dürften die religiös-philosophischen Kontakte zwischen Indien und dem Abendland eher über die Gnosis oder über reisende Missionare erfolgt sein.

Clemens von Alexandria jedenfalls, der wahrscheinlich in Athen geboren wurde, schrieb ausdrücklich, daß etliche nützliche Philosophien von den »Barbaren« stammten, bevor sie nach Griechenland kamen, um dann unter anderem auch von den »Sarmanas« zu erzählen, die zusammen in Wäldern lebten, Städte und feste Behausungen mieden und stattdessen in Hütten hausten, das Wasser mit den Händen tranken, weder Frauen noch Kinder hatten und enthaltsam lebten. Es waren jene, die nach dem Gebot des Buddha lebten, der hier mit der gleichen Selbstverständlichkeit – zum ersten Mal – erwähnt wird wie die persischen Magier, die keltischen Druiden oder die »heiligen Frauen der Germanen«. Dazu zitierte er Megasthenes, der im dritten vorchristlichen Jahrhundert in Indien war, mit der Bemerkung, alles was die Brahmanen über die Anfänge der Philosophie sagten, sei auch den syrischen Juden bekannt.

Barlaam und Josaphat

Wie sich Motive und Erzählungen einer Religion in ein neues Gewand kleiden und unerkannt in eine andere Religion übergehen können, zeigt der Roman »Barlaam und Josaphat«, der im Mittelalter im wahrsten Sinne des Wortes zur »Weltliteratur« gehörte. Von Nordafrika bis Skandinavien, vom Schwarzen Meer bis an den Atlantik kannte man ihn als belehrenden Unterhaltungsroman, von dem es verschiedene Versionen und Übersetzungen gab. Als Autor des Romans gilt Joannes Damaskenos, ein Christ aus vornehmer arabischer Familie, der ihn um das Jahr 700 in Jerusalem geschrieben haben soll. Die älteste uns erhaltene griechische Fassung stammt allerdings erst aus dem elften Jahrhundert.

In einer kuriosen Mischung von Abenteuern und märchenhafter Historie erzählt der Roman eine phantasievoll beschriebene Bekehrungsgeschichte, die in anderern Sprachen auch unter dem Titel »Der Prinz und der Derwisch« bekannt war.

Es ist die Geschichte des mächtigen indischen Königs Abener, dem von einem Sterndeuter geweissagt wurde, sein schöner und mit allen Tugenden begabter Sohn Josaphat werde sich zum Christentum bekehren. Um das zu verhindern, ließ König Abener einen großartigen Palast bauen, in dem Josephat von der Welt abgeschirmt aufwachsen sollte. Eines Tages aber bekam Prinz Josaphat trotz aller Vorsichtsmaßnahmen einen Blinden zu sehen. Bei einer zweiten Gelegenheit begegnete er einem alten Mann, was für ihn eine völlig neue Erfahrung war, denn er kannte im Palast nur junge Menschen. Und schließlich sah er bei einer dritten Gelegenheit einen Toten. Das öffnete dem Prinzen die Augen für die schmerzliche Wirklichkeit des Lebens, die sein Vater vor ihm hatte verbergen wollen.

In dieser Situation begegnete Josaphat dem christlichen Asketen Barlaam, der ihn dann zum Christentum bekehrte. Der König versuchte alles, um seinem Sohn den neuen Glauben auszureden. Schließlich vermachte er ihm sogar die Hälfte seines Königreiches – aber das alles nützte nichts; Josaphat schlug die Herrschaft aus, entsagte der Krone, zog sich in die Einsamkeit zurück und verbrachte den Rest seines Lebens als frommer Asket.

Diese schöne Bekehrungsgeschichte war so lebenswahr und rührend beschrieben, daß die beiden Romanhelden Josaphat und Barlaam im Jahre 1583 als »echte« Heilige in das Martyrologium Romanum, den amtlichen Römisch-Katholischen Märtyrerkalender kamen, wo man sie noch heute unter dem 27. November angegeben findet: »Apud Indos, Persis finitimos, Sanctorum Barlaam et Josaphat, quorum actus mirandos Sanctus Joannes Damascenus conscripsit – in Indien, den Persern benachbart, die Heiligen Barlaam und Josaphat. Ihr staunenswertes Wirken schildert der Heilige Johannes von Damaskus.«

Niemand hatte erkannt, daß die Geschichte von Barlaam und Josaphat nichts anderes erzählte als die Legende von den vier Ausfahrten des Prinzen Siddattha, die für ihn zum Anlaß wurden, gegen den Wunsch seiner Familie in die Hauslosigkeit zu gehen und Asket zu werden.

Selbst der so jüdisch klingende Name Josaphat läßt sich noch auf den Buddha zurückführen: Josaphat wird in der griechischen Ausgabe noch Joasaph und in der arabischen Version Judasaph geschrieben. Da die Geschichte auf eine mittelpersische Erzählung zurückgeht und im syrischen, arabischen und mittelpersischen die Buchstaben »J« und »B« in der Schrift leicht zu verwechseln sind, hieß Judasaph ursprünglich einmal richtig »Budasaf«. Das wiederum ist nichts anderes als das Wort »Bhodisattva«, der werdende Buddha.

So hat man, ohne es zu ahnen, den Bhodisattva am Ende doch noch zu einem Christen gemacht – genauso, wie man aus dem indischen »Erhabenen«, dem Bhagavân über das arabische Balauhar den exotischen Barlaam erhielt.

In dieser christlichen Drapierung kam die Geschichte um 1200 nach Deutschland und Frankreich und wurde im spanischen Barcelona sogar in einem hebräisch geschriebenen Versroman übersetzt, der allerdings den Helden keine Namen gab und die Bekehrung wegließ. Es gab äthiopische und provençalische Übersetzungen, und mehrfach wurde auch die verkappte Buddhalegende zu einem christlichen Mysterienspiel umgedichtet. Besonders beliebt war das Barlaam-Thema dabei in der Barockzeit des siebzehnten Jahrhunderts: Am bekanntesten wurde Lope de Vegas »Barlaam y Josafâ« aus dem Jahre 1618. Über zweitausend Jahre nach dem Tode des Erhabenen wurde auf diese Weise die Buddhalegende schließlich in christlichen Kirchen aufgeführt.

Die Thomaschristen und »Nabi Issa«

Bevor wir aber dem Einfluß der Ideen Buddhas in der Aufklärungsliteratur des Abendlandes weiterverfolgen, sollten wir vorher noch der gegenläufigen Entwicklung nachgehen.

Wenn das Christentum direkt oder indirekt von indischen Vorstellungen beeinflußt ist, dann ist es nicht ganz abwegig, auch nach wechselseitigen Beziehungen zu suchen. Die christliche Tradition selbst knüpft eine solche Beziehung, indem sie Thomas, einen der zwölf Apostel, ausgerechnet nach Indien ziehen läßt, um dort Gemeinden zu gründen. Tatsächlich gibt es noch heute in Indien die sogenannten »Thomaschristen«, die sich bereits im fünften und sechsten Jahrhundert in der Gegend von Kerala nachweisen lassen. Es waren Nestorianer mit syrischer Liturgie.

Man nimmt heute allerdings an, daß Thomas selbst nach Persien gezogen ist; aber die Existenz der »Thomaschristen« hat in der Folgezeit immer wieder zu Spekulationen geführt, die auch heute noch lebendig sind. So taucht in Illustrierten von Zeit zu Zeit wieder die Sensationsmeldung auf, Jesus sei in seiner Jugendzeit in Indien gewesen und sei sogar im nepalesischen Srinagar begraben. Leider gibt es außer nebulösen Behauptungen nicht den geringsten Ansatzpunkt für diese Theorie. Darüber können auch nicht die Bücher hinwegtäuschen, die begeisterte Anhänger dieser Theorie aus Indien mitbringen.

Trotzdem ist die Entstehungsgeschichte dieser Theorie nicht uninteressant. Da der Name Thoma genauso klang wie das aramäische Wort Teoma, das Zwilling bedeutet und der Apostel Johannes den Thomas sogar als den »Zwilling« einführt, kam die apokryphe (von der Kirche nicht anerkannte) Thomas-Geschichte darauf, diesen Thomas als Zwillingsbruder Jesu zu bezeichnen: Die Thomas-Geschichte erzählt sogar, wie Thomas und Jesus in Indien wegen ihrer Ähnlichkeit verwechselt wurden.

Das animierte dann 1908 einen gewissen Otoman Zar-Adusht Ha'Nish in einer Leben-Jesu-Beschreibung zu der Behauptung, er habe derartige Dinge auch in einem geheimen »Archiv der Weltgeschichte« gelesen, das in den unterirdischen Mazdatempeln des Himalajagebirges verborgen gehalten werde. Er war damit nicht der einzige, der erkannt hatte, daß man sich in Beweisnot am besten in das so herrlich unzugängliche Himalajagebiet zurückziehen kann, wo ja zum Beispiel auch, anderen Autoren zufolge, die Nachkommen des untergegangenen Atlantis eine geheime Weltherrschaft ausüben und wo immer gerade diejenigen Dokumente aufbewahrt werden, die man nicht vorzeigen kann.

Wahrscheinlich hatte Zar-Adusht Ha'Nish nur die Jesusbiographie des Nicolas Notowitsch aus dem Jahre 1890 gelesen. Notowitsch hatte Jesus mit einer Kaufmannskarawane nach Indien ziehen lassen, wo er dann vom dreizehnten bis zum neunundzwanzigsten Lebensjahr bei Brahmanen und Buddhisten in die Schule ging und sogar bis nach Ceylon gekommen sein soll. Als Beleg wird die Verehrung eines gewissen »Issa« angeführt, die er in tibetanischen Klöstern gefunden haben will.

Es ist nun genau jener »Issa« des Nicolas Notowitsch, der heute noch als »Jesus« durch die Illustrierten geistert und dessen »Grab« in Srinagar vorgezeigt wird.

Dabei wäre es nicht vollkommen unmöglich, daß Jesus in den berühmten »dunklen Jahren« zwischen Kindheit und öffentlichem Auftreten in Indien war – die Ehre, den Erlöser in jenen Jahren beherbergt zu haben, beansprucht übrigens auch die südenglische Stadt Glastonbury – nur eben: Wir haben dafür keinerlei ernsthaften Anhaltspunkt. Erst recht fehlt jede Spur eines Beweises für die Behauptung, Jesus sei nach dem Scheitern seiner Mission in Palästina wieder nach Indien zurückgekehrt, um dort als »Nabi Issa«, als Prophet Jesus, zu leben und zu sterben. Diese Theorie geht nämlich davon aus, daß Jesus am Kreuz nicht gestorben ist, sondern sich nach einigen Tagen von der Tortur erholte und dann zusammen mit seiner Mutter Maria wieder nach Indien gezogen ist. Das sei dann schließlich auch der Grund gewesen, weshalb Thomas als angeblicher Zwillingsbruder Jesu ebenfalls nach Indien ging.

Man kann das alles *glauben* oder auch nicht; nur kann man aus derartigen Spekulationen keinerlei Beweise ableiten. Im Gegenteil: Wenn Jesus wirklich sechzehn Jahre seines Lebens in Indien verbracht hätte, bevor er als Reformator der erstarrten jüdischen Frömmigkeit auftrat, dann wäre es erstaunlich, wie wenig er von seinen buddhistischen und brahmanischen Lehrern übernommen hat. Soweit überhaupt ein echter Einfluß des Buddhismus auf das Christentum vorliegt und nicht einfach nur Analogien zwischen zwei Weltreligionen, läßt sich dieser Einfluß jedenfalls am ehesten damit erklären, daß indisches Gedankengut – wie bei den griechischen Philosophen – durch einzelne Berichte und Erzählungen im Mittelmeerraum bekannt war.

Der Buddhismus und die Neuzeit

Trotz aller Kontakte, die das Abendland seit dem Feldzug Alexanders nach Indien hatte, ist die Entdeckung des geistigen Indiens – als Folge der englischen Kolonialherrschaft – kaum zweihundert Jahre alt.

Erst 1785 wurde als erster Text der alten Veden die Bhagavad-Gita ins Englische übersetzt. Wilhelm von Humboldt lobte den Text sofort überschwenglich als »das Schönste, ja vielleicht das einzige wahrhaft philosophische Gedicht, das alle uns bekannten Literaturen aufzuweisen haben«.

Fünf Jahre später übersetzte dann Sir William Jones das Drama »Schakuntala« von Kalidasa, das Goethe so beeindruckte, daß er aus diesem fünfzehnhundert Jahre alten indischen Spiel für seinen »Faust« die Idee zum »Vorspiel auf dem Theater« entnahm.

Aber etwa bis zum Jahre 1825 wußte man in Europa kaum etwas vom indischen Buddhismus und hatte auch keine genauen Vorstellungen, ob und wieweit er sich vom Hinduismus unterschied. Erst als dann größere Mengen von Sanskritmanuskripten nach Europa gebracht wurden, erschienen die ersten, noch sehr unvollständigen Biographien über den Buddha. Danach dauerte es noch einmal eine Generation, bis schließlich nach 1850 die ersten sicheren wissenschaftlichen Ergebnisse in Lexika aufgenommen und in Artikeln verbreitet wurden.

Wenn also Goethe im Juli 1776 an Charlotte von Stein die berühmten Verse schrieb: »Ach, du warst in abgelebten Zeiten / meine Schwester oder meine Frau«, dann hat bei ihm der Gedanke der Wiedergeburt ebensowenig mit dem Buddhismus zu tun wie bei Voltaire, Friedrich dem Großen, Lessing, Jean Paul oder Kleist. Sie und noch viele andere konnten sich mit ihren Gedanken zur Wiedergeburt bestenfalls auf die griechischen Philosophen beziehen wie der ehemalige Dominikanermönch Giordano Bruno (1548–1600), der wegen seiner Wiedergeburtslehre noch vor ein Inquisitionsgericht kam.

Dort wurde ihm die Frage vorgelegt: »Glauben Sie, daß die Seelen unsterblich sind und nicht von einem Körper in einen anderen übergehen, wie uns berichtet wird, daß Sie behauptet haben?« Darauf Giordano Bruno: »Ich habe immer für wahr gehalten und halte für wahr, daß die Seelen selbständig subsistierende Substanzen sind, das heißt die vernünftigen Seelen (die Geistseelen), und daß solche, katholisch geredet, nicht von einem Körper in einen anderen übergehen, sondern entweder in das Paradies oder ins Fegefeuer oder in die Hölle kommen.

Aber andererseits habe ich philosophisch die Lehre behandelt und auch verteidigt, daß, da die Seele ohne den Körper bestehen und in einem Körper existieren kann, sie in derselben Weise, wie

Sitzender Buddha (Gandhara 2./3. Jh. n. Chr.)

Oben: Landschaft bei Lumbinî. *Unten:* Ausgrabungen bei Kapilavatthu

Mâjâs Traum und die Geburt Buddhas.

Mâjâ und der kleine Buddha

sie in einem Körper sein kann, auch in einem anderen Körper sein und von einem Körper in einen anderen Körper übergehen kann, was, wenn es nicht wahr ist, doch wenigstens wahrscheinlich ist nach der Meinung des Pythagoras.«

Giordano Bruno wurde für diese Ketzerei im Jahre 1600 auf dem Campo dei Fiori in Rom verbrannt, denn erst die Aufklärung und ihre Kritik an den kirchlichen Dogmen machte es möglich, ungestraft die Vorstellung von der Unsterblichkeit der Seele mit der Idee der Wiedergeburt zu verbinden.

Arthur Schopenhauer und das Nichts

Eine offensichtliche Beziehung zum Buddhismus zeigte sich im Geistesleben des neunzehnten Jahrhunderts erst bei Arthur Schopenhauer, der gelegentlich die Formulierung »wir Buddhisten« gebrauchte und in seiner sonst bescheiden möblierten Frankfurter Wohnung »An der schönen Aussicht 17« einen tibetanischen, mit echtem Gold überzogenen Buddha in seinem Arbeitszimmer stehen hatte.

Schopenhauers Pessimismus, daß alles Leben Leid ist und die Erlösung von diesem Leid nur darin bestehen kann, daß die Kette der Wiedergeburten abreißt; sein metaphysisch verstandener Begriff des Willens, der sich mit dem buddhistischen »Daseinsdurst« vergleichen läßt, der immer zu neuen Geburten führt; das Aufgehen der Einzelseele in die Weltseele des Brahman; seine Mitleidsethik, die auch die Tierwelt einschloß; der Gedanke, daß die empirische Welt nur eine Illusion ist, ein »Schleier der Mâja«, wie er sagte – das alles ist ebenso buddhistisch wie seine Erlösung ohne Gott und das Ende im »Nichts«, wie es am Ende des ersten Bandes von »Die Welt als Wille und Vorstellung« formuliert ist: »Was nach gänzlicher Aufhebung des Willens übrigbleibt, ist für alle die, welche noch des Willens voll sind, allerdings nichts. Aber auch umgekehrt ist denen, in welchen der Wille sich gewendet und verneint hat, diese unsere sehr reale Welt mit allen ihren Sonnen und Milchstraßen – nichts.«

Der Indologe von Glasenapp bemerkte dazu, daß sich der Begriff des Nirvâna kaum treffender umschreiben ließ, und Schopenhauer meinte tatsächlich: »Wollte ich die Resultate meiner Philosophie zum Maßstab der Wahrheit machen, so müßte ich dem Buddhaismus den Vorzug vor anderen zugestehen.«

Nur: Als Schopenhauer im März 1818 in Dresden als gerade

eben dreißigjähriger sein philosophisches Hauptwerk »Die Welt als Wille und Vorstellung« zu Ende geschrieben hatte, wußte er kaum etwas vom Buddhismus, denn das eben angeführte Zitat geht weiter:

». . . jedenfalls muß es mich freuen, meine Lehre in so großer Übereinstimmung mit einer Religion zu sehen, welche die Majorität auf Erden für sich hat; da sie viel mehr Bekenner zählt als irgendeine andere. Diese Übereinstimmung muß mir aber umso erfreulicher seyn, als ich, bei meinem Philosophiren, gewiß nicht unter ihrem Einfluß gestanden habe. Denn bis 1818, da mein Werk erschien, waren über den Buddhaismus nur sehr wenige, höchst unvollkommene und dürftige Berichte in Europa zu finden.«

Was Schopenhauer kannte, waren fünfzig Upanischadentexte, die der persische Mogulprinz Dara Schukoh im Jahre 1656 ins Persische übertragen ließ und die der Franzose Anquetil Duperron in den Jahren 1801 und 1802 zusammen mit einer lateinischen Übersetzung unter dem merkwürdigen Titel »Oupnekhat« herausbrachte. Es war zwar keine zuverlässige Übersetzung, wie man schon am Titel merken kann – »Oupnekhat« ist eine Verstümmelung des Wortes »Upanischaden« –, aber sie wurde zur Bibel Schopenhauers: »Wie athmet doch der Oupnekhat durchweg den heiligen Geist der Veden!« schrieb der dreiundsechzigjährige. »Wie wird doch der, dem, durch fleißiges Lesen, das Persisch-Latein dieses unvergleichlichen Buches geläufig geworden, von jenem Geist im Innersten ergriffen! Wie ist doch jede Zeile so voll fester, bestimmter und durchgängig zusammenstimmender Bedeutung! Und aus jeder Seite treten uns tiefe, ursprüngliche, erhabene Gedanken entgegen, während ein hoher und heiliger Ernst über dem Ganzen schwebt. Alles athmet hier Indische Luft und ursprüngliches, naturverwandtes Daseyn. Und o, wie wird hier der Geist rein gewaschen von allen ihm früher eingeimpften jüdischen Aberglauben und aller diesem fröhnenden Philosophie! Es ist die belohnendste und erhabendste Lektüre, die (den Urtext ausgenommen) auf der Welt möglich ist: Sie ist der Trost meines Lebens gewesen und wird der meines Sterbens seyn.«

Arthur Schopenhauer, der seinen Pudel »Atma« nannte und als entscheidende Einflüsse seines Denkens »die heiligen Schriften der Hindu« und die Philosophen Plato und Kant nannte, ist also alles andere als ein Kronzeuge für eine unmittelbare und korrekte Übernahme des Buddhismus ins Abendland. Was bei ihm buddhistisch klingt, ist nichts anderes als die Lehre der Upanischaden, die der Buddha später weiterentwickelt hat, denn – so wieder Albert Schweitzer: »Der Buddhismus ist nur eine besondere Ausprägung des brahmanischen Denkens.«

Trotzdem ist die Bemerkung doch nicht ganz falsch, »daß mit ihm immer zu beginnen sein wird, wo man vom Einfluß des Buddhismus auf das Abendland zu sprechen hat«, denn die gebildete Welt des vergangenen Jahrhunderts ist durch Schopenhauer an den Buddhismus herangeführt worden. Nachdem seine Lehre von der Welt als Wille und Vorstellung nahezu drei Jahrzehnte lang kaum beachtet worden war, gehörte er um 1860 zu den am meisten gelesenen Philosophen.

Richard Wagner und das Karma

Einer seiner Leser beschäftigte sich in der Folge so intensiv mit dem Buddhismus, daß er einmal schrieb, er sei »unwillkürlich zum Buddhisten geworden«: Es war Richard Wagner, der sich lange mit der Idee beschäftigte, eine buddhistische Legende als Opernstoff zu bearbeiten und den Gedanken der Wiedergeburt musikalisch auszudrücken. Die Hauptperson sollte Prakriti sein, ein Mädchen aus der niedersten Kaste der Tschandala, die durch »schmerzlichst gesteigerte und geläuterte Liebe zu Ânanda«, dem Lieblingsjünger Buddhas, am Ende Aufnahme in den Nonnenorden findet.

»Außer der tiefsinnigen Schönheit des einfachen Stoffes« – so Wagner in seiner Autobiographie – »bestimmte mich zu seiner Wahl alsbald das eigentümliche Verhältnis desselben zu dem in mir seitdem ausgebildeten musikalischen Verfahren. Vor dem Geiste des Buddha liegt nämlich das vergangene Leben in früheren Geburten jedes ihm begegnenden Wesens offen, wie die Gegenwart selbst, da. Die einfache Geschichte erhielt nun ihre Bedeutung dadurch, daß dieses vergangene Leben der leidenden Hauptfiguren als unmittelbare Gegenwart in die neue Lebensphase hineinspielt. Wie nur der stets gegenwärtig mitklingenden musikalischen Reminiszenz dieses Doppelleben vollkommen dem Gefühle vorzuführen möglich sein durfte, erkannte ich sogleich, und dies bestimmte mich, die Aufgabe der Ausführung dieser Dichtung mit besonderer Liebe mir vorzubehalten.«

Diese Wiedergeburtsoper, die »Die Sieger« heißen sollte, ist nie geschrieben worden. Dafür hat Richard Wagner, der die 1881 erschienene Buddha-Biographie Oldenbergs zu Haus »mit Genugtuung laut vorlas«, buddhistische Gedanken in den »Parsifal« aufgenommen, zum Beispiel, wenn Gurnemanz im ersten Akt über die vom Fluch verfolgte Kundry sagt: »Ja, eine Verwünschte mag sie sein. Hier lebt sie heut – vielleicht erneut, zu büßen Schuld aus früh'rem Leben, die dorten ihr noch nicht gegeben.«

Ähnliche Aussagen zur Wiedergeburt kennen wir – neben vielen heute Vergessener – von Nietzsche, Sören Kierkegaard, Henrik Ibsen; von Strindberg, Axel Munthe und Henry Ford; von Rainer Maria Rilke, Stefan George, Gerhart Hauptmann und Hermann Hesse, dessen Erzählung »Siddartha« so sehr den Geist Buddhas widerspiegelt, daß sie allein in Indien in dreizehn Sprachen und Dialekte des Landes übersetzt worden ist.

Helena Blavatsky und die Theosophie

Außer zu literarischen Bekenntnissen hat die Entdeckung des geistigen Indiens aber auch zu missionarischen Aktivitäten geführt. So hatte im Jahre 1875 Madame Helena Blavatsky in ihrer Begeisterung für den Buddhismus zusammen mit Oberst Olcott in New York eine »Theosophische Gesellschaft« gegründet, für die der Oberst einen »Buddhistischen Katechismus« verfaßte.

Es war nur konsequent, daß die Theosophische Gesellschaft nach einigen Jahren in ihre wahre Heimat zog und im südindischen Adyar (bei Madras) ihr Hauptquartier aufschlug. Von dort propagierte Madame Blavatsky einen mystisch-religiösen Buddhismus, den sie angeblich von in Tibet verborgenen »Meistern« bezog. Danach wird der unsterbliche »innere Mensch« nach dem Gesetz der göttlichen Gerechtigkeit, dem Karma, in immer neuen Existenzen wiedergeboren. Aber es ist beruhigenderweise ein Weg nach oben, denn der Fortschritt der Menschheit richtet sich nach einem göttlichen Entwicklungsplan. Das Endziel dieses optimistischen Buddhismus ist dann das Wieder-Eins-Sein mit Gott.

Dieser Versuch, den Buddhismus mit westlich-okkulter »Gottesweisheit« (= Theosophia) zu verbinden, brachte der Bewegung großen Zulauf, obwohl sie sich bald in verschiedene Gruppen aufsplitterte und gelegentlich durch Scharlatane in Mißkredit geriet.

Rudolf Steiner und die Anthroposophie

Eine dieser Splittergruppen, die sich 1913 abtrennte, kennen wir heute als Anthroposophen. Ihr Meister und Missionar war Rudolf Steiner, der mit seiner »Menschenweisheit« die übersinnliche Welt erforschen und das Geistige im Menschenwesen zum Geistigen im Weltall führen wollte. Aber im Gegensatz zur Theosophischen Gesellschaft orientierte sich die Anthroposophie Steiners am Christentum, so daß sie auch zahlreiche Sympathisanten im kirchlichen Lager hat, denen der Gedanke an ein einmaliges Leben als Grundlage für das ewige Gericht unbehaglich und das kirchliche Dogma zu eng ist. Denn »die Darstellung von Reinkarnation und Karma, von Wiederverkörperung und Schicksalsverknüpfung, ist in der Verkündigung Rudolf Steiners, was das Rückgrat im menschlichen Organismus ist«.

Aber so offensichtlich Rudolf Steiner seine Ideen von der Theosophie der Madame Blavatsky bezogen hat, die wiederum auf den Buddhismus zurückgreift, so entschieden werden nun die Lehren Steiners auf selbstgewonnene übersinnliche Erkenntnisse zurückgeführt: »Hier tritt eine geistige Strömung auf den Plan, die in Anspruch nimmt, die Erkenntnisse von den wiederholten Erdenleben weder aus der Überlieferung, noch aus poetischer Phantasie, noch aus intellektueller Spekulation, sondern aus exakter übersinnlicher Forschung zu schöpfen.«

Der Versuch, christliche und buddhistische Lehren zu verbinden, wurde dann von der 1922 gegründeten »Christengemeinschaft« fortgesetzt. Sie ist der Meinung, daß die Steinersche Wiederverkörperungslehre organisch zum christlichen Weltbild gehört und keine »okkulte Sonderdoktrin« ist, da ja auch im Neuen Testament von Wiedergeburt die Rede sei.

Wüßte man nicht, daß alle diese Ideen und Entwicklungen nachweislich auf die Wiederentdeckung indischen Denkens im 19. Jahrhundert zurückführbar sind, könnte man auf den Gedanken kommen, die Lehre von der Wiedergeburt entstehe tatsächlich an beliebigem Ort und zu beliebiger Zeit immer wieder neu.

Für einen solchen Eindruck schiene auch die Tatsache zu sprechen, daß der gleiche Gedanke nie als mechanische Übernahme erkennbar ist, sondern stets in veränderter Form neu auftritt. Denn nichts könnte auf den ersten Anschein hin zum Beispiel weiter auseinander liegen als ein unerbittliches Karma und die Gnade Gottes durch den Heilstod Christi, die die Christengemeinschaft zu verbinden weiß.

Auch die Steinersche Dreiteilung von Körper, Seele und Geist lassen wenig Zusammenhang mit einer Lehre vermuten, die einmal die Existenz einer Seele geleugnet hat. Aber hier sind die Zusammenhänge »erweisbar«.

Ebenso mag es nun auch mit der griechischen Philosophie gewesen sein und mit den Autoren des Neuen Testaments, die eine fremde, aber verlockende Idee in ihr Weltbild einzubauen versuchten und sie damit veränderten. Damit wurde sie »ihre« Idee, wie Gedanken der Upanischaden beim Buddha zu »seiner« Lehre wurden. Die Ideengeschichte ist eine Geschichte von Plagiaten.

Auf diese Weise hat der Buddhismus kurz nach seinem Entstehen die griechischen Philosophen, auf seinem Höhepunkt das junge Christentum und bei der Wiederentdeckung des geistigen Indiens die Dichter und Denker des Abendlandes beeinflußt.

Das Geschäft mit dem Exotischen

Man kann die Linie sogar bis in die Gegenwart ziehen. Zweihundert Jahre nach Mesmer und den Anfängen der Hypnose und spiritistischer Sitzungen, bei denen man die Geister der Verstorbenen beschwor, melden sich neuerdings, wenn man nur richtig fragt, die früheren Existenzen des Hypnotisierten und »beweisen« damit die Wiedergeburt.

In Wirklichkeit wird damit lediglich die Tatsache der unbewußten Phantasien bewiesen oder die Existenz parapsychologischer Fähigkeiten. Skeptisch muß auf jeden Fall machen, daß die meisten Rückerinnerungen an frühere Inkarnationen der Vorstellungswelt des Hypnotisierten entsprechen. Berühmte Persönlichkeiten gehören mit Vorliebe zu früheren Inkarnationen, während diejenigen, die früher einmal Eskimo, Australneger oder Hethiter gewesen sind, erst noch erfunden werden müssen.

Ein zweiter Strang, der von der Gegenwart nach Indien zurückführt, ist das zunehmende Interesse an Joga, das es als »Joga für Manager« ebenso gibt wie als »Joga für Kinder«.

Für den Übungswilligen steht eine ausgedehnte Ratgeberliteratur zur Verfügung, die aber allmählich von pseudoreligiösen Büchern über Gurus, Swamis und indische Heilige unserer Tage übertroffen wird, die sich in indischen Aschrams vor Zulauf nicht retten können.

Der Wunsch nach Meditation, Ruhe und Selbstfindung ist dabei heute wie damals zu Buddhas Zeiten die treibende Kraft.

Nachgedanken

Noch immer dreht sich das Rad der Lehre, das der Buddha vor zweieinhalbtausend Jahren in Bewegung gesetzt hat, auch wenn es inzwischen seine Richtung geändert und längst an Schwung und mitreißender Kraft verloren hat. Kaum ist noch etwas von dem übriggeblieben, was einst den Anstoß zur Bewegung gab.

Geht man aber zu den Anfängen zurück und spürt den Gedanken und Erlebnissen nach, die einen Menschen wie Siddattha Gotama so bewegt haben, daß er unter größten Mühen und Entbehrungen für sich die Erlösung suchte, dann kann man auch heute noch von dem Leben und der Lehre dieses Mannes lernen.

Man muß nicht Gott leugnen und muß nicht Buddhist sein, um seiner heiteren Gelassenheit, seiner weisen Abgeklärtheit und Freundlichkeit gegenüber allem Lebenden nachzustreben. Das ist ebenso schwer wie der Versuch, das Gebot der Nächstenliebe Tag für Tag zu verwirklichen.

Der Buddha war der erste, der Selbsterkenntnis und Selbstverwirklichung höher stellte als Gebote und Selbstverleugnung. Er war der erste, der die Erlösung des Menschen im Menschen selbst suchte. Er war der erste, der in der Welt von der Welt gelöst und erlöst war.

Er war kein Religionsstifter und wollte keiner sein. Was er suchte, war eine Antwort auf das Erlebnis von Geburt, Leiden und Tod. Was er fand, war ein pragmatisch-psychologischer Weg, um mit dem Unabänderlichen fertig zu werden: in der Welt zu leben, ohne von ihr abhängig zu sein, mit Menschen umzugehen, ohne sie zu verachten oder zu überschätzen.

Weil das vor zweieinhalbtausend Jahren der Mann im gelben Gewand der heimatlosen Wanderer am Fuße des Himalaja erkannt und ein langes Leben lang gelebt hat, hat man ihn den Erleuchteten genannt, den Buddha.

Anhang

Zeittafel

| 600–500 | 500–400 | 400–300 |

Thales (625–545)

Pythagoras (570–496)

Heraklit (540–480)

Pindar (ca. 520–ca. 445)

Empedokles (ca. 483–ca. 423)

Herodot (ca. 490–425/420)

Sokrates (469–399)

Demokrit (ca. 460–ca. 370)

Xenophon (ca. 430–ca. 354)

Plato (427–347)

Aristoteles (ca. 384–322)

Alexander (356–323)

Buddha (ca. 570–490)

Kyros II. v. Persien (559–529)

Dareios I. (521–485)

Xerxes (485–465)

Konfuzius (551–479)

Exil der Juden in Babylon (ca. 600–ca. 520)

| 400–300 | 300–200 | 200–100 |

Alexander in Indien (356–326)
Tschandragupta (ca. 322–298)
Bindusara (ca. 298–272)
Asoka (273–232)
Megasthenes in Indien (ca. 300)
Ptolemaios I. (305–284)
Ptolemaios II. (284–246)
Ptolemaios III. (246–222)   } Ptolomaier
Magas v. Kyrene (300–258)
Seleukos I. (304–281)
Antiochos I. (281–261)
Antiochos II. (261–246)
Seleukos II. (246–226)   } Seleukiden
Alexander II. v. Epirus (272–235)
Milinda (ca. 180–160)

Hinweise zur Literatur

Eine 1961 zusammengestellte Bibliographie über den Buddhismus gab damals bereits über fünfzehntausend Titel in den verschiedenen Sprachen an. Allein im deutschsprachigen Raum geht die Zahl der Beiträge in die Tausende – ein Anzeichen dafür, welches Interesse der Buddhismus in den rund hundertfünfzig Jahren seit seiner Erforschung bei Wissenschaftlern und Laien gefunden hat. Die Skala reicht dabei von beschreibenden Darstellungen über historische Abrisse bis zu Detailfragen; von volkstümlichen Vereinfachungen bis zu den versponnensten Abhandlungen. Einen Überblick über die Geschichte der Erforschung des indischen Buddhismus findet man bei Bareau im siebten Kapitel von *Der indische Buddhismus*.

Wer sich näher oder von anderen Aspekten her mit dem Buddhismus beschäftigen will, sollte die inzwischen hundert Jahre alte, aber immer noch unübertroffene und immer wieder neu aufgelegte, wenn auch in Einzelheiten überholte Monographie Hermann Oldenbergs lesen, die der damals Siebenundzwanzigjährige im Jahre 1881 veröffentlichte. Sie hat mit ihrem klaren Aufbau und ihrer Lesbarkeit Maßstäbe gesetzt.

Demgegenüber zeichnen sich manche »moderne«, immerhin aber meist schon jahrzehntealten Darstellungen für eine breitere Öffentlichkeit durch eigenwilligen Aufbau und besondere Problemstellung aus.

So Edward Conze, der zum Beispiel zuerst die theoretischen Grundlagen bringt, dann auf die historischen Abläufe eingeht und das Leben des Buddha praktisch ausläßt. Ähnlich Schlingloff in der Sammlung Göschen, der unter dem Titel *Die Religion des Buddhismus* zunächst die Mönchsgemeinde und erst im zweiten Band in einem Kapitel Leben und Lehre des Buddha behandelt. Einen knappen, aber dafür sehr klaren und logischen Überblick über Leben, Lehre und Ausbreitung findet man dagegen bei Percheron in der Rowohlt-Bildmonographie.

Wesentlich anspruchsvoller, aber ebenfalls systematisch klar, ist Schumann, der nach dem neuesten Stand einen sachkundigen Überblick über Stifter, Schulen und Systeme des Buddhismus bringt, dabei aber präzise die entscheidenden Punkte deutlich macht. Auf gleichem Niveau, aber ungleich trockener ist die materialreiche Darstellung Bareaus, der unter Verzicht auf illustrierende Zitate den indischen Buddhismus umfassend behandelt.

Wer Darstellungen neobuddhistischer Autoren kennenlernen will, die gelegentliche missionarische Akzente nicht ganz vermeiden können, sei auf Georg Grimm, Christopher Humphreys, G. Krauskopf und Max Ladner verwiesen.

Mit besonderen Aspekten, wie der Mystik und Ethik des Buddhismus, beschäftigte sich Albert Schweitzer in seinem Buch *Die Weltanschauung der indischen Denker*. Für die Philosophie der Inder sei der gleichnamige Band Helmuth von Glasenapps empfohlen oder Heinrich Zimmers *Philosophie und Religion Indiens*.

Aus dem Blickwinkel der Jung'schen Psychologie behandelt Herbert Günther das Thema; Erich Fromm vom Standpunkt der Freudschen Psychoanalyse.

Das Verhältnis von Buddhismus und Christentum hat zahlreiche Autoren beschäftigt, wobei an neueren Arbeiten nur Menschings *Buddha und Christus* vorliegt. Trotz einer guten Gegenüberstellung beider Lehren und Systeme ist bei dem Band problematisch, daß Jesus und Buddha von vornherein als Verkünder einer Heils- und einer Unheilslehre eingeordnet werden.

Wer eine Einführung in die buddhistische Kunst sucht, sollte zu Herbert Paeschkes 1970 in der DDR erschienenem Band *Buddhistische Kunst* greifen, der sehr übersichtlich alle wichtigen Aspekte beschreibt.

Wie aus der Literaturauswahl ersichtlich, existiert eine Anzahl deutscher Übersetzungen buddhistischer Texte. Die umfassendste und bekannteste stammt von Karl Eugen Neumann (1865–1915). Bei aller Einfühlsamkeit in die indische Sprachwelt hat sie aber den Nachteil einer oft eigenwilligen Wortwahl und Wortschöpfung, so daß Kurt Schmidt diese Begriffe wie Fremdwörter eigens mit in sein *Buddhistisches Wörterbuch* aufgenommen hat. Korrekt, aber fast schon wieder verfälschend knapp, weil von allen typischen Wiederholungen und Einschüben befreit, sind die Übersetzungen v. Glasenapps. Sein Buch *Der Pfad der Erleuchtung* gibt aber mit seiner kontinuierlichen, durch Erklärungen verbundenen Zitatenauswahl einen ausgezeichneten authentischen Überblick über Leben, Lehre und Gemeinde des Buddha.

Für Detailinteressen sei auf die Bibliographie verwiesen.

Literaturauswahl

Die Auswahl beschränkt sich auf Werke in deutscher Sprache. Anderssprachige Titel sind nur dann angeführt, wenn sie eine wichtige thematische Lücke füllen. Ausführliche Bibliographien sind unter diesem Stichwort weiter unten zusammengefaßt.

A) Quellentexte

Pâlikanon

(Zusammenstellung nach Hellmuth Hecker)

I) Vinaya-pitaka (Korb der Ordenszucht)
1. Sutta Vibhanga
2. Mahâ-vagga
3. Culla-vagga

Deutsche Übersetzungen:
Der Korb der Ordenszucht ist überhaupt noch nicht ins Deutsche übersetzt worden. Einzelne Stücke finden sich in Anthologien. Lediglich die Mönchsregeln (ohne die 75 Ordnungswidrigkeiten) sind gekürzt und aus einer späteren etwas variierenden Sanskritfassung ins Deutsche übersetzt.
Valentina Rosen: »Der Vinyavibhanga zum Bhiksruprâtimoksa der Sarvâstivâdins. Sanskritfragmente nebst einer Analyse der chinesischen Übersetzung« in: *Veröffentlichungen des Instituts für Orientforschung*, Bd. 27, Berlin 1959.
Englische Übersetzungen:
Vollständige Übersetzung in der *Pâli Text Society* (PTS)

Bd. I: Die Ausschluß- und Dispensvergehen, (PTS Vol. III) 1949, 359 Seiten.
II: Nissaggiya und Pâcittiya 1–60 (PTS Vol. IV) 1940, 430 S.
III: Rest des Sutta Vibhanga (PTS Vol. IV) 1942, 438 S.
IV: Mahâ-vagga (PTS Vol. I) 1951, 529 S.
V: Culla-vagga (PTS Vol. II) 1952, 440 S.

4. Der Parivâra

Weder deutsche noch englische Übersetzung. Als Pâli-Text in PTS Vol. V veröffentlicht.

II) Sutta-pitaka (Korb der Lehrreden)
1. Dighâ-nikâya (Längere Sammlung)

Einzige vollständige deutsche Übersetzung:
Neumann, Karl Eugen: *Die Reden Gotamo Buddhos aus der Längeren Sammlung*, 1. Aufl. Piper München, Bd. I: 1907, 346 S; Bd. II: 1912, 552 S; Bd. III: 1918, 337 S; 2. Aufl. Piper, München, TB-Format, Bd. I: 1927, 478 S; Bd. II: 1927, 871 S; Bd. III: 1928, 452 S; Bd. IV: 1928, 730 S; 1957, 1064 S; 3. Aufl. Artemis Verlag Zürich (als Band II der Gesamtausgabe Neumanns).
Deutsche Teilübersetzungen:
Neumann, Karl Eugen: *Die letzten Tage Gotamo Buddhos* (16. Sutta). Piper, München 1911, 183 S.; 2. Aufl. 1923, 281 S.
Beckh, Hermann: *Der Hingang des Vollendeten – Die Erzählung von Buddhas Erdenabschied und Nirvana* (Mahâparinibbânasutta des Pâlika-

non), übersetzt und eingeleitet von –. Stuttgart 1925; 2. Aufl. 1960 in der Reihe »Christus aller Erde« im Verlag der Christengemeinschaft.
Dahlke, Paul: *Suttapitaka, Buch der Buddhistischen Urschriften* Bd. II: Digha-Nikâya (Die lange Sammlung der Lehrreden). Selbstverlag, Berlin 1920, 295 S. (enthält Rede 1, 2, 4–6, 8, 9, 11–16, 22, 28).
Franke, Otto: »Digha-Nikâya. Das Buch der langen Texte des buddhistischen Kanons«, in Auswahl, übersetzt in: *Quellen der Religionsgeschichte*, Bd. 4. Göttingen 1913, 360 S. (enthält Rede 1–5, 8, 9, 11, 13, 16, 21, 26, 27).
Nyânaponika: *Satipatthana – der Heilsweg buddhistischer Geistesschulung. Die Lehrreden von der Vergegenwärtigung der Achtsamkeit* (Satipatthana-Sutta). Text (in Pâli und deutscher Übertragung) und Kommentar, übersetzt, eingeleitet und erläutert von –. Konstanz 1950 (enthält Sutta 22 des Digha-Nikâya, bzw. Sutta 10 des Majjhima – Nikâya).
2. Majjhima-Nikâya (Mittlere Sammlung)
Einzige vollständige deutsche Übersetzung:
Neumann, Karl Eugen: *Die Reden Gotamo Buddhos – Aus der zweiten Sammlung*. 1. Aufl. Verlag W. Friedrich, Leipzig, Bd. I: 1896, 568 S; 1. Aufl. Verlag W. Friedrich, Berlin, Bd. II: 1900, 689 S; Verlag Altmann, Berlin, Bd. III: 1902, 589 S; 2. Aufl. Piper München, dortige 1. Aufl., Bd. I: 1919, 568 S; Bd. II: 1919, 689 S; Bd. III: 1919, 589 S. 3. Aufl. Piper München (2. bei Piper) (Dünndruck der vorigen Ausgabe) 1921, 4. Aufl. München (3. bei Piper), Bd. I: 1922, 817 S; Bd. II: 919 S; Bd. III: 826 S; 5. Aufl. Artemis Verlag Zürich (als Band I der Gesamtausgabe Neumanns) 1957, 1197 S.
Deutsche Teilübersetzungen:
Dahlke, Paul: *Majjhima-Nikâya (Die Mittlere Sammlung), Erste Lese*. Selbstverlag, Berlin 1923, 355 S. (Rede 1, 4, 6, 8, 9, 11–14, 18, 22, 127, 128, 136, 140, 141, 143, 145, 146, 148, 149, 151)
Schmidt, Kurt: *Buddhas Reden, Majjhima – Nikâya, Die Sammlung der mittleren Texte des buddhistischen Pâli-Kanons*. Hamburg 1961 (Rowohlt Klassiker) 330 S. (Rede 1–5, 7–14, 16–29, 31–41, 43–46, 51, 53–58, 61–67, 70–76, 82, 84, 86, 87, 89–92, 95, 97–99, 101, 107–109, 118, 119, 121–126, 129–131, 135, 136, 139, 141, 144–147, 149, 152)
3. Samyutta-Nikâya (Sammlung der Lehrvorträge)
Keine deutsche Gesamtübersetzung.
Deutsche Teilübersetzungen:
Geiger, Wilhelm: *Samyutta-Nikâya, Die in Gruppen geordnete Sammlung aus dem Pâli-Kanon der Buddhisten*. Benares Verlag, München-Neubiberg Bd. I: 1930, 385 S. Bd. II: 1925, 294 S. (ohne Samyutta 17–21).
Nyânaponika: »Gotamo Buddho-Lehrreden des Samyutta-Nikâya« in: *horae subsiciviae philosophiae*, Bd. 4 Hamburg 1967 (Suttas 17–34).
Vollständige englische Übersetzung:
Rhys-Davids (ab Band III: Woodward, F. L.) PTS, London: Vol. I: 1917, 321 S. (Samyutta 1–11); Vol. II: 1922, 205 S. (Samyutta 12–21);

Vol. III: 1924, 221 S. (Samyutta 22–34); Vol. IV: 1927, 298 S. (Samyutta 35–44); Vol. V: 1930, 412 S. (Samyutta 45–56).
4. Anguttara-Nikâya (Angereihte Sammlung)
Einzige vollständige deutsche Übersetzung:
Nyânatiloka: *Die Reden des Buddha aus der ›Angereihten Sammlung‹ Anguttara-Nikâya des Pâli-Kanon.* 1. Aufl. (Nur Buch 1–4) Einerbuch – Leipzig 1907, 96 S. (Buddh. Verlag). Zweierbuch – Breslau 1911, 79 S. in: Veröffentl. der Deutschen Pâli-Gesellschaft Nr. 4, (Verlag Markgraf) Dreierbuch – Leipzig 1914, 383 S. in: Neue Veröffentlichungen auf dem Gebiete des Pâli-Buddhismus, Nr. 10 Viererbuch – Breslau 1912, 518 S. in: Veröffentlichung der Deutschen Pâli-Gesellschaft Nr. 7 (Verlag Markgraf) 2. Aufl. vollständig Oskar Schloss Verlag, München-Neubiberg Bd. I: 1923, 472 S. (Einer- bis Dreierbuch); Bd. II: 1922, 412 S. (Viererbuch); Bd. III: 1922, 254 S. (Fünferbuch) Theos. Verl-Haus Leipzig; Bd. IV: 1922, 292 S. (Sechser- und Siebenerbuch); Bd. V: 1922, 536 S. (Achter- bis Elferbuch). Neuauflage unter dem Titel *Die Lehrreden des Buddha*, revidiert von Nyânaponika. 5 Bde. Köln 1969.
5. Khuddaka-Nikâya (Sammlung kleinerer Stücke)
a) Khuddaka-pâtha (das kleine Lesebuch)
Seidenstücker, Karl: *Khuddaka-Pâtha, Kurze Texte, eine kanonische Schrift des Pâli-Buddhismus.* 1. Aufl. Breslau 1910 bei Markgraf, 38 S. 2. Aufl. München o. J. in: Buddhistische Volksbibliothek, Nr. 6, Oskar Schloss Verlag, 38 S.
b) Dhammapada (Wahrheitspfad)
Deutsche Übersetzungen:
Weber, Albrecht: *Das Dhammapadam, die älteste buddhistische Sittenlehre.* in: ZDMG 1860 = Indische Streifen, Bd. 1 Berlin 1868.
Schultze, Theodor: *Das Dhammapadam, eine Versammlung, welche zu den kanonischen Büchern des Buddhismus gehört.* Aus der englischen Übersetzung von Max Müller übertragen. Verlag Otto Schulze, Leipzig 1885, 123 S.
Schröder, Leopold v.: *Worte der Wahrheit Dhammapadam. Eine zum buddhistischen Kanon gehörige Spruchsammlung.* Verlag Haessel, Leipzig 1892, 150 S.
Much, Hans: *Dhammapadam, das Hohe Lied der Wahrheit des Buddha Gautama.* Adolf Saal Verlag, Hamburg 1920, 101 S.
Franke, R. O.: »Dhamma-Worte, Dhammapadam des südbuddhistischen Kanons« in: *Die Religionen des alten Indien* Bd. 4, Diederichs Verlag, Jena 1923, 121 S.
Dahlke, Paul: *Suttapitaka, Buch der Buddhistischen Urschriften* Bd. L: Dhammapadam (Der Pfad der Lehre), die älteste buddhistische Spruchsammlung. Selbstverlag Berlin 1919, 2. Auflage 1922, 134 S.
Neumann, Karl Eugen: *Der Wahrheitspfad, ein buddhistisches Denkmal.* 1. Aufl. Verlag Veit u. Co, Leipzig 1893, 182 S. 2. Aufl. Piper (dort 1. Aufl.) München 1918, 182 S. 3. Aufl. Piper (dort 2. Aufl.) München 1921, 156 S. 4. Aufl. Piper (dort 3. Aufl.) München 1949, 156 S. 5. Auflage

Artemis (dort in Band III der Gesamtausgabe Neumanns, S. 615–701) Zürich 1957

c) Udâna (Freudengesänge des Buddha)
Seidenstücker, Karl: *Udâna, das Buch der feierlichen Worte des Erhabenen. Eine kanonische Schrift des Pâli-Buddhismus.* Schloss Verlag, München-Neubiberg 1920, 132 S. (Vorabdruck der Kap. I–IV in: ZT. f. Missionskunde u. Religionswissenschaft, 1917)

d) Itivuttaka (Aphorismen)
Seidenstücker, Karl: *Itivuttaka, das Buch der Herrnworte, eine kanonische Schrift des Pâli-Buddhismus.* Verlag Max Altmann, Leipzig 1922, 79 S.

e) Suttanipâta (Suttabruchstücke)
Neumann, Karl Eugen: *Die Reden des Gotamo Buddho aus der Sammlung der Bruchstücke (Suttanipâto) des Palikanons.* 1. Aufl. J. A. Barth Verlag, Leipzig 1905, 410 S. 2. Aufl. Piper Verlag, München 1911, 410 S. 3. Aufl. Piper (dort 2. Aufl. TB-Format) München 1924, 599 S. 4. Aufl. Artemis (dort in Bd. III der Neumann-Gesamtausgabe, S. 3–272) Zürich 1957.
Nyânaponika: »Sutta-Nipâta« in: *Buddhistische Handbibliothek* Nr. 6, Verlag Paul Christiani, Konstanz 1955, 398 S.

f) Vimâna-vatthu (Götterpalastgeschichten)
Keine deutsche Übersetzung
Englische Übersetzung von Jean Kennedy in: *Sacred Books of the Buddhists* Vol. X: The Minor Anthologies of the Pâli Canon Part IV: Vimâna Vatthu. Stories of the Mansions, and Peta Vatthu, Stories of the Departed. Translated by Jean Kennedy and H. S. Gehman respectively, edited with introduction by Mrs. Rhys Davids. London 1942, 250 S. darin S. 1–128.

g) Peta-vatthu (Grundlagen des Gespensterreichs)
Deutsche Teilübersetzung:
Stede, Wilhelm: *Die Gespenstergeschichten des Peta Vatthu.* Leipzig 1914, 122 S. (Abt. 1 und 2 ohne einleitende Rahmenumstände. Als Dissertation mit längerer Einleitung bei Harrassowitz).
Englische Übersetzung:
Übersetzung von H. S. Gehman, siehe f), S. 141–250.

h/i: Theragâthâ/Therîgâthâ (Lieder der Mönche und Nonnen)
Neumann, Karl Eugen: *Die Lieder der Mönche und Nonnen Gotamo Buddhos* 1. Aufl. Berlin 1899 392 S. (Verlag E. Hofmann u. Co.) 2. Aufl. München 1918, 392 S. (Piper) 3. Aufl. München 1923, 634 S. (Piper, TB-Format) 4. Aufl. Zürich 1957, 634 S. (Artemis, dort Bd. III von Neumanns Gesamtausgabe, S. 273–613).

k) Jâtaka (Wiedergeburtsgeschichten)
Vollständige deutsche Übersetzung:
Dutoit, Julius: *Jâtakam, das Buch der Erzählungen aus früheren Existenzen Buddhas.* Leipzig 1908–21 (Band 7 enthält das sog. einleitende Nidâna-katha und das Register).

Bd. I: 640 S.   Jâtaka Nr. 1–150   1908 (Lotos Verlag)
Bd. II: 576 S.   Jâtaka Nr. 151–300   1909 (Lotos Verlag)
Bd. III: 703 S. Jâtaka Nr. 301–438   1911 (Lotos Verlag)
Bd. IV: 695 S.   Jâtaka Nr. 439–510   1912 (Radelli u. Hille)
Bd. V: 611 S.   Jâtaka Nr. 511–537   1914 (Radelli u. Hille)
Bd. VI: 788 S.   Jâtaka Nr. 538–547   1916 (Radelli und Hille)
Bd. VII: 298 S.   1921 (Theosoph. Verlagshaus)
Deutsche Teilübersetzung:
Lüders, Else: *Buddhistische Märchen aus dem alten Indien.* Diederichs Verlag, Düsseldorf 1961, 407 S. (Enthält Jâtaka Nr. 6, 12, 18, 31, 32, 38, 46, 48, 51, 55, 62, 67, 73, 126, 151, 181, 182, 186, 189, 190, 194, 196, 198, 206–208, 211, 215, 218, 240, 241, 243, 257, 260, 261, 262, 270, 276, 281, 292, 306, 308, 316, 318, 324, 339, 352, 360, 374, 380, 386, 388, 398, 402, 408, 416, 419, 425, 426, 432, 436, 439, 446, 463, 466, 472, 481, 513, 519, 531)
l) Apadâna (Ab-gabe von Erklärungen zur Heiligkeit). Weder deutsche noch englische Übersetzung.
m) Niddesa (Aus-malung, Kommentar zum Sutta Nipâta). Weder deutsche noch englische Übersetzung.
n) Patisambhidâ-magga (über die Kräfte der Heiligen). Weder deutsche noch englische Übersetzung.
o) Buddha-vamsa (Legenden von 24 Buddhas vor Gotama). Weder deutsche noch englische Übersetzug.
p) Cariyâ-pitaka (Korb der Wandlungen). Weder deutsche noch englische Übersetzung.

III) Abhidhamma-pitaka (Korb der scholastischen Lehrreden)
1) Dhamma-sangani (Zusammenfassung der Dinge)
Einzige deutsche Übersetzung:
Nyânaponika: *Dhammasangani, Kompendium der Dingwelt.* Veröffentlicht im Abzugsverfahren von Dr. Palmié als Studia Pali Buddhistica, Hamburg ca. 1953, 145 S.
2) Vibhanga (Erläuterungen). Weder deutsche noch englische Übers.
3) Dhâtu-kathâ (Elementaranalyse). Keine deutsche Übersetzung.
Englische Übersetzung:
U Narada: *Discourse on Elements.* London 1962, 155 S.
4) Puggala-paññatti (Menschenkunde)
Nyanatiloka: *Puggala-paññatti, das Buch der Charaktere*, Verlag Markgraf Breslau 1910, 124 S.
5) Kathâ-vatthu (Streitpunkte). Keine deutsche Übersetzung.
Englische Übersetzung:
Aung, S. Z./Rhys-Davids,: *Points of Controversy.* London 1915, 416 S.
6) Yamaka (Doppelfragen). Weder deutsche noch englische Übersetzung.
7) Patthâna (Aufstellendes). Weder deutsche noch englische Übersetzung.

Anthologien aus dem Pâlikanon

Carus, Paul: *Das Evangelium Buddhas. Nach Quellen erzählt.* Übersetzt aus der englischen Auflage von Carus und Gauß. Leipzig 1895.
Conze, Edward: *Im Zeichen Buddhas – Buddhistische Texte.* Frankfurt-Hamburg 1957.
Dahlke, Paul: *Buddha. Auswahl aus dem Pâlikanon.* Berlin 1920, 2. Aufl. München 1960 (Goldmann TB).
Dutoit, Julius: *Das Leben des Buddha. Zusammenstellung alter Berichte aus den kanonischen Schriften der südlichen Buddhisten.* Aus dem Pâli übersetzt und erläutert – Leipzig 1906.
Frauwallner, Erich: »Die Philosophie des Buddhismus« in: *Philosophische Studientexte der indischen Philosophen.* Herausgegeben von Walter Ruben, Bd. 2, Berlin 1956, 2. Aufl. 1958.
Glasenapp, Helmuth v.: *Gedanken von Buddha.* Auswahl, Übersetzung und Erläuterung von – Berlin 1942.
Glasenapp, Helmuth v.: *Der Pfad der Erleuchtung. Grundtexte der buddhistischen Heilslehre in deutscher Übersetzung.* Düsseldorf 1956.
Gunser, Ilse-Lore: *Reden des Buddha (Tripitaka).* Aus dem Pali-Kanon übersetzt von – Stuttgart (Reclam) 1957.
Kern, F.: *Die Weisheit des Buddha – Gedichte und Überlieferungen der frühen Buddhagemeinde.* Zürich 1948.
Kraus, Wolfgang: *Buddha. Worte der Vollendung. Eine Auswahl aus dem Gesamtwerk.* Wien/Stuttgart 1952.
Mensching, Gustav: *Buddhistische Geisteswelt – Vom historischen Buddha zum Lamaismus.* Texte ausgewählt und eingeleitet von – Baden-Baden 1955.
Neumann, Karl Eugen: *Also sprach der Erhabene – eine Auswahl aus den Reden Gotamo Buddhos.* Zürich 1962.
Neumann, Karl Eugen: *Gotamo Buddho: Reden und poetische Stücke aus dem Pâlikanon.* München 1948 (Piper TB).
Neumann, Karl Eugen: *Buddhistische Anthologie.* 1. Aufl. Leiden 1892, 2. Aufl. Zürich 1957 in Band III der Gesamtausgabe.
Neumann, Karl Eugen: *Aus den Reden Gotamo Buddhos.* Leipzig 1921 (Reclam).
Nyânatiloka: *Das Wort des Buddha. Eine Übersicht über das ethisch-philosophische System in den Worten des Sutta-pitaka.* 1. Aufl. Leipzig 1906; 2. Aufl. München 1923; 3. Aufl. unter dem neuen Titel *Das Wort des Buddha. Eine systematische Übersicht der Lehre des Buddha* in »Buddhistische Handbibliothek, Bd. 1, Konstanz 1953.
Nyânatiloka: *Der Weg zur Erlösung – in den Worten der buddhistischen Urschriften.* Ausgewählt, übersetzt und erläutert – in: Buddhistische Handbibliothek Bd. 8, Konstanz 1956.
Oldenberg, Hermann: *Reden des Buddha: Lehre, Verse, Erzählungen.* München 1922.
Schmidt, Kurt: *Die Erlösung vom Leiden. Ausgewählte Reden des Bud-

dha. Aus den ältesten Urkunden des Pâli-Kanon übertragen und geordnet. Heft 1: Aus dem Leben des Vollendeten. Heft 2: Der Weg zur Erlösung. 1. und 2. Aufl. München 1921.
Schmidt, Kurt: *Worte des Erwachten. Vom Leben Buddhas und vom achtfachen Pfad*. München 1951.
Schmidt, Kurt: *Sprüche und Lieder* (Auszüge aus Dhammapadam, Udâna, Suttanipâto, Theragâthâ) in: Buddhistische Handbibliothek, Band. 4, Konstanz 1954.
Seidenstücker, Karl: *Buddhistische Evangelien. Eine Auswahl von Texten aus den heiligen Büchern der Buddhisten*. Leipzig 1909, 4./5. vermehrte Aufl. Leipzig 1923.
Seidenstücker, Karl: *Pâli-Buddhismus in Übersetzungen. Texte aus dem buddhistischen Pâli-Kanon und dem Kammavâcám*. Breslau 1911, 2. Aufl. München 1923.
Winternitz, Moritz: »Der ältere Buddhismus nach Texten des Tipitaka; Der Mahayana-Buddhismus nach Sanskrit- und Prakrittexten« in: *Religionsgeschichtliches Lesebuch* 11, 15, Tübingen 1929 und 1930.

Nichtkanonische Pâlitexte

Nyânatiloka: *Visuddhi-magga oder Der Weg zur Reinheit*. Die größte und älteste systematische Darstellung des Buddhismus. Zum erstenmal aus dem Pâli übersetzt von – München 1931, 2. Aufl. Konstanz 1952.
Nyânatiloka: *Die Fragen des Milindo*. Aus dem Pâli vollständig ins Deutsche übersetzt von – München 1924.
Schrader, Otto: *Die Fragen des Königs Menandros*. Aus dem Pâli zum ersten Male ins Deutsche übertragen von – Berlin 1905.

Texte in Sanskrit und anderen Sprachen

Schulemann, Günther: *Die Botschaft des Buddha vom Lotos des Guten Gesetzes*. Freiburg 1937.
Schultze, Theodor: *Buddhas Leben und Wirken*. Nach der chinesischen Bearbeitung von Açvagoshas Buddha-Carita und deren Übersetzung ins Englische durch Samuel Beal in deutsche Verse übertragen von – Leipzig 1894 (Reclam).
Waldschmidt, Ernst: *Die Legende vom Leben des Buddha*. In Auszügen aus den heiligen Texten. Aus dem Sanskrit, Pâli und Chinesischen übersetzt und eingeführt von – Berlin 1929.
Waldschmidt, Ernst: *Das Catusparisatsutra. Eine kanonische Lehrschrift über die Begründung der buddhistischen Gemeinde*. Text in Sanskrit und Tibetisch, verglichen mit dem Pâli, nebst einer Übersetzung der chinesischen Entsprechung im Vinaya der Mulasarvastivadins. Auf Grund von Turfanhandschriften herausgegeben und bearbeitet. Teil I–III, Berlin, 1952–1962.

Waldschmidt, Ernst: *Das Mahavadanasutra. Ein kanonischer Text über die sieben letzten Buddhas.* Sanskrit verglichen mit dem Pâli, nebst einer Analyse der chinesischen Übersetzung überlieferter Parallelversionen. Teil I–III, Berlin 1953 und 1956.
Walleser, Max: *Die mittlere Lehre des Nâgârjuna.* Nach der chinesischen Version übertragen von – Heidelberg 1912.
Walleser, Max: »Prajnâ Pâramitâ. Die Vollkommenheit der Erkenntnis.« Nach indischen, tibetischen und chinesischen Quellen von – in: *Quellen der Religionsgeschichte,* 8, Göttingen 1914.
Winternitz, Moritz: »Der Mahayâna-Buddhismus«. Nach Sanskrit- und Prakrittexten. in: *Religionsgeschichtliches Lesebuch,* 15, Tübingen 1930.

B) Sekundärliteratur

Allgemeine indische Religionsgeschichte und Philosophie

Deussen, Paul: *Sechzig Upanishad's des Veda* – Aus dem Sanskrit übersetzt und mit Einleitungen und Anmerkungen versehen von – Leipzig 1897, 3. Auflage 1921.
Deussen, Paul: *Allgemeine Geschichte der Philosophie mit besonderer Berücksichtigung der Religionen.* Bd. I, Abtlg. 3: Die nachvedische Philosophie der Inder. Leipzig, 1908, 2. Aufl. 1914.
Eliade, Mircea: *Die Religionen und das Heilige. Elemente der Religionsgeschichte.* Salzburg 1954, Nachdruck Darmstadt 1976.
Eliade, Mircea: *Geschichte der religiösen Ideen.* Bd. I: Von der Steinzeit bis zu den Mysterien von Eleusis. Bd. II: Von Gautama Buddha bis zu den Anfängen des Christentums. Freiburg 1978 und 1979.
Garbe, Richard (Hrsg.): *Die Bhagavadgîtâ.* Leipzig 1905, 2. Aufl. 1921, Reprogr. Nachdruck Darmstadt 1978.
Glasenapp, Helmuth v.: »Die Literaturen Indiens von ihren Anfängen bis zur Gegenwart« in: *Handbuch der Literaturwissenschaft,* herausgeg. v. O. Walzel. Potsdam 1929
Glasenapp, Helmuth v.: *Die Religionen Indiens.* Stuttgart 1943, 2. Aufl. 1955.
Glasenapp, Helmuth v.: *Die Philosophie der Inder. Einführung in ihre Geschichte und ihre Lehre.* Stuttgart 1949, 3. Aufl. 1974.
Glasenapp, Helmuth v.: *Entwicklungsstufen des indischen Denkens. Untersuchungen über die Philosophie der Brahmanen und Buddhisten.* Halle 1940.
Gonda, Jan: *Die Religionen Indiens.* Bd. I: Veda und älterer Hinduismus. 2. überarbeitete und ergänzte Aufl. Stuttgart 1978.
Jacoby, Hermann: »Die Entwicklung der Gottesidee bei den Indern« in: *Geistesströmungen des Ostens.* 1, Bonn 1923.
Oldenberg, Hermann: *Die Religionen des Veda.* Berlin 1884, 2. Aufl. 1917, reprogr. Nachdruck Darmstadt 1970.

Radhakrishnan, S.: *Indische Philosophie*. 2 Bde. Darmstadt 1956. (Engl. Original: *Indian Philosophy*, London 1923, 1927)
Ratschow, Carl Heinz (Hrsg.): *Ethik der Religionen – ein Handbuch: Primitive, Hinduismus, Buddhismus, Islam, Alter Orient.* Stuttgart 1978.
Ruben, Walter: *Die Philosophie der Upanishaden.* Bern 1947.
Ruben, Walter: *Geschichte der indischen Philosophie.* Bern 1947.
Schweitzer, Albert: *Die Weltanschauung der indischen Denker – Mystik und Ethik.* 2. aufgrund der englischen Ausgabe von 1935 neugefaßte Auflage, München 1965.
Strauss, Otto: *Indische Philosophie.* München 1925.
Walleser, Max: *Die buddhistische Philosophie in ihrer geschichtlichen Entwicklung.* 4 Teile, Heidelberg 1904–1927.
Winternitz, Moritz: *Geschichte der indischen Literatur.* Bd. II, 1: die buddhistische Literatur in: Die Literaturen des Ostens IX, 2, 1. Leipzig 1913.
Vivekânanda: *Hinduismus.* Zürich 1951.
Zimmer, Heinrich: *Philosophie und Religion Indiens.* Zürich 1961, Neuauflage als Suhrkamp TB 1976.

Bibliographien und Lexika zum Buddhismus

Dahlke, Paul: *Über den Pâli-Kanon. Einführung in die buddhistischen Urschriften.* Berlin 1919.
Hanayama, Shinsho: *Bibliography on Buddhism.* Tokyo 1961. (enthält auf 869 Seiten 15 073 nach Verfassern geordnete Titel. Sachindex S. 837–869).
Hecker, Helmuth: »Der Pâli-Kanon – ein Wegweiser durch Aufbau und deutsche Übersetzungen der heiligen Schriften des Buddhismus« in: *horae subsiciviae philosophiae*, Bd. I. Hamburg 1965.
Held, Hans Ludwig: *Deutsche Bibliographie des Buddhismus.* München-Leipzig 1916.
Kern, Heinrich: »Manual of Indian Buddhism« in: *Grundriß der indoarischen Philologie und Altertumskunde*, 111, Heft 8. Straßburg 1896.
Malalasekera, George Peiris (Hrsg.): *Encyclopedia of Buddhism.* Colombo 1961 ff.
March, Arthur Charles: *A Buddhist Bibliography.* London 1935. (enthält auf 257 Seiten 2110 Titel englischsprachiger Autoren)
Nyanatiloka: »Buddhistisches Wörterbuch. Kurzgefaßtes Handbuch der buddhistischen Lehren und Begriffe« in: *Buddhistische Handbibliothek* BV. 3, Konstanz 1953.
Regamey, Constantin: »Buddhistische Philosophie« in: *Bibliographische Einführung in das Studium der Philosophie*, Bd. 20/21: dort 1028 Titelangaben. Bern 1950.
Schmidt, Kurt: *Buddhistisches Wörterbuch.* Konstanz 1949.

Buddha – Leben und Lehre

Bareau, André: »Der indische Buddhismus« in: »Die Religionen Indiens«, Bd. III, S. 1–125, wiederum in: *Die Religionen der Menschheit*, herausgegeben von Christel Matthias Schröder, (Band 13). Stuttgart 1964.

Beckh, Hermann: *Buddhismus*. Bd. I: Der Buddha. Bd. II: Die Lehre. Sammlung Göschen, Berlin 1919, 1920, 3. Aufl. 1928, Neuauflage Stuttgart 1958.

Conze, Edward: *Der Buddhismus – Wesen und Entwicklung*. Stuttgart 1953, 6. Aufl. 1977 (1. Aufl. engl. Oxford 1951).

David-Neel, A.: *Vom Leiden zur Erlösung – Sinn und Lehre des Buddhismus*. Leipzig 1937.

Gard, R. A. (Hrsg.): »Der Buddhismus« in: *Die Großen Religionen der Welt*. Genf 1972.

Glasenapp, Helmuth v.: *Brahma und Buddha – die Religionen Indiens in ihrer geschichtlichen Entwicklung*. Berlin 1926.

Glasenapp, Helmuth v.: *Der Buddhismus – eine atheistische Religion*. München, 2. Aufl. 1966.

Glasenapp, Helmuth v.: *Der Buddhismus in Indien und im Fernen Osten – Schicksale und Lebensformen einer Erlösungsreligion*. Berlin-Zürich.

Glasenapp, Helmuth v.: *Die Weisheit des Buddha*. Baden-Baden 1946.

Glasenapp, Helmuth v.: *Buddha. Geschichte und Legende*. Zürich 1950.

Grimm, Georg (neobuddhistischer Autor): *Die Lehre des Buddho – Die Lehre der Vernunft und der Meditation*. 1. Aufl. 1915, 15. erweiterte Aufl. Baden-Baden 1957.

Günther, Herbert: *Der Buddha und seine Lehre. Nach der Überlieferung der Theravadins*. Zürich 1956.

Hardy, Edmund: *Buddha*. Göschen, Leipzig 1905 (Nachdruck).

Hecker, Hellmuth: *Das Leben des Buddha: der innere und äußere Lebensgang des Erwachten*. Hamburg 1973.

Hillebrand, Alfred: »Buddhas Leben und Lehre« in: *Wege zum Wissen*, Bd. XXXVIII. Berlin 1925.

Kern, Heinrich: *Der Buddhismus und seine Geschichte in Indien*. 2 Bde. Leipzig 1882 und 1884.

Koeppen, Carl Friedrich: *Die Religion des Buddha und ihre Entstehung*. Bd. I und II, Berlin 1857 und 1859, Neuauflage Berlin 1906.

Krauskopf, G. (neobuddhistischer Autor): »Die Heilslehre des Buddha – eine Einführung«. in: *Buddhistische Handbibliothek*. 3. Aufl. Konstanz 1953.

Ladner, Max (neobuddhistischer Autor): *Gotamo Buddho – Sein Werden, seine Lehre, seine Gemeinde, dargestellt an Hand des Pâli-Kanons*. Zürich 1948.

Lehmann, Edvard: *Der Buddhismus als indische Sekte – als Weltreligion*. Tübingen 1911 (neubearbeitete deutsche Ausgabe des 1907 in Kopenhagen erschienenen Bandes *Buddha*).

Leider, Kurt: *Buddha, Leben, Lehre, Jüngerschar.* Nach der ältesten Quelle dargestellt und durch Textstellen belegt. Hamburg 1968.
Naudou, Jean: *Buddha.* Köln 1975.
Oldenberg, Hermann: *Buddha – sein Leben, seine Lehre, seine Gemeinde.* 1. Aufl. 1881, 13. Aufl., herausgegeben und ergänzt von H. v. Glasenapp, München 1961.
Percheron, Maurice: *Das wunderbare Leben des Gautama Buddha.* Stuttgart 1957.
Percheron, Maurice: *Buddha. In Selbstzeugnissen und Bilddokumenten,* übersetzt von Joachim Rassat. (rororo-Bildmonographie). 1. Aufl. 1958, 10. Aufl. Hamburg 1977.
Przyluski, Jean: »Der Lebendig-Erlöste in dem entwickelten Buddhismus« in: *Eranos Jahrbuch,* V, 1937, Zürich 1938.
Regamey, Constantin: »Der Buddhismus in Indien« in: *Christus und die Religionen der Erde,* ein Handbuch der Religionsgeschichte, herausgegeben von F. König, Bd. III, Freiburg 1951.
Rosenkranz, Gerhard: *Der Weg des Buddha – Werden und Wesen des Buddhismus als Weltreligion.* Basel 1960.
Salé, Marino Omodeo: *Buddhismus – Lehre und Geschichte.* Freiburg 1962.
Schlingloff, Dieter: *Die Religion des Buddhismus.* Bd. I: Der Heilsweg des Mönchtums. Bd. II: Der Heilsweg für die Welt. Göschen, Berlin 1962 und 1963.
Schmidt, Kurt: *Buddhistische Heilige – Charakterbilder.* Konstanz 1947.
Schmidt, Kurt: *Buddhas Lehre – Einführung.* 2. völlig neubearbeitete Auflage, Konstanz 1946.
Schmidt, Kurt: »Buddha und seine Jünger« in: *Buddhistische Handbibliothek,* Bd. 7, Konstanz 1955.
Schulemann, Günther: *Die Botschaft des Buddha.* Freiburg 1937.
Schumann, Hans Wolfgang: *Buddha. Philosophie der Erlösung – Umriß der frühbuddhistischen Philosophie.* Düsseldorf 1959.
Schumann, Hans Wolfgang: *Buddhismus – Stifter, Schulen und Systeme.* Olten 1976.
Schumann, Hans Wolfgang: *Buddhismus – Philosophie zur Erlösung. Die großen Denksysteme des Hinayana und Mahayana.* München 1963.
Schumann, Hans Wolfgang: *Die Religion der Wirklichkeit. Einführung in den ursprünglichen Buddhismus.* Düsseldorf 1950.
Weitbrecht, Wolfgang: *Die Religion des Buddha.* Zürich 1936.
Witte, Johannes: »Buddhismus in Geschichte und Gegenwart« in: *Wissen und Bildung,* 268, Leipzig 1930

Einzeldarstellungen zu Lehre und Ausbreitung

Bechert, Heinz: »Buddhismus, Staat und Gesellschaft in den Ländern des

Theravada-Buddhismus« in: *Schriften des Instituts für Asienkunde in Hamburg*, 17, 1–3, Wiesbaden 1966–73.

Bhagvat, Miss Durga N.: »Early Buddhist Jurisprudence« (Theravâda Vinya-Laws) in: *Studies in Indian History – of the Historical Research Institute St. Xavers College*, Nr. 13, Bombay 1939. Oriental Book Agency, Poona.

Buddhist Shrines in India. Issued by the Publication Division – Ministry of Information and Broadcasting – Government of India, 1951 (o. O.).

Eliade, Mircea: *Das Mysterium der Wiedergeburt. Initiationsriten, ihre kulturelle und religiöse Bedeutung.* Zürich 1961.

Fick, Richard: »Die buddhistische Kultur und das Erbe Alexanders des Großen« in: *Morgenland – Darstellungen aus Geschichte und Kultur des Ostens*, Heft 25. Leipzig 1933.

Gokhale, B. G.: »Buddhism and Asoka« in: *Indian Historical Research Institute, Studies in Indian History*, Nr. 17. Bombay 1948.

Glasenapp, Helmuth v.: *Der Buddhismus in Indien und im Fernen Osten. Schicksale und Lebensformen einer Erlösungsreligion.* Berlin-Zürich 1936.

Glasenapp, Helmuth v.: *Buddhistische Mysterien – Die geheimen Lehren und Riten des Diamant-Fahrzeugs.* Stuttgart 1940.

Glasenapp, Helmuth v.: *Unsterblichkeit und Erlösung in den indischen Religionen.* Halle 1938.

Glasenapp, Helmuth v.: »Der Jainismus – eine indische Erlösungsreligion« in: *Kultur und Weltanschauung.* Berlin 1925.

Glasenapp, Helmuth v.: »Buddhismus und Gottesidee. Die buddhistischen Lehren von den überweltlichen Wesen und Mächten und ihre religionsgeschichtlichen Parallelen« in: *Abhandlungen der Geisteswissenschaftlichen Klasse der Akademie Mainz* 1954, Nr. 8, Wiesbaden 1954.

Günther, Herbert: *Das Seelenproblem im älteren Buddhismus.* Konstanz 1949.

Hackmann, Heinrich: »Der Ursprung des Buddhismus – der südliche Buddhismus und Lamaismus – der Buddhismus in China, Korea und Japan«. in: *Religionsgeschichtliche Volksbücher*, Reihe III, Nr. 4, 5, 6. Tübingen/Halle 1905 und 1906. 2. Aufl. unter dem Titel »Der Buddhismus« Tübingen 1917.

Kapleau, Philip: *Die drei Pfeiler des Zen – Lehre, Übung, Erleuchtung.* Zürich 1969. 4. Auflage Weilheim 1979.

Kirfel, Willibald: »Symbolik des Buddhismus« in: *Symbolik der Religionen*, 5. Stuttgart 1959.

Koppers, Wilhelm: »Zum Ursprung des Mysterienwesens im Lichte von Völkerkunde und Indologie« in: *Eranos Jahrbuch* XI, 1944. Zürich 1945.

Kropatsch, Anton: *Wiedergeburt und Erlösung in der Lehre des Buddha.* Gelnhausen 1963.

Masson-Oursel, Paul: »Die indischen Erlösungstheorien im Rahmen der Heilsreligionen« in: *Eranos Jahrbuch* IV, 1936. Zürich 1937.

Mensching, Gustav: *Buddhistische Symbolik.* Gotha 1929.

Ohasama, Schuej: *Zen – der lebendige Buddhismus in Japan.* Herausgegeben von August Faust. Gotha-Stuttgart 1925. Fotomechanischer Nachdruck Darmstadt 1968.
Oldenberg, Hermann: *Die Lehre der Upanishaden und die Anfänge des Buddhismus.* Göttingen 1915.
Przyluski, Jean: »Die Erlösung nach dem Tode in den Upanishaden und im ursprünglichen Buddhismus« in: *Eranos Jahrbuch* V, 1937. Zürich 1938.
Raphael, Max: *Wiedergeburtsmagie in der Altsteinzeit – zur Geschichte der Religion und religiöser Symbole.* Herausgegeben von Shirley Chesney und Ilse Hirschfeld. Frankfurt 1979.
Rhys-Davids: »Zur Geschichte des Radsymbols« in: *Eranos Jahrbuch* II, 1934. Zürich 1935.
Schumacher, Hans Wolfgang: *Die Edikte des Kaisers Asoka – Vom Wachstum der inneren Werte.* Aus dem Prakrit übersetzt und eingeleitet von – Konstanz 1948.
Schumann, Wolfgang: *Buddhismus und Buddhismusforschung in Deutschland.* Wien 1974.
Suzuki, Daisetz Teitaro: *Die große Befreiung. Einführung in den Zen-Buddhismus.* Geleitwort C. G. Jung, bearbeitet nach dem englischen Originaltext von Heinrich Zimmer. 4. Aufl. Zürich 1958.
Waldschmidt, Ernst: »Die Überlieferung vom Lebensende des Buddha – eine vergleichende Analyse des Mahaparinirvanasutra und seiner Textentsprechungen.« in: *Abhandlungen der Akademie der Wissenschaften in Göttingen,* Philol.-histor. Klasse, Dritte Folge, Nr. 29 und 30. Göttingen 1944 und 1948.
Zimmer, Heinrich: »Indische Mythen als Symbole« in: *Eranos Jahrbuch* II, 1934. Zürich 1935. Neuausgabe Düsseldorf-Köln 1972.
Zimmer, Heinrich: »Mythen und Symbole in indischer Kunst und Kultur« in: Zimmer, Heinrich, *Gesammelte Werke,* Bd. I, Zürich 1951.

Meditation und Joga

Benz, Ernst: *Die Vision – Erfahrungsformen und Bilderwelt.* Stuttgart 1969.
Dhawan, A. K. R.: »Yoga und seine psychotherapeutische Bedeutung« in: *Medizinische Klinik* 2231. 1956.
Dumoulin, Heinrich: *Östliche Meditation und christliche Mystik.* Freiburg 1966.
Fromm, Erich/Suzuki, Daisetz Teitaro/Martino, Richard de: *Zen-Buddhismus und Psychoanalyse.* München 1963, 6. Aufl. Suhrkamp-TB Frankfurt 1977.
Garbe, Richard: »Samkhya und Yoga« in: *Grundriß der indo-arischen Philologie und Altertumskunde.* Herausgegeben von G. Bühler, III. Band, 4. Heft. Straßburg 1898.

Hauer, Jakob Wilhelm: *Der Yoga – ein indischer Weg zum Selbst –* Kritisch-positive Darstellung nach den indischen Quellen und einer Übersetzung der maßgeblichen Teile. 2. umgearb. Aufl. Stuttgart 1958.
Hauer, Jakob Wilhelm: *Die Anfänge der Yogapraxis im alten Indien.* Berlin, Stuttgart, Leipzig 1922.
Heiler, Friedrich: *Die buddhistische Versenkung.* München 1918, 2. Aufl. 1922.
Kopp, Sheldon B.: *Triffst du den Buddha unterwegs . . . Psychotherapie und Selbsterfahrung.* Düsseldorf/Köln 1976, Fischer-TB Frankfurt 1978.
Leuba, James H.: *Psychologie der religiösen Mystik.* München 1927.
Lotz, Johann Baptist: *Meditation – der Weg nach Innen. Philosophische Klärung, Anweisung zum Vollzug.* (Das Buch eines Jesuiten über Ignatius von Loyola). Frankfurt 1954.
Masson-Oursel, Paul: »Die indischen Heilstechniken« in: *Eranos Jahrbuch* V, 1937. Zürich 1938.
Mukerji, G. S. Spiegelhoff, W.: *Yoga und unsere Medizin.* 1963.
Rieker, Hans Ulrich: *Das klassische Yoga-Lehrbuch Indiens.* Zürich 1957.
Rösel, Richard: *Die psychologischen Grundlagen der Yogapraxis.* Stuttgart 1928.
Schumacher, K.: *Buddhistische Versenkung und jesuitische Exerzitien.* Stuttgart 1928.
Sudbrack, Josef: *Herausgefordert zur Meditation – Christliche Erfahrung im Gespräch mit dem Osten.* Freiburg 1977.
Thomas, Klaus: »Autogenes Training, Gebet und Meditation« in: *Weg zum Menschen.* 1955.
Vivekânanda: *Karma-Yoga und Bhakti-Yoga,* übersetzt von Ilse Krämer und Frank Dispeker. Neuauflage Zürich 1953.
Zacharias, Paul: »Gebete und Entspannung, hesychastische Mystik und Autogenes Training« in: *Wege zur Seele.* 1, 1952.
Zimmer, Heinrich: *Yoga und Buddhismus.* Frankfurt 1973.

Buddhismus und Abendland

Alsdorf, Ludwig: »Deutsch-indische Geistesbeziehungen« in: *Indien.* Herausgegeben von Kurt Vowinckel, Bd. 7. Heidelberg-Berlin-Magdeburg 1944.
Benz, Ernst: *Indische Einflüsse auf die frühchristliche Theologie.* Wiesbaden 1951.
Bergh von Eysinga, G. A. van den: »Indische Einflüsse auf evangelische Erzählungen« in: *Forschungen zur Religion und Literatur des Alten und Neuen Testaments.* Herausgegeben von Wilhelm Bousset und Hermann Gunkel, 4. Heft 1904. Göttingen 1904, 2. vermehrte Aufl. 1909.
Clemen, Carl: *Religionsgeschichtliche Erklärung des Neuen Testaments.* Gießen 1909 (Kritik an Bergh van Eysinga und R. Seydel).

Garbe, Richard: *Indien und das Christentum – eine Untersuchung der religionsgeschichtlichen Zusammenhänge*. Tübingen 1914.
Grimm, Georg (neobuddhistischer Autor): *Buddha und Christus*. Leipzig 1928.
Haas, Hans: »Bibliographie zur Frage nach den Wechselbeziehungen zwischen Buddhismus und Christentum« in: *Veröffentlichungen des Forschungsinstituts für vergleichende Religionsgeschichte an der Universität Leipzig*, Nr. 5. Leipzig 1922.
Haas, Hans: »Das Scherflein der Witwe und seine Entsprechung im Tripitaka« in: *Veröffentlichungen des Forschungsinstituts für vergleichende Religionsgeschichte an der Universität Leipzig*, Nr. 5, Leipzig 1922.
Huonder, Quirin: *Das Unsterblichkeitsproblem in der abendländischen Philosophie*. Stuttgart 1970.
Lillie, Arthur: *Buddhism in Christendom, or Jesus, the Essene*. London 1887.
Mensching, Gustav: *Buddha und Christus – ein Vergleich*. Stuttgart 1978.
Rosenberg, Alfons (Hrsg.): »Christentum und Buddhismus – Verwandtes und Unterscheidendes« in: *Dokumente religiöser Erfahrung*. München 1959.
Schomerus, Hilko Wiardo: »Der Seelenwanderungsgedanke im Glauben der Völker« in: *Zeitschrift für systematische Theologie*, VI, 1928.
Schomerus, Hilko Wiardo: *Ist die Bibel von Indien abhängig?*. München 1932.
Schomerus, Hilko Wiardo: *Buddha und Christus – ein Vergleich zweier großer Weltreligionen*. Halle 1931.
Seydel, Rudolf: *Das Evangelium von Jesu in seinen Verhältnissen zur Buddha-Sage und Buddha-Lehre mit fortlaufender Rücksicht auf andere Religionskreise. Untersucht von –* Leipzig 1882.
Seydel, Rudolf: *Die Buddha-Legende und das Leben Jesu nach den Evangelien. Erneute Prüfung ihres gegenseitigen Verhältnisses*. Leipzig 1884, 2. Aufl. Weimar 1897.
Seydel, Rudolf: »Buddha und Christus«. Erstdruck in der Zeitschrift *Nord und Süd*, Bd. 27, Nov. 1883; Sonderausgabe in *Deutsche Bücherei*, Nr. 33, Breslau 1884; nochmals in Seydels *Religion und Wissenschaft*, Breslau 1887..
Siegmund, Georg: *Buddhismus und Christentum*. Frankfurt 1968.
Stettner, Walter: *Die Seelenwanderung bei Griechen und Römern*. Inauguraldissertation Tübingen 1930. Druck: Stuttgart 1933.

Buddhistische Kunst

Cohn, William: *Buddha in der Kunst des Ostens*. Leipzig 1925.
Coomaraswami, Ananda Kentish: *Geschichte der indischen und indonesischen Kunst*. Leipzig 1927.

Fischer, Klaus: *Schöpfungen indischer Kunst. Von den frühesten Bauten und Bildern bis zum mittelalterlichen Tempel.* Köln 1959.
Fischer, Otto: »Die Kunst Indiens, Chinas und Japans« in: *Handbuch der Kunstwissenschaft.* Berlin 1928.
Franz, Heinrich Gerhard: *Buddhistische Kunst Indiens.* Leipzig 1965.
Glasenapp, Helmuth v.: *Heilige Stätten Indiens. Die Wallfahrtsorte der Hindus, Jainas und Buddhisten, ihre Legenden und ihr Kultus.* München 1928.
Grünwedel, Albert: *Buddhistische Kunst in Indien.* Berlin 1900, 2. Aufl. 1932.
Ingel, Albert: *Wirkungen griechischer Kunst in Asien.* Leipzig 1940.
Koppers, Wilhelm: *Indische Kunst.* Köln 1956.
Lommel, Andreas: *Kunst des Buddhismus.* Zürich-Freiburg 1974.
Mode, Heinz: »Das Frühe Indien« in: *Große Kulturen der Frühzeit.* Stuttgart 1959, 2. Aufl. 1963.
Plaeschke, Herbert: *Buddhistische Kunst – das Erbe Indiens.* Leipzig, 2. Aufl. 1974.
Rau, Heimo: *Die Kunst Indiens bis zum Islam.* Stuttgart 1958.
Seckel, Dietrich: *Buddhistische Kunst Ostasiens.* Stuttgart 1957.
Seckel, Dietrich: *Kunst des Buddhismus – Werden, Wanderung und Wandlung.* Baden-Baden 1962.
Uhlig, Helmut: *Das Bild des Buddha.* Berlin 1979.
With, Karl: *Buddhistische Plastik in Japan.* Wien, 2. Aufl. 1920.

Quellenverzeichnis

Verzeichnis der Abkürzungen

A	Anguttara-Nikâya
Ak	Abhidharmakośa des Vasubandhu (Hgg. von R. Sânkrtyayna, Varanasi, 1955.)
BC	Açvagoshas »Buddha-Carita«. (zitiert nach Th. Schultz, »Buddha, Leben und Wirken«)
Cv	lla-vaga des Vinaya-pitaka
Dhp	Dhammapada
D	Dîgha Nikâya
Itiv	Itivattaka
M	Majjhima-Nikâya
Mv	Mahâvagga des Vinaya-pitaka
Sa	Samyutta-Nikâya
Snip	Suttanipâta
Sv	Sutta vibangha

Ud   Udâna
Vin   Vinaya-pitaka
Vism Visuddhimagga des Buddhaghosa

I) Das Leben des Buddha

Zwischen Legende und Wirklichkeit

10 Zitat: »da bebte...«: BC, Vers 2104
   Buddha als Chiffre: So H. H. Wilson, E. Senart, H. Kern. Einzelheiten bei: Trevor Ling, *The Buddha*, New York 1973
12 Zitat: »ein Fürst...«: BC, Vers 1
   Zitat: »Auf sie...«: BC, Vers 4
   Zitat: »truglos...«: BC, Vers 4
   Zitat: »fühlte Mâjâ...«: BC, Vers 7
   Zitat: »Tretend...«: BC, Vers 9
   Zitat: »von welchen...«: BC, Vers 36
13 Zitat: »dies neugeborne...«: BC, Vers 45
   Zitat: »Im Garten...«: BC, Vers 31
   Zitat: »der Heilige...«: Lukas 1,35
   Zitat: »Und du...«: Lukas 1,76
14 Gedicht mit Handelsstraße: Snip, Vers 1012
   Zitat: »Zwanzig Jahre...«: Schumacher, *Die Edikte*, 49
16 Salabaum: Shorea robusta
   Kapilavatthu: gedeutet als »Sitz des Kapila«, wobei Kapila »der Braune« bedeutet. Oldenberg, 109
17 Zitat: »Ich erinnere...«: M 36, (PTS), zit. nach Schlingloff, *Buddha* I, S. 93
18 Konkurrierende Sekte: Dschaina. Gründer: Nigantha Nat(h)aputta
   Zitat: »Adliger Grundbesitzer«: Oldenberg, 118
19 Zitat: »Das aber...«: Ambattha-sutta, zitiert in Rhys-Davids, *Dialoges of the Buddha*, PT I, 113
   Stolz der Sakja: Trevor Ling (*The Buddha*, New York 1973) meint Anzeichen zu haben, daß dieser Stolz auch daher rühren könnte, daß sie gerade nicht Brahmanen waren, sondern ein nordindischer Himalaja-Bergstamm. Einzelheiten Penguin-Ausgabe S. 108 f.
   Zitat: »Den überschritten...«: nach Oldenberg, *Buddha*, 11
20 Zitat: »hellen, reinen...«: M 36
   Zitat: »Sein Körper...«: BC, Vers 356

Der reiche Jüngling

21 Zitat: »weil soviel...«: BC, Vers 143
   Zitat: »Übermaß...«: BC, Vers 145

22 Zitat: »Mehltau...« etc.: CV, X, 1, 6
   Zitat: »Ich war zart...«: A I, (PTS), S, 145 f.
23 Zitat: »Sein Geist...«: BC, Vers 151
   Zitat: »täglich...«: BC, Vers 147
   Zitat: »schon nach...«: BC, Vers 152
   Zitat: »der Welt abgewandt«: BC, Vers 154
24 Zitat: »im Ruf...« und »würdig...« etc.: BC, Vers 153 ff.
   Zitat: »Als Gift...«: BC, Vers 161
   Zitat: »Jung an Jahren...«: A I, S. 145 f., zitiert nach Schlingloff, Göschen. Bd. I, 92

Das arische Erbe

25 Brahmanen als Haupt des Alls: Details bei Oldenberg, *Buddha*, 30; Schweitzer, *Indische Denker*, 20 ff.
   Zitat: »die es nicht...«: *Bellum Gallicum*, VI, 14, zu Strabo: Strabo, XV. Buch.
28 zu Kupfer: Es kann natürlich auch sein, daß die Bezeichnung für Kupfer ein sogenanntes »Wanderwort« ist, das mit dem Gegenstand verbreitet und als Fremdwort aufgenommen wurde. Andererseits spricht einiges für den Wanderungsbeginn zwischen 2400 und 2200 v. Chr., wie das neuere Forschungen nahelegen. Berücksichtigt man, daß die ebenfalls indo-europäischen Hethiter etwa um das Jahr 2000 nach Kleinasien kamen, dann könnten die ersten arischen Streitwagenvölker etwa um 1800 nach Vorderasien und von da aus über Persien nach Indien gezogen sein. Vgl. Alfons Nehring, »Die Problematik der Indogermanenforschung« in: *Würzburger Universitätsreden* Heft 17, Würzburg 1954 und in: »Die Urheimat der Indogermanen«, herausgegeben von Anton Scherer, Darmstadt 1968, dort in: *Wege der Forschung*, Band CLXVI.
30 Zitat: »An sich...«: Schweitzer, *Indische Denker*, 21

Mystik und Ekstase

31 Zitat: »Agni...«: Taittirîya Brâhmana III, 10, 8 nach Oldenberg, *Buddha*, 28. Weitere ähnliche Stellen: Aitareya Upanishad, 2, 1–4.
   Zitate: »Der Atman...« und »Der Atman...«: Taittirîya Brâhmana III, 10.8, nach Oldenberg, *Buddha*, 28
32 Zitat: »Ihr werdet sein...«: 1. Mose 3, 5
   zu geheimes Wissen der Veden: vgl. Heinrich Zimmer, *Philosophie und Religion Indiens*, Zürich 1961, als Suhrkamp-TB 1976, dort S. 74 ff.
   Zitat: »Wir tranken...«: zitiert bei Schweitzer, *Indische Denker*, 17
   Zitat: »ihn, den...«: Brahmanas der hundert Pfade, nach Oldenberg, *Buddha*, 34

Zitat: »langhaarigen....«: Rig-veda X, 136
33 Zitat: »Die Seele...«: Oldenberg, *Buddha*, 65

Der Weg in die Hauslosigkeit

35 Zitat: »Solang ihr....«: BC, Vers 820
   Zitat: »Mir....«: A I, S. 145 f.
36 Zitat: »Freudiges Entzücken...«: und folgende: BC, Vers 207 ff. bis 417
39 Zitat: »ehe der...«: BC, Vers 417. »Drei Jodschana«: = ca. sechsunddreißig km, wenn ein Yojana mit sieben bis acht englischen Meilen angenommen wird.

Der Mönch

40 Zitat: »Es gibt...«: zitiert bei Kurt Schmidt, *Buddhistisches Wörterbuch*, S. 57
   Zitat: »Die Erreichung...«: siehe voriges Zitat.
   Zitat: »Soeben....«: BC, Vers 509
   Zitat: »wie Schlangen...«: BC, Vers 513
   Zitat: »Wenn Religion...«: BC, Vers 525
   Zitat: »der vortrefflich...«: BC, Vers 909
41 Zitat: »Nicht einmal....«: M III, 6, 26
   Zitat: »Dort dachte...«: M III, 6, 26
   Zitat: »Wenn ich....«: M II, 2, 12
42 Zitat: »alle die lieben...«: M I, 4, 4
   Zitat: »führt uns...«: BC, Vers 966
   Zitat: »ein einzig...«: BC, Vers 1006
43 Zitat: »inbrünstig...«: M II, 2, 12 Nach Neumann
   Zitat: »Da hab' ich...« und folgende: M II, 2, 12 nach Neumann
45 Zitat: »auch dieser...«: M, II, 2, 12
   Zitat: »Wie, wenn...« und folgende: M IV, 6, 36 nach Neumann
46 Zitat: »Es muß...«: M IV, 6, 36
   Zitat: »Ich erinnere mich...« und folgendes: M IV, 6, 36. Neumann übersetzt Jambu-Baum mit »Rosenapfelbaum«

Der Weg zur Erleuchtung

47 Zitat: »denn seinen...«: Psalm 127, 2
49 *Religion in Geschichte und Gegenwart* (RGG), 3. Aufl. 1960, Mayers Lexikon 1975
   Brockhaus 1974

50 *Lexikon der Psychologie,* Herder 1976
52 Zitat: »Ihr habt...«: BC, Vers 555
   Zitat: »Selbstgelehrt...«: BC, Vers 1205
   Zitat: »Zwei Enden...«: Mv I, 6, 10 ff., Teil der Benaresrede.

Die Erleuchtung

53 Vesâkha: April/Mai. Zwar durch nichts belegt, wird der 23. Mai von der Legende für den Geburtstag des Buddha gehalten.
   zu Pipalabaum: = Pappelfeigenbaum, Ficus religiosa. Seitdem heiliger Baum der Buddhisten.
   Zitat: »Den Oberkörper...«: BC, Vers 1032
   Zitat: »von Sinnenbegierden...« und folgende: M IV, 6, 36
54 Zitat: »Im ersten Teil...« und folgende: BC, Vers 1112 ff.
57 Zitat: »Selig, wem...«: bei Oldenberg, *Buddha,* S. 138
   Zitat: »Als ich so...«: M 36 I, S. 243 PTS. Nach Glasenapp.
   Zitat: »von Weisheit...« und folgende: BC, Vers 1168 ff.
58 Zitat: »Wozu der Welt...« und folgende: Mv I, 5, 2
   Zitat: »Wenn ich nun...«: Mv I, 5, 2
   Zitat: »Untergehen...«: Mv I, 5, 2
   Zitat: »legte ehrerbietig...«: BC, Vers 1185 f.
   Zitat: »Entschlossen denn...«: BC, Vers 1197 f.

Das Rad der Lehre

59 Zitat: »In frommer Ruhe...« und folgende: BC, Vers 1200 f.
   Zitat: »Möge es...«: M III, 6, 26
   Zitat: »in Gedanken...«: BC, Vers 1216
60 Zitat: »die Muni...«: BC, Vers 1215 f. Im Original steht für Benares »Kaçi«, eine andere Bezeichnung für die Stadt.
   zu Stupa: sog. Dhamek-Stûpa, dessen Kern aus der Zeit Asokas stammt, der die Stelle bezeichnet, wo das Rad der Lehre in Bewegung gesetzt wurde.
61 zu Gotama: Die Endung auf -a ist die Anredeform, der Nominativ heißt Gotamo (vgl. Buddha – Buddho). Die Sanskritform ist Gautama. Der Name geht auf einen in den Veden erwähnten brahmanischen Weisen zurück.
   Zitat: »Die grünen...«: BC, Vers 1219
   Zitat: »Da sahen...« und folgende: Mv I, 6, 10 ff. nach Oldenberg, *Buddha,* 144
63 Zitat: »Dies, ihr Mönche...«: S. 56, 11, 5
64 Zitat: »was bisher sich...«: BC, Vers 1270 f.
   zu: Rad der Lehre: Dhammacakra (P) Dharmacakra (S). Die entsprechende Handhaltung des Erleuchteten: Dhammacakramudrâ

Die ersten Anhänger

65 Zitat: »mit demütger...« und folgende: BC, Vers 1277 f.
   Zitat: »Kommt herzu...«: Mv I, 6, 10
66 Zitat: »Zu jener Zeit...« und folgende: BC, Vers 1280 f.; Mv I, 7.
   (Yasa (P) Yaśas (S))
67 zu Bimbisâra: Unter den Königreichen, die im 7. Jahrhundert in Nordindien aufkamen, übernahm das von Magadha unter Bimbisâra die Führung und beherrschte benachbarte kleinere Reiche. Die Residenz war Râdschagaha. Bimbisâras Sohn Adschâtasattu verlegte sie dann nach Pâtaliputta, dem heutigen Patna. Um 413 wurde das Geschlecht von der Dynastie des Nanda abgelöst, die nach Alexanders Indienzug wiederum von den Tschandraguptas verdrängt wurde.
   Zitat: »zwölf Myriaden...«: Mv I, 22, 11
   Zitat: »Was ich gewann...« und folgende: BC, Vers 1343 ff.
68 Zitat: »Werden Lust...«: BC, Vers 1422
69 Zitat: »Wer zuerst...« und folgende: Mv I, 23 f. nach Oldenberg, *Buddha*, 152
70 Zitat: »Mit Stab...« und folgende: BC, Vers 1408 f.
   Zitat: »Zu dieser Zeit...« und folgende: Mv I, 24 nach Oldenberg, *Buddha*, 155
   Im Original bei Oldenberg, *Buddha*, »Sajaya« statt »Sandschaja«, S. 155

II. Die Lehre

Die »Lehre der Alten«

74 zu Theravâda: Anhänger der alten Lehre: Theravâdins: Anhänger der Mehrheit, der »Großen Gemeinde« (Mahâsânghika) sind die Mahâsânghikas.
76 zu: chinesische Übersetzung: Der älteste Katalog aus dem Jahre 518 n. Chr. erwähnt 2113 Werke, die im chinesischen Tipitaka aufgenommen waren. 972 wurde der Kanon zum erstenmal gedruckt. Die neueste japanische Ausgabe mit 2184 Werken stammt aus den Jahren 1924–1929.
   Bei der tibetanischen Sammlung handelt es sich um den tibetanischen Kanjur und Tanjur, die in über 100 Bänden Mahâjâna- und Hînajânatexte enthalten.
   Zu: Sexualverfehlungen: ausführlich: Bhagvat, »Early Buddhist Jurisprudence«.
77 Zitat: »Wie das große...«: Cv IX, 1, 4 nach Oldenberg, *Buddha*, 231 und A 8, 19, IV

Die Vergänglichkeit aller Dinge

79 zu Upâdânakhandha: Einzelheiten bei Schumann, *Buddhismus*, S. 62 f.; Glasenapp, *Pfad*, S. 70 ff.; Oldenberg, *Buddha*, 265 ff.
80 Zitat: »Und welches ...«: M 141, III, nach Schumann, *Buddhismus*, S. 63
Zitat: »Was ist ...« und folgende: Milindapanha, London 1928, S. 25 nach Glasenapp, *Pfad*, S. 76 und 73
82 Zitat: »so wie ...«: M 38, III, S. 258 PTS
Zitat: »Das, was einer ...«: S 12, 38, nach Glasenapp, *Pfad*, S. 82
83 Zitat: »Nicht gibt es ...«: S 22, 97, 9–13 III. S. 147 PTS
84 Zitat: »was nicht ewig ...«: S 30, 1
Zitat: »Alle Dinge ...«: Bei H. Zimmer, *Philosophie und Religion Indiens*, S. 457 ff. mit Detailangaben.
85 Zitat: »Was denkt...«: M 22, I, S. 138 PTS nach Schumann
Zitat: »genauso, wie ...«: M 146, III S. 273 PTS nach Glasenapp, *Pfad*, S. 74
86 Zitat: »Habe ich nicht ...«: M 38, III S. 258 PTS nach Glasenapp, *Pfad*, S. 75
Zitat: »Ich bin als ...«: Milindapanha, London 1928, S. 25 nach Glasenapp, *Pfad*, S. 75
88 Zitat: »ich verkünde ...«: A 4, 45, 3 II. S. 48 PTS. Nach Schumann, *Buddhismus*, S. 70

Der Durst nach Sein

90 Zitat: »des Durstes ...«: Dhp Vers 354 nach Oldenberg, *Buddha*, S. 266
Zitat: »wen er besiegt ...«: Dhp Vers 335
Zitat: »Wie wenn ...«: Dhp Vers 338
91 zu Kausalnexus: Oldenberg übersetzt Patitschasamuppâda mit »Kausalnexus«, Schumann mit »Konditionalnexus«, Percheron mit »Kausalkette«.
Die Gegenüberstellung auf Seite 308 zeigt folgende Unterschiede in der Übersetzung der Begriffe:

Kausalnexus

	Oldenberg	Schumann	Glasenapp	Pâli
1	Nichtwissen – Gestaltung	Unwissenheit – Tatabsichten	Nichtwissen – Karma – gestaltende Triebkräfte	Avijjâ – sankhâra
2	Gestaltung – Erkennen	Tatabsichten – Bewußtsein	gestaltende Triebkräfte – Bewußtsein	Sankhâra – viññâna
3	Erkennen – Name und Körperlichkeit	Bewußtsein – Name + Körper	Bewußtsein – geistleibliche Individualität	viññâna – nâma-rûpa
4	Name + Körperlichkeit – 6 Gebiete	Name + Körper – 6 Sinnesgebiete	geistleib. Indiv. – 6 Sinne	nâma-rûpa – salâyatana
5	6 Gebiete – Berührung	6 Sinnesgebiete – Berührung	6 Sinne – Berührung	salâyatana – phassa
6	Berührung – Empfindung	Berührung – Empfindung	Berührung – Empfindung	phassa – vedanâ
7	Empfindung – Durst	Empfindung – Gier	Empfindung – Gier (Durst)	vedanâ – tanhâ
8	Durst – Ergreifen	Gier – Ergreifen	Gier – Lebenshang	tanhâ – upâdâna
9	Ergreifen – Werden	Ergreifen – Werden	Lebenshang – karmisches Werden	upâdâna – bhava
10	Werden – Geburt	Werden – Geburt	karmisches Werden – Wiedergeburt	bhava – jâti
11	Geburt – Alter, Tod	Geburt –	Wiedergeburt – Alter, Sterben	jâti – jarâmarana
12		Alter, Tod etc.		

92 Zitat: »Wird das Nichtwissen ...«: M 38, I S. 261 PTS nach Oldenberg, *Buddha*, wobei ich allerdings einige Begriffe von anderen übernommen habe, vgl. vorige Anmerkung.
93 Zitat: »Aus dem Nichtwissen ...«: Ud I, 3. Die Aufteilung in drei Existenzen findet sich nicht in den Reden des Buddha, sondern in den scholastischen Schriften, Vism 17, II, S. 578 PTS und Ak 3, 20, S. 57
94 Zitat: »Ich habe diese ...«: Vin I, S. 4 PTS

Das Rad der Wiedergeburt und das Nirvâna

95 zu Eliade: *Das Mysterium der Wiedergeburt.* Zürich 1961 und *Geschichte der religiösen Ideen*, I. Freiburg 1978
96 Zitat: »aus Wasser und Geist«: Joh. 3, 3–5
zu Wiedergeburt im Atharva-Veda: Embryo im Leib: Atharva Veda XI, 53; »zweimal geborene«: Atharva Veda XIX, 17; »Dreimal geboren: Satapatha Brâhmana XI, 2, I, 1; Weihe bei jedem Opfer: Atharva-Veda, XI, 5, 6. Ausführlich bei Eliade, *Geschichte der religiösen Ideen*, Bd. I, S. 206 ff. und 396 ff.
Zitat: »wo das ewige . . .«: Rig-Veda, IX, 113
98 Zitat: »Aus dem Winter . . .«: bei Oldenberg, *Buddha*, S. 48
99 Zitat: »Alle, die aus der . . .«: Kauṣîtaki-Upanishad I. Weitere Stellen: Brhad-Aranyaka Upanishad VI, 2 und Chândogya-Upanishad V, 10
Zitat: »Im Mutterschoß . . .«: Yajur-veda, Kâthaka-Upanishad 5, 7
Zitat: »Je nachdem er . . .«: Yajur-veda, Bṛihadâraṇyaka-Upanishad 4, 4, 5; nach Deussen, *Sechzig Upanishad's des Veda*, S. 476
Zitat: »So im Kreislauf . . .«: Atharva-Veda, Yogatattva-Upanishad 6 (Deussen, S. 670, siehe vorige Anmerkung)
Zitat: »Wenn einer . . .«: Rig-Veda, Kaushitaki-Upanishad 1, 2–7 (Deussen, S. 25 – siehe vorletzte Anm.)
101 Zitat: »eine böse Tat . . .«: Schiller, *Piccolomini*, V, 1
102 Zitat: »weil es in . . .«: Bei Schweitzer, *Indische Denker*, S. 89
Zitat: »Und wieder in . . .«: Cariyâ Piṭaka I, 10 nach Oldenberg, *Buddha*, S. 347
103 Zitat: »Durch hunderttausende . . .«: BC, Vers 1113
Zitat: »Die Knochen . . .« S 15, 2, 10
104 Zitat: »Mit welchem Wollen . . .« bei Walter Ruben, *Die Philosophen der Upanishaden*, Bern 1947, S. 148
Zitat: »Es ereignete sich . . .«: Sankhâruppatti Suttanta (M Nr. 120) nach Oldenberg, *Buddha*, S.283.
105 Zitat: »Infolge ihres . . .«: A 2, 2, 6 I nach Schumann, *Buddhismus*, S. 74
Zitat: »Die Namen . . .«: Schumann, *Buddhismus*, S 73
Zitat: »der Ozean . . .«: S 15, 1, 3
106 Zitat: »Warum habe ich . . .«: M 63
Zitat: »ihr Jünger . . .«: S Bd V, S. 448
107 Zitat: »Wie wenn ein . . .«: Milindapanha, S. 40
108 Zitat: »Wie, wo es . . .«: Buddhavaṃsa II, 12
Zitat: »Wie wenn . . .«: S II, S. 86 nach Oldenberg, *Buddha*, S. 304
109 Zitat: »Form, Empfindung . . .«: M I S. 487 PTS
110 Zitat: »der Bereich, wo . . .«: Ud 8, 1, S. 80 PTS
Zitat: »wo alle . . .« und anschließendes: Snip 1076 PTS
Zitat: »wie kann hier . . .«: A Bd. V, S. 414 PTS nach Oldenberg, *Buddha*, S. 305

Die Ethik des Buddhismus

111 zu: achtteiliger Pfad: die Pâli-Bezeichnungen sind:
1) sammâ-diṭṭhi (Oldenberg übersetzt »Glauben«), 2) sammâ-saṅkappa, 3) sammâ-vâcâ, 4) Sammâ-kammanta, 5) sammâ-âjîva 6) sammâ-vayâma, 7) sammâ-sati, 8) sammâ-samâdhi

112 Zitat: »Von Rechtschaffenheit...«: bei Oldenberg, *Buddha*, S. 331 nach Soṇadaṇḍa-Sutta (D, Bd. I, S. 124 PTS)

113 Zitat: »Ich lehre...«: A 2, 4, 3 I, S. 62 PTS

114 Zitat: »läßt von verleumderischem...«: M III, 7, 27
Zitat: »Könige, Gauner...« und folgendes: D 1, nach Kurt Schmidt, *Buddhistisches Wörterbuch*, S. 97
Zitat: »Trefft ihr euch...«: M 26

115 Zitat: »Ich möchte leben...«: S 55, 7

116 Zitat: »freudenreich...«: bei Schweitzer, *Indische Denker*, S. 84

117 Zitat: »sozialem Effekt«: Formulierung von Schumann, *Buddhismus*, S. 91
Zitat: »Ein Weiser...«: A 4, 186, 4
Zitat: »Vier Arten...«: A 4, 95 ff.
Zitat: »das Böse...«: Ud. VIII, 8 Nach Oldenberg, *Buddha*, S.336
Zitat: »Auch wenn Räuber...«: M 21 I, S. 129 PTS

118 Zitat: »Mein Sohn Lebelang...« und folgende: Mv X, 2 nach Oldenberg, *Buddha*, S. 337 f.

120 Zitat: »Leben zerstören...«: Snip II, 2
Zitat: »Unser Mißgeschick...«: Vin III, S. 224

121 Zitat: »Was es auch immer...«: Itiv 27
Zitat: »Und wenn ich alle...«: 1. Kor. 13

122 Zitat: »Der Wille...«: Oldenberg, *Buddha*, S. 353
Zitat: »All unser Wesen...«: Dhp I, 2, 19, 30

123 Zitat: »Schritt um Schritt...«: Dhp 239
Zitat: »Durch dein Selbst...«: Dhp 379

Die Selbstverwirklichung

124 Zitat: »vier unfaßbare...«: A 4, 77
Zitat: »oft ins wunderliche...«: Oldenberg, *Buddha*, S. 342
Zitat: »auf übersinnliche Ziele...«: Beckh, *Buddhismus* (Göschen), S. 122
Zitat: »ein außerordentlich...«: Hardy, *Buddha* (Göschen), S. 63
Zitat: »Gesetzt, ein Mann...«: S 12, 65, S. 19 PTS

125 Zitat: »Dich selbst erforsche...«: Dhp V, 379
Zitat: »gleichwie der Regen...«: Dhp, V, 25 f.
Zitat: »Wenn... ein Mönch...« und folgende: D 2, 64 I p. 70

127 Zitat: »Sich selbst bezwingen...«: Dhp V, 104, 105
Zitat: »Nicht wer...«: Dhp V, 103
Zitat: »dessen Sinne...«: Mv V, 1

128 Zitat: »Atmet er lang ein . . .« und folgende: D 22 und M 10
130 Zitat: »in solcher Weise . . .« und folgendes: D I, S. 71 PTS
131 Zitat: »die leisen Gedanken . . .«: Ud 4, 1
   Zitat: »wie ein Schuldner . . .«: D 1, S. 71 f. PTS
   Zitat: »Sobald der . . .« und folgende: D 2, 75 f. PTS
132 Zitat: »Dies nennt man . . .«: Mettâsutta, Vers 9, nach Schumann, *Buddhismus*, S. 101
   zu Versenkungsstufen: die späteren Stufen: 5) Aufhebung des Wahrnehmens von Formen und Gestalten. Erlebnis der Unendlichkeit des Raumes. 6) Erlebnis der Bewußtseinsunendlichkeit. 7) Erlebnis der Nichtsheit der Dinge. 8) Zustand des Weder-Wahrnehmens-noch Nichtwahrnehmens (Tieftrance). Nach Schumann, *Buddhismus*, S. 96
   Mahâbhârata XIII.
134 Zitat: »es ist nicht zuviel . . .«: Oldenberg, *Buddha*, S. 362
   Zitat: »Wie einer, von . . .«: Brihadâranyaka upanishad 4, 3, 21
   Zitat: »Das ist der Erhabene . . .«: M II, 2, 12
135 Zitat: »Plötzlich war mir . . .«: J. H. Schultz, *Das autogene Training*, S. 335
   Zitat: »daß die Versuchspersonen . . .«: siehe vorige Anm., S. 73
136 Zitat: »Der Erhabene . . .«: Vin V, 1. S. 180 PTS
   Zitat: »einen Lichtglanz . . .«: Upakkilesasutta (M 128)
   Zitat: »Liebevollen Gemütes . . .«: M IV, 6, 36
   Zitat: »Er trägt einen . . .«: Amitayur-Dhana Sutra 19
139 Zitat: »Wichtig für unsere . . .«: J. H. Schultz, *Das autogene Training*, S. 359

III) Die Gemeinde

Der Buddha unterwegs

143 Zitat: »Wer da zuerst . . .«: M XIII, 8, 78
   Zitat: »Es möge, Herr . . .«: zahlreiche Stellen
   Zitat: »Nachdem die Nacht . . .« und folgendes: D, PTS II, S. 97
145 Zitat: »betörendes Sichgehenlassen . . .« und folgende: M I, S. 249
   Zitat: »Da häufe ich . . .«: A III, 63, 6
   Zitat: »wahrlich, Ânanda . . .«: S 3, 2, 8 I Seite 87 PTS
147 Zitat: »In diesen Gärten . . .«: Oldenberg, *Buddha*, S.163
148 Zitat: »lärmentrückt . . .«: M XI, 8, 58
   Zitat: »das liebliche . . .«: S, Band I, 33
   Zitat: »Das klare Wasser . . .«: Bei Oldenberg, *Buddha*, S. 162
149 Zitat: »daß Mönche, wenn sie . . .« und folgende: an zahlreichen Stellen.
   Zitat: »bei Vesali, im . . .«: M IV, 5, 35
150 Zitat: »Schön fürwahr . . .«: Sûtra von der Frucht des Asketentums, zitiert bei Oldenberg, *Buddha*, S. 165

151 zu Klagen über Langeweile: z. B. A, Bd. I, S. 72 und S, Bd. II, S. 267
    Zitat: »durch ein Gleichnis...«: bei Oldenberg, *Buddha*, S. 215
    Zitat: »Schön, schön, Sona...« und folgende: Mv, V, 1, 15 f.
153 Zitat: »Unterweisung in den...«: Mv, V, 1

»Ich nehme meine Zuflucht zum Buddha...«

155 Zitat: »Geistige V.erwirrung...« und folgende: Snip II, 14, 18 ff.
156 Zitat: »wenn er selbst...«: A VIII, 25, 4
157 Zitat: »Kommt, seid Mönche...«: Vin I, S. 23
    Zitat: »Ich schritt herzu...«: Aus Theragâthâ, zitiert bei Oldenberg, *Buddha*, S. 181
158 Zitat: »Ist dies deine...« und folgende: Kammavâcam, ein nicht zum Kanon gehöriges Ritualbuch, zitiert bei Seidenstücker, *Pâli-Buddhismus in Übersetzungen*, Breslau 1911, S. 431 ff. Parallelen zum Brahmanismus nennt Oldenberg, *Buddha*, S. 385 f. und 395 f.
159 Zitat: »Ein ordinierter Mönch...« und folgende: Kammavâcam (siehe vorige Anm.) und Sv I, 1 f. und Vin I, 1 f.
162 zu Austritten aus dem Orden: Vin. Bd. II, S. 346 und Vin, Bd. V, S. 247
    Zitat: »Es höre mich...« und folgende: Bei Oldenberg, *Buddha*, S. 419 f. Nach Theragâthâ. Der halbmonatliche »Fastentag« geht auf einen vedischen Brauch zurück.
165 Zitat: »Das hab' ich gehört...« und folgende: M XI, 10, 60
166 Zitat: »Trefft ihr euch...«: M III, 6, 26
    Zitat: »Die kleine Hütte...«: Theragâthâ 1, 6, Lied 51, 52, 53, 54
    Zitat: »Ich lade die Ehrwürdigen...«: Mv IV, 6, 16
167 Zitat: »daß einer dem andern...«: bei Oldenberg, *Buddha*, S. 412
    Zitat: »Wie, ihr Jünger...«: Ud V, 5 und A 8, 2, 9,
    Schlingloff, *Die Religion des Buddhismus,* Bd I, S. 39 (Göschen)
168 Zitat: »entschiedene Hinneigung...«: Oldenberg, *Buddha*, S. 174
    Zitat: »dieser Malla Rodscha...«: Mv, VI, 36. im Text der Name mit »Roja« wiedergegeben.
    zu: Aufstellung der Jünger: in Schumann, *Buddhismus*, S. 41 auf der Basis von A I, 14
    Zitat: »Aus niederem Geschlecht...«: Theragâthâ 620
    Zitat: »aus niederem Geschlecht...« (von Nanda): S IV, S. 181
169 Zitat: »Durch heilige Glut...«: Theragâthâ, 620 f.
    Zitat: »an der Spitze der...« und folgende: A I, 14
171 zu Ânanda: Er war der Sohn des Bruders von Siddatthas Vater Suddhodana. Sein Vater war Amitodana. Nach der Erleuchtung Siddatthas hatte Ânanda zusammen mit seinen Altersgenossen Bhadija, Bhagu, Kombila, Devadatta und Upali, dem Sohn des königlichen Barbiers, die Heimat verlassen und war ebenfalls in die Hauslosigkeit gegangen.

Der Hingang ins Nirvâna

172 zu Devadatta: erzählt in Cv VII. und BC, Vers 1676 ff. Zitiert ist aus BC.
173 Zitat: »Zweifingerverstand...«: Therîgâthâ 60
Zitat: »Wie sollen wir, Herr...«: D 16, 5, 9 II S. 140 PTS
Zitat: »unergründlich...« und folgende: bei Oldenberg, *Buddha*, S. 185
174 Zitat: »Jähzornig, Ananda...: bei Schweitzer, *Indische Denker*, S. 73
Zitat: »Eine Nonne...«: Čv X, 1, 4 ff.
175 zu: Zahl der Nonnen und Mönche: Angaben aus Dîpavamsa 7, 1

IV) Der Tod des Buddha

Am Ende des Weges

178 zu Mahâparinibbânasutta: es ist die 16. Sutta des Dîgha-Nikâya. Zitate daraus, wenn nicht anders vermerkt, nach Beckh, *Der Hingang des Vollendeten*, S. 14
Zitat: »Wohl zu den...« und folgende: Beckh, *Der Hingang des Vollendeten*, S. 14
179 zu: Radschagaha: Megasthenes nennt es »Palibothra« und beschreibt es als holzgebaute Stadt von ca. drei mal dreizehneinhalb km. Fa-Hien beschreibt Pataliputra um 400 als verlassene Stadt. Moderne Ausgrabungen brachten nur einige Säulenstummel und Reste von Palisaden ans Licht, die vor den Toren Patnas liegen.
183 zur Ambapâlî-Geschichte: Sie wird außerdem Mv VI, 28 f. berichtet.
185 Zitat: »Wie schön, Herr...« und folgendes: nach Oldenberg, *Buddha*, S. 223
186 Zitat: »Wer immer, Ânanda...«: vgl. Johannes 10, Vers 18, wo Jesus über sein Leben sagt: »Niemand nimmt es von mir, sondern ich lasse es von mir selber. Ich habe Macht, es zu lassen, und habe Macht, es wiederzunehmen.« – Die Vorstellung von zwei Weltenaltern stammt aus der Sâmkhya-Vorstellung, wurde aber vom indischen Denken generell übernommen (vgl. »Griechische Philosophie«).
188 zu: Buddhas letzte Mahlzeit: Einzelheiten in Neumann, *Die Reden Gotamo Buddhos – Mittlere Sammlung*, I, XXXVI f. und Beckh, *Buddhismus* (Göschen), S. 153; vgl. auch Waldschmidt, *Die Überlieferungen vom Lebensende des Buddha*
190 zu Sterbedatum des Buddha: Diskussion des neuesten Standes bei Lamotte, E: *Histoire du Bouddhisme indien, I De l'origine à l'ère Saka* (Bibliothèque du Muséon, BD 43) Louvain 1958
Zitat: »Und seine Kleider...« und folgende: Markus 9, 3; Matthäus 13, 2 und Lukas 9, 29.

192 Zitat: »Im Alter ...«: statt »wahres Jüngertum« in der letzten Zeile heißt es im Original »kein richtiger Asket« geht einen anderen Weg.
Zitat: »Vajadhammâ ...«: im Original des Pâli: Vayadhammâ, im übrigen deutsche Umschrift mit Pâli-Umschrift identisch.
195 Zitat: »Diese Urne ...«: Inschrift in Brahmi-Schrift.

V) Die Ausbreitung

Konzile und Edikte

198 Zitat: »Es könnte, ihr Jünger ...«: Beckh, *Hingang*, S. 90
199 Zitat: »Der Kanon der ...«: bei Oldenberg, *Buddha*, S. 392
202 Zitat: »Acht Jahre nach ...« und folgende: nach Schumacher, *Die Edikte des Kaisers Asoka*. Hier: 13. Edikt.
Zitat: »Mir kam folgender ...«: 7. Pfeileredikt.
203 Zitat: »Indem ich ...«: 6. Pfeileredikt.
Zitat: »Mehr als zweieinhalb ...«: Brahmagiri-Edikt.
Zitat: »Der Mönchsorden ...«: Sanchi- und Sarnathpfeileredikte.
204 Zitat: »Sehnsucht nach einem ...«: 1. Pfeileredikt, das folgende Zitat: 2. Pfeileredikt
zu: buddhistische Missionare: 13. Felsenedikt.
Adressaten waren: Ptolomaios II. von Ägypten, Antigonos von Makedonien, Magas von Kyrene und Alexander von Epirus.
205 zu: Sekten. Details bei: Frauwallner, *Entstehung der buddh. Systeme*; Bareau, *Der indische Buddhismus*, S. 72 ff. und Schumann, *Buddhismus*, S. 108 ff.
208 zu: Namâ-rupa als bleibende Person: z. B.: S 3, 1, 22, PTS.

Das Mahâjâna

211 Zitat: »pädagogische Gaukelwerke ...«: Schumann, *Buddhismus*, S. 133
zu: Drei-Leiber-Theorie: stammt von den Sarvâstivâdin und wurde vom Mahâjâna übernommen. Sanskrit: Trikâya, der nichtstoffliche Leib: Dharmakâya (S). Vgl. auch Kapleau, *Die drei Pfeiler des Zen*, S. 433
212 Zitat: »welche Tat auch ...«: Sikṣâsamuccaya (des Sântiveda) 5, S. 66 hgg. von P. L. Vaidya, in: *Buddhist Sanskrit Texts*, vol. 11, Darbhanga 1961; Nach Schumann, *Buddhismus*, S. 143.
213 Zitat: »Ich nehme die Last ...«: siehe Quelle vorhergehende Anmerkung, 16, S. 148.
Zitat: »Welches Leid es ...«: Bodhicaryâvatâra (des Sântiveda) 10, 56, S. 138. hgg von Sântibhikṣusâstrî, Luknow 1955
Zitat: »Wenn ein Bhodisattva ...«: Quelle von Seite 288, 8, S. 93

215 Zitat: »Wohlüberlegt ...«: Quelle von Seite 288, – 18, S. 172 ff. Nach Schumann, *Buddhismus*, S. 293.
216 Zitat: »Hört, ihr Söhne ...«: Kârandavyûha 1, 16, S. 282. – hgg. von P. L. Vaidya in: *Mahâyânasûtrasaṅgraha*, Part I, Buddhist Sanskrit Texts, Vol. 17 Darbhanga 1961, S. 258 ff. Übersetzung H. W. Schumann.
Zitat: »So viele hunderttausend ...«: Saddharmapundarîkasûtram, 24, S. 289, hgg. von N. Dutt in: Bibliotheca Indica, Work No. 276, Calcutta 1953, nach Schumann.
Zitat: »Der Glaube ist Führer ...«: Quelle von S. 288, 1 S. 4. Mit »Glaube« ist das Wort sraddhâ übersetzt.
217 Zitat: »Diejenigen, die bei ...«: Saddharmapuṇḍarîkasûtram, 2, 95 f., S. 39 – siehe Quelle vorletztes Zitat.
218 Zitat: »Der Mahâjâna-Buddhismus ...«: A. Schweitzer, *Indische Denker*, S. 95
Zitat: »Im Mahâjâna-Buddhismus ...«: A. Schweitzer, *Indische Denker*, S. 97
Zitat: »nichts anderes ist ...«: siehe vorige Anm. S. 98
219 Zitat: »Sie existiert wie ...«: Schumann, *Buddhismus*, S. 179
220 Zitat: »Es gibt keine ...«: Lankâvatâra Sûtra, 3, 33, S. 154, hgg. von B. Nanjio in: *Bibliotheca Otaniensis*, Kyoto 1956
Zitat: »Die Individuationstheorie ...« Schumann, *Buddhismus*, S. 186 f. – Ähnlich bei Kapleau, *Die drei Pfeiler des Zen*, S. 429
221 Zitat: »In diesem Zirkulationsvorgang ...«: Schumann, *Buddhismus*, S. 187, 189
222 Zitat: »Durch Einsicht der ...«: Trisvabhâvanirdesa (des Vasubandhu), 35 – hgg von Mukhopadhyaya in: Visvabharati Series No. 4, Calcutta 1939; nach Schumann, *Buddhismus*, S. 190

Der Zen-Buddhismus

223 Zitat: »zurückreichende Mystik ...«: Schweitzer, *Indische Denker*, S. 109
Zitat: »gütige Tatenlosigkeit ...« und folgendes: Schweitzer, *Indische Denker*, S. 110 f.
Zitat: »was hilft es ...« und folgende: bei Conze, *Buddhismus*, S. 194 f.
225 Zitat: »Wenn jemand ...«: bei Heinrich Dumoulin, *Östliche Meditation und christliche Mystik*, S. 203
Zitat: »Da ist eine ...« und folgende: bei Christmas Humphreys, *Buddhism*. London ¹1951 (Penguin), S. 182 ff.
Zitat: »die Methode des Zen ...« und folgende: Fromm, *Zen-Buddhismus und Psychoanalyse*, S. 22
226 Zitat: »Alles ist Gott ...«: Christmas Humphreys, *Zen-Buddhismus*, München-Planegg, 1951, S. 145

Zitat: »wohlbekannt, daß...«: Kapleau, *Die drei Pfeiler des Zen*, S. 47
227 Zitat: »aus diesem Zustand...«: Lama Anagarika, *Grundlagen tibetischer Mystik*, Zürich 1956, S. 165
Zitat: »Zazen darf nicht...«: Kapleau, *Die drei Pfeiler des Zen*, S. 39
Zitat: »Die Einzigartigkeit...«: vgl. vorige Anm., S. 39
Zitat: »unser Hirnbewußtsein...«: vgl. vorvorige Anm., S. 109
Zitat: »Vergegenwärtigung...« und folgende: Kapleau, siehe oben S. 44, 49 und 403.
228 Zitat: »dadurch, daß...«: Glasenapp, *Philosophie der Inder*, S. 454
229 Zitat: »was... die Methoden...« und folgende: Fromm, *Zen-Buddhismus und Psychoanalyse*, S. 164–177

Tantra und der Niedergang des Buddhismus

231 zu: Tantra. Grundbedeutung: Gewebe, hier etwa »Darstellung«.
232 Zitat: »Drei Dinge...«: A I, 282 PTS
Zitat: »tiefverwurzelte Überzeugung...«: Glasenapp, *Buddhistische Mysterien*, S. 112
233 Zitat Glasenapp: *Buddhistische Mysterien*, S. 94
234 Zitat: »Diese Lehre...«: Bareau, *Der indische Buddhismus*, S. 180
236 Zitat: »Wenn der Gläubige...«: Glasenapp, *Buddhistische Mysterien*, S. 130, auf der Grundlage von: »Adikarmapradîpa« in: *Bouddhisme – Études et Matériaux*, S. 190, hgg. von L. de La Vallée und *Advajavajrasangraha*, herausgegeben von Haraprasad Shastri, Baroda 1927

VI) Der Buddha und der Westen

Nachrichten vom Ende der Welt

240 Zitat: »unter dem Thron...«: Plato, *Staat*, XVI, 621
241 Zitat: »Dann aber segelten...«: Herodot, IV, 44
242 Zitat: »in ihre Frauen...«: Herodot, III, 98 ff.
244 Zitat: »In Griechenland ungesetzlich...«: Athenaeus, op. cit. XIV, 625
245 zu Megasthenes: Er ist zitiert bei Arrianus, Strabo und Plinius
zu: Javanas. Identisch mit dem Wort »Jonier«. Da die semitischen Sprachen den gleichen Buchstaben für »w« und »o« und »u« haben, wurde aus dem j-o-n ein j-w-n, das in den vokallos geschriebenen semitischen Sprachen beim Sprechen mit anderen Vokalen aufgefüllt wurde.
246 Zitat: »weich wie Baumwolle...«: bei Conze, *Der Buddhismus*, S.

34. Bezeichnung der Locke: »Urna«, Bezeichnung des Schädelauswuchses: Ushnisha (Uschnischa in Umschrift).
Zitat: »Es ist nicht einzusehen ...«: Glasenapp, *Die Philosophie der Inder*, S. 439
Zitat: »ein indischer Einfluß«: vor. Anm., S. 434

Indien und die griechischen Philosophen

247 Zitat: »daß die menschliche ...«: Herodot II, 123
Zitat: »Wenn er mit Macht ...«: Empedokles Fr. 129, zitiert nach Oldenberg, *Buddha*, S. 218
248 Zitat: »Alle diese Lehren ...«: Glasenapp, *Die Philosophie der Inder*, S. 428
Loblied auf Theron: 2. Olympische Ode.
Zitat: »Und so bin ich ...«: Empedokles, Fr. 117
249 Zitat: »Es ist ... ein göttlicher ...«: H. Diels, *Die Fragmente der Vorsokratiker*, 6. Aufl. hrsg. von W. Kranz, Berlin 1951/52, 31, B 115
Zitat: »die wahren ...« und »bis sie durch ...«: *Phaidon*, 64 A und 7 D.
Zitat: »Schatten eines Schattens«: Plato, *Staat*, III
Zitat: »die im Gefolge ...«: *Phaidros*, 248
250 Zitat: »irrt in völliger ...«: Plato, *Staat*, X, 16
Zitat: »ungerechte Tiere ...«: Plato, *Staat*, X, 16
Zitat: »wer gutes ...« Plato, *Staat*, X
Zitat: »die meisten wählten ...«: Plato, *Staat*, X, 16
Zitat: »traten sie ohne ...« und folgendes: Plato, *Staat*, X
251 Zitat: »daß im Altertum ...«: Schweitzer, *Christentum und Weltreligion*, S. 34
Zitat: »Bericht eines wackeren ...«: Plato, *Staat*, X. Neutestamentliche Stelle dazu: Lukas 3, 28
252 Zitat: »wenn schon unser Schädel ...«: Plato, *Phaidros*, 245 c
Zitat: »Nun sind die Ägypter ...«: Herodot II, 123
Zitat: »fremde Tropfen ...«: bei Wilhelm Nestle, *Platon Hauptwerke*, Stuttgart 1973, Einleitung XXVI.
Zitat: »Aristoteles lehnt ...«: Huonder, S. 32 mit Bezug auf Aristoteles, *De Anima*, 407 b
253 Zitat: »wenn sie dann aber ...«: Lukrez III, 760, übertragen von H. Diels, *Lukrez* II (Berlin 1924)
Zitat: »Alles verwandelt sich ...«: *Metamorphosen*, XV, 164 f. Übersetzung Hermann Breitenbach

Der Buddha und das Christentum

255 Zitat: »um seiner übermäßigen ...«: Clemens von Alexandria, *Stromateis*, Kap. 15, § 71, 5
Zitat: »vermeintliche Parallelen ...«: Alfred Jeremias, *Allgemeine Religionsgeschichte*, München 1918, S. 159
Zitat: »Alles, was im ...«: Schopenhauer, *Sämtliche Werke*, hrsg. Köhler, V 331

257 Zitat: »im Lesen von Zauberbüchern«: zitiert bei Bultmann, *Synoptische Tradition*, S. 328
Zitat: »der größte unter ...«: Matth. v. Paris, MG SS XXVIII, 319
zu: allgemeine Mythenbildung: Vgl. Joseph Campbell *Der Heros in tausend Gestalten* (Suhrkamp-TB, 1978) u. a. 36 ff. und 385

258 Zitat: »Meister, wer hat ...«: Johannes, 9, 2
Zitat: »Es hat weder dieser ...«: Johannes, 9, 3

259 Zitat: »und sein Angesicht leuchtete ...«: Synoptikerstellen Matth. 17, Markus 9, Lukas 9
Zitat: »daß die Haut ...«: 2. Mose 34, 29

260 Zitat: »Du bist mein ...«: Matthäus 17, 5
Zitat: »aber sie haben ihn ...«: Matthäus 17, 12
Zitat: »er ist der Elia ...«: Matthäus 11, 14. Die Maleachi-Stelle: 3, 23
Zitat: »erfüllt mit den erhabenen ...«: Sîlânisamsa Jakata, zitiert bei Bergh van Eysinga, S. 46

261 Zitat: »Wahrlich, ich sage euch ...«: Matthäus 12, 43
Zitat: »Der Oberpriester ...«: zitiert nach Bergh von Eysinga, S. 44
Zitat: »wenn wir nun irgendwo ...«: Bergh von Eysinga, S. 43

263 zu: Nathanael: Johannes 1, 48 f.
Zitat: »unbewiesen ...«: Schweitzer, *Leben-Jesu Forschung*, Siebenstern-TB, I, 334

264 Zitat: »bisweilen wörtliche ...«: Bergh von Eysinga, S. 14
Zitat: »Ich bin euer Vater ...«: bei Seydel, *Das Evangelium von Jesu ...*, S. 180 f.
Zitat: »Weil die Blinden ...«: siehe vorige Anm., S. 181. Parallelstelle Matth. 11, 5
Zitat: »ich selber möchte ...«: Römer 9, 3
Zitat: »Durch Nichtzürnen ...« und folgendes: *Dhammapada*, 222 f.

265 Zitat: »Wer, o Mönche ...«: bei Albert Schweitzer, *Die Weltanschauung der indischen Denker*, S. 88
Zitat: »Jesus und Buddha ...«: siehe vorige Anm., S. 87

266 Zitat Atharva-Veda und Psalm: Übersetzung von H. Oldenberg, in: Lehmann-Haas, *Textbuch zur Religionsgeschichte*, 2. Aufl. 1922, S. 95

267 zu: Esséner: Vgl. Johannes Lehmann, *Jesus-Report*, Düsseldorf 1970
zu Clemens von Alexandria: *Stromateis*, I, 71

269 Zitat: »Apud Indos ...«: *Martyrium Romanum*, Neuauflage mit Imprimatur von 1962
270 zu: Otoman Zar-Adusht Ha'Nish: ausführlich bei Schweitzer, *Leben-Jesu-Forschung*, Siebenstern-TB, II, S. 573. 1908 erschien die deutsche Übersetzung von Ha'Nish
271 zu: Jesus Grab in Srinagar: *Christ in Kashmir* von Aziz Kashmiri, ›Roshni‹-Publications, Srinagar 1973, 80 Seiten; *Jesus in Heaven on Earth* von Al-Haj Khwaja Nazir Ahmad, Lahore, 1. Aufl. 1952, 5. Aufl. 1972, 416 Seiten.
zu: Notowitsch: Sein Buch erschien 1890 auf englisch, 1894 auf deutsch. Siehe Schweitzer, *Leben-Jesu-Forschung*, Siebenstern-TB, II, S. 374

Der Buddhismus und die Neuzeit

272 zu: Bhagavadgita: Die deutsche Übersetzung erschien 1791
Zitat: »Glauben Sie ...«: Giordano Bruno, *Gesammelte Werke*, Diederichs, 1909, VI, 91 – herausgegeben v. Ludwig Kuhlenbeck. – Das Inquisitionsgericht war am 2. Juli 1592
273 zu Glasenapps-Bemerkung: v. Glasenapp, *Indien in der Dichtung und Forschung des Deutschen Ostens*, S. 24
Zitat: »Wollte ich die ...«: bei Ludwig Alsdorf, *Deutsch-Indische Geistesbeziehungen*, S. 78. Obwohl Schopenhauer als Erscheinungsdatum 1818 angibt, erschien das Werk erst ein Jahr darauf.
274 Zitat: »Wie athmet doch...«: *Parerga und Paralipomena*, XIV
275 Zitat: »der Buddhismus ist nur ...«: Schweitzer, *Christentum und Weltreligion*, S. 27
Zitat: »daß mit ihm immer ...«: A. Bertholet, »Buddhismus im Abendland der Gegenwart«, in: *Sammlung gemeinverständlicher Vorträge*. Zitiert nach Alsdorf, S. 73
Zitat: »unwillkürlich ...«: Wagner an Mathilde Wesendonk, 1859. Einzelheiten und weitere Zitate bei Alsdorf, S. 80 f.
277 Zitat: »die Darstellung von ...«: Emil Bock, *Wiederholte Erdenleben*, S. 174
Zitat: »Hier tritt eine ...«: siehe vorige Anm., S. 175

Überblick über das Tipitaka

A) Buddhistische Pâli-Texte

I) *Das Vinâya-Pitaka (Korb der Ordenszucht)*
1) *Sutta-Vibhanga* (Erklärung der Suttas, d. h. hier der 227 Artikel des Pâtimokkha)
2) *Die Khandakâs* (Abschnitte) in 20 Abteilungen, aufgeteilt in Mahâ-Vagga (große Abteilung) Culla-Vagga (kleine Abteilung)
3) *Der Parivâra* (Zusatz), 19 kleinere Texte

II) *Das Sutta-Pitaka (Buddhas Lehre und Reden)*
enthält 5 Sammlungen (Nikâyas) mit Lehrvorträgen (Suttas), die letzte mit verschiedenen Texten
1) *Der Dîghâ-Nikâya* (Sammlung der -34- langen Suttas, das 16. Sutta ist das Mahâparinibbânasutta, das die letzten Monate des Buddha erzählt)
2) *Der Majjhima-Nikâya* (Sammlung der 152 mittelgroßen Reden und Dialoge in drei Gruppen)
3) *Der Samyutta Nikâya* (Sammlung der in 56 Sachgruppen eingeteilten 7762 Lehrvorträge)
4) *Der Anguttara-Nikâya* (Sammlung der gemischten Suttas, in 11 Zahlengruppen geordnet)
5) *Der Khuddaka-Nikâya* (Sammlung der kleinen Stücke)
dazu gehören:

  a) *Khuddaka-Pâtha* (das kleine Lesebuch)
  b) *Dhammapada* (Worte von der Religion), moralisch-religiöses Liederbuch mit 423 Versen in 26 Kapiteln.
  c) *Udâna* (Freudengesänge des Buddha) 8 Kapitel
  d) *Itivuttaka* (Also sprach der Erhabene) 112 Äußerungen Buddhas
  e) *Suttanipâta* (Sutta-Bruchstücke), 71 Erzählungen aus Buddhas Leben in 72 Kapiteln und 1194 Versen
  f) *Vimâna-Vatthu* (Götterpalastgeschichten) 85 Kapitel über die himmlischen Wohnungen
  g) *Peta-Vatthu* (51 Erzählungen von büßenden Geistern)
  h) *Theragâthâ* (Lieder der Mönche), 1279 Verse
  i) *Therîgâthâ* (Lieder der Nonnen), 521 Verse
  k) *Die Jâtakas* (547 Geschichten aus früheren Geburten des Buddha)
  l) *Die Apadânas* (Heldentaten von 547 Mönchen und 40 Nonnen)
  m) *Niddesa* (Kommentar zu letzten zwei Abschnitten des Sutta-Nipata)
  n) *Der Patisambhidâ-Magga* (über die Kräfte der Heiligen)
  o) *Der Buddha-Vamsa* (Legenden von 24 Buddhas vor Gotama)
  p) *Das Cariyâ-Pitaka* (35 poetische Übertragungen von Jâtakas)

III) *Das Abhidamma-Pitaka (Höhere Feinheit der Religion)*
Scholastische Texte und Definitionen in sieben Werken:
1) *Dhamma-Sangani* (Zusammenfassung der Dinge) 1599 Begriffserklärungen in 4 Abschnitten, die buddhistische Psychologie
2) *Vibhanga* (Erläuterungen) 18 Abschnitte zu den wichtigsten Lehrphänomenen
3) *Dhâtu-Kathâ* (Elementaranalyse), 14 Abschnitte, die hauptsächlich die Eigenschaften heiliger und guter Menschen behandeln
4) *Puggala-Paññatti* (Menschenkunde), kurzes Werk, dessen Hauptteil im Anguttara-Nikâya enthalten ist
5) *Kathâ-Vatthu* (Streitpunkte) widerlegt 252 Ketzereien in 23 Kapiteln; nach der Tradition auf dem 3. Konzil abgefaßt
6) *Yamaka* (Doppelfragen) 10 Abschnitte mit Lehrproblemen in Frage und Antwort
7) *Patthâna* (aufstellendes) behandelt 24 Abhängigkeitsverhältnisse von Dingen

Nachkanonische Texte

Milinda-paùha (Die Fragen des Milinda = Menandros)
Dhammapada – Kommentar zu den Jâtakas
Visuddhimagga (der Weg zur Reinheit), erste systematische Darstellung der Buddha-Lehre, im 5. Jahrhundert nach Chr. von Buddhaghosa geschrieben
Dîpavamsa (Geschichte der Mönchsgemeinde, ca. 30 nach Chr.)
Mahâvamsa (Geschichte der Mönchsgemeinde in Wahrheit und Dichtung, ca. 500 n. Chr.)

B) Bhuddhistische Sanskrittexte

1) *Das Mahâvastu* (das Buch der großen Begebenheiten); in Wundergeschichten erzählte Buddhabiographie mit eingeschobenen Jâtakas und Sutras
2) *Der Lalitavistara* (die ausführliche Erzählung von dem Spiel) – Buddha als übernatürliches Wesen, legendäre Buddhabiographie
3) *Buddhacarita* (Leben des Buddha) Epos des Aşvagosha, beruht auf Episoden und Balladen des Lalitavistara
4) *Avadâna-Literatur* (Wundergeschichten)
5) *Die Mahâyâna-Sûtras;* das Bedeutendste davon: das Saddharmapundarîka (der Lotos der guten Religion)

Die wichtigsten buddhistischen Schulen und Systeme

Lehr-richtung	Schulen	Entstehungs-zeit und -land	Gründer bzw. Systematiker	Sprache der ältesten Quellen
Hīnayāna	Urbuddhismus (vermutlich in allen Kernlehren mit Theravāda identisch)	6. Jh. v. Chr. in Indien	Siddhattha Gotama, gen. der »Buddha« (563–483)	Māgadhī (keine geschriebenen Quellen)
	Theravāda	4. Jh. v. Chr. in Indien	seit 2. Konzil separate Schule	Pāli
	Mahāsāṅghika	4. Jh. v. Chr. in Indien	seit 2. Konzil separate Schule	Gemischtes Sanskrit (nur Fragmente erhalten)
	Puggalavāda	3. Jh. v. Chr. in Indien		Apabhraṃśa?
	Sarvāstivāda	3. Jh. v. Chr. in Indien	Vasubandhu (5. Jh. n. Chr.)	Sanskrit (nur Fragmente erhalten)
	Sautrāntika	2. Jh. v. Chr. in Indien		Sanskrit (nur Fragmente erhalten)
Mahāyāna	Weisheits-schule	1. Jh. v. Chr. in Indien		Sanskrit
	Madhaymaka	2. Jh. n. Chr. in Indien	Nāgārjuna (2. Jh. n. Chr.)	Sanskrit
	Bodhisattva-Schule	1. Jh. n. Chr. in Indien		Sanskrit

wo heute noch lebendig	Erlösungsmethode	Vorläufiges Heilsziel	Endgültiges Heilsziel	
—	Beendigung des Leidens und der Wiedergeburt durch Aufhebung der Leidensursachen Gier und Unwissenheit mittels Selbstzucht und Erkenntnis	—	a) Vortodliches Nibbāna (Arahant)	b) Nachtodliches Nibbāna
Ceylon, Burma, Thailand, Kambodja, Laos, Vietnam	"	—	"	"
—	"	—	"	"
—	"	—	"	"
—	"	—	"	"
—	"	—	"	"
Tibet, Nepāl, Sikkim, Bhūtan, Vietnam, China, Korea, Japan	Erkenntnis der Leerheit der empirischen Person und aller Dinge sowie Einsicht durch Weisheit, daß diese Leerheit das Absolute = Erlöstheit ist	—	a) Vortodliches Nirvāṇa (Arhant)	b) Nachtodliches Nirvāṇa
"	"	—	"	"
Tibet, Nepāl, Sikkim, Bhūtan, Vietnam, China, Korea, Japan	Entlastung von unheilsamem Karman durch den Heilsbeistand von Bodhisattvas	aus Dankbarkeit für die Heilshilfe der Bodhisattvas selbst ein Bodhisattva werden, um anderen Wesen helfen zu können	a) Aktives Nirvāṇa (Bodhisattva)	b) Passives Nirvāṇa

Lehr-richtung	Schulen	Entstehungs-zeit und -land	Gründer bzw. Systematiker	Sprache der ältesten Quellen
	Glaubens-buddhismus	1. Jh. n. Chr. in Indien	in Japan: Honen-Shonin (1133–1212), Shinran-Shonin (1173–1265)	Sanskrit
	Yogācāra	3./4. Jh. n. Chr. in Indien	Maitreya (3./4. Jh.), Asaṅga, Vasubandhu (4./5. Jh.)	Sanskrit
	Zen(Ch'an)	4. Jh. n. Chr. in China	Tao-An (4. Jh.), Bodhidharma (6. Jh.)	Chinesisch
Tantrayana	Mantrayāna	2. Jh. n. Chr. in Indien		Sanskrit,
	Vajrayāna	3. Jh. n. Chr. in Indien		Sanskrit, Tibetisch
	Sahajayāna	8. Jh. n. Chr. in Indien	Saraha (pāda) (8./9. Jh.)	Apabhraṃśa, Tibetisch
	Kālacakrayāna	10. Jh. n. Chr. in Indien		Sanskrit, Tibetisch

wo heute noch lebendig	Erlösungsmethode	Vorläufiges Heilziel	Endgültiges Heilziel	
Tibet, Nepāl, Sikkim, Bhūtan, Vietnam, China, Korea, Japan	durch Glaubensvertrauen in Transzendente Buddhas (bes. Amitabha) deren Gnadenbeistand zu gewinnen	Wiedergeburt in einem der Buddhaparadiese (bes. Sukhāvatī), wo der Gläubige zur Weisheit und zum Nirvāṇa heranreift	Nirvāṇa	
Tibet, Nepāl, Sikkim, Bhūtan, China, Japan	Erkenntnis, daß alles »nur Geist« ist und Rückwendung zum Reinen Geist, dem Grundbewußtsein = Absoluten = Erlösung	———	„	
China, Vietnam, Korea, Japan	Erkenntnis durch Meditation und Koans, daß alles »nur Geist« = Buddhaherz = Erlösung ist	———	a) Vortodliches Nirvāṇa	b) Nachtodliches Nirvāṇa
Tibet, Sikkim, Bhūtan, Mongolei, China, Korea, Japan	Erlösung durch Erschließung des Absoluten im eigenen Innern mittels psychoaktiver Mantras und Mudrās	„ ——— (Siddha)		
Tibet, Sikkim, Bhūtan, Mongolei, China, Korea	durch Keimformeln ideiert der Sādhaka transzendente (= erlöste) Wesenheiten, mit denen er sich erlebnishaft identifiziert. Er erlebt dadurch die wesenhafte All-Identität und seine eigene Erlöstheit	———	„	
Tibet, Sikkim, Bhūtan, Mongolei	durch Aufgeben des Vielheit schaffenden Denkens erschaut der Yogin das Ineinander von Saṃsāra und Nirvāṇa und realisiert hierdurch die Erlösung	———	„	
	Erlösung durch Erkenntnis der Parallelität zwischen Mensch und Kosmos. Die mystische Einswerdung mit dem Urbuddha Kālacakra schließt alle heilswichtigen Einsichten auf	———	„	„

(Aus: Hans Wolfgang Schumann, *Buddhismus*, Olten 1976)

Glossar

Das Glossar gibt an erster Stelle das Wort so wieder, wie es in phonetischer Umschrift im Text steht.

Es folgt dann jeweils in wissenschaftlicher Umschrift die Pâli-Form (P) und, wenn unterschiedlich geschrieben, die Sanskrit-Form (S). Sind beide Formen gleich, wird (PS) angegeben.

Schreibung und Aussprache

c	wie deutsches tsch	
ḍ	wie deutsches d,	nur daß es mit zurückgebogener Zungenspitze mehr im Gaumen als an den Zähnen gebildet wird (wie bei ṭ und ṇ)
h	wie deutsches h	grundsätzlich als Laut hörbar wie in Rat-Haus, auch in Zusammensetzungen wie bh, ch, dh, gh, jh, kh, ph und th. Buddha ist daher Budd-ha auszusprechen
j	wie deutsches dsch	
ṁ	wie deutsches n	vor c oder j wie in Spanier
	n	vor d und t wie in Tante
	m	vor b und p
	n	wie »ng« in Danke in allen anderen Fällen
ṅ	wie deutsches n	in Danke
ñ	wie deutsches nj	wie in Spanier, einjagen
ṇ	wie deutsches n	nur mit zurückgebogener Zungenspitze mehr im Gaumen als an den Zähnen gebildet
ṛ	wie deutsches r	mit einem i-Nachklang (Sanskṛt = Sanskrit)
s	wie deutsches ß	scharfer s-Laut
ś	wie deutsches ß	plus ch-Laut wi ein »ich«
ṣ+sh	wie deutsches sch	
ṭ	wie deutsches t	mit zurückgebogener Zungenspitze mehr im Gaumen als an den Zähnen gebildet
v	wie deutsches w	
y	wie deutsches j	

Betonung

Die Betonung geschieht mehr durch Dehnung der Vokale als durch deren lautere Hervorhebung. Nach Möglichkeit liegt der Akzent auf der ersten Silbe, falls nicht nachfolgende längere Silben den Ton auf sich ziehen. e und o sind im Sanskrit immer lang. Im Pâli sind sie ebenfalls meist lang, jedoch vor zwei Konsonanten kurz.

Abhidhamma (der) abhidhamma (P) abhidharma (S)	Höchste Lehre, Metaphysik
Abhischeka abhisheka (S)	Besprengung mit Wasser bei der Taufe
Adschâtasattu Ajâtasattu (P) Ajâtaśatru (S)	König, Sohn Bimbisâras
Adschîta Kesakembalin Ajita Kesakembalin (P)	Ein nihilistischer Sektenführer
Adschivaka ajîvaka (PS)	eine Sekte, Oberhaupt: Makkhali Gosâla
Agni Vaischvânara Agni Vaiśvânara (S)	Gott des Feuers
Ââra Kâlâma Alâra (P) Arâda (S) Kâlâma (PS)	Siddatthas erster Lehrer
Ambalâtthika – Ambalâtthika	Ort auf Buddhas letzter Wanderung (wörtlich: Mangopflanzung)
Ambapâlî Ambapâlî (P) Amrâ (S)	Kurtisane, die einen Klosterhain stiftet
Ânanda Ânanda (PS)	Buddhas Vetter und Lieblingsmönch (wörtlich: Seligkeit, Freuden, höchste Wonne)
Anattâ (der) Anattâ (P) Anâtman (S)	das Nicht-Selbst
Anâthapindika Anâthapiṇḍika (P) Anâthapiṇḍada (S)	Beiname des Kaufmanns Sudatta, der dem Buddha den Hain Dschetavana schenkte
Arahant (der) arahant (P) arhant und Arhat (S)	Heiliger, der durch Erleuchtung das vortodliche Nirvâna erreicht hat
Aria ariya (P) arya (S) arija (altpersisch)	Arier (wörtlich: edel, ehrwürdig, heilig)
Asamskrita asaṅkhata (P) asaṃskṛta (S)	Das nichtbedingte Sein
Aschvaghoscha Açvaghosha (S)	Autor des Buddhacarita

Asoka
  Asoka (P)
  Aśoka (S)
	Asoka Vardhana, König, identisch mit Devânapija Pijadasi

Assadschi
  Assaji (P)
  Aśvajit (S)
	einer der ersten Jünger des Buddha

Âtman (der)
  attâ (P)
  âtman (S)
	das Ewige, das Selbst, das Ich

Avalokiteschvara Avalokiteśvara (S)	Name eines transzendentalen Bhodisattva (»Der Herr, der gnädig herabblickt«)

Avidjâ
  avijjâ (P)
  avidyâ (S)
	Das Nicht-Wissen

Bhaddakatschâ Bhaddakaccâ (P)	gelegentlich Name von Siddatthas Frau, Mutter des Râhula, vgl. Jaschodhara
Bhaddija Bhaddiya (P)	einer der ersten fünf Anhänger
Bhava bhava (PS)	Das Werden
Bhâvanâ (die) bhâvanâ (PS)	Erweckung, Meditation. Grundbedeutung: das zum Entstehenbringen, Hervorbringen

Bhikkhu
  bhikkhu (P)
  bhikṣu (S)
	Bezeichnung der buddhistischen Mönche. Wörtlich: Bettler

Bhikkunî
  bhikkunî (P)
  bhikṣuṇî (S)
	buddhistische Nonne

Bimbisâra Bimbisâra (PS)	König von Magadha
Bodhi bodhi (PS)	Erwachung, Erleuchtung
Bodhidarma Bodhidarma (S)	indischer Mönch, der um 520 in China Zen als Schule begründete

Bodhisattva
  bodhisatta (P)
  bodhisattva (S)
	ein auf Erlösung zustrebender zukünftiger Buddha

Buddha Buddha (PS)	der Erwachte, Erleuchtete (vgl. bodhi); da zum Stamm ›budh‹ die Silbe ›ta‹ hinzukommt, wird nach den Lautgesetzen Buddha, wobei der hörbare ›h‹-Laut auf das zu ›d‹ assimilierte ›t‹ überspringt.

Buddhagosa Buddhagosa (PS)	Mönch der Theravâda-Sekte
Deva deva (PS)	übermenschliches Wesen, Gott, Engel
Devadatta Devadatta (P)	Vetter des Buddha, der ihn ermorden wollte
Devânapija Pijadasi Devânapiya Piyadasi (P) Devânampriya Priyadarsin (S)	anderer Name von König Asoka
Dhamek Stupa (der) dhamek Stûpa (PS)	Reliquienschrein in Sarnath
Dhamma (der) dhamma (P) dharma (S)	Grundbedeutung: das Feste, dauernde Gesetz, Beschaffenheit, Eigenschaft, Ding, Erscheinung. Buddhalehre insgesamt.
Dhammapada dhammapada (P)	Lehre des Buddha
Dharmakâja dharmakâya (S)	der Leib des transzendenten Buddha = absolute Wirklichkeit, kaya = Leib
Dharmatschakra dharmacakra (S)	Rad der Lehre
Dharmatschakramudra dharmacakramudra (S)	Handhaltung, das »Rad der Lehre bewegend«
Dhjana dhyana (S)	Versenkung, jap: Ch'an, Zen
Dîghâvu Dîghâvu (P)	Prinz Lebelang
Dîghîti Dîghîti (P)	König Leidelang
Dîpavamsa dîpavaṁsa (PS)	ceylonesische Chronik (»Die Geschichte der Insel« aus dem 4. Jahrhundert nach Christus)
Dschaina (der) jaina (S)	eine Sekte des Vardhamâna Nâthaputta (oft auch Nigaṇṭha Nâthaputta genannt)
Dschâtaka (das) jâtaka (PS)	Geburt. Im Tipitaka: Geschichten aus früheren Geburten des Buddha
Dschâti jâti (PS)	Geburt
Dschhâna jhâna (P) dhyâna (S)	Versenkung

Dschetavana	Kloster bei Sâvatthi, das Anâthapindika schenkte
jetavana (S)	
Dschîvaka	Leibarzt des Königs Bimbisâra, der den Hain Ambavana stiftete
Jîvaka (PS)	
Dschjotis – Jyotis	ein tantrischer Bodhisattva
Dukkha (das)	das Leiden
dukkha (P)	
duhkha (S)	
Fa-Hien (chinesisch)	chinesischer Reisender, 399–414 nach Christus
Gandhâra	altindischer Name für die Gegend um Peschavar in Nordindien. Kunstgeschichtlich: Gandhâra-Stil
gandhâra (S)	
Gidschakûta	Geierspitze, Geierhügel, Berg bei Râdschagaha
gijjhakûta (P)	
Gotama (der)	Familienname des Buddha (Betonung auf der ersten Silbe)
Gotama (P)	
Gautama (S)	
Hînajâna (das)	das kleine Fahrzeug
hînayâna (PS)	
Hiranjavatî	Goldbächlein
hiraññavatî	
Hiuan Tsang (chinesisch)	chinesischer Reisender im 7. Jahrhundert nach Christus
Isipatana	Ort bei Benares, heute Sârnâth
Isipatana (P)	
Jasa	einer der ersten Laienanhänger in Benares
Yasa (P)	
Yaśas (S)	
Jasodharâ	Frau des Siddhattha. Vgl. Bhaddakatschâ
Yasodharâ (P)	
Yaśodharâ (S)	
Jodschana	ein Längenmaß
yojana (P)	
Joga (der)	Grundbedeutung: Verbindung, Vereinigung, Anstrengung, geistige Konzentration
yoga (PS)	

Jogâtschâra (der) yogâcâra (S)	Grundbedeutung: Wandel im Joga, Name einer philosophischen Richtung im Mahâjâna (vgl. Vidschnjánaváda)
Jogin yogin (PS)	Bekenner des Joga (entspricht dem Fakir, arabisch: der Arme)
Kâlatschakrajâna kâlacakrayâna (S)	Schule des buddhistischen Tantrismus im 10. Jh. (»Rad der Zeit«)
kâma kâma (PS)	Wunsch, Verlangen, Lust
Kamma kamma (P) karma (S)	das Tun, die Tat, die folgenwirkende Tat
Kandschur – Kanjur	Name einer Sammlung buddhistischer Werke in tibetischer Sprache
Kapilavatthu kapilavatthu (P) kapilavastu (S)	Heimatstadt des Buddha
Kasina kasiṇa (P) krtsna (S)	das Ganze, Ganzheit (eine Jogaübung)
Kenschô kenshô (jap.)	Erleuchtung (= satori im Zen) von ken = sehen, sho = Natur, Wesen
Khanda (der) khanda (P) skandha (S)	Ausdruck für die fünf Aneignungsgruppen. Grundbedeutung: Baumstamm, Masse, Menge
Khemâ Khemâ (P)	Frau des Königs Bimbisâra, eine Nonne
Kôan kôan (jap.) kung-an (chines.)	Grundbedeutung: Urkunde, Verordnung. Im Zen eine oft in verwirrender Sprache abgefaßte alogische Denkfolge, die zur Einsicht und Erleuchtung führen soll
Kondanja Koṇḍañña (P)	einer der ersten Anhänger in Benares (»Kondanja, der Erkenner«)
Kosala kosala (P) kośala (S)	Name eines Landes im nördlichen Indien mit Hauptstadt Sâvatthî. Heute: Oud
Kosambî kosambî (P)	Stadt fünfundzwanzig km sw von Allâhabâd, wo der Buddha oft war. Hauptstadt des von König Udena regierten Vamsâ-Reiches. Heute; Prajâga

Kschatrijas kṣatriya (S)	Kriegerkaste

Kusinârâ
  kusinârâ (P)
  kuṣinâgara (S)
	Sterbeort des Buddha, heute Kasia, fünfundfünfzig km nördlich von Gorakhpur

Lalitavistara lalitavistara (S)	eine Buddha-Biographie aus der Schule der Sarvastivadin (lalita = Spiel)
Litschavî Liccavî (PS)	Name einer fürstlichen Familie in Vesâli
Lumbinî lumbinî (P)	Geburtsort des Buddha heute: Rumindei in Nepal
Madhjamaka madhyamaka (S)	Mahâjâna-Schule des Nâgârdschuna (Madhyamâ pratipad = mittlerer Weg)
Magadha magadha (PS)	Name eines Volkes und Landes im südlichen Bihar
Mâgadhî mâgadhî (PS)	Dialekt von Magadha. Der Buddha hielt einen großen Teil seiner Lehrreden in Mâgadhî
Mahâjâna (das) mahâyâna (PS)	das große Fahrzeug

Mahâkassapa
  Mahâkassapa (P)
  Mahâkâśyapa (S)
	Waldeinsiedlermönch, leitete das erste Konzil

Mahânâma Mahânâma (P)	einer der ersten Anhänger

Mahâpadschâpatî
  Mahâpajâpati (P)
  Mahâprajâpatî (S)
	jüngere Schwester von Siddatthas Mutter Mâjâ, Tochter von Buddhas Großvater Mahâsuppabuddha, Pflegemutter des Buddha = die Nachkommensreiche

Mahâparinibbânasutta
  mahâparinibbânasutta (P)
  mahaparinirvâṇasutra (S)
	Erzählung vom Tode des Buddha (parinibbâna: Eingang in das nachtodliche Nirvâna)

Mahâsânghika mahâsânghika (S)	»große Gemeinde« seit dem 2. Konzil
Mahâsattva mahâsattva (S)	Bezeichnung für transzendenten Buddha: »Großes Wesen«
Mahâvastu	»Große Begebenheit«.

mahâvastu (S)	Legendäre Buddhabiographie, eine Legendensammlung aus dem 5. nachchristlichen Jahrhundert, die die Hunneneinfälle erwähnt, im Kern aber älter.
Mâjâ (die)	Mutter des Buddha.
Mâyâ (PS)	Grundbedeutung: Zauberreiz, Schein
Makkhali-Gosâla makkhali-Gosâla (PS)	Gründer der nichtbuddhistischen Sekte der Adschivaka
Mandala (der) maṇḍala (S)	= Kreise: magische Zeichnungen zur Meditationshilfe
Mantra (das) mantra (S)	magische Silben und Wortklänge, die das Wesen des Gottes in sich enthalten
Mantrajâna mantrayâna (S)	Schule des buddh. Tantrismus ab 2. Jahrhundert
Mâra mâra (PS)	Grundbedeutung: Tod; dann auch Versucher, das Böse
Milinda Milinda (P)	Pâli-Form für Menandros
Milindapanja milindapañha (PS)	Fragen des Menandros
Moggallâna Moggallâna (P) Maudgalyayâna (S)	einer der hervorragenden Mönche, »an der Spitze der Magiegewaltigen«
Mudrâ (die) muddâ (P) mudrâ (S)	Grundbedeutung: Siegel. Bestimmte rituelle Gesten
Muni muni (PS)	wörtlich: »der Stumme«. Bedeutet: der Weise, Heilige (Sakjamuni = der Weise aus dem Sakja-Stamm)
Nâgârdschuna Nâgârjuna (S)	buddhistischer Gelehrter um 100 nach Christus, Gründer des Mâdhyamaka-Systems
Nâgasena Nâgasena (P)	ein weiser Buddhist, der sich im Milindapanja mit Menandros unterhält
Nâmarûpa (das) nâmarûpa (PS)	Grundbedeutung: Name und Gestalt. Empfindendes Einzelwesen
Nâthaputta Nâthaputta (auch Nâtaputta) (P)	Gründer des Dschainismus, meist Nigaṇṭha Nâthaputta genannt Sanskrit: Nirgrantha

Nerandschâra nerañjarâ	Fluß bei Uruvelâ, heute: Nîlâjanâ
Nigantha Nâthaputta	siehe Nâthaputta

Nirvâna (das)
  nibbâna (P)
  nirvâṇa (S)
	Erlöschen, verwehen. Von nirva = ausblasen, aufhören zu atmen

Nikâja (der) nikâya (PS)	Grundbedeutung: Menge, Anhäufung. Im Buddhismus Bezeichnung für die fünf Textmassen, aus denen sich das Suttapitaka zusammensetzt. Siehe Tipitaka!
Pandschab punjab	Fünfstromland
Pâli pâli (P)	In Pâli sind die Texte des Tipitaka der ceylonesischen Buddhisten abgefaßt

panjâ
  Paññâ (P)
  prajñâ (S)
	Weisheit, Wissen, Vernunft

Parinirvâna
  parinibbâna (P)
  parinirvâṇa (S)
	das nachtodliche Nirvâna, Tod eines Arahant

Pasenadi
  Pasenadi (P)
  Prasenajit (S)
	König von Kosala mit Residenz in Sâvatthî

Pâtaliputta
  pâṭaliputta (P)
  pâṭaliputra (S)
	Stadt am Ganges, heute Patna. Pataliputta entstand aus dem Dorf Pâṭaligâma (P), Pâṭaligrâmaka (S)

Patitschasamuppâda (der)
  paṭiccasamuppâda (P)
  pratîtyasamutpâda (S)
	Entstehung der Abhängigkeit: Kausalnexus

Pâtimokkha (der)
  pâtimokkha (P)
  prâtimokṣa (S)
	Ordenssatzung mit Aufzählung von über zweihundert Vergehen gegen die Satzung, wurde alle vierzehn Tage vorgetragen

Phassa phassa (P)	Berührung
Piprâvâ piprâvâ (P)	möglicherweise das alte Kapilavatthu (siehe dort!)
Prakrit prakrit (S)	Volkssprache des Sanskrit (etwa wie Vulgärlatein zum klassischen Latein)

Puggalavâda
  puggalavâda (P)
  pudgalavâda (S)
Pukkusa
  Pukkusa (P)
	Sekte des Theravâda, gegründet von Vatsîputra
	(Puggala = Person)
	ein Malliaprinz, der dem Buddha zwei Goldbrokatgewänder schenkte

Râdschagaha
  râjagaha (P)
  râjagṛha (S)
	Hauptstadt von Maghada und Residenz von König Bimbisâra. Heute: Rajgir, siebzig km sö von Patna. Hieß ursprünglich Girivradscha (girivraja)

Râdschakârâma râjakârâma (P)	Nonnenkloster, das König Pasenadi für seine Schwester Sumanâ errichtete
Râhula Râhula (P)	Sohn des Buddha
Rohinî rohinî	Fluß, der das Sakjareich im Osten begrenzte, mündet bei Gorakhpur in die Rapti. Heutiger Name: Rohinî
Rûpa (das) rûpa (PS)	Gestalt, Form, Bild, körperliche Gestalt
Rûpânandâ Rûpânandâ (P)	eine von Buddhas Stiefschwestern
Sâgata Sâgata (P)	Wundermönch, der in die Luft steigen kann
Sahadschajâna sahajayâna (S)	Schule des buddh. Tantrismus ab 8. Jahrhundert (von: sahaja = verzwillingt)

Sakja
  Sakya (P)
  Śâkya (S)
	Name des Geschlechts, aus dem der Buddha stammt

Sakjamuni
  Sakyamuni (P)
  Śâkyamuni (S)
	Bezeichnung für den Buddha: »Der Weise aus dem Sakjageschlecht«

samâdhi samâdhi (PS)	geistige Sammlung, Konzentration. (sammâsamâdhi = 8. Stufe des achtteiligen Pfades = eigentliche Versenkung)

Samana
  samaṇa (P)
  sramaṇa (S)
	Bezeichnung für Asket, von der Wurzel śram = sich abmühen

Sammâditthi (die) sammâdiṭṭhi (P) samygdr̥ṣṭi (S) sammakarmânta (S)	rechte Ansicht; 1. Schritt des achtteiligen Pfades (ditthi = Ansicht, Auffassung, Theorie)
Sammâkammanta sammâkammanta (P) sammakarmânta (S)	siehe Kamma
Sammâsamâdhi (der)	siehe Samâdhi
Sammâsankappa sammâsaṅkappa (P)	der rechte Entschluß, 2. Schritt des achtteiligen Pfades
Sammâsati sammâsati (P)	das rechte Gedenken; 7. Schritt des achtteiligen Pfades (vgl. sati)
Sammâvâtschâ (die) sammâvâvâ (P) Samyagvâc (S)	rechtes Wort, 3. Schritt des achtteiligen Pfades (von lat. vox = die Stimme)
Sammâvâjâma sammâvâyâma (P) samya vyâyâma (S)	rechtes Streben, 6. Schritt des achtteiligen Pfades. Grundbedeutung: Mühe, Anstrengung, Kampf
Samsâra saṁsâra (PS)	Kreislauf der Wiedergeburt
Sandschaja Sañjaya Belaṭṭhiputta (P)	Bettelmönch und Lehrer, dem Sâriputta und Moggallâna zunächst gefolgt waren
Sangha (der) saṅgha (PS)	der buddhistische Mönchsorden
Sankhâra (der) saṅkhâra (P) saṁskâra (S)	Geistesregung. Grundbegriff: Das Zusammenfügen, zubereiten, herrichten, aufbauen. Mehrzahl: Erscheinungswelt
Sânkhja sâṅkhya (P) sâṁkhya (S)	vorbuddhistische Philosophie des Hinduismus. Grundbedeutung: aufzählendes Wissen
Sanjâ (die) saññâ (P) samjñâ (S)	Wahrnehmung
	Sekte der Theravâdin
Sâriputta Sâriputta (P) Śâriputra (S)	einer der hervorragendsten Mönche, »an der Spitze der Wissensmächtigen«
Sârnâth	Ort der Benarespredigt. (Nördlich von Benares, dem heutigen Varanasi)
Sarvâstivâda sarvâstivâda (S)	

Sati (die) sati (P) smṛti (S)	das Gedenken, Achtsamkeit, Geistesklarheit (sammâsati = rechte Achtsamkeit, 7. Schritt des achtteiligen Pfades)
Satori (jap.) wu (chines.)	Bezeichnung für das Erleben der Erleuchtung, siehe auch kenschô
Satschaka saccaka Aggivessana (P)	Dschaina – Mönch
Sautrântika sautrântika (S)	Sekte des Theravâda, die das Abhidarma ablehnte und sich nur an den Sûtra-Teil (sûtrânta : S) hielt
Sâvatthî sâvatthî (P) srâvastî (S)	Hauptstadt des Landes Kosala (nördlich vom heutigen Oud) am Fluß Rapti (das heutige Set Mahet)
Schudra śudra (S)	Kaste der Dienenden
Schraddha śraddha (S)	(blinder) Glaube, Verlangen, Vertrauen
Schûnjatâ	siehe Sunjatâ
Siddha siddha (S)	Wundertäter (= Vollkommene)
Siddattha Siddattha (P) Siddârtha (S)	Eigenname des Buddha. Grundbedeutung: einer, der weißen Senf besitzt. Bedeutung etwa: einer, dem alles erfüllt ist.
Sîla (das) sîla (P) śîla (S)	Sittlichkeitsregel, Moralvorschrift (Schritt 3–5 des achtteiligen Pfades)
Stûpa (der) thûpa (P) stûpa (S)	ursprünglich ein königliches Grabmal. Im Buddhismus kuppelförmiger, verschlossener Raum über einer Reliquie oder Ascherest des Buddha oder eines Heiligen
Subhadda Subhadda (P) Subhadra (S)	der letzte von Buddha bekehrte Mönch
Suddhodana Suddhodana (P) Śuddhodana (S)	der Vater des Buddha. Grundbedeutung: »reinen Reis besitzend«
Sûkaramaddava (das) sûkaramaddava (P)	Name des Gerichts, an dem der Buddha erkrankte und starb. Übersetzbar als »Ebermild«
Sunjatâ suññatâ (P) śûnyatâ (S)	die Leere

Sutta (das) sutta (P) sûtra (S)	Grundbedeutung: Schnur, Leitfaden. Im Buddhismus: Lehrreden, Lehrstück
Tanhâ (die) tanhâ (P) tṛṣṇâ (S)	Durst, Gier, Trieb, triebhafter Wille
Tantrajâna tantrayâna (S)	Fahrzeug der Tantra-Texte, ein okkulter Buddhismus (Tantra = »Gewebe«)
Tapussa und Bhallika- Tapussa Bhallika (P)	die ersten Jünger nach seiner Erleuchtung
Tathâgata tathâgata (PS)	Titel des Buddha. Grundbedeutung: »der so gegangen ist«
Thera thera (P) sthavira (S)	Grundbedeutung: alter Mann. Im Buddhismus: älterer Mönch
Theragâthâ theragâtâ (S) therîgâtâ (P)	Lieder der (älteren) Mönche und Nonnen
Theravâda theravâda (P) sthaviravâda (S)	die Lehre der älteren Mönche, wie sie auf dem 1. Konzil festgelegt wurde. Konservative Richtung, der wir den Pâli-Kanon verdanken
Theravâdin theravâdin (P) sthaviravâdin (S)	Anhänger der alten Lehre
Tipitaka (das) tipiṭaka (P) tripiṭaka (S)	wörtlich: Dreikorb Bezeichnung für die buddhistischen kanonischen Schriften
Trikaja trikaya (S)	Drei-Leiber-Lehre des Mahâjâna
Tschaitja caitya (S)	Tempel
Tsch'an ch'an (chines.) zen (jap.)	Versenkung. Entspricht dem Sanskritwort dhyana
Tschandragupta Candragupta (S)	Begründer der Mauria-Dynastie: moriya (P), Maurya (S)
Tschunda Cunda (P)	Laienanhänger in Pâvâ, der dem Buddha die letzte, verdorbene Mahlzeit gab

Uddaka Râmaputta
  Uddaka Râmaputta (P)
  Udra Râmaputra (S)
	brahmanischer Philosoph, 2. Lehrer des Buddha

Upâdâna upâdâna (PS)	Grundbedeutung: Brennholz. Bedeutung: Ergreifen des Daseins, Haften am Dasein
upâdânakkhandhâ (P)	(vgl. upâdâna) Bezeichnung für die 5 Aneignungsgruppen
Upagupta von Mathurâ	Mönch, der den Asoka bekehrte
Upâli Upâli (PS)	hervorragender Mönch, Sohn eines Barbiers, trug auf dem 1. Konzil die Ordensregeln vor
Upanischaden (die) upanisad (S)	Grundbedeutung: niedersitzen, um zu hören. Bedeutung: Geheimlehre. Brahmanische Texte zur Erklärung des Veda. Zwischen 1000 und 550 vor Christus
Upâsaka upâsaka (PS)	Laienanhänger
Upasampadâ upasampadâ (PS)	Aufnahme in den saṅgha, die Gemeinde

Uruvelâ
  uruvelâ (P)
  urubilvâ (S)
	Ort der Erleuchtung des Buddha am Ufer des Flusses Nerandscharâ, der in den Phalgu fließt. Dorf Urel bei Buddha-Gayâ

Vadschrajâna vajrayâna (S)	Spätform des entarteten Buddhismus. Als »Diamantfahrzeug« Schule des buddhistischen Tantrismus ab 3. Jahrhundert (von vajra [tibet: dorje] = Donnerkeil, der als blitzendes Zepter des Gewittergottes als Diamant gesehen wurde)
Vaischja vaisya (S)	Kaste der Gewerbetreibenden und Ackerbauern
Vaju Vayu (S)	Gott des Windes
Vappa Vappa (P)	einer der ersten fünf Anhänger in Benares
Vârânasi vârâṇasi	heutige Bezeichnung für Benares
Vatsiputra vatsîputra (S)	Gründer der Puggalavâda

Vattagâmani Vaṭṭagâmaṇi Abhaya (ceylones.)	König, der im 1. Jahrhundert vor Christus den Pâlikanon aufschreiben ließ
vedana vedana (PS)	Empfindung, Gefühl
Veden veda (der) (S)	Grundbedeutung: Wissen. Gesamtheit aller ältesten, heiligen Schriften der Inder. Der Rigveda ist der älteste Teil (Hymnen an die Götter); Sâmaveda (Lieder), Jadschurveda (Opfersprüche), Atharvaveda (Zauberlieder) folgen
Veluvana veḷuvana (P)	ein von König Bimbisâra bei Râdschagaha geschenkter Bambuswald
Vesâkha vesâkha (P) vaisâkha (S)	Name eines Monats, der Ende April/Anfang Mai liegt
Vesâli vesâli (P) vaisâlî (S)	Name einer großen Stadt im Lande der Vadschi (vajji) (P), nördlich von Patna. Dort das Kloster der Kurtisane Ambapâlî. Residenz des Königs von Litschavi
Vidschnjânavâda vijñânavâda (S)	System des Mahâjâna Jogâtschâra (= Bewußtseinslehre)
Vihâra (der) vihâra (PS)	Aufenthaltsort für Mönche und Nonnen, Kloster
Vinaja vinaya (PS)	Grundbedeutung: wegführen, meiden, Unterwerfung. Bedeutung: Mönchsregeln
Vinjâna Viññâṇa (P) Vijñâna (S)	das Bewußtsein, Bewußtwerden, Erkennen
Visâkhâ visâkhâ (P) visâkhâ (S)	Matrone aus Savatthî, die dort das Kloster Pubbârâma (P) Pûrvârâma (S) stiftete
Zazen (jap.)	das Sitzen im Zen, in der Versenkung (von za = sitzen)

Register

Abhidhamma-Pitaka 76, 208
Adschâtasattu 150, 172, 179
Adschita Kesakambalin 40
Adschîvaka 39, 59, 154
Adyar 276
Aeneis 253
Ägypten 204
Aggivessano 145
Agni Vaischvânara 19, 27, 29, 31
Agrabhodi 217
Afghanistan 231, 241, 245
Âlâra 40 ff.
Âlaya-Vijnâna 220 f.
Alexander der Große 77, 201, 242, 245, 252, 271
Alexandria 201
Allâhabâd 142
All-Seele 25, 34, 96, 106, 209
Altes Testament 98, 260
Ambalâtthika 180
Ambapâlî 148, 183 f.
Amitodana 171
Ânanda 22, 145, 168, 171, 173, 179 f., 185 ff., 199, 275
Anâthapindika 148
An-âtman 87
An-atta 86
Anaximander 11
Aneignungsgruppen 94, 106, 109
Anthroposophie 277 f.
Antigonos 204, 245
Antiochia 201
Antiochos 204
Apollo 246
Apollonius von Tyana 254
Arahant 109 f., 132, 171, 205
Arier 18, 25 ff.
Arija s. Arier
Ariman 30
Aristoteles 252
Asamskrita 206
Aschram 278
Aschvagoscha 261 f.

Askese 30, 32 f., 42, 45 ff., 52, 127
Asoka Vardhana 12, 14 f., 60 f., 65, 200 ff., 244 f.
Assadschi 65, 69
Assam 230
Atharva-Veda 26, 96, 265 f.
Atlantis 270
Âtman 31 f., 34, 49, 87, 96 f., 99
Atropos 250
Autogenes Training 51, 128, 134 ff., 228, 230, 235
Avalokiteschvara 216, 233

Babylon 201
Bâhijer 169
Baktrien s. Afghanistan
Bali 237
Bareau, André 234
Barlaam und Josaphat 268 f.
Beckh, Hermann 124, 178
Begierde 56
Beluva 185
Benares 17, 23, 59 ff., 66, 69, 118, 154
Bengalen 230
Bergh von Eysinga 262 ff.
Bethlehem 13, 16
Bettelmönch 33
Bhaddidscha 169
Bhaddija 65
Bhagalpur 142
Bhagavad-Gita 264, 272
Bhagvanpur 14
Bhallika 57
Bhava 89, 92
Bhikkhu 65, 157, 159 ff., 170 ff.
Bhikkhusangha 162 ff.
Bhikkunî 173 ff.
Bhodidharma 222
Bhutan 231
Bibel 67, 75, 261
Bihar 41, 180

341

Bimbisâra 35, 67 f., 148, 153, 156, 172, 201
Bindusâra 201, 244
Birma 204, 210
Blavatsky, Helena 276 ff.
Bodhisattva 54, 57, 205, 212 ff., 222, 235 f., 264
Brahmadatta 118
Brahman 33, 58, 64
Brahmanen 10, 13, 19, 25, 31, 33 f., 167 ff., 209, 267
Bruno, Giordano 272 f.
Buddha 7 ff., 20 ff., 35 ff., 61 ff., 74 ff., 95 ff., 142 ff., 178 ff., 197 ff., 239 ff., 279 f.
Buddha Gaya 41
Buddhismus 7, 30, 74 f., 95, 111, 265 ff.

Cäsar 26
Caitya 237
Campâ 142
Ceylon 20, 28, 75, 204, 210, 271
China 20, 211, 231
Christengemeinschaft 277
Christentum 7, 74, 77, 97, 103, 117, 189, 249, 254, 262, 265, 270, 277 f.
Citta 220 f.
Clemens von Alexandria 254, 267

Daimon 249
Damaskenos, Joannes 268
Dara Schukoh 274
Dareios I. 241
Dasa 18
Daseinslust 56
David, König 255, 265
Dekkhan 204
Deva 29, 36
Devadatta 172
Devânapija Pijadasi s. Asoka
Dhamma 85, 107, 131 f., 155, 207 f., 218

Dhammapada 122
Dhjana s. a. Zen 226
Dîghâvu 118
Dîghîti 118
Dipavamsa-Chronik 201
Djaus Pitta 29
Dôgen 227
Dona 193
Donavatthu 65
Drawiden 27
Drei-Leiber-Theorie 211
Druiden 25
Dschaina 40, 115, 122, 143, 149, 154
Dschâti 92
Dschetavana 148, 261
Dschîvaka 148, 150, 153
Duperron, Anquetil 274

Ebioniten 260
Ecclesiogene 162
Einzelseele 31, 96
Ekstase 32, 261
Elia 260
Eliade, Mircea 95
Empedokles 248 ff.
Erleuchtung 46 ff., 67, 78, 93 f.
Erlösung 57, 78, 105 f., 119, 123, 230, 279
Esséner 267
Etrusker 11
Exerzitien 49

Fa-Hien 14, 148, 173
Fakir 51
Ford, Henry 276
Freud, Sigmund 46, 124, 127, 137, 228 f.
Friedrich II. Barbarossa 257
Friedrich der Große 272
Fromm, Erich 229

Gandhâra 204, 246

Ganesa 30
Ganges 142
Gebetsmühlen 233
George, Stefan 276
Gidschakûta 153
Glasenapp, Helmuth von 228, 233, 236, 246 f., 251, 273
Glastonbury 271
Goethe 100, 272
Gorakhpur 17, 189
Gotama s. Buddha
Gotama, Familie 12, 14, 39
Großes Fahrzeug s. Mahâjâna
Guru 232, 236

Hades 248 ff.
Haiderabad 201
Harappa 27
Hardy, Edmund 124
Hârîtî 237
Hauptmann, Gerhart 276
Hauslosigkeit 17, 21, 24, 33, 35 ff., 55, 64, 100, 157, 161, 168, 269
Heiligenkalender 7, 240, 268
Hellenismus 246
Herodot 241 f., 247, 252
Hesse, Hermann 276
Heyerdahl, Thor 241
Himalaja 10, 12 f., 16, 19, 188, 211, 231, 240, 270, 279
Hînajâna 74 ff., 199, 210 f., 232
Hinduismus 29, 32, 95, 210, 231, 236
Hindukusch 231
Hindustan 27
Hippalos 241
Hiuan Tsang 14, 17
Homer 253
Humboldt, Wilhelm von 272
Humphreys, Christmas 225 ff.
Hunnen 231
Huonder, Quirin 252
Hypnose 133 f.

Ibsen, Henrik 276
»Ich-Berichte« 11, 20, 43, 53
Ignatius von Loyola 49
Individuationstheorie s. Jogâtschâra
Initiationsriten 96, 98
Isipatana 60 f.
Islam 22, 77, 98, 231

Jadschur-Veda 26
Jakobus 259
Jambhala 236
Jamblichos 254
Jambu-Baum 46
Japan 211, 231
Jasa 66
Jasodharâ 24, 174
Jâtaka 237
Javanas 245
Javanikâ 245
Jeremias, Alfred 255
Jesuitenorden 49
Jesus Christus 7, 10 ff., 25 ff., 33 f., 39, 67, 74, 77, 120, 152, 157, 170, 172, 189 f., 205, 212 f., 240, 244, 251, 255 ff.
Joga 7, 41 ff., 48 ff., 123 f., 127 f., 134, 137 ff., 171, 186, 226, 230, 237, 261, 278
Joga-Schulen 42, 49 f.
Jogâtschâra 209, 220 ff.
Johannes 257 ff., 270
Johannes der Täufer 260
Jones, Sir William 272
Judas 189
Judentum 30, 77, 98, 258
Jung, C. G. 124, 228
Jupiter 29

Kabul 241
Kalinga 202
Kâma 89, 99
Kambodscha 210
Kamma s. Karma

Kandahar 244
Kant 274
Kapilavatthu 12 ff., 39, 65, 142, 148, 169, 171, 189, 195
Karma 99, 104 ff., 120, 220 f., 237, 275 ff.
Kaschmir 204, 240
Kasina 132
Kasteiung 32, 42, 48
Kathâ-Vatthu 199
Kausalnexus 91, 93 f., 112, 126
Kelten 11
Kenschô 226, 228
Kerala 270
Kierkegaard, Sören 276
Kleines Fahrzeug s. Hînajâna
Kleist 272
Klotho 250
Kôan 224 ff.
Kolita s. Moggallâna
Kondanja 65, 170
Konstantin, Kaiser 201, 204
Korea 211, 231
Kosala 19, 68, 118, 142, 148
Kosambî 142, 148
Kotigama 181
Ktesias 241
Kumran 267
Kusinârâ 14, 178, 189 ff.
Kyffhäuser 257

Lachesis 250
Laienanhänger 155 ff.
Lalitavistara 211, 264
Laos 210
Laotse 11, 223
Lebelang, Prinz s. Dîghâvu
Lehre von der Wiedergeburt 34
Leidelang, König s. Dîghîti
Leiden 63 f., 78 ff.
Lessing 272
Levitation 135
Litschavî 184
Lotossitz 138
Lucrez 253

Lukas 13, 259
Lukian 253
Lumbinî 12 ff., 20, 60, 203

Madhjamaka 219
Madhya Pradesh 231
Madras 276
Magadha 22, 67, 70, 142, 148, 152, 180, 201
Mâgadhî 75
Magas von Kyrene 204, 245
Mahâbhârata 133
Mahâjâna 74 ff., 199, 210 ff., 231 ff.
Mahâkassapa 198 f.
Mahânâma 65, 169
Mahâpadschâpatî 22, 174
Mahâparinibbânasutta 178 f., 181, 188 ff., 198
Mahâsânghika 199, 205 f., 210
Mahâsattva 215
Mahâvastu 75, 211
Mâjâ 12 ff., 17, 21 f., 39, 88, 107, 219 ff., 231, 251, 273
Makedonien 204
Mâkkhali Gosâla 40
Malla Rodscha 168
Malva 231
Manas 220 f.
Mandala 237
Manovijnâna 220 f.
Mantra 68, 233, 236 f.
Mâra 22, 54, 57, 64, 109, 187, 212, 234, 262
Maria 13, 21, 271
Markus 66, 259 f.
Martino, Richard de 229
Martyriologium Romanum s. Heiligenkalender
Marx, Karl 218
Matthäus 259 ff.
Meditation 7, 47 ff., 112, 123 ff., 138 f., 149, 179, 181, 183, 186, 220, 226 ff., 278
Meditationstechniken 50
Megastenes 180, 201, 245, 267

Menandros s. Milinda
Mesmer, Franz Anton 278
Mihirakula 231
Milinda 77, 86 f., 107, 245
Moggallâna 69 ff., 170
Mohammed 10, 255 f.
Mohendscho Daro 27, 241
Mongolei 231
Moses 255 f., 259 f.
Mudrâs 233
Muni 60
Munthe, Axel 276
Mystik 31 f., 49

Nabelschau 227
Nabi Issa 269 f.
Nâdika 181
Nâgârdschuna 219
Nâgasena 86 f., 107
Nâgo 158 f.
Naivedaya 237
Nalanda 180
Nâma-rûpa 81, 92, 106, 208
Nanda 168, 201
Nathanael 263
Nazareth 17
Nepal 16
Nerandscharâ 41, 53
Nestorianer 270
Neues Testament 66, 259 ff., 267, 277 f.
Neumann, Karl Eugen 76
Nibbâna s. Nirvâna 108
Nicaea 204
Nietzsche 276
Nigantha Nâthaputta 40
Nikodemus 77, 258
Nîlâjanâ s. Nerandscharâ
Nirvâna 10, 30, 53, 57 f., 64, 66, 75, 95, 108 ff., 124, 129, 132, 138, 178, 182, 185, 187, 189 ff., 206 ff., 230, 238 ff., 259, 273
Nordbihar 20
Notowitsch, Nicolas 270 f.

Objekte des Ergreifens 75 ff.
Olcott 276
Oldenberg, Hermann 18, 30, 34, 91, 113, 122, 124, 134, 147, 275
Orissa 202
Orpheus 250
Oudh 20
Ovid 253

Palästina 13, 240, 271
Pâli 75
Pâlikanon 74 ff., 179, 204 f., 208
Pâli Text Society 76
Pamphylien 251
Pandschab 26, 201, 231, 241
Panja 112
Paranirvâna-Tschaitja 194
Parinirvâna 110
Parsifal 276
Pasenadi 68, 148, 156
Passivität 57
Pataligâma s. Patna
Pâtaliputta s. Patna
Patimokkha 162
Patitschasamuppâda 91
Patna 41, 180 ff., 199 ff., 245
Paul, Jean 272
Paulus 97, 121, 259, 264
Pava 188 f.
Perikles 11
Peschawar 246
Petrus 259 ff.
Pfad, achtteilige 111 f., 116, 125, 205
Phassa 92
Phönizier 241
Pindar 248
Pipala-Baum 53, 109, 263
Piprâvâ 16, 195
Plato 86, 240, 246, 249 ff., 274
Plinius 246
Plotinos 254
Plutarch 245
Polyhistor, Alexander 245

345

Porphyrios 254
Prâkrit 202, 244
Preta 237
Psychoanalyse 46, 124, 138, 228 ff.
Ptolomaios 204, 245
Puggalavâdin 207 f.
Pukkusa 190
Punna 169
Purâna 199
Pyrrhos 247
Pythagoras 11, 240, 246 ff., 273

Rad der Lehre 59 ff., 234, 238, 245, 279
Rad der Wiedergeburt 34, 54, 87, 95, 108, 124, 132, 166, 171, 220 f.
Râdschagaha 67, 69, 148, 153, 170, 178 ff., 198 f.
Râhula 24, 157, 170
Ramabhar 195
Ramses II. 257
Rapti (Aciravatî) 17
Revata 169
Rig-Veda 26 f., 32
Rilke, Rainer Maria 276
Rohinî 17
Rûpa 80 f.
Rûpânandâ 174

Sadânîrâ 19
Sâgata 153
Sakja 12, 14, 17 ff., 39, 61, 68
Samâdhi 112
Samana 150, 245
Samana Sakjaputtijâ 157
Sâma-Veda 26
Sammâditthi 113
Sammâkammanta 115
Sammâsamâdhi 130
Sammâsankappa 113
Sammâsati 127
Sammâvâjâma 125
Sammâvâtschâ 114
Samsâra 99

Sandschaja 69 f.
Sangha 155
Sankhâra 80, 92, 104, 187
Sânkhja 33, 49
Sanjâ 80
Sanskrit 26, 28 f., 75, 202
Sâriputta 43 ff., 69 ff., 110, 170
Sarmanas 267
Sârnâth 60, 65
Sarvâstivâdin 206 f., 211, 219
Satori 226
Satschaka 149 f.
Sâvatthî 14, 148, 165, 170
Schlingloff, Dieter 167
Schopenhauer, Arthur 104, 255, 273 f.
Schudras 19
Schultz, J. H. 51, 135, 139
Schumann, Hans Wolfgang 105, 220
Schûnjatâ 231
Schweitzer, Albert 30, 218, 223, 251, 263, 265, 275
Seelenwanderung 7, 95, 99 f., 106, 240, 246 f., 251 ff.
Selbsterlösung 7 f., 64, 100 f., 108, 111, 138, 167, 205 f., 212, 222, 277
Selbsthypnose 32, 132
Seleukos I. 201, 245
Setabjâ 14
Seydel, Rudolf 262
Siddattha s. Buddha
Siddha 234
Sikkim 231
Sîla 112
Sindhu 26
Sinnenlust 56
Si-Osire 257
Skylax von Karyanda 241
Sokrates 152, 252
Sol Invictus 204
Solon 11
Soma 32
Sona 151 f., 213
Sophokles 11

Sri Lanka s. Ceylon
Srinagar 270 f.
Stein, Charlotte von 272
Steiner, Rudolf 277 f.
Stoiker 246
Strabo 26
Strindberg 276
Stupa 194 f., 217
Subhadda 192
Sudatta 148
Suddas 167 f.
Suddhodana 12, 17 ff., 36 ff.
Sûkaramaddavam 188
Sukuti 195
Sunîta 168
Sûtrânta 208
Sutta-Pitaka 76, 171, 199
Suzuki, Teitaro 225, 229
Svâgata 136
Syrien 204

Tanhâ 89, 92
Tantra 230 ff.
Taoismus 223
Tapussa 57
Tathâgata s. Buddha
Terai 16
Thailand 210
Thales 11
Theosophie 276 f.
Theosophische Gesellschaft 276 f.
Theravâda 74 ff., 206 f.
Theravâdin 199, 204 f.
Theron von Akragas 248
Thomas 270 f.
Thomaschristen 240, 269 ff.
Tibet 20, 231, 233 f., 276
Tiefenpsychologie 124, 127, 138, 228
Tipitaka 76
Tisso 158 f.
Toramana 231
Tschandala 275
Tschandragupta 201, 244 f.
Tschunda 188 f.

Ûddaka Râmaputta 41
Upâdâna 79, 92
Upâdânakkhandha 79 f.
Upagupta 202
Upaka 59
Upâli 169 f., 199
Upanischaden 34, 95, 99 f., 104, 134, 247, 274
Upâsaka s. Laienanhänger
Upasampadâ 158
Upatissa s. Sâriputta
Uruvelâ 41 ff., 54, 59, 67, 142
Uttar Pradesh 142

Vaju 29, 31
Vakkali 169
Vappa 65
Vârânasi s. Benares
Varna 18
Varuna 265 f.
Vâsanâ 221
Vatsîputra 207
Vattagâmani 204
Vedanâ 80, 92
Veden 18 f., 26, 29, 32, 95 f., 267, 272
Veluvana 68, 148
Vergil 253
Verinnerlichung 32
Versenkung 33
Vesâkha 53
Vesâli 14, 148 f., 181, 183 ff., 199
Vessas 167
Videha 19
Vidschnjânavâda 220
Vietnam 210
Vihâra 104, 146, 148
Vinaja-Pitaka 76 f., 171
Vinjâna 80, 92, 107
Visâkhâ 148
Vischnu 231
Voltaire 272

Wagner, Richard 275

Weltseele 31, 33
Wiedergeburt 34, 57, 106, 111, 258 ff., 270 ff.
Wotan 29

Xenophon 11, 247
Xerxes 11

Zacharias 13
Zar-Adusht Ha'Nish, Otoman 270
Zarathustra 10 f., 251, 255
Zâzen 226 f.
Zehn Gebote 119
Zen 132, 139, 222 ff.
Zeus 29

Bildnachweis

Zwischen Seite 80/81 *Vorderseite:* Museum für Indische Kunst; *2. Seite oben:* Necke, Böblingen; *2. Seite unten:* Uhlig, Berlin; *3. Seite:* Holle, Baden-Baden; *4. Seite:* Uhlig, Berlin.

Zwischen Seite 272/273: *Vorderseite:* Uhlig, Berlin; *2. Seite oben:* Uhlig, Berlin; *2. Seite unten:* Bruhns, Lübeck; *3. Seite:* Bruhns, Lübeck; *4. Seite:* Uhlig, Berlin.